The World
—
Until
Yesterday

Jared
Diamond

What Can We Learn
from
Traditional Societies?

昨日之前
的世界

［美］贾雷德·戴蒙德——著
廖月娟——译

我们能从传统社会
学到什么

中信出版集团 | 北京

图书在版编目（CIP）数据

昨日之前的世界 /（美）贾雷德·戴蒙德著；廖月娟译 . -- 2 版 . -- 北京：中信出版社，2022.1（2022.6 重印）
书名原文：The World Until Yesterday
ISBN 978-7-5217-3686-1

I. ①昨… II. ①贾… ②廖… III. ①社会发展－研究 IV. ① K02

中国版本图书馆 CIP 数据核字（2021）第 245329 号

Copyright © 2012 by Jared Diamond. All rights reserved.
Simplified Chinese translation copyright © 2022 by CITIC Press Corporation
ALL RIGHTS RESERVED
本书仅限中国大陆地区发行销售

昨日之前的世界

著者：　[美] 贾雷德·戴蒙德
译者：　廖月娟
出版发行：中信出版集团股份有限公司
（北京市朝阳区惠新东街甲 4 号富盛大厦 2 座　邮编 100029）
承印者：　河北鹏润印刷有限公司

开本：880mm×1230mm　1/32　印张：18　　字数：362 千字
版次：2022 年 1 月第 2 版　　　　印次：2022 年 6 月第 7 次印刷
京权图字：01-2013-0555　　　　　审图号：GS（2021）8342 号
书号：ISBN 978-7-5217-3686-1
定价：98.00 元

版权所有·侵权必究
如有印刷、装订问题，本公司负责调换。
服务热线：400-600-8099
投稿邮箱：author@citicpub.com

目录　　　　　　　　　　　　CONTENTS

致我的中国读者　　　　　　　　　　III

序言　　　　　　　　　　　　　　　XXI

第一部分　　第一章　朋友、敌人、陌生人、商人　　003
划分地盘

第二部分　　第二章　一个儿童之死　　　　　　　　049
战争与和平　第三章　小战争　　　　　　　　　　　091
　　　　　　　第四章　战争面面观　　　　　　　　　103

第三部分　　第五章　教养子女　　　　　　　　　　149
儿童与老人　第六章　如何对待老人　　　　　　　　189

第四部分	第七章	神经质的必要	223
危险与应变	第八章	狮子与马路	257
第五部分	第九章	电鳗与宗教的演进	307
宗教信仰、	第十章	七嘴八舌	356
语言和健康	第十一章	健康四宗罪：盐、糖、油、懒	401

尾声	447
致谢	465
拓展阅读	471
图片来源	483

致我的中国读者

能有此机会向我的中国读者介绍我自己以及我写的书，我倍感荣幸。

我于1937年出生在美国东北部的沿海城市波士顿。美国人与中国人不同，大多数中国人的祖先包括早在50万年前就生活在中国的早期人类，而当今的美国人无一例外地要么是移民，要么是后来移居美国的人的后代。1.3万年前，在如今是美国的地方，甚至北美或者南美的任何角落，都没有人类生存过。直到1.3万年前，现代美洲原住民的祖先才来到美国。直到400年前，绝大多数现代美国人的祖先才开始来到美国——最早的一批来自欧洲，不久之后有来自非洲的，从大约170年前开始又有来自亚洲的。我的父亲是移民，他出生在当时的俄罗斯帝国，两岁时随父母来到美国。我的外祖父母在东欧出生长大，生了3个孩子后，于19世纪80年代带着孩子移居美国，后来又生了6个孩子，我的母亲是最小的那个。我妻子玛丽的父母于1948年从波兰移居美国。

我的母亲是一名钢琴家、语言学家，还是一名教师。在她的教育和帮助下，我从 3 岁开始识字，从 6 岁开始学习弹钢琴，从 10 岁开始学习英语语法和散文创作，还在 11 岁学习拉丁语，在 16 岁学习德语。我的父亲是一名医学家，他帮助创建了小儿血液学（儿童血液疾病）学科，还帮助建立起美国血库系统。在他的影响下，我对科学产生了兴趣。我的父母都不是观鸟人，我自己喜欢上了鸟类，从 7 岁就开始观鸟了。

在我成长的过程中，每当有人问我长大后想做什么，我都脱口而出："我想成为一名像我爸爸那样的医生。"11 岁时，我很幸运地进入一所很好的学校读书，那里的历史课、外语课、写作课很精彩，科学课一般。因为我觉得我在今后的人生中会一直从事科学事业，所以我感到上学期间是接触历史、语言和写作的大好时机。17 岁时，我考入哈佛大学，仍然怀揣着最终成为一名医生或者至少成为一名医学研究人员的梦想。但那时，因为我还是觉得我在今后的人生中会一直从事科学事业，所以我在大学期间尽可能地学一些与医学无关的课程，比如俄语、德语文学、作曲、口传史诗、动机心理学和天文学。

直到我在哈佛四年大学生涯的最后一年，我才意识到我不想行医，我真正想从事的是科学。因此，我没有按照原来的计划去医学院就读（我当时已经申请并被录取了），而是在毕业前几个月改变了计划，决定攻读生理学这门实验室科学的博士学位，研究人类和其他动物的身体机制。

为了完成博士期间的研究，我来到英国的剑桥大学，在欧洲生活了四年。我选择剑桥大学出于两个原因。一个原因是剑桥在当时拥有世界上顶尖的生理学家，我的博士生导师就是其中一位。另外一个原因是在此之前，除了去美国其他地区进行过短暂的旅游，我一直生活在波士顿，和我的父母住在一起或者和他们住得很近。我准备开始自己的人生，准备离开家去体验别处的生活。实际上，在欧洲生活是一段很愉快的经历，不仅仅是因为剑桥大学的生理学很杰出。我有许多机会去其他欧洲国家游览、学习，比如，我可以去德国练就一口流利的德语，去芬兰初步学习芬兰语这门很难的语言，还能去当时的南斯拉夫。在剑桥大学，我有很多闲暇时间作为钢琴演奏者和其他音乐家演奏室内乐，在大学合唱团演唱，自学管风琴，开启我演奏伟大作曲家约翰·塞巴斯蒂安·巴赫所有管风琴作品的逐梦之路。

在欧洲生活还有一个好处，那就是加深了我对地理及历史之于人类生活影响的理解。我在儿时就感受到了地理和历史的影响力，出生于1937年的我在第二次世界大战期间长大。那时，我父亲在我卧室的墙上贴了两张地图，一张是欧洲地图，另一张是太平洋和东亚地图。我父亲在地图上用大头针表示第二次世界大战中的欧洲战线和太平洋战线，随着战线的转移，他每天晚上都给大头针换位置。1958—1962年，我在欧洲生活，朋友也都是出生于1937年前后的欧洲人。但是，由于地理和历史因素，我的欧洲朋友有着与我截然不同的童年。尽管第二次世界大战对美国人生活的影响无处不在，自然对我也有很大影响，但我从没看到过炸弹从天而降，也没看到过有人被杀死。我那些欧洲朋友的童年生活就完全不同了。取决于他们是碰巧出生在英国、德国、南斯拉夫还是别的什么国家，他们经历的苦难各不相同，有的失去了双亲，有的从远处眼看着父母的房子被炸毁，还有的失去了受教育的机会。这些事情没有一件在我身上发生过——完全是由于地理上的偶然，我出生在波士顿，而不是出生在伦敦或慕尼黑或贝尔格莱德。

我在剑桥大学的博士实验室研究是关于胆囊的。胆囊是个很小的器官，我们平常不会注意到它，除非不幸地得了胆结石。但事实证明，我关于胆囊的研究发现能提供一个良好的模型，帮助人们了解肠道、肾脏、肝脏等相关且更重要的器官。我成了世界上最了解胆囊运输盐和水机制的人。这种专业问题在你看来可能毫无用处，但如果你的肠道或者肾脏出现问题，让你的生命危在旦夕，你就不会这么认为了。1962年，我从欧洲回到美国，在哈佛大学医学院任职。1966年，我搬到洛杉矶生活，在加州大学任职，我之后的职业生涯都在这里度过。我的工作是继续研究胆囊，同时为医学生讲授医学生理学的课程。

但是，我逐渐发现我被寄予了将余生奉献给胆囊研究事业的期望，不安的感觉与日俱增。因为在此之前我把我大段的人生用在了更广泛的兴趣上，包括钢琴、语言、历史、鸟类，所以把余生用来研究胆囊让我感到太受限制和束缚。因此，1963年，我与一位同我一样爱好探险和观鸟的大学同学一起，策划了一场前往秘鲁这个南美国家的旅行，去攀登安第斯山脉的高山，观察亚马孙盆地的鸟类。第二年，我和我的朋友又组织了一次旅行，去澳大利亚以北的热带大岛新几内亚岛研究鸟类。

  1964 年那场首次踏足新几内亚岛的旅行对我的人生具有决定性意义。一旦你去过新几内亚岛，你就会觉得世界上的其他地方黯然失色。新几内亚岛地处赤道附近，但岛上的山脉海拔高达 5 000 米。世界上只有三个地方可以在赤道附近的山顶看到雪和冰川，新几内亚岛便是其中之一（另外两个地方是安第斯山脉和东非山地）。新几内亚岛上的鸟类是世界上最迷人、最漂亮的。岛上有上千个不同的部落，岛民说着上千种不同的语言：新几内亚岛是世界上语言最多样化的地方。即使到了现代，新几内亚岛也是世界上最晚改变传统生活方式的地方之一：人们传统上仍然使用石器工具而非金属工具，仍然没有文字，仍然没有中央政府——在远古，世界各地都是这样，直到 1 万年前左右，随着农业的出现，才有 10 个地方（包括中国）发明了金属工具，创造了文字，发展出中央政府。

  在第一次新几内亚岛之旅后，我又去过 31 次，都是为了研究鸟类，以及（坦率地说）向新几内亚岛岛民学习。我很快就遇到了一个矛盾：为什么聪明的新几内亚岛岛民仍在使用石器工具而不使用金属工具，而我这个在丛林中自己找不到路也不会生火的愚钝美国人，却作为带来金属工具、文字并征服新几内亚岛的欧洲社会之代表来到此地？从新几内亚岛岛民那里，我学会了如何养育子女，如何预知危险，如何领导他人，还学会了许多其他东西。在这一过程中，我对新几内亚岛上鸟类的研究发展成为我在生态学和进化生物学方面的第二职业，这比我对胆囊的研究更让我在科学界为人所知。

随着第二职业的起步，我开始在两个不同的科学领域（生理学和鸟类学）撰写学术研究论文。但我所有的论文都是学术性的，只有科学家能读懂。至于其他方面的人类知识，我只能阅读，不能认真思考并写出点什么。我在学术性的科学期刊上发表论文，几乎用不到我从母亲那里以及从英语和其他语言的文学中学到的向广大读者传达想法的技巧。于是，我在20世纪70年代末开始为杂志撰写面向大众的短文，讨论人类的经验，内容与胆囊和鸟类都不相关。

20世纪80年代发生了两件事，让我从撰写面向大众的杂志短文转而撰写面向大众的书。第一个事件出人意料，我接到一通麦克阿瑟基金会打来的电话，告知我他们已经决定给我一份为期5年的奖金，资助我做任何我想做的事情。那天接完电话后，我一整天都非常兴奋，但从第二天起，一整周都情绪低落，这是我人生中唯一一次情绪低落的时候。我意识到这通电话实际上是说："贾雷德，你是一个很有才华的人，我们给你5年既有自由又有报酬的时间，希望你好好利用这一自由，做点重要的事情。你的人生到目前而言，都在撰写关于胆囊和新几内亚鸟类的学术论文，没能发挥出你的潜能！"

第二个事件是我和玛丽的双胞胎儿子马克斯和乔舒亚在1987年出生。在他们出生前，每当人们谈论到未来某年比如2050年地球可能会面临的灾祸，我都觉得不真实，因为我出生在1937年，意味着2050年这样遥远的年份其实只存在于想象之中：我不可能活到那时。但是，2050年到来时，马克斯和乔舒亚很可能还活着，处于人生的巅峰时期，还能活好几十年。他们的人生，以及2050年世界的模样，都不是胆囊和新几内亚岛上的鸟类能决定的。我想为孩子们创造更美好的世界，因此需要开始把世界上最重要、最值得关注的问题呈现给大众，而不是只为胆囊专家和新几内亚岛鸟类专家写作。

这两个事件让我决定开始撰写面向大众的书籍。这些书讨论的是公众会关心的问题，这些问题可能会决定我的儿子们在一生中大部分时间里所处的世界的状态。就这样，我踏上了写作之路。四年后，我出版了第一本面向大众的书，到现在一共出版了8本。我很荣幸这8本书都被翻译成了中文。现在，我准备依次介绍一下这8本书，希望能激发你的阅读兴趣。

我的第一本书是《第三种黑猩猩》（1991年），论述了人类何以在这么短的时间内变得如此不同于其他动物。从基因角度看，我们不过是第三种黑猩猩：大约600万年前，我们的祖先才与另外两种黑猩猩的祖先分离开来，我们的基因组与它们的基因组的差异不到2%。（如今，生物学家将其他的黑猩猩从两类分为三类，所以我们现在不是第三种黑猩猩，而是第四种黑猩猩了。）这意味着人类和其他几种黑猩猩的亲缘关系十分紧密，比观鸟者分辨不出的几种鸟的关系还要紧密。但在某些关键方面，人类与其他几种黑猩猩的差异很大，因此传统上我们不仅不被认为是黑猩猩，甚至不被认为是动物。这些关键性差异一定是在最近1 000万年内进化出来的。

因此,《第三种黑猩猩》讨论的是艺术和语言等人类特征在晚近时代的演化,这些特征似乎用一道不可逾越的鸿沟将人类和"动物"分离开来:人类的艺术、语言、种族灭绝、农业、生态破坏性,以及特有的性行为。书中有一章提出这样一个问题:除了地球,智慧生命或任何形式的生命是否还存在于宇宙中的其他地方?在我看来,《第三种黑猩猩》是我所写的书中最有趣、写得最好的一本,也是我母亲至今仍最爱读的一本。接下来的三本书对于我在《第三种黑猩猩》中首次探讨的几个最重要问题进行了更深入的探究。

我的第二本书是《枪炮、病菌与钢铁》(1997年),研究的是我最先在《第三种黑猩猩》中讨论的几个问题之一,也是晚近的人类历史中最重大的问题:为什么在过去1万年间,人类社会在不同大洲发展得如此不同?例如,为什么那些聪明的新几内亚岛岛民最近还在使用石器工具,为什么是欧洲人而不是亚洲人或美洲原住民或非洲人在最近几个世纪崛起并征服了世界上大部分其他地方?有一种种族主义的解释,大多数欧洲人在不久前还在相信,许多欧洲人至今仍然坚信,那就是欧洲人比其他人种更聪明。但是,欧洲的种族主义者从未给出支持这一解释的证据。我自己的经历是,尽管新几内亚岛岛民使用石器工具,但他们总体上至少和欧洲人一样聪明——这一说法比我之前写过的任何内容都要激怒我的一些欧洲读者。

不同于种族主义解释,《枪炮、病菌与钢铁》表明人类社会在不同大洲上的不同历史轨迹是由于各大洲的自然环境不同:

首先是各大洲在适合驯化的野生动植物物种方面的差异，其次是各大洲在大陆轴线和孤立程度方面的差异。《枪炮、病菌与钢铁》解释了这样一些过程：农业只独立发源于世界上的部分地区（包括中国但不包括欧洲），农业带来了金属工具、文字、中央政府等多方面的发展，使一些族群有能力征服另一些族群。中国读者可能会对书中关于中国的部分尤其感兴趣，包括水稻、猪和蚕等驯化动植物的起源，以及这些中国的创新产物向朝鲜、日本、东南亚、印度尼西亚和波利尼西亚偏远太平洋岛屿传播的过程。

我的第三本书是篇幅最短的一本，即《性趣何来？》（1997年），我一写完《第三种黑猩猩》就开始写这本书。人类与其他动物包括我们的近亲黑猩猩的不同之处，不仅在于我们的语言和艺术，还在于我们特有的性行为、生理学和解剖学特征。如果你的宠物狗会说话，你可以问问它对你的性生活有何看法。你会惊讶地发现，被你视为理所当然的行为在狗看来很怪异。你的宠物狗会说："这些人类真病态、真疯狂！为了交配，他们还得去卧室并关上门，而不像有自尊心的狗一样在大庭广众下交配。他们在一个月中的任何一天都能交配，而不是只在女性可受孕期交配。实际上，如果不用体温计测量或者不用激素检测试剂盒检测，我和我的主人都不知道女主人在一个月中的哪几天可以受孕，甚至女主人自己也不知道。但雌性的狗会将它们可受孕的日子广而告之，任何其他正常的雌性动物都会这么做。最恶心的事情是，人类即使在女人衰老不能生育后还有性行为。这些人的大多数性行为是对精力的巨大浪费,因为大部分性行为都不能带来受孕!"没错,你的宠物狗观察得完全正确。但是,所有这些被我们人类视为理所当然、让你的宠物狗觉得恶心的人类性行为,与人类的语言和工具一样,对人类社会的运行至关重要。

下一本书是《崩溃》(2005年),探讨的问题是为什么有的社会实施愚蠢的政策而走向自我崩坏,而有的社会能持续兴盛数百年甚至数千年。我描述了几个历史上有名的崩溃事例:波利尼西亚社会之崩溃,该社会曾经所在的复活节岛上巨型石像群高高耸立;阿纳萨齐城镇之废弃,在欧洲人到来之前,美洲原住民在这片位于现代美国西南部的土地上建造了最高的大楼,建立了最先进的社会;玛雅文明之消亡,中美洲的那些美洲原住民城市曾因其神庙、神像和雕刻之壮观而举世闻名;维京人之没落,格陵兰岛上的维京人聚居地过了400年后,一个人也没有剩下。这些崩溃的古代社会与避免了自我灭亡的古代社会,以及成败不一的现代社会都形成了鲜明的对比。这本书探究了导致有些社会制定灾难性决策的多种原因,以及现代世界面临的主要环境问题。《崩溃》这本书为我们当今的社会提供了最现实的经验与教训。

我的第五本书是《历史的自然实验》(2010年),这本书是我和同事吉姆·罗宾逊(Jim Robinson)合著的,其中的篇章包括吉姆撰写的、我撰写的,以及另外5位作者撰写的,展示的是如何利用自然实验理解人类行为和人类社会。物理学家、化学家和分子生物学家告诉我们,唯一严谨的科学研究方法是进行可操纵的实验室实验：在实验中取两支相同的试管，在其中一支试管中加入某种化学物质或干扰试剂，将该试管与另一支未受干扰的试管进行对比，从而明确地证明该化学物质或干扰试剂的作用。如果我们能够开展此类可操纵实验，比如通过实验让一半的女性在每月的可受孕期变成亮红色，或者用时光机将历史倒退20次，其中10次有希特勒，10次没有希特勒，以此证明希特勒对历史的影响，那么我们社会科学家就能快速解决所有重大的历史和人类行为问题。可惜，对我们这些不幸的社会科学家而言，这类可操纵实验通常无法实现、违犯法律或者违背道德。但是我们仍然能通过对比所谓的自然实验结果取得进展，在这些"实验"中，自然有时受到了某种人为操纵，有时没受到人为操纵。

例如，对于拿破仑对欧洲的经济发展的作用究竟是正面还是负面，历史学家争执不下。法国历史学家通常认为拿破仑带来了可观的效益，而英国历史学家往往认为他让欧洲的经济变得混乱不堪。很不幸，我们无法控制拿破仑的存在与否并让历史重来几遍，以此解答这个问题。但是，在拿破仑时期，德意志有几十个独立的邦国，有些邦国遭到拿破仑的入侵并完成了改革，有些邦国虽然遭到拿破仑的入侵，但其推行的改革后来被普鲁士王国推翻，还有些邦国从未实行过拿破仑的改革。即使不用化学家所钟爱的试管和可操纵实验，这一自然实验仍能表明：关于拿破仑的影响，法国历史学家是正确的，英国历史学家是错误的。自然实验已经成为回答人类历史和人类行为相关问题的最实用、最可行方法。

第六本书是《昨日之前的世界》（2012年），书中比较了传统社会的生活（比如我待了很长时间的新几内亚岛上的部落社会生活）与大部分读者都不陌生的现代社会生活。传统社会与现代工业社会的差异表现在许多方面：敌友的划分、打仗的方法，以及解决争端、养育子女、对待老人、应对危险、保持健康的方式，等等。在有些方面回归传统做法是很可怕的，我们可以认为我们现代的生活方式更优越，比如不必总是卷入战争，不必眼睁睁看着大多数子女死去。但在另一些方面，传统社会处理问题的方式比我们现代人强，我们可以从中学到很多，比方说如何维持一生的友情，将子女养育成具有竞争力且快乐的人，识别危险，以及为老年人提供有意义的生活。《昨日之前的世界》是我最具个人色彩的一本书，也是最易于读者参考应用，使自己的生活更惬意的一本书。

在我最新出版的书之前的一本是《为什么有的国家富裕，有的国家贫穷》（2014年）。我的另外7本书都围绕一个单一话题展开，并且需要从头开始读，但这本小书只有7章，每章的话题都不同，你可以一次只读一章，随便什么顺序都行。各章讨论的话题包括：为什么有的国家富裕，有的国家贫穷？如何避免损害健康或者危及生命的事故？吃什么能够避免过早死于糖尿病、高血压、心脏病，或者其他可能威胁我和大多数读者生命的医学问题？还有一整章是关于中国的，描述的是我这个外国历史学家眼中的中国。

我最新出版的书是《剧变》（2019年），讨论的是现代国家如何应对国家危机,书中的案例多数发生在过去的80年内。虽然已经有数不胜数的书讨论最近或以前的国家危机,但是这本书从一个全新的视角剖析了这一常见且重要的问题:由个人危机提供的视角。几乎所有人都经历过个人危机,比如婚姻或其他亲密关系即将破裂、所爱之人去世这类事件,或者工作、财务或健康方面的重大挫折。我对这一问题思考了很多,因为我的妻子玛丽是一名临床心理学家,她的专业涉及为面临严重个人危机的人提供帮助。

我们都知道,不管是根据自己的经历还是基于对朋友的观察,有些人在面对危机时比其他人处理得更妥当。借助玛丽和其他心理学家的经验,我们总结出了决定个人能否成功应对个人危机的12项因素,包括是否承认危机,是否承担责任,是否对自己诚实,是否有选择性地改变自身做得不好的部分,是否接受朋友的帮助,等等。结果表明,类似的因素也影响着印度尼西亚、日本、澳大利亚、德国等国家应对国家危机的方式。这本书的最后几章剖析了日本、我的祖国美国以及整个世界现在正面临的主要问题,还分析了影响日本、美国以及整个世界成功解决现存问题的可能性的因素。

你将会注意到我的这些书是在1991—2019年出版的。每一本书都在出版前的几年里写成。这可能会让你心生疑问:这些书是不是已经过时了呢?从1991年或者2005年至今,知识已经更新换代,这些书现在是不是不合时宜、失去价值了呢?

当然,对于我在这些书中所探讨的问题,相关研究肯定不会在书出版后就停滞不前。不过事实证明，后续的研究只是提供了新的例子，促进了我们的理解，并没有推翻我书中的结论。例如，1991年《第三种黑猩猩》出版时，我们不知道我们的祖先智人遇到现在已经灭绝的尼安德特人时，两个人种是否发生了杂交。现在，基于过去15年的基因研究发现，我们知道确实发生过杂交，特别是当我们的智人祖先从非洲扩张后首次遇到尼安德特人时——或许因为他们那时男女人数不平衡，智人中的男性不得不与尼安德特人中的女性交配。结果是，非洲之外的所有现代人类（中国人、美国人等）有大约3%的基因源自尼安德特人与不断扩张的智人杂交的短暂时期。这一发现为我在1991年出版的《第三种黑猩猩》一书中所描述的人类进化进程增添了有趣的一笔，但并没有推翻我这本书的结论。

最后，我将列举11个问题，这些问题可能让你感到困惑，你不确定这些问题的答案是什么（许多科学家往往也不确定！），但是你会发现这些问题在我的这几本书中都有所探讨。这些问题能说明为什么我认为我们人类和我们的社会非常有趣，以及为什么我认为我的中国读者将会对这些问题特别感兴趣。举例如下：

为什么几乎所有的中国人都是黑头发、黑眼睛，而大多数北欧人是黄头发或红头发、蓝眼睛？为什么黑头发、黑眼睛会给生活在中国而非北欧环境中的人类带来优势？

为什么在世界上的所有人种中，中国男性的胡须（和体毛）特别稀疏，欧洲男性的胡须更浓密，日本北部的阿伊努人的胡须是世界上最浓密的？长胡须或者不长胡须对男性各有什么好处，为什么这种好处在中国、欧洲和日本北部有所不同？

中国人特别是中国北方人的一项独特的面部特征是眼型，这是由于叫作内眦赘皮的眼睑特征造成的。内眦赘皮在中国北方人和西伯利亚东部人口的眼部表现得很明显，在中国南方人和南亚人口的眼部表现得不太明显，而世界上大多数其他人种的眼部没有内眦赘皮。如果你的眼部有内眦赘皮，这对你有什么好处呢？为什么如果你的祖先来自中国北方，好处就会更大，如果你的祖先来自中国南方，好处就会更小，而如果你的祖先来自欧洲，就没有好处呢？

为什么中国的丈夫平均而言比他们的妻子高10厘米左右呢？为什么很少有中国男人比妻子高很多，也很少有比妻子矮的呢？

就地理方面而言，欧亚大陆以东的日本和欧亚大陆以西的英国像是对方的镜像——日本是靠近中国海岸的大群岛，而英国是靠近欧洲海岸的大群岛。人们可能因此便期待日本和中国的历史关系与英国和欧洲的历史关系大致相同。事实上，英语与欧洲大陆的日耳曼语系关系密切，与欧洲弗里西亚语的关系尤为紧密，而日语与汉语完全不相干，与任何其他亚洲语言也没有确切的亲缘关系。同样，英国在过去2 000年里与欧洲国家纠葛不断，不断遭到欧洲人的入侵和占领，几乎在每个世纪都派遣了军队到欧洲大陆作战；但日本早先一直与亚洲大陆国家保持着几乎是相互隔绝的状态，在公元前400年之后从未遭到过侵占，在近代之前只有一次（16世纪90年代）向亚洲大陆派兵作战。为什么日本和英国有着如此相似的地理特征，却在语言、社会和历史方面发展得如此悬殊呢？

中国在公元前221年首次实现了政治统一，从此在历史上的大部分时期都是统一的状态。相反，欧洲大陆从未实现过政治上的统一，直至今天，欧盟甚至连促使欧洲各国组成非常松散的联盟都很有困难。为什么中国这么容易实现统一，而欧洲实现统一就难上加难？

人类女性有绝经期，这意味着所有女性在40岁之后的一段时间会逐渐丧失生育能力。这似乎违背了基于自然选择的期望，因为自然选择应该倾向有助于动植物物种繁衍更多后代这种特性的进化。另外唯一一种已知有雌性绝经期的哺乳动物是领航鲸，也可能还有虎鲸，还有一种哺乳动物（澳大利亚袋鼬）有雄性绝精期。为什么女性有绝经期，与基于自然选择的期望不一致呢？如果绝经对女性有某种好处，那么为什么绝精对男性没有好处呢？为什么人类男性没有绝精期呢？人类女性与雌性领航鲸或虎鲸有何共同之处，唯独让这三种生物的雌性有绝经期呢？为什么雄性袋鼬有绝精期，而人类男性或者任何其他雄性哺乳动物没有绝精期呢？

生双胞胎对中国女性来说很少见：只有几百分之一的概率。但在尼日利亚的女性中，生双胞胎非常常见，比中国女性生双胞胎常见20倍——每100名尼日利亚新生儿中就有6对双胞胎。人们可能会想当然地认为生双胞胎会为自然选择所青睐：生双胞胎的女性能因此繁衍更多的子女并最终占领全世界。那么，为什么生双胞胎对尼日利亚女性有明显的好处,而对中国女性不利呢?

糖尿病曾经在中国很少见,但最近几十年发病率大大增加,已经接近美国的病发率。但是,糖尿病患者在中国人口中的分布与在美国人口中的分布截然相反。在中国,糖尿病集中发生在受教育程度高的富人身上,几乎不会发生在受教育程度低的穷人身上。与之相反,在美国,糖尿病在受教育程度低的穷人中最常见,在受教育程度高的富人中不常见。为什么糖尿病的发病分布在中国与在美国完全相反呢?

中国未来面临的最严峻问题之一是蚯蚓的问题。蚯蚓正面临什么问题呢,为什么蚯蚓问题对中国人的未来是一项严重的威胁呢?

中国和美国经常将彼此视为经济竞争对手,甚至可能是军事竞争对手。但是,中国所面临的最严重的长期问题与美国所面临的最严重的长期问题是一样的,即核武器、气候变化、全球范围内关键资源的枯竭、世界各地不平等导致的种种后果,以及在新冠肺炎之后的新型疾病将给整个世界所带来的危险。所有这些问题都非常棘手,只有在中国、美国以及世界上其他强国的通力合作下才能得到解决。为什么中国和美国现在还不做出更多的努力,来保障自己政府和自己人民的利益,来应对这些共同的问题,来解决我们两国都在面临的这5个最严重的难题?

以上11个问题只是列举的几个例子,你将看到我在8本书中还探讨了上千个精彩的问题。对于其中的一些问题,我在书中提供了具有信服力的答案。对于其中的另一些问题，我只能提供一些推测，这些推测尚未得到广泛的认可。其中还有一些问题至今仍然是谜，不过科学家希望能够在你们的有生之年解开谜题。尽情阅读、尽情享受吧！这次有机会向我的中国读者致辞，我真的很高兴。

Jared Diamond

序言

在这个机场

机场一隅

2006年4月30日上午7点，我在机场入境大厅拥挤的人群中紧握行李推车把手，准备搭乘这天早上的第一班飞机。这个场景我再熟悉不过了：几百个旅客，有人拉着行李箱，有人扛着箱子，有人背着背包，有人抱着小孩，在长长的值机柜台前排成一条条长龙，身穿航空公司制服的地勤人员站在柜台后面看着计算机屏幕。人群中夹杂着一些穿制服的人，如飞行员、空乘人员、行李安检员等。两个警察站在人群中颇为醒目——也许他们站在这里只是要让人知道这里有警察，安检员用X射线机检查行李，值机人员为托运的行李贴上标签，行李搬运工则忙着把行李放到输送带上，希望所有的行李都能准确无误地送往飞机货舱。值机柜台的正对面是一排商店，卖报纸和快餐。我还看到墙上的时钟、公用电话、自动取款机和通往上一个楼层的自动扶梯。当然，从航站楼的窗户望出去，我可以看到飞机在跑道上列队。

柜台地勤人员盯着计算机屏幕，敲打着键盘，时而从刷卡终端机打印信用卡签单。排队的人站在等候线的后方,有的在开着玩笑闲聊,有的在耐心等候,有的等得不耐烦了,有的在跟朋友打招呼。轮到我的时候,我递出我的飞行旅程表给一个未曾谋面的柜台人员。我想,自此之后我或许不会再遇见她。她给了我一张登机牌,让我得以飞到几百英里[①]外的一个地方。我不曾去过那里,也不认识任何一个住在那里的人,但他们应该能允许我踏上他们的土地。

对来自美国、欧洲或亚洲的旅客而言,尽管他们曾见过相似的场景,但这个机场给他们的印象特别新鲜且独特——除了包括我在内的几位外国游客,这个大厅里的人清一色是新几内亚人。外国人还会注意到机场柜台插的国旗不是星条旗,而是巴布亚新几内亚的国旗——上面有红、金、黑三色,左下方的黑色三角形里有南十字星座图案,右上方的红色三角形里则有只金色的天堂鸟。航空公司的标志上写的也不是美国航空或英国航空,而是巴布亚新几内亚航空。机场屏幕显示的目的地也颇具异国风情,如瓦佩纳曼达、戈罗卡、基科里、孔迪亚瓦、威瓦克。

这个机场在巴布亚新几内亚首都莫尔斯比港。了解一点儿新几内亚历史的人都不免为眼前看到的这一幕所震慑、感动。我初次来到巴布亚新几内亚是在1964年,那时这里仍是澳大利亚统治的领地。旧地重游,我不免想起澳大利亚人在1931年"发现"新几内亚高地时拍摄的照片——约有100万个新几内亚村民在这片神秘的土地上过着石器时代的生活。那些高地人几千年来一直

---

① 1英里≈1.609 3千米。——编者注

与世隔绝，初次见到白人，不由得以惊恐的目光盯着这些外来者（见图1~2）。2006年，我在莫尔斯比港机场，当地人的面孔一张张映入我的眼帘——旅客、柜台人员和飞行员等，我发觉这些人的面孔和那些老照片上的脸很像。我身旁的人当然不是照片中的人，但他们的五官就像同一个模子刻出来的。我想，这些人或许是那些高地人的子孙。

2006年我在莫尔斯比港机场看到的那一幕已深深印在我的脑海中，它与1931年澳大利亚人拍的"第一次接触"最明显的差异就是服装。1931年，新几内亚高地上的居民几乎一丝不挂，顶多围着草裙、背着网袋或是插着鸟羽头饰。但2006年的新几内亚人的穿着打扮就跟西方人没什么两样，他们穿着衬衫、裤子、裙子、短裤，有的还戴着棒球帽。不过是一两代人的光景，新几内亚高地人已走出石器时代来到现代机场大厅，学会写字、使用计算机，甚至开飞机。这些人当中有些或许是他们部落里最早学会识字、写字的人。我在机场从一对祖孙的身影中瞥见这样的代沟：穿着飞行员制服的年轻人牵着老人的手。年轻人解释说，那个老人是他的爷爷，今天是爷爷第一次搭乘飞机。白发苍苍的老人一副不知所措的样子，神情正如1931年拍摄的那些照片中的人。

熟悉新几内亚历史的人稍微观察一下，不仅会发现1931年的人穿草裙，2006年的人的穿着已像西方人，还能看出这两个时代间更大的差异。1931年的新几内亚社会缺的不仅是工厂大量生产的衣服，还有所有西方科技产品，如时钟、手机、信用卡、电梯和飞机。更重要的是，在1931年，新几内亚高地人没有文字、金属、货币、学校，也没有中央集权的政府。要不是新几内亚在近代蜕变，我们或许无法相信一个没有文字的石器时代社会，会在短短一代人的时间内脱胎换骨，跻身科学昌明的现代社会。

如果你熟悉新几内亚的历史，又有敏锐的观察力，就会注意到2006年莫尔斯比港机场的场景与1931年澳大利亚人拍的新几内亚高地还有其他差异。在2006年的场景中，老人看起来比较多，但很少来自新几内亚高地的传统社会。第一次来到新几内亚的西方人乍看之下，会认为机场大厅的那些新几内亚人是"纯种族群"，因为每一个人都是卷发且皮肤黝黑（见图1~4、图6~7）。其实，他们是"混合族群"，拥有不同的面部特征：来自南方海岸的低地人大都是高个子，胡子稀疏，脸比较狭长；高地人很多是矮个子，胡子茂密，脸比较宽；小岛岛民和北方海岸低地人的面部特征则有点儿像亚洲人。在1931年，你不可能同时遇见高地人和来自南北海岸的低地人。在那个时代，只有同一种族的人会聚集在一起。如果你是语言学家，在巴布亚新几内亚首都的机场竖起耳朵听当地人说话，那么应该可以辨识几十种语言。它们各属不同的语族：有些是声调语言，就像汉语，字音有一定的高低起伏；有些属南岛语族，有简单的音节和子音；有些属巴布亚诸语言，是非声调语言。如果你在1931年碰到一群新几内亚人，那么你也许可以听到几种语言，但不会像现在这样听到几十种语言。2006年在巴布亚新几内亚首都机场值机柜台，使用最多的语言是英语和巴布亚皮钦语[①]。很多旅客都用这两种语言交谈。但在

[①] 巴布亚皮钦语（Tok Pisin），又称新美拉尼西亚语，是混杂当地语言的非正统英语。

1931年的新几内亚高地，每个区域的人只说当地的语言。

你还可以从1931年和2006年的这两个场景中发现一个微妙的差异。在2006年，有些新几内亚人的体态和一般美国人很像，也就是挺着啤酒肚的大胖子。但在75年前拍摄的照片里，你可看不到胖子：每个新几内亚人都很精瘦，肌肉线条鲜明（见图1）。如果我有机会和那些机场旅客的医生谈谈，再参考现代巴布亚新几内亚的公共卫生统计数据，就可得知当地罹患糖尿病的人数有增多的趋势，多半是肥胖引起的。近年来，高血压、心脏病、中风和癌症的病例也有不少，但在30年前的巴布亚新几内亚，这些都是前所未闻的。

另一个差异在西方现代人的眼里或许根本没什么。2006年聚集在巴布亚新几内亚首都机场大厅的那群人大都未曾见过彼此，这些陌生人不会一见面就打起来。这在1931年的新几内亚高地是无法想象的事。当地人看到陌生人都会提高警惕，认为他们是危险人物，因此可能会把陌生人杀掉。在2006年的机场大厅，虽然有两个警察在维持秩序，但大家一般都很自制，也很放松，认为陌生人不会攻击自己。他们了解自己身处法治社会，如果发生口角或演变成暴力事件，警察和士兵就将随即而至。但在1931年，警察和政府还没出现。在现代西方世界，我们将自由旅行视为理所当然，机场大厅的旅客可以飞到瓦佩纳曼达或巴布亚新几内亚任何一个地区，不需要任何通行证，但是以前可不是这样。在1931年，任何生于戈罗卡的新几内亚人都不能到西边107英里以外的瓦佩纳曼达。如果你是戈罗卡人，想要往西到瓦佩纳曼达，那么只要一离开家，10英里之内就可能被当成陌生人杀掉。如今，我却飞了约7 000英里，从洛杉矶飞到莫尔斯比港——单单这趟旅程已经比一个传统新几内亚高地人一辈子能走的路多上几百倍。

总而言之，这些差异表明，新几内亚高地这75年来的转变相当于世界其他地区几千年来的发展。对新几内亚人而言，他们所感受到的变化甚至更快。我在巴布亚新几内亚的朋友告诉我，我见到他们的10年前，他们还在打造石斧，参加传统部落战役。到了今天，上述提到的现代科技，如金属、文字、机器、飞机、警察和政府，他们已经习以为常。他们遇见陌生人不会害怕，知道其他族群的存在，也知道现在胖子很多。但就人类史而言，这些现代人类社会的特征是近来才出现的。自人类和黑猩猩的祖先分道扬镳，各自踏上演化之路后的600万年间，人类社会大部分时间就没有铁之类的东西。直到1.1万年前，这些现代社会的特征才在世界的某些地区萌芽。

因此，如果我们把新几内亚[①]这75年来的发展放在人类演化

[①] 这里说的"新几内亚"也许不够明确。本书所说的"新几内亚"是指新几内亚岛，即仅次于格陵兰岛的世界第二大岛，位于赤道附近、澳大利亚的北边。我提到的"新几内亚人"则是这个岛上的原住民。这个岛在19世纪被欧洲各国瓜分，因此分裂成东西两半。东半部以及许多邻近的小岛，是巴布亚新几内亚。原本东北是德国的殖民地，东南是英国的殖民地，后来皆由澳大利亚管理，直至1975年独立。澳大利亚人称原德国殖民地为新几内亚，而称原英国殖民地为巴布亚。新几内亚岛的西半部本来是荷属东印度群岛的一部分，1969年起，成为印度尼西亚的一省（旧名伊里安查亚，后改名为巴布亚）。我在新几内亚岛的田野调查工作一半在岛东，一半在岛西，并无偏重任一边。

的600万年漫漫长河中，那么从某些层面来看，新几内亚犹如一个窗口，让我们得以窥见人类社会的昨天。世界其他地区虽然也有这样的转变，但开始得较早，而且非常缓慢。然而，"缓慢"是相对的：即使是在最早出现这些转变的地区，由于转变时间不到1.1万年，与600万年相比，也是短如一瞬。基本上，人类社会近来已经出现非常深刻且快速的转变。

为何研究传统社会

为什么传统社会具有吸引人的魔力？[①] 其中一个原因就是他们的人情味。从某些层面来看，传统社会的人对我们而言似乎很熟悉，也很容易了解；但从其他层面来看，他们又和我们大不相同，宛如另一个世界的人，让人难以理解。1964年，我初次踏上新几内亚，那年我才26岁。新几内亚人的样貌令我瞠目：他们看起来完全不像美国人，不但使用的语言不同，穿着和行为也大相径庭。但在接下来的数十年间，我不断回到这个地方，前后

---

① 本书所说的"传统社会"或"小型社会"是指从古至今，人口密度小的社会，只有数十人到数千人，以狩猎-采集或农牧为生。他们的生活方式因与大型的西方工业社会接触而受到一定程度的影响。其实，直到今天，这样的传统社会依然存在，因与西方接触而产生了一些转变，也可被称为"转型社会"。尽管如此，这样的社会仍然保留过去小型社会的许多特征。我在本书中将传统小型社会与西方社会进行对照。后者就是大型的西方工业化社会，由政府统治、管理。本书的大多数读者应该来自这样的社会。我称之为"西方"是因为这些社会的重要特征（如工业革命和公共卫生）都源于18世纪和19世纪的西欧，并由西欧扩展到海外各国。

有数十次之多，每次停留1~5个月，至今我已走遍新几内亚及其邻近岛屿。我和当地人成为朋友，原来的新奇感也渐渐消失。我们常常天南地北地闲聊、说笑，对孩子、性、食物、运动等话题都很感兴趣。我们的种种情绪也会互相感染，如愤怒、恐惧、悲伤、轻松或狂喜。即使是他们的语言，也没我原本想象的那么陌生、困难。如果我们熟悉的主要语言是主旋律，他们的语言就是变奏曲。虽然我在新几内亚学到的第一种语言佛尔语（Fore）和印欧语系无关，词汇也和我熟悉的语言完全不同，但佛尔语的动词形态和德语很像，双重代词像斯洛文尼亚语，后置词像芬兰语，表达远近的三个指示副词"这里、近处的那里、远处的那里"则像拉丁语。

但我被这些相似点误导。当我渐渐熟悉这里时，我想："世界上的人基本上都一样。"我后来才发现我错了，我们其实有很多不一样的地方。例如，我的新几内亚友人计数东西，不是用手指一个个数，就是用画，不像西方人用抽象的数字；他们择偶的方式、对待父母和教养子女的方式也和西方人不同；他们对危险的看法不同，对友谊的定义也和西方人不同。这些异同就像万花筒，让西方人目眩神迷。

关注传统社会的另一个原因是，它们依然保存着我们祖先在几万年前的生活方式。今日社会有这样的面貌都是长久以来的生活方式塑造出来的。人类直到约1.1万年前才从狩猎-采集生活转为农耕生活，最早的铁制工具大约在7 000年前出现，而最早的国家和文字则大约在5 400年前诞生。翻开人类历史，人类社会几乎都停留在传统社会的阶段，直到近来才变成现代社会。我们吃的大部分是从商场购买的农产品，用不着每天到野外狩猎、采集；使用的多是金属器具，很少是石制、木制或骨制工具。国家、法庭、警察、军队、阅读、书写等也都是现代社会生活不可或缺的。但这些都是近来才出现在人类社会的新东西，今天全世界仍有数十亿人或多或少延续着传统生活方式。

现代工业社会之中依然可见传统生活方式的影子。在发达国家的乡间，人们还是利用传统的、非正式的机制来解决很多纷争，而不是上法庭打官司。我在蒙大拿山谷观察到了这一点，每到夏天我总会和妻子、孩子一起去那里度假。大城市里的帮派如有争端，也不会叫警察来帮忙处理，而是利用协商、补偿、恐吓、打斗等传统手段。我的欧洲朋友有些是在20世纪50年代的欧洲小村子里长大的，他们所形容的童年生活就像新几内亚村落里的小孩的生活：所有的村民都互相熟识，每个人都知道其他人在做什么，也会发表自己的意见。村民与附近村子的人结婚，终其一生都围绕着这个村子生活。只有在世界大战那几年，年轻人才离开家乡到外地打仗。村子里卷入纷争的人最后总是可以重修旧好，即使心中仍有不满，也只能忍耐，因为他们必须在此地终老。也就是说，昨日世界并非完全被今日的新世界取代而消失得无影无踪，我们依然可在今日世界中发现昨日的点点滴滴。这就是我们为何必须了解昨日世界。

读者一路读下去将发现，传统社会的文化习俗比现代工业社会更多元。从这些文化习俗的种种表现来看，现代社会的文化标准远远偏离了传统标准,而且倾向极端。例如,与现代工业社会相比较,有些传统社会对待老年人非常残酷,有些则比较懂得敬老尊贤,让老年人安享晚年。以这两个极端而言,现代工业社会更倾向前者。然而心理学家研究人类的本质、寻找通则之时,取样却极其狭隘,失之偏颇。以2008年一篇发表在顶尖心理学期刊上的研究报告为例,该报告研究的受试者有96%来自西方工业国家(北美国家、欧洲国家、澳大利亚、新西兰和以色列),其中来自美国的就占68%,而这其中多达80%皆为选修心理学课程的大学生。这些学生何以能代表他们所处的社会?正如学者约瑟夫·亨里奇、斯蒂芬·海涅与阿拉·洛伦萨扬所言,我们对人类心理学的了解大抵基于某一群受试者。这些受试者共同的特征为:西方人(Western)、受过教育(Educated)、来自工业国家(Industrialized)、富有(Rich),以及生活在民主社会(Democratic)。这几个特征的英文首字母凑起来,就可以组合成一个单词,也就是"WEIRD"(怪异)。的确,从世界文化差异的标准来看,这群受试者实在怪异。因为在很多采样来自全世界不同族群的文化现象研究中,这些受试者显然是离群值。学者取样研究的现象包括视觉感知、公平、合作、处罚、生物推理、空间定向、分析与整理推理、道德推理、服从的动机、选择以及自我概念。因此,要想对所谓人类的本质有个概括的了解,我们就必须大幅扩大研究样本以覆盖整个传统社会,而不是只局限于美国心理学系的大学生。

　　社会学家或许可从他们对传统社会的研究中得到一些有学术

价值的结论。至于其他人，则可从实用价值出发，向传统社会学习。传统社会实际上体现了建构人类社会的数千种自然实验。面对问题，传统社会的人曾想出成千上万种不同的解决办法，这些办法和西方现代社会采取的解决之道大异其趣。我们将发现，传统社会的人的一些做法甚至让我们啧啧称奇，没想到他们也有胜过发达国家之处。他们自有一套养育儿女和对待老人的办法，知道如何保持健康，掌握说话的艺术，也懂得享受余暇、解决争端。我们自诩为科学昌明的现代人，但我们的身体和行为在某些方面仍停留在进化和适应阶段，与现实环境格格不入。所谓见贤思齐，传统社会有些地方或许值得我们学习。对此，一些人早已尝试，并且证明我们可以过得更健康、更快乐。

然而我们也不能走极端，对过去抱有不切实际的幻想，希望回到单纯的原始世界。传统社会仍有许多层面是我们不乐见的，如杀婴，抛弃或杀害老年人，时常面临饥荒，天灾频发，传染病肆虐，常眼睁睁看着孩子死去，不时提心吊胆害怕遭受攻击。传统社会有些做法的确值得我们学习，但同时也提醒我们珍惜现代社会具备的优点，它们并非理所当然。

国　家

传统社会的组织形态要比以国家[①]或政府为主的现代社会更

---

① 本书所说的国家从政治的角度来看，是指由中央集团政府治理的大型社会。

多变。我们对传统社会的一些特征觉得陌生,为了了解这些特征,且让我们将自己熟悉的国家特征作为起点。

现代国家的人口少则数十万,一般都有几百万或几千万,像印度和中国这两个人口最稠密的国家,人口更是多达10亿以上。人口最少的现代国家,如太平洋岛国瑙鲁和图瓦卢,人口也都超过1万。(梵蒂冈只有1 000人左右,也算一个主权国家,位于罗马西北角的高地上,以梵蒂冈古城墙作为国界。梵蒂冈居民日常所需完全仰赖进口。)在古代,国家的人口为几万到几百万。我们可从庞大的人口得知国家如何供养这些人民、如何组织他们,以及这些国家如何存活。所有的国家主要是以生产的食物(农业和畜牧业)来填饱老百姓的肚子,而非仰赖狩猎与采集。以栽种作物和畜牧作为生产手段,人们在庭院、田地或牧场里种满最高产的作物,饲养最有用的牲畜,就能获得更多的食物。如果在森林狩猎动物、采集可食的植物,所得的食物就非常有限,无法养活庞大的人口。因此,狩猎-采集社会的人口总数不可能多到可以组成一个国家。在任何国家,从事农业生产的人只占人口的一小部分,在现代社会中,由于农业高度机械化,务农的人只有2%。其余的人口忙着从事别的行业(如管理、制造或贸易),他们所需的粮食不是由自己生产的,而是由农民生产、供给的。

由于国家人口数量庞大,大多数人互不相识。即使是在图瓦卢这种只有1万多人的小国,一个人也不可能认识全国所有的人,更不用说人口多达14亿的中国了。因此,国家需要警察、法律、道德规范使境内的陌生人不会因为不可避免的偶遇而经常爆发争斗。而在小型社会中,由于人人彼此认识,便无须设立警察、法律和道德规范约束机制,以便解决陌生人彼此的争端。

一旦一个社会已发展到1万人以上,如有重大决策,就不可能把每一个人找来,让大家坐着面对面商量,人人都得以发表意见。数目庞大的人口需要领导者来做出决策,需要管理者来执行决策,也需要官员来监督决策和法律的执行。或许有些读者是无政府主义者,向往没有国家或政府管制的、自由自在的生活,然而这样的梦是不切实际的:你必须寻找一个愿意接纳你的游群或部落。由于游群或部落里的人都互相认识,便不需要国王、总统或官员。

我们将在下文见到一些人口众多、需要一般官员治理的传统社会,但国家的人口数目远超过这样的社会,而且需要具有不同专业才能的官员各司其职。现代国家的人民往往觉得某些官员的行为令人恼怒,但国家要运作,还是离不开这样的人。一国的法令多如牛毛,加上人口众多,只有一种类型的官员将无法监督所有法规的执行。国家需要的官员包括税务员、机动车检验员、警察、法官、餐厅卫生检查员等。国家的每一个行政机关都只有一种类型的官员,这种官员有很多,分属不同层级。以美国税务机关为例,税务代理人负责审核你的纳税申报表,如果你不同意该代理人的报告,就可向其主任申诉,主任的上面有各区或各州的局长、税务局局长。(其实,真正的架构要复杂得多,但为了简明起见,这里只列出几个层级。)卡夫卡在《城堡》(*The Castle*)这本小说中,以哈布斯堡王朝为原型,虚构了一个错综复杂的官员体系。小说的主人公为了进入城堡，在和这些官员打交道的过程中，受尽各种刁难，还是不得进入。我睡前读了这本书，总不免做噩梦，梦见自己和不可理喻的官员缠斗。想必所有的读者也曾有这种不愉快的经历。这就是我们生活在现代国家必须付出的代价：如果没有官员，国家就无法运作。即使是乌托邦也少不了官员。

关于国家，我们最熟悉的一个特征就是不平等。以政治、经济和社会地位而言，并非人人平等，即使是在最平等的斯堪的纳维亚民主国家也不例外。任何国家不可避免地只能由少数政治领导人来制定法律规章，绝大多数的平民只能服从。人民的经济角色（如农民、门卫、律师、政治人物和店员等）也大不相同，有些人的钱比较多，有些人的社会地位比较高。到目前为止，已有不少人试图消除社会不平等，如马克思就提出了共产主义的理想，提倡生产与分配皆"各尽所能，各取所需"，但这些努力尚未成功。

在人类社会得以生产粮食（公元前9000年前后）之前，国家是不存在的。直到经历上千年的积累，粮食大量生产，能够供养数量庞大的人口，而且人口需要一个权力核心来治理，国家才渐渐形成。人类历史上第一个国家大约在公元前3400年出现在肥沃新月地带，在之后的1 000年里，国家也陆续出现在中国、墨西哥、安第斯山脉、马达加斯加等地。到今天，展开世界地图，你会发现除了南极，整个地球就像拼图一样，由大大小小的国家组成。即使是南极洲，目前也有7个国家对其提出主权要求，且主张的范围存在重叠。

传统社会的形态

公元前 3400 年以前，这个地球上还没有任何国家。直到最近，在世界上某些大范围的地区，也还有人不知国家为何物，他们只有简单的政治体系，过着传统社会的生活。传统社会与我们熟悉的现代社会，这两者的差别就是本书的主题。我们要怎么看待传统社会的各种不同形态呢？

虽然每一个人类社会都是独一无二的，但我们还是可以从中找出一些跨文化的规律。我们发现所有的人类社会至少在 4 个方面存在相关趋势：人口数量、生计、政治集权以及社会的阶层划分。随着人口数量日益庞大、人口密度逐渐增加，只有高效且大规模地生产粮食等必需品，才能满足人民所需。这意味着食物大都来自村里的农民，而不是来自游牧或狩猎，也不是靠采集就够的。现代国家以集约灌溉系统、密集的人力与农业机械使每一亩田都得以生产更多的粮食。政治决策则愈加倾向中央，由领导人来决定，不再是由一小群狩猎-采集者面对面讨论。传统社会的狩猎-采集族群人人相对平等，没有阶层划分，到了中央集权的大型现代社会，不平等的现象则变得非常显著。

这些关联性并不是固定不变的。以规模相当的社会而言，就土地的集约利用、政治集权的程度和社会的阶层划分这几方面，有些社会进展比较快，有些则比较慢。由于人类社会的形态具有多样性，每一个社会从人口、生计、政治与社会等趋势来看，各有不同的表现，我们不得不用一个简便的表示法。我们面对的问题正如发展心理学家讨论个人的差异。尽管世界上每一个人都是独一无二的，但还是可以根据年龄做一些区分，如3岁的孩子有很多地方都不同于24岁的成年人。但年龄是个不可分割的连续变化，从"3岁"成长到"6岁"的过程中并不存在明显界限。即使是同龄人也有很多差异。为了应对这种复杂的情况，发展心理学家只好采用一些简便的分类，把人分为"婴儿""幼儿""儿童""少年""青年"等。当然，这样的分类是不完美的，但我们不得不采取这种权宜之计。

社会科学家也用类似的分类法研究人类社会，但他们面对的情况更加复杂，因为社会的变迁是可逆的，而年龄的变化不可逆。农村居民可能因为干旱改为狩猎-采集，但4岁的小孩绝不可能变回3岁。尽管大多数发展心理学家认为人可依年龄大致区分为婴儿、儿童、青少年、成人，社会科学家也用各种不同的分类描述传统社会，但有些科学家还是不赞同使用任何分类法。在本书中，有时我采用埃尔曼·瑟维斯的分类法，根据人口数量、政治集权和社会的阶层划分将人类社会分成四大类，即游群（band）、部落（tribe）、酋邦（chiefdom）和国家（state）。虽然这样的分类至今已使用了至少50年，其间也不断有人提议用其他分类，但瑟维斯的分类依然最简单明了：他只分成4类，因此其比较好记，如果多达7类，那就难记了，而且他使用简短的单词，而非冗长的词组。但请记住，由于人类社会的复杂多变，我们不得不用这样的分类法来讨论。此后，我们就不再赘述这种分类法的问题了。

最小、最简单的传统社会（也就是瑟维斯所说的"游群"）只有几十个人，成员多来自一个或几个有血缘关系的家族（如一对夫妻及其子女、父母、兄弟姐妹和堂/表兄弟姐妹）。大多数狩猎-采集者和一些在田地耕作的农民一般组成小群体住在人烟稀少之地。游群的成员很少，因此互相熟识，如果是大伙儿的事，就都能面对面一起讨论，无需政治领袖，也没有经济分工。社会科学家也许会用相对平等和民主描述这样的游群生活：成员之间没有财富多寡之别（毕竟每个人拥有的东西都很少），也没有人享有比较大的政治权力，也许只是能力和个性有别，然而由于游群中有什么都互相分享，那些差异也就算不上什么了。

如果我们从考古学的证据来判断，从几万年前开始，特别是 1.1 万年前，人类的社会组织或许就都是这样的游群。欧洲人在世界各地扩展势力，尤其是在哥伦布初次远航（1492 年）后，才接触欧洲人以外的族群，发现国家以外的社会形态。那时，澳大利亚、北极、没有农业的沙漠区、美洲丛林和撒哈拉以南非洲地区，都有游群的足迹。本书将经常讨论到这些游群社会，包括非洲卡拉哈迪沙漠的昆族（!Kung）、南美洲的阿切族（Ache）和西里奥诺印第安人（Siriono Indian）、孟加拉湾的安达曼岛人、赤道非洲丛林的俾格米人以及秘鲁的马奇根加人。上述游群除了马奇根加人会种植作物，其他都过着（或曾过着）狩猎-采集生活。

游群继续发展至人口多达数百，就变成另一种比较复杂的社会形态（也就是瑟维斯所谓的"部落"）。在部落中，每一个人还能认识其他所有的人。例如我在读高中的时候，我们学校有200个学生，学生和老师都说得出其他人的名字，但我太太就读的高中有几千个学生，他们就不可能叫出所有人的名字。一个由几百人组成的社会意味着其中有几十个家庭，分属几个氏族，氏族之间可能联姻。因为人数比游群多，部落需要更多的食物才能养活所有的人，所以部落的人通常是农民或牧民或者二者兼之，但在自然资源特别丰足的环境中，也可能靠狩猎-采集生活（如日本的原住民阿伊努人和北美西北太平洋地区的印第安人）。部落通常定居于田园、牧场或渔区附近的村落。然而中亚的游牧民族和其他部落民族则逐水草而居，也就是依季节变化在不同海拔间迁移放牧。

从其他层面来看，部落和大型游群依然有相似之处。例如，每个人的地位大抵是平等的，没有什么经济分工，政治领导力薄弱，没有官僚组织，以及决策时多采用面对面沟通的方式。我曾在新几内亚村落中看到过好几百人坐在地上一起开会，每个人都可发表自己的意见，最后达成一致决策。有些部落有所谓的"大人物"，但他们并非强势的领导人，他们靠说服力和个人魅力使人信服，而非借由权威使人臣服。例如本书第三章将提到的，新几内亚达尼族（Dani）有个领导人叫古特卢（Gutelu），族人表面上假装服从古特卢，最后还是和他唱反调，发动种族屠杀，破坏了古特卢和其政治盟友的关系。考古学家根据某些地区的房舍和聚落遗迹推测部落组织至少可追溯到 1.3 万年前。目前，新几内亚和亚马孙地区仍有原住民部落。本书讨论的部落社会包括阿拉斯加的伊努皮亚特人（Iñupiat）[①]、南美的雅诺马莫印第安人（Yanomamo Indian）、阿富汗的吉尔吉斯人、新不列颠岛[②]的卡乌龙族（Kaulong）和新几内亚的达尼族、达尔比族（Daribi）与佛尔族。

部落组织进一步变得复杂即成为酋邦，酋邦人口多达数千。由于人口众多，经济分工初现雏形，粮食生产力提高，人们也有储存余粮的能力，得以供养不事农业生产的人员，如酋长及其亲属和官员。因此，酋邦人民已采用定居的生活方式，居住在村镇和小村庄中，有储存粮食之所，大多数人从事粮食生产（农业和畜牧），只有几个动植物资源丰富的地区的人们仍以狩猎-采集为生，如佛罗里达的卡鲁萨人（Calusa）和南加利福尼亚州海岸的丘马什人（Chumash）。

在一个人口多达数千的社会，一个人不可能认识所有的人，这几千个人也不可能一起面对面开会。因此，酋长将面对两个新的问题——相比之下，人数较少的游群或部落领导人就没有这样的问题。首先，同一个酋邦里的人必须能够互相辨识，以免被误认为外来侵略者而引发争斗。因此，同样的意识形态、政治认同和宗教认同在酋邦中就成为辨识敌我的关键。这些通常来自地位崇高如神明的酋长。其次，作为大家公认的领导人，酋长具有权

[①] 因纽特人的一支。——编者注
[②] 巴布亚新几内亚俾斯麦群岛的主要岛屿。——编者注

威，有做决策以及运用武力的权力，而且必须想办法保护酋邦的人民，让他们不至于因为互不认识而自相残杀。辅佐酋长的则是一般官员，即原始官僚，他们没有职责分工，举凡收税、解决争端及其他林林总总的行政事宜都在他们的职责之内，不像国家有税务员、法官和餐厅卫生检查员等。（在科学文献中，由酋长领导的传统社会皆精准地被称为"酋邦"，但本书和大多数的通俗作品一样称之为"部落"，如北美印第安部落其实是指酋邦。）

酋邦在经济上有一项创新，也就是所谓的"再分配经济"：人民不直接交易，而是贡献粮食和劳动力给酋长，酋长再将其重新分配给为他服务的战士、祭司和工匠等人。再分配就是最早的税收制度，政治组织由此才得以运作。有些食物贡品也会分配给人民。酋长有照顾人民的责任，饥荒时就会发放粮食给人民。此外，为酋长兴建石碑和灌溉沟渠等工程的人民也可分得食物。除了这些政治上和经济上的创新，酋邦还出现了一种前所未有的状态，即社会的不平等。部落常会分成好几个支系，但在酋长地位世袭制酋邦之中，只有酋长及其家族在社会这个金字塔组织的顶端，社会底层则是平民和奴隶，在酋长和奴隶之间，可能还有8个阶层之多（如波利尼西亚的夏威夷原住民）。阶级越高者，得到的粮食、房屋、华服和装饰品就越多。

我们可从考古学证据，如石碑或是坟墓中陪葬品的分布情况来辨识酋邦：酋长及其亲属和官员的一些墓穴较为大型，且陪葬品很多，还有绿松石、祭祀的马匹等奢侈品，与平民的小而朴实的墓穴形成鲜明对比。考古学家根据这些证据推论酋邦约兴起于公元前5500年。在近代国家体制大兴之前，酋邦遍布各地，包括波利尼西亚、撒哈拉以南非洲的大部分地区、北美东部和西南部的肥沃地区、中美和南美（墨西哥与安第斯国家控制的地区除外）。本书讨论的酋邦包括在新几内亚迈鲁（Mailu）岛和特罗布里恩（Trobriand）群岛上的人民以及北美卡鲁萨印第安人和丘马什印第安人。约从公元前3400年开始，由于人口压力渐增，酋邦不得不借由征服和吞并取得更多的资源，于是演变成国家。国家通常包含不同的族群，有层层的官僚组织和常备军，经济分工更细，出现了城镇化。这种种改变使国家这种社会形态逐渐普遍，至今已席卷全球。

如果社会科学家能乘坐时光机回到公元前9000年，他们将会发现地球上都是狩猎-采集者，他们过着游群的生活，有些可能已形成部落。这些远古的居民没有金属工具、文字，也没有中央集权政府或经济分工。如果这些社会学家接着回到15世纪考察，即欧洲人开始向外扩张之时，他们就会发现整个澳大利亚大陆都是狩猎-采集族群，人们依然过着游群或部落生活。但在这时，欧亚大陆的大部分地区、北非、印度尼西亚西部一些较大的岛屿、安第斯山脉的大部分地区，以及墨西哥和西非的部分地区已分属不同国家。安第斯山脉之外的南美洲、整个北美洲、新几内亚、北极和太平洋岛屿则还有很多游群、部落和酋邦。如今，除了南极洲，世界各地几乎都由国家管控。到20世纪，唯有新几内亚和亚马孙仍有为数庞大、不识国家为何物的社会。

由于人口数量增加、政治组织趋向复杂，加上精耕细作，人类社会逐渐由游群发展为国家。除此之外，我们还可见到其他并行的趋势，例如对金属工具的依赖渐增、科技复杂化、经济分工细化、文字系统化、人与人之间的不平等加剧，以及战争和宗教的改变（详见第三、第四、第九章的讨论）。请注意，人类社会从游群发展到国家，不是线性的，不是不可逆转的，也不是所有的地区都是如此。上述趋势，特别是人口渐增、中央集权、科技和武器的进步，是国家得以征服传统社会的主因。传统社会的居民因此遭到奴役、驱逐，甚至灭绝。到了现代，游群和部落（如卡拉哈迪沙漠的昆族、赤道非洲雨林区的俾格米族、亚马孙盆地偏远处的美洲原住民和新几内亚的新几内亚人）只能退居到难以到达、落后的地区。

为何在哥伦布 1492 年横越大西洋之时，世界不同地区的人类社会形态有那么大的差异？有些族群（特别是欧亚人）在国家的政治体制下生活，已有文字、金属工具、精耕农业和常备军。相比之下，还有很多族群看不到上述文明发展的里程碑，像澳大利亚原住民、昆族、非洲的俾格米族，这些人仍然和公元前 9000 年的老祖宗一样过着原始的生活。我们如何解释这种惊人的地区差异？

过去很多人认为这种地区差异反映出不同族群智商、体格与职业道德的不同。现代还有不少人抱持这种看法。根据这种信念，欧洲人智商比较高、体格高大、认真进取，至于澳大利亚原住民、新几内亚人和其他现代的游群和部落中的人则比较愚笨、原始，而且生性懒惰。其实，关于上述体质差异，目前尚无可供参考的证据。如果以现代的游群和部落科技落后、政治组织简单、生活方式原始，就断言这些族群智能低下、体格不良、性格低劣，可谓一种荒诞的循环论证。

反之，要解开现代世界社会形态差异之谜，我们必须从地理环境的差异着手。我们已知，粮食生产的进步（农牧业的兴起）促使人口增加，形成政治集权和社会分层。然而，野生动植物中能被改良或驯化，变成作物和家畜的物种实在不多。世界何其广大，只有6个很小的地区拥有这些可被改良或驯化的物种。这些地区的居民因而得以赢在起跑点，粮食生产拔得头筹，有余粮，人口逐渐增加，科技进步，进而形成国家政府的体制。正如我在以前出版的《枪炮、病菌与钢铁》一书中所讨论的，这些差异可以解释欧洲人的势力为何得以扩张到全世界，也就是拥有住在肥沃新月地带的地利，进而拥有最有价值且可以驯化或改良的野生动植物，昆族和澳大利亚原住民则没有这样的优势。目前仍生活于传统社会中的居民就体质而言其实与其他现代人无异，只是居住地区可供改良或驯化的动植物种类极少，否则他们也能过着现代化、舒适的生活。

研究途径、原因探究与数据源

我们在前文中从人口总数、人口密度、获取食物的方式和环境角度系统地讨论传统社会的差异。虽然我们可借此发现几个比较显著的趋势，但如果我们以为可从物质条件来预测一个社会的情况，那就错了。试以法、德两国人民的文化和政治差异为例，这种差异显然并非两国地理环境的差异造成的。因为以全世界环境变化的标准来看，这两国环境的差异并不明显。

学者曾采用几种研究方法来了解社会之间的差异。虽然每种研究方法都有助于了解某些差异，但难以用来解读其他现象。第一种研究方法就是前面讨论过的，从演化的角度切入，研究不同人口数量和人口密度的社会之间的重要差异，以及人口数量和人口密度相近的社会有何共同特点，或是推论（有时则是通过直接观察得到结论）一个社会在变大或变小时会出现什么样的转变。还有一种研究方法与演化研究相关，也就是从适应学派的角度切入，认为一个社会的某些特征是不断适应的结果，使社会在一定情况（如特殊的物质条件、地理和社会环境，以及特定的人口总数和人口密度）下更有效地运作。像是人口总数超过几千的社会必须有领导人，另外，为了供养领导人，大型社会必须具有生产余粮的能力。我们可从这种研究方法中归纳出一些结论，也可从生存条件和环境的角度来解释一个社会的变化。

第二种研究方法和前述恰恰相反，即认为每个社会都是独一无二的，有特殊的历史，其文化信仰与习俗大抵是独立变量，不是受环境支配的结果。在无数的例子中，我要提出的是卡乌龙族的一个习俗。卡乌龙族也是本书将讨论到的一个族群。这个例子非常极端、令人震撼，而且完全和当地的物质条件没有任何关联。卡乌龙族住在新几内亚东边的新不列颠岛南部的流域，这个地区共有几十个小规模的原住民族群。以前，如果一个卡乌龙族男人死了,遗孀就会把她的兄弟叫来,要他们将她勒死。因此,她不是被谋杀的,也不是被族人强迫而死的。事实上,这是耳濡目染的结果:所有的卡乌龙族女人从小到大眼睁睁地看着妻子在丈夫死后尾随而去,一旦自己成了遗孀,也就自然而然跟着走上这条黄泉路。遗孀的兄弟即使不忍,也得完成这项庄严的任务。如果遗孀没有兄弟,就嘱托其子成全此事。她就这样认命地坐在地上,由家人将她勒死。

没有任何一个学者认为卡乌龙族遗孀的殉夫有益于社会,此举也无益于长远的"基因利益"。研究自然环境的科学家也看不出卡乌龙族遗孀殉夫对环境有何帮助。她们的死并不会使新不列颠岛的南部优于北部、东部或西部。除了与卡乌龙族为邻的森森族(Sengseng),不管在新不列颠岛还是新几内亚,我都没听说过其他族群有这样的习俗。似乎卡乌龙族遗孀这么做是一种独特的历史文化特质,只存在于新不列颠岛的那个区域,原因已不可考,最后或许会因为社会间的物竞天择(例如,新不列颠岛其他没有这种习俗的社会比卡乌龙族具有优势)而消除。然而这种令人不解的习俗还是流传了很长一段时间,直到他们与外界有了接触,才在压力之下于1957年前后废除了这样的习俗。熟悉其他社会的人都可以想出诸如此类的习俗,只是不像卡乌龙族遗孀殉夫那么极端。这样的特质对社会没有明显的利益,甚至可能损害社会,而且显然不是当地环境造成的。

第三种了解社会差异的途径,是辨识分布范围广阔的文化信仰或习俗。这些文化信仰或习俗在一地流传久远,但是显然与当地环境无关。我们熟悉的例子包括欧洲几乎处处可见的一神教和非声调语言，以及与之相反的中国与东南亚地区的多神教和声调语言。虽然我们对每个地区宗教和语言的根源和发展已有一定的认识，但我仍不解为何声调语言在欧洲这样的环境无法流行，也不知为何中国和东南亚不是适合一神教发展的沃土。到目前为止，我还找不到令人信服的答案。宗教、语言与其他文化信仰及习俗的传播可能通过两种途径：一是人们在向外扩张的同时把文化带过去，如欧洲人向美洲和澳大利亚殖民，不但使欧洲的语言外传，也在当地建立欧洲式的社会；二是人们主动采纳其他地区的文化信仰和习俗，如现代日本人穿西装而美国人吃寿司，但西方人并未统治过日本，美国也不曾沦为日本的殖民地。

此外，有关问题的剖析，本书会不断出现两种解释：一种是近因，另一种则是终极因。且让我们想象下面的情境，以了解这两种原因的区别。有对结婚20年的夫妻因婚姻濒临破裂而求助于心理治疗师。治疗师问道：“你们既然结婚20年了，为什么突然想离婚？”丈夫说：“她用一个很重的玻璃瓶狠狠地打了我的脸。我无法跟这种女人一起生活。”妻子承认她出手打人，这是两人婚姻破裂的"原因"（即"近因"）。然而治疗师知道无风不起浪，美满婚姻应该很少会出现这样的暴力攻击事件，于是探询更深一层的原因。妻子说：“他一再出轨，我忍无可忍，才拿玻璃瓶打他。他的外遇就是我们婚姻破裂'真正的原因'（即'终极因'）。”丈夫承认他的确有外遇，但治疗师想知道为什么他会去找其他女人。如果一个男人婚姻美满，就应该不会出轨。丈夫说:"我老婆是个冷漠、自私的女人。我和所有正常的男人一样需要爱情与慰藉,而她不能给我,我就去找其他女人了。这就是我们婚姻破裂最根本的原因。"

如果这对夫妻接受长期治疗,治疗师就会深入探究妻子的成长过程,看是什么原因导致她变成一个冷漠、自私的人(如果丈夫的指控为真)。但就治疗师已经知道的情况,大多数的因果关系包含多个原因链,环环相扣,有些是近因,有些则是终极因。我们将在本书中碰到很多这样的原因链。例如,部落战争(见第四章)的近因或许是一个部落的甲从另一个部落的乙那里偷了一头猪。但甲说,这头猪是乙欠他的(乙的表哥向甲的父亲买猪,猪到手了,却没付钱)。至于部落战争的终极因则是旱灾、资源匮乏和人口压力使两个部落都没有足够的猪供给族人。

以上就是学者研究人类社会差异的几种比较普遍的方法。至于学者如何得知传统社会的情况,一般而言我们的数据源大致可分为四大类,每一类都有其优缺点。第一类是本书最重要的数据源,也就是由受过训练的社会学家或生物学家深入传统社会探访,或和当地人共同生活,以研究某个主题。然而科学家要想进入这样的社会,必须等到当地的原住民族群被某个国家征服或控制之后,也就是已受"安抚教化",或是该传统社会因外来传染病而人数变得很少,不会攻击外人。这样的社会因遭外敌或传染病的入侵,已和过去的情况大不相同。

第二类来自对当地不识字的原住民的采访,利用口述史重建几个世代之前的社会样貌,梳理传统社会在现代的改变。第三类也是利用口述史重建传统社会在现代科学家造访前的原始面貌，区别在于通过探险家、商人、政府派驻到当地的巡逻官和通晓当地语言的传教士等人的描述，了解西方人和传统社会初次接触的情况。虽然这些描述或史料可能杂乱无章、数量不多，也不如科学家的田野调查报告那样严谨，但其优点是呈现了部落社会的原始面貌，而非西方势力入侵后的样子。要研究没有文字且未与西方观察者接触过的古老社会，就只有一个方式——通过考古挖掘，这就是第四类。我们可借此重建一个未与现代社会接触或受其影响的文化，缺点是无法探究一些细节（如人名或动机），也不一定能以考古遗址出土的文物推断当时的社会情况。

一本主题宏大的小书

本书主题希望涵盖人类文化所有层面，以及近1.1万年在地球上出现的所有族群。然而，鉴于主题庞大，如要面面俱到，此书恐将厚达2 397页——这么厚的书大概没有人想读。因此，我只能挑选一些主题和社会来讨论，以利阅读。我希望能引发读者对本书未涉及的主题和社会产生兴趣，进而阅读其他杰作。

至于本书主题，我选择了9个，分11章进行讨论，希望能从不同的角度了解传统社会。其中有两个主题——危机应对与子女教养，我们可参考传统社会的做法，将其运用到自己的生活中。我曾深入传统社会与当地人一起生活，就这两个层面而言，我个人的生活方式和决策已深受他们的影响。

关于另外三个主题，即如何对待老人、语言多样性以及有益健康的生活方式，传统社会也有一些可供我们借鉴之处，不但可供个人参考，而且可供我们的社会在制定政策时借鉴。至于和平解决争端这个主题，比起个人，对社会整体应该更具参考价值。就书中探讨的主题而言，我们必须了解一件事：学习或采用另一个社会的做法并不简单。例如，你很欣赏某个传统社会教养子女的做法，因此打算采用这一方法教养自己的孩子，你将发现在现代社会环境中此举可谓困难重重。

至于宗教，我想没有任何人或社会因为本书的讨论（第九章）而信仰某个部落的宗教。然而，我想大多数人在一生中的某个阶段曾思索宗教的问题。凡是正在思索这个问题的读者，应该有兴趣了解在人类史上宗教对不同社会的意义。最后，我们可从关于战争的两章了解传统社会的做法，进而明了国家这种政治体制带给我们的益处。（这个主题其实非常复杂，请勿因为广岛原子弹爆炸事件或堑壕战而大动肝火，也别对战争抱有成见，认为国家战争不可能有任何益处。）

当然，本书难免遗漏许多对人类社会研究而言非常重要的主题，如艺术、认知、合作行为、烹饪、舞蹈、两性关系、亲属体系、语言对知觉和思维的影响（如萨丕尔-沃尔夫假设）、文学、婚姻、音乐和性行为等。我必须再度说明，本书实难呈现人类社会的全貌，只能选择几个主题来论述。至于其他主题，请参看其他专著。

至于所讨论的社会，本书同样因篇幅有限无法纳入全世界的小型传统社会。我决定把重点放在以小型农业或狩猎-采集为生的游群或部落，酋邦或早期国家的部分则相对较少，因为前者与我们的现代社会差距较大，对比鲜明，我们能从中学到更多。我在书中引用的例子多来自几十个传统社会（见图3、图8~18）。我希望读者能根据这些例子和描述建构出一个完整而细致入微的图像，以了解一个社会的不同层面，如教养子女之道、如何对待老人、如何面对危险、解决争端等如何兼容。

有些读者也许会觉得本书的例子偏重新几内亚及邻近的太平洋岛屿。这部分是因为这个区域是我最熟悉的，我花了最多的时间研究这个地方，还因为新几内亚呈现的人类文化极其多样。全世界约有7 000种语言，新几内亚即有1 000种语言。在这里看得到最多的传统社会，即使到了现代，这些社会依然不受国家政府的管控，直到最近才受到其影响。新几内亚人仍过着原始、传统的生活，如狩猎-采集、航海、将低地的西米推广到高地种植，社会人数少则几十，多则可达20万。同时，本书也会深入讨论其他学者对各大陆人类社会的观察。

本书概览

本书共分为5部分，包含11章和尾声。第一部分只有第一章。我在这一章为后文的发展架设舞台，解释传统社会如何划分地盘——或是像现代国家划定清楚的界线，互不侵犯；或是采取比较有弹性、互惠的做法，如相邻的社会基于某种目的让对方使用自己的土地。无论如何，传统社会的人不能随心所欲地到任何一个地方。他们将见到的人分为三种：第一种是亲友，第二种是敌人，这两种人都是他们认识或可辨识的人，第三种则是陌生人（这种人很可能被视为敌人）。一般而言，传统社会的人只知道自己的家乡，对遥远的地方一无所知。

第二部分包含三个论述如何解决争端的章节。在没有中央政治及司法机关管制的情况下，传统小型社会只能用两种方式解决争端。与现代社会相比，一种方式较为和平，另一种则较为暴力。我在第二章以一个新几内亚的孩子意外被公共汽车撞死的事件为例，来解说孩子的父母和肇事司机及其同事在几天之内即达成和解，谈妥补偿的条件。这种补偿的目的并非断定谁是谁非，而是使小型社会的人得以和平相处，毕竟日后大家低头不见抬头见。与传统社会这种解决争端的方式相比，现代社会的法律审理过程费时，原告和被告双方有如仇人，日后也不会再碰面，诉讼的目的是判定谁是谁非，而不是修复人际关系。此外，国家有自己的利益考虑，不一定和受害者休戚与共。对国家而言，司法体系是必要的，然而传统社会解决争端的某些做法或许值得我们借鉴。

如果小型社会的争端无法和平解决，那么由于没有司法的干预，就可能演变成暴力事件或战争。在没有强势政治人物领导、每个人都可动武的情况下，人们为了复仇，冤冤相报，最后就会陷入不断杀戮的恶性循环。我将在简短的第三章中，以新几内亚高地西部达尼族之间的争斗来说明传统社会的战争。篇幅较长的第四章则描述世界各地传统社会的战事，以了解它们的冲突和厮杀是否符合"战争"的定义,并探讨为何传统社会交战死亡率会那么高,它们的战争和国家的战争又有什么不同,以及为什么某些族群特别好战。

本书第三部分包含两章,讨论的是人生的两端:童年(第五章)与老年(第六章)。传统社会教养子女的方式非常多元,比起现代社会,有的更为严厉,有的则更放任。然而,我们可从调查研究中发现一些规律。无可讳言,传统社会的有些做法令人毛骨悚然,但是有些做法还是让读者赞赏的,让人思索是否有可能与自己的教养方式加以融合。

至于如何对待老人(第六章),有些传统社会特别是人们居无定所或是生存环境恶劣的社会,在不得已的情况下,被迫抛弃老人或杀害他们。然而,还有一些传统社会的老人甚至比大多数西方社会的老人过得更好。这些差别的背后有几个影响因素,包括环境条件、老人是否有权力、老人能否发挥长处以及社会的价值观和规则。在现代社会,由于人类平均寿命大大延长、老人对社会的用处减少,老人的悲剧与日俱增。这方面也许我们可向一些传统社会学习,看如何让我们的老人过得更好、更有尊严。

第四部分包含两章,讨论的是危险和对危险的反应。一开始(第七章),我描述了我在新几内亚三度陷入险境的经过。当地的朋友教我如何面对这样的危险。我很欣赏这些传统社会面对危险的态度,并称之为"有益的神经质"。传统社会认为很多小事件或细微的征兆虽然不见得会带来大灾难,但也许会在人的一生中出现几千次,如果我们不予理会,那么最后可能会受到很大的伤害，甚至可能因此送命。他们认为很多"事故"不是随机出现的，也不是运气不好才会碰上的，事出必有因，因此我们必须随时提高警惕。第八章描述的是传统社会中的人会碰到的几种危险，以及他们应对的方式。与传统社会相比，现代社会的人对危险的感知和反应都不够理性。

最后的第五部分则有三章，分别论及有关人类生活的三个主题，即宗教、语言多样性和健康。第九章讨论的是宗教这种独特的人类现象。这一章会紧接在讨论危险的第七、第八两章之后，是因为危险也许和宗教的起源有关。宗教信仰非常普遍，几乎可见于每一个人类社会，这意味着宗教具备可满足人类所需的某些功能。然而，随着人类社会的演化，宗教的功能也有了改变。我们不禁好奇，在未来的几十年，宗教有哪些功能可能会变得更强大。

语言（第十章）也是人类独有的能力。所谓人之所以异于禽兽者几希，语言就是其中之一。以大多数小型狩猎-采集社会而言，一种语言的平均使用人数只有数百到数千，在这种社会中，其实有不少人经常使用两种或多种语言。现代美国人常认为多种语言会阻碍儿童的语言学习并使移民不易同化，因而不鼓励多种语言的学习。然而，根据最近的研究，学习多种语言的人对获取毕生的认知能力是有帮助的。然而，从今日的语言发展趋势来看，语言消失的速度很快，不到100年，世界上95%的语言将消失。这个结果是好是坏，就像多语主义一样存在许多争议：不少人赞成这个世界只剩几种普及的语言，然而有一些人指出语言多样性可为社会和个人带来好处。

最后一章（第十一章）讨论的主题与今天的每一个人息息相关。现代社会人们常见的死因不是传染病，而是糖尿病、高血压、中风、心肌梗死、癌症等。传统社会的人以前很少患这些病，甚至没听说过这些疾病，直到近一二十年受到西方社会生活方式的影响，才开始患这些病。显然，西方社会生活方式具有导致这些疾病的风险因子，如果我们设法减少这些风险因子，也许就有可能避免死于上述常见疾病。我将以高血压和 2 型糖尿病为例。在传统社会的生活方式下，这两种疾病的基因也许是有好处的，然而对于过着西方社会生活的人却可能变成健康的杀手。基于这样的事实，很多人决心调整生活方式，因此得以延年益寿、提高生活质量。我们死于这样的疾病，其实是我们自找的。

本书从位于巴布亚新几内亚的莫尔斯比港机场出发，在尾声回到洛杉矶机场。我在巴布亚新几内亚待了几个月，直到飞机降落在洛杉矶机场，我的心还在新几内亚，之后我才慢慢回过神来，知道自己回到家了。尽管洛杉矶和新几内亚丛林有着天壤之别，但昨日世界的种种并未消失，仍在我们的身体、我们的社会之中。人类社会的大转变始于 1.1 万年前，但新几内亚人口最稠密的地区在几十年前才开始有所改变，至于新几内亚和亚马孙盆地少数仍未与外界接触的蛮荒之地，则和远古一样，几乎没有任何改变。在现代社会成长、生活的我们，总把今日便利、舒适的生活方式视为理所当然，即使有机会到传统社会所在的地区旅行，也只是走马观花，除了一些刻板印象，难以看出传统社会与现代社会的根本差异。为了了解这些差异，我在书中列举了一些朋友的体验。这些人有的是美国人，有的是新几内亚人或非洲人，他们在传统社会成长，直到青少年或成年之后才到西方社会定居。我的朋友梅格·泰勒夫人就是这样的一个人，她在新几内亚高地长大，因身为巴布亚新几内亚驻美大使和世界银行副总裁在美国待了很多年。

　　传统社会代表几千年来建构人类生活的自然实验。这些实验都是不可能重复的。我们无法将今天的社会重新设计，几十年后再来观察有什么样的结果。我们只能观察已经实验过的社会，并学习它们的经验。当然传统社会不见得样样都可成为我们的模范，看到不好的地方时，也许我们该庆幸我们的社会没有这样的缺点。至于让我们羡慕的方面，我们也许可以好好想想如何效仿。例如我们羡慕传统社会没有与西方社会生活方式相关的非传染性疾病。在争端解决、子女教养、对待老人、对危险的警觉和多种语言的使用等方面，传统社会也都有值得我们学习之处。

　　传统社会的生活方式常令我有大开眼界之感。我希望借由本书与各位读者分享这种感动。除了感动，各位也可以想想，他们既然做得到，我们不妨也试试看，说不定个人甚至整个社会都能获益。

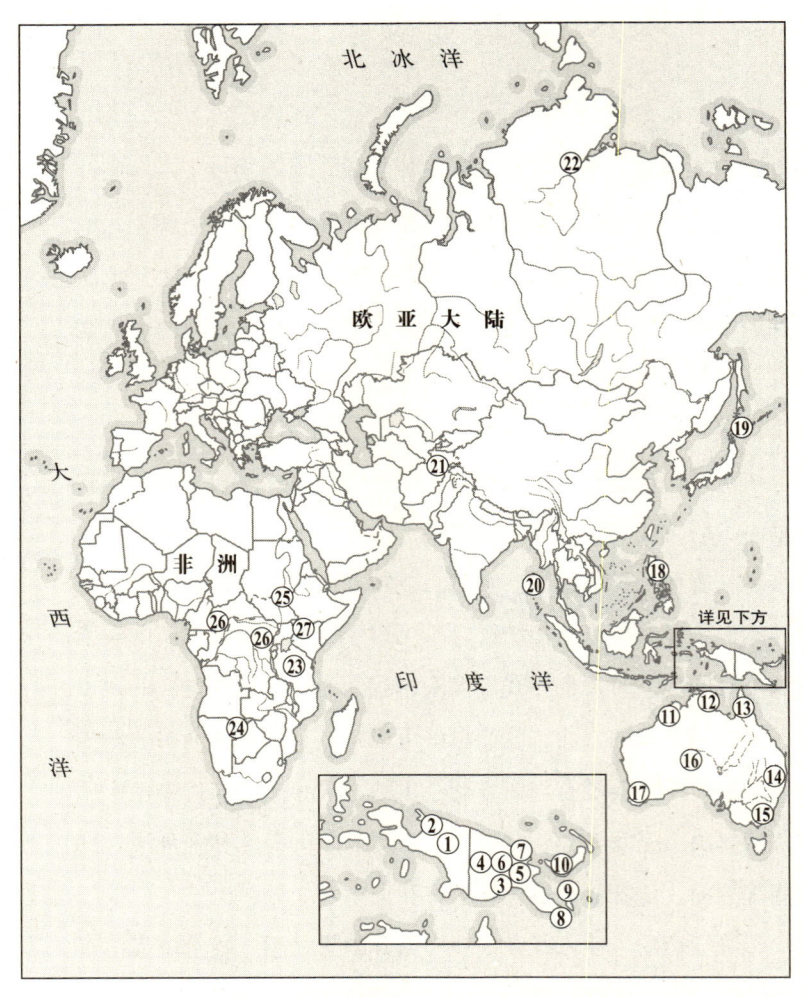

序图 本书常讨论到的 39 个传统社会[①]

新几内亚及其邻近岛屿 1＝达尼族 2＝法尤族 3＝达尔比族 4＝恩加族 5＝佛尔族 6＝策姆巴加·马林人 7＝希尼洪族 8＝迈鲁岛岛民 9＝特罗布里恩群岛岛民 10＝卡乌龙族

澳大利亚 11＝恩加里宁族 12＝雍古族 13＝沙滩族 14＝尤瓦利亚伊族 15＝库奈族 16＝皮詹贾贾拉族 17＝维尔族与米农族

欧亚大陆 18＝阿埃塔族 19＝阿伊努族 20＝安达曼岛人 21＝吉尔吉斯人 22＝恩加纳桑人

非洲 23＝哈扎族 24＝昆族 25＝努尔族 26＝俾格米族 27＝图尔卡纳族

---

① 本书所有插图系原文插图。——编者注

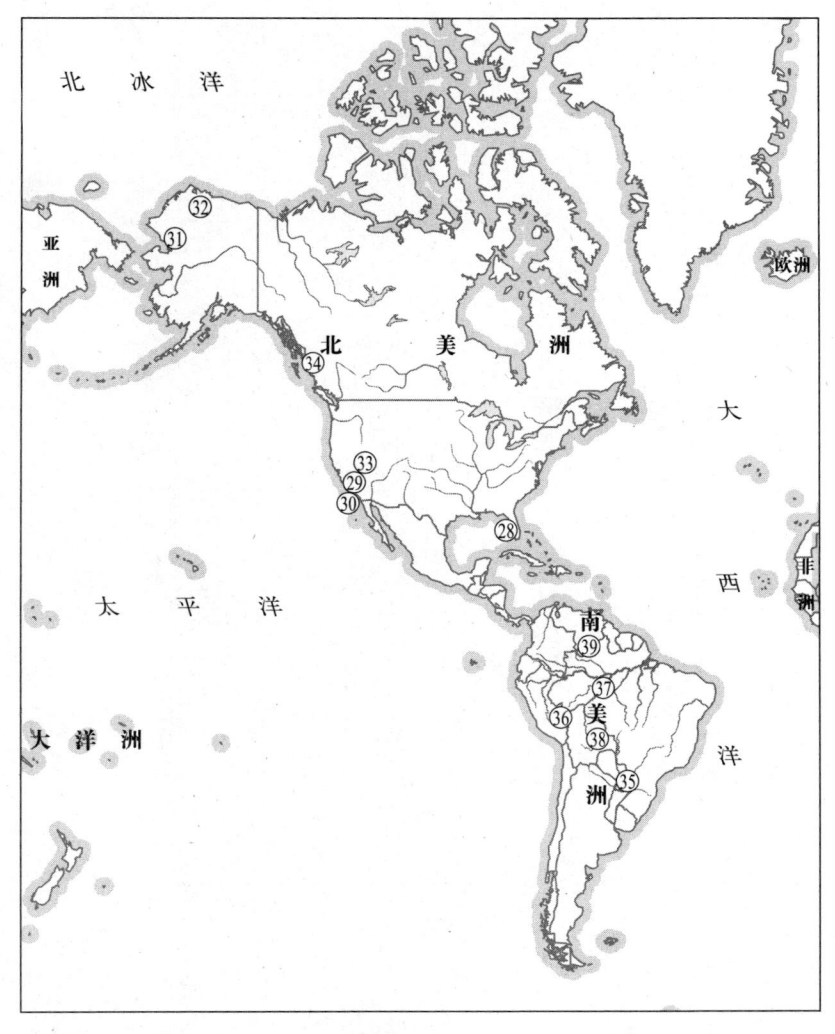

北美洲 28＝卡鲁萨人 29＝内陆地区的丘马什人 30＝岛屿上的丘马什人 31＝伊努皮亚特人 32＝阿拉斯加北坡的因纽特人 33＝大盆地的肖肖尼族 34＝西北海岸区的印第安人

南美洲 35＝阿切族 36＝马奇根加族 37＝皮拉亚人 38＝西里奥诺印第安人 39＝雅诺马莫印第安人

第一部分

划分地盘

第一章

朋友、敌人、陌生人、商人

边　界

今天很多国家的人民都享有旅行的自由，可在地球上的大部分地区游玩。在自己的国家里旅行当然没有限制。即使人们要跨越国界进入他国，也不必事先通报，只需拿出护照给海关检查（见图19），顶多在出发前必须申请签证，进入他国之后就可畅行无阻。一般在路上行走或是走进公共土地都无须提出申请，有些国家甚至允许你进入私人土地。例如在瑞典，土地所有人可禁止外人进入他的田地和花园，却不得阻止别人进入他的林地。每天，我们可能遇见几千个陌生人，也已习以为常。不管是自由旅行还是遇见陌生人，对我们而言都是见怪不怪，然而这些只是现代社会才有的现象，对过去的人类社会而言简直是天方夜谭。直到今天，依然还有一些社会与世隔绝，活在自己的小天地之中。我将在本章以我自己深入新几内亚一个山间村落的经历，来说明在传统社会的土地上出入的情况。我希望借由这些描述架设一个舞台，让读者了解传统社会的多个层面，如战争与和平、儿童与老人的生活，以及这个社会中的人会面临什么样的危险。这些层面我会在后面的章节中深入探讨。

我来到这个山村是因为要调查研究附近山上的鸟类。村子南边有座巍然耸立的高山。我到达这个村子的第二天，几个村民即自愿当我的向导，带着我沿小路走上山顶。我将在那里选定一个营地，进行观察和调查。我们从村子出发沿着小路爬上去，经过一个菜园即进入高耸入云的原始林区。我们沿陡峭的山路走了一个半小时左右，就在山脊线的下方发现一个杂草丛生的小园圃，当中有一个废弃的小屋。再往上，山路即向左右两边延伸成为T字形。往右的小路还算好走，可沿着山脊继续前进。

我往右走了几百米，瞥见山脊北边有个营地，与我这些新朋友住的山村在同一个方向。另一个方向，也就是山脊南边，坡度较缓，那里也有一片高耸的森林，当中有条溪流，水声潺潺。我想，能在这么一个风景绝美、出入方便的高海拔之处扎营真是太棒了。我不但有机会看到高山的鸟类，附近还有水源供我饮用、做饭、洗衣服和洗澡。我随即告诉我的同伴，我打算第二天搬到北边那个营地，然后住几晚，并找两个人陪我。他们不但可帮我照看营地，还可以充当我的鸟类顾问。

我的朋友一边听我说，一边点头，但是一听到我要找两个人作陪就猛摇头。他们说那里很危险，如果我要在那里扎营，那么两个人根本不够，非得找一群人当保镖不可，还要带着武器。这么大的阵势还如何赏鸟？人多嘴杂，鸟儿不被吓跑才怪。我问："这里的森林看起来既美丽又宁静，哪有什么危险？"

朋友立刻答道："住在山脊南边的都是坏人，那些人就是河族，是我们山族的敌人。河族的人虽然不会公然用武器杀人，但常下毒或用巫术杀害山族的人。山族有个年轻人的曾祖父在离村子不远的自家园圃里睡觉时，就被河族的人用暗箭杀害了。"与我交谈的这些朋友中最年长的一个还记得这件事，他说当时他只是个孩子，亲眼看到那个年轻人的曾祖父被人抬回村子，身上还插着箭，村子里的人围着死者哭号。至今，他仍无法忘却那种恐惧。

我问："我们有'权利'在山脊上扎营吗？"山族的朋友告诉我，山脊线是山族与河族的自然界线，他们的土地在山脊线以北，而河族则在山脊线以南。尽管如此，河族的人宣称山脊线以北有一些土地是他们的。他们问我，是否还记得在山脊线下方有个废弃的小屋和杂草丛生的园圃。他们说小屋和园圃都属于河族人，借以宣示土地的所有权。

过去我在新几内亚经过部落边界时曾遭遇过一些麻烦，我想我最好听朋友的忠告。尽管我认为此地安全无虞，但山族的朋友不可能让我在没有多人保护的情况下在山脊上扎营。他们认为至少要有12个人陪我，我说7个就够了。最后，我们做了"妥协"，约定人数在7个和12个之间。营地搭建好之后，我数了一下，营地共有20个壮汉，每个人都带着弓箭，还有一些女人来帮忙做饭、取水和拾柴火。此外，他们还警告我，千万不可沿着和缓的山坡，走进山脊线南边那片森林。那森林虽美，但其是河族人的地盘，只要我踏入一步，被他们逮到，就会有很大的麻烦，即使只是赏鸟。山族的女人也不会到南坡取水，因为此举不只是入侵敌人的地盘，还涉及窃取对方宝贵的资源。如果她们真这么做了，那么一定要赔偿对方的损失，不然对方肯定不会善罢甘休。因此，山族的女人每天都得走回自己的村子取水，扛着20升的水，往上爬1 500英尺[①]左右，才能到达我们的营地。

我在营地度过的第二个早上就碰到了一个令人胆战心惊的事件，我因而领教了山族和河族间土地关系的复杂，它并不是井水不犯河水那么简单。山族的一个朋友陪我到T形小路，沿着山脊线往左，清理杂草丛生的旧路。我的朋友似乎一点儿都不担心。我想，我们只要不走到另一边，即使被河族人发现，应该也没关系。但我们突然听到从南边传来的人声。糟了！是河族人！如果他们继续往上走，走上山脊线，再走到T形小路，看到刚清理过的痕迹，就会发现我们的踪迹。他们或许会以为我们图谋不轨，想要侵入他们的地盘，接下来必然会采取行动对付我们。

我满心焦急，仔细听他们的脚步声，想要估算他们走到了哪里。他们的确往山脊线的方向前进，现在走到T形小路了。他们眼尖得很，绝不会没注意到小路刚刚清理过。他们会追过来吗？我发觉他们的声音越来越大，我听到自己"咚咚咚"的心跳声。此时，他们的声音变小了。他们打算往南走，回到自己的村

[①] 1英尺=0.304 8米。——编者注

子吗？不对，他们继续往北走，往山族的村子前进！我实在不敢相信在我眼前上演的这一幕。河族人想要入侵山族人的家园吗？我细听，发现这群河族人似乎只有两三个人，而且都是大嗓门。如果想偷袭，那么他们应该不会这样大声嚷嚷。

我的山族朋友说："别担心，不会有事的。"他告诉我，山族人同意河族人从小路经过我们的村子到海岸边做买卖。他们只能利用小路通行，不得在我们的地盘采集食物或砍柴火。再说，有两个河族男人娶了山族女人为妻，并在山族的村子落脚。因此，河族和山族并非真的水火不容，只是互不侵犯。有些事是可以做的，有些则不行，对此双方已有共识，然而还是免不了有些纷争（如山脊线附近那个废弃小屋和园圃的所有权之争）。

我们平静地度过两天，没再听到河族人靠近的声音。至此，我没见过任何一个河族人，不知道他们长什么样子、穿什么衣服。但他们的村子离得很近，有一次我听到从南方水域传来的他们打鼓的声音，同时我也可以听到山族人从北方水域传来的喊叫声。我和我的向导一起走回营地。我们开玩笑说，假如我们逮到河族人入侵要如何给他们好看。我们沿着小路前进，转了个弯，正要进入营地，我的向导突然闭嘴，抬手捂住自己的嘴巴，小声提醒我："嘘！河族人来了！"

进入营地后，我们发现几个山族的朋友正在和6个陌生人说话：三男二女，还有一个小孩。原来他们就是让我害怕的河族人！他们不像我所想象的怪兽那般充满危险。他们就像一般的新几内亚人，与我的山族朋友没什么两样。河族女人和那个孩子看起来很和善。那三个河族男人虽然携弓带箭（山族男人何尝不是如此），但身穿 T 恤，如果要作战，那么不会穿这样的衣服吧。我的山族朋友和这些河族人似乎相谈甚欢，没有剑拔弩张之势。这群河族人要去往海岸边，路过此地，于是上门拜访，也许是想让山族人放心，他们只是路过，没有任何不良企图，请我们不要攻击他们。

对山族人而言，河族人的拜访显然只是两族复杂关系的一部分。这样的关系包含各种行为：极少有突袭、杀戮的事件，但以毒药或巫术置人于死地之类的传闻很多；给予对方做某些事情的权利（例如允许对方经过自己的地盘，也接受对方的拜访），然而有些事情则是禁忌（例如在对方土地上采集食物、砍柴火或取水）；双方也还有一些纷争（如前述小屋和园圃的所有权），有时可能演变成暴力冲突；谋杀和通婚的事例皆有，但同样罕见。在我看来，这两族人的外表没有差别，他们说的语言虽然不同，但属于同一语族，因此也能听得懂对方说的话，然而他们常以邪恶、鄙视的说法来形容对方，视对方为最可怕的敌人。

井水不犯河水

理论上，相邻传统社会的空间关系可能有多种结果。最极端的有两种情况：一是有明显边界，无可共享，互不侵扰；二是没有任何可以辨识的边界，任何人都可自由进出。其他情况则介于这两者之间。也许没有任何一个社会属于上述两种极端，但有些则接近第一种。例如前面描述的我的山族朋友,他们与河族之间有清楚的界线,会时时巡逻以提防对方入侵,虽独占自己地盘上的资源,但允许外人通行,偶尔也可以见到异族通婚的例子。

其他类似上述极端的社会包括新几内亚西部高地巴连河山谷的达尼族(见图3)、阿拉斯加西北部的伊努皮亚特人、日本北部的阿伊努人、澳大利亚西北阿纳姆地的雍古族(Yolngu)、加利福尼亚州欧文斯山谷的肖肖尼印第安人,以及巴西、委内瑞拉的雅诺马莫印第安人。例如,达尼族在自己的园圃灌溉、种植作物,园圃四周则是荒芜的土地。每一个达尼族部落都会在园圃边缘兴建一座高达9米的守望塔。塔上有一个平台(见图4),可让人坐下。族人轮流登上守望塔当守卫,同伴则坐在塔下保护守望塔和守卫。守卫居高临下,很容易看到是否有人偷偷接近,必要时发出警报以防被突然袭击。

再例如,阿拉斯加的伊努皮亚特人(见图8)约有10个群体,每个群体都有自己的地盘。如果有人在未经允许的情况下擅闯另一个群体的地界,那么除非证明自己是对方的亲戚,否则就会被杀。擅闯另一个群体的地界最常见的原因有两个:一是为了捕猎驯鹿,捕猎者不知不觉闯入别人的地界;二是捕猎者在冰架①上追猎海豹,冰架断裂成冰山在海上漂移。尽管冰山最后得以漂回岸边,捕猎者也有可能因为踏上另一个群体的土地而难逃一死。在我们看来,伊努皮亚特人似乎野蛮、冷血:捕猎者在冰架上捕

---

① 沿海的冰床部分或海湾结冰处。——编者注

捉海豹已经很危险了，不幸遭遇冰架断裂后，可能溺死或漂流在海上，好不容易才随着断裂的冰山漂回岸边，没有任何入侵他人土地的企图，最后还是惨遭杀害。这就是伊努皮亚特人的生存法则。然而，伊努皮亚特人并非绝对排外，偶尔也会允许外人进入自己的土地，如参加夏季贸易集市，或向某个群体借道以造访或攻击另一个群体。

我们从一些边界严明到近乎极端的例子（如我的新几内亚山族朋友、达尼族和伊努皮亚特人）中了解到，有4种情况会促使他们井水不犯河水：第一，在要捍卫的地盘上，人口必须够多、够密集，有人专门负责在边界巡逻，其他人则不必一边觅食，一边注意是否有外人闯入；第二，群体必须居住在物产丰富、稳定且可预测的环境中，拥有生活所需的大多数资源，因此可自给自足，无须向外界求助；第三，群体拥有的土地上必须有宝贵、固定的资源，使他们过着富足的生活，这样的土地才值得他们誓死捍卫，如土地上有肥沃的园圃或果林、水产丰富的鱼塘，或是原住民花费心血营建、维护的灌溉沟渠；第四，群体成员必须无大范围的流动，除了少数通婚的特例（通常是未婚年轻女性嫁到外地），与邻近群体互不往来。

上述严格捍卫地盘的群体都符合上面的4种情况。以我的新几内亚山族朋友为例，他们的园圃一年到头都可长出作物，他们也养猪，还有森林资源，因此生活所需并不匮乏。山族人清理林地和种菜很辛苦，而达尼族除此之外，还需挖掘、维护灌溉沟渠。北美的伊努皮亚特人和日本的阿伊努人因地利之便拥有丰富的海洋资源，如海鱼、海豹、鲸、海鸟、淡水鱼和水鸟，也可在内陆捕猎哺乳动物。澳大利亚西北阿纳姆地的雍古族人口稠密，也拥有珍贵的海岸和内陆资源。在加利福尼亚州欧文斯山谷，以狩猎-采集为生的肖肖尼印第安人有足够的水源可以灌溉土地，有很多可食的野草种子，吃不完的松子还可储藏起来，因此人口密度相当可观。食物、松林和灌溉系统是肖肖尼印第安人的命脉，他们人数也多，可派专人守护自己的地盘。又如南美洲的雅诺马莫印第安人，他们种了很多富含蛋白质的刺棒棕和芭蕉。这些果树是他们的主要食物来源，他们当然会努力保护。

人口数量庞大且稠密的地区，如达尼族和苏丹的努尔族所在地区，不只会细分出好几个群体，还有阶层之分（分为三个或者更多的阶层）。这种关于土地、人与政治控制的阶级组织其实与现代国家的社会颇为相似，基层是个人的房舍，上层依次是城市、郡县、州乃至国家政府。以努尔族为例（见图9），他们的土地约有3万平方英里[①]，人口总数则是20万左右，分为若干个部落，每个部落少则7 000人，最多可达42 000人，依大小又可再细分为三个次级部落，每个次级部落各有50~700人，相距5~20英里。一般而言，规模越小、阶层越低的部落，越不会因为争地盘而与其他部落发生冲突。即使有任何争端，双方亲友也都希望事件尽快和平解决，最好不要大动干戈。例如，努尔族常欺负邻近的丁卡族，经常侵入丁卡族的地盘，抢走丁卡族的财物、牲畜，杀死

---

① 1平方英里≈2.590 0平方千米。——编者注

丁卡族的男人，就连一些妇孺都不放过，没杀死的妇孺则带回家当俘虏。但努尔族对同族人就客气多了，极少抢夺同族其他部落的牛或杀害同族男人，不会绑架同族的女人和孩子，更不会杀害他们。

无排他性的土地使用

与边界分明相反的另一个极端则是几乎无排他性。第一种情况是人口稀少，当地居民无法抽出人力专门负责巡逻边界，他们通常是在做其他事情时碰巧看到有人入侵。例如一个社会如果只包含一个家庭，就只有一个成年男子，这个男人必须养家糊口，不可能一整天都坐在守望塔上监视，看四面八方有何动静。第二种情况是当地环境属边缘之地，资源稀少且不可预测，居民因此必须定期到其他族群的土地上寻找资源。第三种情况是当地资源贫乏，不值得誓死捍卫，即使遭到攻击，大不了拱手让人，到另一个地方重起炉灶。第四种情况是群体成员流动性强，常会到其他族群居住之地，这样也不容易拥有固定边界。试想如果一个群体中的成员有半数是外来的，也就没有必要把外来者赶出去。

然而，在这些情况下，并非完全没有领土划分，也不是每个人都可为所欲为。每个群体还是会在一个核心区域生活，只是没有明显的边界，离核心地带越远，就越难判断土地的所有人是谁。此外，相邻的两个群体允许对方的成员进入自己的领土，甚至愿意在旱季或荒年与其他群体分享食物和水。只要你有需要，就可踏入邻居的领土，因此双方的关系基本上是互惠互利的。

我们可以在卡拉哈迪沙漠奈奈（Nyae Nyae）保护区生活的昆族人（见图10）为例来看无排他性的土地使用。科学家在20世纪50年代研究这个狩猎-采集群体，发现共有19个游群，每个游群有8~42个人，且有自己的领土，即昆族语中的"诺尔"（n!ore），领土范围是100~250平方英里。然而，领土间的边界并不清楚。当人类学家与当地向导从向导的营地走向另一个领地时，向导们也无法确认边界，甚至各有各的意见。只要离开领土的核心区域，他们就不知自己究竟在哪个游群的领土上了。当地根本没有守望塔、山脊线小路等可标记领土划分的边界。

昆族因生存需要必须分享资源，所以他们的土地并无排他性。由于卡拉哈迪沙漠水资源匮乏，所有的游群必须待在水坑附近，才不会渴死。然而，每年的降雨不可预测，到了旱季，很多水坑都干涸了。在研究期间，只有2个水坑一直有水；另外3个虽然一年到头通常都有水，但是有几年干旱特别严重时一样没水；还有5个在旱季偶尔有水；另外50个则只在多雨的时节有水，其他时候都是干的。因此，在旱季，约有200个来自不同游群的人会聚集在一直都有水的水坑附近，此举当然是主人允许的。若其他领土拥有丰富的资源，其他游群也会和水坑的主人分享。由于水源必须共享，昆族人的土地也就不具有排外性。如果他们独占某一处水源，那么有朝一日，水源枯竭时，即使独占也没有用。同样地，某些季节性食物盛产时，将其占为己有，把其他人都赶走也没有多大意义，毕竟产量极大，自己人也吃不完，尤其是一种名叫芒刚果（mongongo）的坚果[1]，其在盛产时期可作为主食，其他食物如野豆或甜瓜也是如此。

在奈奈保护区，任何一个游群不仅可在自己游群的领土上打猎，也可跑到其他游群的地盘追捕猎物。如果你在其他游群的土地上捕猎动物，碰到其他游群的人，就该分给他们一些肉。然而，远方的游群没有进入其他游群领土的权利。一般而言，相邻的昆族游群可到对方土地上取水，采集坚果、豆子和甜瓜等，但必须事先征得主人的同意，而且允许主人日后到自己的土地上造访以作为回报。若不事先征得主人的允许，擅自闯入，就可能引发争端。来自远方的游群必须更小心，不可轻举妄动，同时要有分寸，注意在一地停留的时间不可过长，而且人数不可过多。跟另一游群没有任何血缘关系或婚姻关系，就意味着无法进入另一游群的领土。因此，即使是无排他性的土地也不是任何人都可来去自由的。

使用土地与资源的权利不管是否有排他性都涉及所有权的问题。对昆族游群而言，谁才是领土的拥有者？答案是该游群的"卡乌西"（k'ausi），即长老组成的核心团体或是当地最古老家族出身的长老。然而游群成员的流动性很强，每天都有变动，族人常到其他领土拜访亲友，在旱季去有水坑的地方，或是去其他地方寻找盛产的食物，不会永远在一地停留。又如男子婚后可能带着一家老小（如父母、前妻以及跟前妻生的子女）跟着妻子的

---

[1] 即曼杰提树的果实。——编者注

游群一起生活。也许再过十多年，妻子生了几个孩子，这一家人又会迁移到别处。因此，昆族有很多人住在外地的时间反而更长。每年，平均有13%的人会永久性地迁移到别处，有35%的人在两地或三地间迁移。在这种情况下，一个游群中总有一部分人是从外地来的，他们不是坏人，而是本地人的亲戚，就像我的新几内亚山族朋友。由于那些外地人可能是你的手足、表亲、成年子女或是你年迈的双亲，你不可能独占本地资源不分享给他们。

关于无排他性的领土，另一个有趣的例子是北美大盆地的肖肖尼印第安人。他们与欧文斯山谷的肖肖尼印第安人同属一个语族，但后者不与外地人分享土地和资源。这样的差异完全是环境造成的。欧文斯山谷水源充沛，适合灌溉，有防御价值，大盆地则是环境恶劣、干燥的荒漠，冬天严寒，资源稀少且不可预期，几乎没有多余的食物可以储存。大盆地约每16平方英里才有1人，当地的印第安人平时各自生活，到了冬天则5~10个家庭聚集在有泉水和松林的地方，以松子为食。如果要捕猎羚羊和兔子，甚至可能有15个家庭一起行动。这里的地盘虽然没有清楚划分，但每个家庭各有各的松林，外人要入内采摘松子，必须征得主人的同意，否则就会惨遭石头猛攻，只得落荒而逃。其他动植物资源的分享则比较有弹性。

秘鲁的马奇根加印第安人和玻利维亚热带雨林区的西里奥诺印第安人几乎不划分地盘，也不在土地上巡逻。人类学家研究这两个族群时发现，马奇根加族住在人烟稀少的地方，以种菜为生。人口稀少的原因可能是欧洲人带来了传染病，农作物收成不佳，或者欧洲人为了夺取丰富的橡胶资源杀害当地的原住民。马奇根加族会随着季节四处迁移，以寻找野生食物。他们施行刀耕火种的原始农业，几年后土壤肥力下降，产量减少，又得转往别处，不会为土地而战。马奇根加族没有划分地盘，理论上，所有的资源（包括森林和河流）属于马奇根加族所有人。实际上，几个家庭组成的游群自成一体，和其他家庭保持一定的距离。人类学家艾伦·霍姆伯格研究的西里奥诺印第安人则以狩猎-采集为生，偶尔也从事农业，过着60~80人组成的游群生活，并没有刻意占领某个地盘。然而，如果一个游群在狩猎中发现另一个游群的狩猎足迹就会避开。大家都遵守这个互相规避的原则。

因此，传统社会的土地划分方式各有不同，有的边界分明、严禁外人进入，有的几乎毫无设限，有的则是互相保持距离、互不侵犯。然而，没有任何一个传统社会像现在欧美国家的人们可在美国或欧盟国家自由进出，若是到其他的一些国家，只要在边境将有效护照和签证给海关官员检查即可。（当然，自2001年9月11日纽约世界贸易中心遭到恐怖袭击之后，美国对外来的陌生人就提高了警惕。旅客不像过去那么自由，不但机场安全检查变得严格，美国还拟定了保密的禁飞名单，阻止恐怖分子嫌疑人登机。）有人认为现代社会的人们在各国之间通行的权利和限制其实与传统社会有点儿相似，只是升级到更高的层次。传统社会的成员一般只有几百人，只要有亲友在另一个社会，而且得到亲友的许可，就可前往对方居住的地方。而我们的社会动辄有几千万人甚至几亿人，人们在自己的国家内可以自由居住、旅行，如果要到外国，就必须征得"友邦"的许可，以正式取得的护照和签证作为通行证。在此，"关系"的定义不再是传统社会中人与人之间的关系，而是提高到国与国的层次。

朋友、敌人、陌生人

行动限制使得小型社会中的人们将其他人分为三种：朋友、敌人与陌生人。朋友是指与你同属一个游群或一个村子的人，也包括友好的邻近游群或邻村居民。敌人则是与你的游群交恶的邻近游群或邻村居民。不管是敌是友，你大概都知道他们是谁，也知道他们的长相，因为你或听过他们的名字，或曾经与他们面对面交涉要求赔偿，或曾经与他们合作过，或他们与你同一游群的人通婚。例如，新几内亚有两个河族男人就娶了山族女人，婚后则一起住在山族人的村子里。

最后一种陌生人通常是指来自远方的游群，且你的游群几乎未曾接触过的人。小型社会的人极少或从未与陌生人相遇，因为你只要踏入一个陌生之地，就没有人认识你，也没有人与你有任何亲戚关系，你可能被视为危险人物而遭到杀害。即使你在自己的地盘上看到陌生人，你也必须假设这个人有不良企图，才会冒着生命危险来到一个陌生的地方，也许是想伺机劫掠、杀戮，也许是来这里捕猎、偷窃，也许是要绑架你们游群里的女人。

如果你在一个数百人的小型社会，那么你可能知道每个人的名字、样貌和成员之间的关系（父子、夫妻或收养关系等）。然而，如果你把友好的邻近游群加入朋友之列，你的朋友就可能多达上千人。你或许听过很多人的名字但不曾见过他们。因此，你要是离开自己游群的核心活动范围，一个人走到游群地盘的边缘，就可能碰到不认识的人。要是对方有好几个人，而你只有一个人，那就"三十六计，走为上策"；反之，如果对方落单，你和好几个亲友在一起，人多势众，对方就会落荒而逃。如果是在一对一的情况下，你们俩远远地互看一眼，发现势均力敌（两边都是成年男子，而非一边是男人，另一边是妇人或小孩），那么双方还是会溜走，避免正面交锋。但如果你走到一个角落，突然碰到一个人，这时要逃已经来不及了，那么你该怎么办？一种可能是双方都坐下来，然后报上自己和亲友的名字，看双方是否有任何关系。如果双方有共同的亲友，就可确认彼此的关系，用不着互相攻击。然而，如果谈了几个小时依然没有结果，那么你不可能说"很高兴见到你，再见"，然后转身离去。这时，你或他，又或者两人一定会怀疑对方是入侵者，有不良企图，于是你们可能开始追逐或打斗。

在奈奈保护区的昆族的主要方言中，人们通常以"jũ/wãsi"来称呼彼此，"jũ"是指人，"si"代表复数，而"wã"的意思是"真正的、良善的、诚实的、干净的、无害的"。由于奈奈保护区的昆族人往来频繁，19个游群加起来上千人，都彼此相识，因此都是"jũ/wãsi"。和"jũ/wãsi"相反的则是"jũ/dole"（"dole"意指"坏的、陌生的、有害的"），所有的白人、班图黑人都是

"jũ/dole"。即使同属昆族，说同一种方言，但住在远处，与他们没有亲友关系，也是"jũ/dole"。昆族与其他小型社会一样，对陌生人深怀戒心。平时，他们碰到的每个昆族人几乎都是亲友关系，如果碰到一个陌生的昆族人，双方详述所有亲友的名字之后仍毫无交集，就该把那个陌生人驱逐或杀死。

例如，人类学家洛娜·马歇尔拜托一个名叫阿高（Gao）的昆族人帮他去奈奈保护区北边不远的哈达姆（Khadum）办事。阿高没去过哈达姆，其实在奈奈保护区几乎没有几个昆族人去过那里。哈达姆的昆族人一开始叫阿高"jũ/dole"，对他很冷淡，认为他可能会带来麻烦。阿高随即表示，哈达姆有一个人和他父亲同名，还有一个人的兄弟也叫阿高，跟他的名字一样。哈达姆的昆族人于是对阿高说："原来你是阿高（指我们的阿高）的 !gun!a（亲戚）。"阿高这才被当地人接受，和他们一同坐在篝火旁吃饭。

巴拉圭的阿切族对不同的人也有类似的分类（见图11）。欧洲人与阿切族和平接触时，阿切族约有700人，过着游群生活，每个游群有15~70人。有几个游群关系特别亲密，这样的团体约有4个，成员总数最少为30人，最多则有550人左右。他们称同一游群的人为"irondy"（意为"我们的人"或"我们的弟兄"），其他游群的人则为"irolla"（也就是指"不是我们的人"）。

至于现代大型社会中的人们，不但可在自己的国家自由旅行，足迹甚至可达世界的各个角落。只要有缘就是朋友，并非我们所属的团体要有关系，我们才能建立友好的情谊。有些毕生的好友可能是从小和我们一起长大的朋友或是老同学，然而有些则是我们在旅途中萍水相逢的人。若是彼此吸引，志同道合，就能结为好友，与双方所属的团体是否结盟无关。在我的概念中，友谊就是这么自然，直到我在新几内亚研究多年之后，才发现那只是我一厢情愿的想法。新几内亚传统小型社会对友谊的看法和西方人大相径庭。

话说我在新几内亚认识一个叫雅布（Yabu）的朋友，他住的那个村子在中央高地，村民一直过着传统的生活，直到10年前部落战争结束，才接受地方政府的管辖。我在西南高地营区进行鸟类研究时，就请雅布担任我的助理。每隔几天，那里的一个来自英国的教师吉姆就会来拜访我们。雅布和吉姆一拍即合，每每聊到忘了时间，常一起开玩笑，并述说过去的点点滴滴。两人显然已成莫逆之交。吉姆任教的学校在中央高地，离雅布的村子只有几十英里。我们完成在西南高地的研究后，雅布准备乘飞机到吉姆住的那个城镇，然后步行回家。吉姆来向我们告别时，邀请雅布顺道去他住的地方。在我看来，这似乎再自然不过。

几天后，吉姆就离开了。我问雅布，他会不会顺道去拜访吉姆。雅布听了这个建议，不但惊讶，还有点儿生气，认为去看吉姆只是浪费时间。当时，我们是用新几内亚的通用语巴布亚皮钦语交谈。雅布说："去找他？为什么？如果他要我为他工作，并且愿意付钱，那我就去。但他哪有什么工作可以给我做？我才不会为了友情去拜访他！"雅布的反应让我非常惊讶。我这才知道传统社会的有些观念与习俗和西方人截然不同。

当然，传统小型社会里的人也有自己的好恶，比如特别喜欢跟某些人在一起，同时离某些人远远的。然而，当传统小型社会变大或是受到外界的影响时，他们的观念也会改变，包括对友谊的看法。尽管如此，我们还是可以从吉姆的邀请和雅布的反应，看出大型社会与小型社会的友谊观的确有相当大的差异。表面上看，雅布对欧洲人的反应和对新几内亚人有所不同，这其实牵涉更深层的文化差异。有位熟悉西方社会和新几内亚传统社会的友人向我解释："我们新几内亚人是无事不登三宝殿，我们去拜访别人都是有目的的。即使你在路上碰到某人，跟这个人相处了一个星期，也并不代表你们已经成为朋友。"反之，在西方的大型社会中，我们经常跑到别的地方，友谊多建立在人与人之间的联系上，至于传统社会的人际关系则大抵建立在亲属关系和地缘关系上。

以大型、阶级化的社会而言，几十亿人共同生活在同一个酋邦或国家之中，常会碰到陌生人，然而并不会因此有生命危险。例如，每次我走过加利福尼亚州大学校园，或是在洛杉矶的街道上漫步，总是可能碰到几百个我未曾见过，以后也不会再碰面的人，尽管我们没有任何血缘关系，也非姻亲，但我并不会因此害怕或面临危险。小型社会的人数多到某个程度时，人们对陌生人的态度便会有所转变。以苏丹的努尔人为例，其人口总数约为20万，从村落到部落分成几个阶层。显然，没有任何一个努尔人认识其他199 999个人。他们的政治组织势力薄弱：村主任只是象征性的首领，没有实权（见第二章）。然而正如人类学家爱德华·E. 埃文斯-普里查德所言："若是两个努尔人相遇，不管他们从哪里来，即使双方是素未谋面的陌生人，都能立即建立友好的关系。只要同是努尔人，说同样的语言，有相同的价值观，能够沟通，便都是朋友。然而如果碰上丁卡人或希卢克人（Shilluk），由于其不是本族人，他们的态度就大不相同。他们不但瞧不起异族人，还会在狭路相逢时厮杀一番。"

因此，与其他小型社会相比，努尔人对陌生人没有敌意，甚至可能表现出友善，但前提是必须同是努尔人。非努尔人的陌生人（如丁卡人），将会受到努尔人的鄙视或攻击。拥有市场经济的大型社会则对陌生人以礼相待，因为对方可能是潜在的商业伙伴、顾客、供货商或雇主。

第一次接触

传统小型社会对世界的认识完全来自当地，他们把世界划分为朋友、邻近的族群、邻近的敌人，以及远方的陌生人。他们只熟知自己的核心区域或地盘，只有因为互惠关系与邻近地区的人来往，视野才能扩展到邻近的地区（第一层），然而还是无法认识更远的地方（第二层）。万一他们和第一层的人交恶，也就无法跨越第一层到达第二层。有时，你与第一层的人交好，但他们与第二层的人为敌，你同样到不了第二层。

就算你在和平时期进入邻近的地区（第一层），也可能有危险。你也许不知道你的邻居正和你的盟友交战，他们也把你当成了敌人。邻近地区的接待人或你的亲戚可能不愿保护你，或无力援助你。例如人类学家卡尔·海德、扬·布洛克赫伊瑟和彼得·马西森曾描述 1961 年 8 月 25 日发生于新几内亚西部高地巴连河山谷的一个事件。那里的达尼族分成几十个联盟，其中的古特卢联盟和维达亚（Widaia）联盟为杜姑姆（Dugum）一带的土地争战不休。附近还有一个阿苏克-巴莱克（Asuk-Balek）联盟则是由古特卢联盟分出去的，这个联盟的人放弃原来的土地，战后藏身于巴连河山谷，以求活命。与维达亚联盟友好的四个阿苏克-巴莱克人前往古特卢的一个小村子——阿布罗帕克（Abulopak），因为这四人中有两人的亲戚住在这个村子。但这几个阿苏克-巴莱克人不知道维达亚人最近杀了两个古特卢人，而古特卢人因为此仇未报而怀恨在心。当时的形势可谓剑拔弩张，一触即发。

那几个阿苏克-巴莱克人傻傻地来到阿布罗帕克村，殊不知因为他们是维达亚的盟友，正好成为古特卢人复仇的目标：即使无法杀掉维达亚人，找阿苏克-巴莱克人下手，或多或少也算出了一口气。那两个有亲戚在阿布罗帕克村的阿苏克-巴莱克人逃过一劫，另外两个则遭到攻击。其中有一个幸运脱逃，另一个则躲在一栋小屋楼上的卧室，结果被拖出来用箭射伤。阿布罗帕克村的古特卢人因此欢欣鼓舞，沿着一条泥泞的小路把那个奄奄一息的阿苏克-巴莱克人拖到他们跳舞的地方。阿布罗帕克村民那晚围着尸体狂舞，最后把尸体丢到灌溉沟渠内，使之沉没，再用草叶覆盖起来。翌日早晨，他们才允许那两个逃过死劫的阿苏克-巴莱克人把尸体抬回去。这个事件显示，传统社会中的人如果远行，就必须小心谨慎到近乎偏执的地步。我将在第七章深入探讨这一点。

在人口密集、环境稳定的地区，当地人出行的范围比较小，知识比较有限，而在人口稀疏、环境动荡的地区，当地人出行的范围则比较大，知识也相对丰富。新几内亚高地由于人口密集、环境稳定，人们对地理环境的认识仅限于当地。然而，如果是像新几内亚低地或俾格米族居住的非洲雨林这样人口稀疏但环境稳定的地区，人们出行的范围和对地理环境的认识就都比较广。若是人口稀少，环境又动荡，如沙漠区和北极内陆区，人们的出行范围以及对地理环境的认识则更广。例如，安达曼岛人只知道20英里内的安达曼部落。对杜姑姆达尼族而言，他们所知的世界完全局限于巴连河山谷。他们只要站在山顶，就可把这个世界纳入眼底。他们活动的范围也只限于山谷的一部分，剩下的部分则是其他部落的地盘，除非找死，否则不得越雷池一步。曾经有人拿着一张列了70个地名的清单问俾格米族人知道几个地方，结果，21英里范围内的地方，他们只知道半数，42英里范围内的地方，他们则只知道其中的1/4。其实，这种情况就像20世纪五六十年代的英国。那时，很多英国乡下人终其一生几乎都待在自己的村子里，或许只有参加一战或二战的人才会踏上外国的土地。

因此，传统小型社会认识的世界不会超过邻近第一层或第二层。例如，在人口稠密的新几内亚山地，尽管与海洋的距离只有 50~120 英里，但没有人见过海或听过海浪的声音。新几内亚高地居民虽然曾通过交易取得贝壳，在欧洲人上岸之后也曾得到宝贵的铁斧，但是贝壳也好，铁斧也罢，都是通过很多次的交易，经过很多人的手，辗转从海岸传到高地的。这就像小孩排成一列玩打电话的游戏：第一个跟第二个说悄悄话，依次传下去，最后一个小孩听到的已和第一个小孩说的完全不同。贝壳和铁斧尽管已经传到高地，但相关的环境和交易人的信息已在传递的过程中丧失了。

因此，很多传统小型社会的居民都如井底之蛙，以为自己生活的区域就是全世界，直到所谓"第一次接触"，也就是与来自欧洲的殖民者、探险家、商人或传教士等接触，他们才知道外面还有一个更大的世界。今天，未曾与外界接触过的原住民非常稀少，只有在新几内亚和南美热带地区的边陲地带才看得到。但是这些原住民至少可从头顶上飞过的飞机，或从已和外界接触过的邻近群体得知外面还有一个世界。（我所谓的"接触"，是指原住民和来自远方的外人接触，如欧洲人和印度尼西亚人。当然，上述未曾与外人接触的族群，几千年以来都曾经与其他新几内亚人或南美印第安人接触过，并非未曾与人接触。）例如，20世纪90年代，我在新几内亚的西部山区做研究，接待我的主人几十年前就曾与荷兰人接触过。他告诉我，他们北边有一个群体未曾与外人接触过，即未曾见过传教士等欧洲人。（如果传教士想要探访一个陌生的地方，通常会从该地已与外人接触过的邻近群体中挑选一人作为使者，代为询问是否欢迎传教士到访。如未经询问，也未告知，即贸然前去，等于自寻死路。）然而，那些山地原住民即使未曾与外人接触过，应该也已经从和外界接触过的邻近群体那里得知欧洲人和印度尼西亚人。此外，我在新几内亚的西部山区曾看到飞机从我头顶上飞过，那些未与外人接触过的原住民多年来也应该见过不少类似的景象。因此，至今仍未与外界接触过的原住民应该知道外面还有一个世界。

自1492年欧洲人开始向外扩张，到飞机飞过新几内亚上空，情况已有很大的改变。史上原始部落与欧洲人最大规模的第一次接触发生在20世纪30—50年代的新几内亚高地地区。那时，不只澳大利亚与荷兰政府及军方派遣侦察人员来到这里，还有淘金者以及来此进行生态考察的研究人员。这群西方人在此"发现"庞大的原始族群，其约有100万人。尽管400年前欧洲人已踏上新几内亚的海岸，但那些高山原住民仍对外面的世界一无所知；反之，欧洲人也不知新几内亚高山地区别有洞天。直到20世纪30年代，欧洲人经由陆路和河流在新几内亚高山地区探勘，与当地人有了第一次接触，当地人才亲眼看到欧洲人的模样。自那时开始，飞越新几内亚高地上空的飞机越来越多，高地居民这才知道外面还有一个他们不知道的新世界。例如，1938年6月23日，一架飞机飞过新几内亚的高山地区。这趟飞行是因为美国自然历史博物馆与荷兰殖民政府共同合作的一项探险计划，其目的是探察新几内亚的动植物。带领这支探险队的是石油大亨的继承人理查德·阿奇博尔德，他也是这项计划的投资人。阿奇博尔德及其队友本来以为新几内亚山区皆是郁郁葱葱的丛林，地形险恶，没有人类居住,没想到其中有一片空旷、平坦的谷地,人头攒动,还有棋盘状的灌溉沟渠,远远望去如人口稠密的荷兰村庄,预估有10万人在此定居。

我们可从下面三部精彩的专著中窥见这历史性的一刻。第一部是鲍勃·康诺利与罗宾·安德森合著的《第一次接触》(*First Contact*)。作者描述了第一批欧洲人迈克尔·莱希、迈克尔·德怀尔与丹尼尔·莱希1930—1935年在新几内亚东部高地山谷的淘金之旅。(其实,欧洲传教士在20世纪20年代的足迹已至高地东部边缘。)第二部是迈克尔·莱希的《1930—1935年新几内亚高地的探险之旅》(*Explorations into Highland New Guinea, 1930—1935*)。第三部则是比尔·甘米奇的《天行者》(*The Sky Travelers*)。作者在书中描述了吉姆·泰勒与约翰·布莱克带领的澳大利亚政府巡逻队于1938—1939年在新几内亚高地西部的探察。这些欧洲探险家拍了不少照片,迈克尔·莱希还拍摄了几段影片。照片捕捉了新几内亚人惊恐不已的表情,可见这第一次接触带给他们的震撼不是任何文字可以形容的(见图1~2)。

上述第一部与第三部专著记录了第一次接触时双方的印象。这两部专著的作者都在20世纪80年代访问了经历过第一次接触的新几内亚人。尽管那已是50年前的事,但那些新几内亚老人仍有历历在目之感,就像老一辈的美国人永远忘不了现代美国史上最伤痛的三大惨案:1941年12月7日日本偷袭珍珠港,1963年11月22日肯尼迪总统遇刺身亡,以及发生在2001年9月11

日的恐怖袭击事件。那些在儿时看到迈克尔·莱希和德怀尔等白人的新几内亚人到20世纪80年代已经60多岁了，对当年的事件记忆犹新。有一个新几内亚人如此描述："这两个人（指旁边两个人）现在已经老了，但那时他们年纪还小，还没结婚，甚至还没长胡子。我们看到白人来了……我吓坏了，脑子一片空白，不停地哭泣。我爸爸抓住我的手，拉我到草丛里躲起来。后来，我爸爸才站起来，偷看那些白人……白人走了之后，我们坐下来谈论此事。我们没去过远方，不知道这个世界有白皮肤的人。这个山区就是我们世界的全部，我们以为这里只有我们，没有别人。我们相信，一个人死后，皮肤会变成白的，跨越世界的边缘，去另一个地方，也就是死者的国度。最后我们的结论为：'啊，那些人不属于这个世界。他们一定是去世之后回来看我们的亲戚，才会变成白皮肤，我们还是别杀他们吧。'"

新几内亚高地人初次见到欧洲人时，企图把这些长相怪异的陌生人纳入他们的世界观中。新几内亚人问自己的问题包括：他们是人吗？他们为什么来到这里？他们的目的是什么？新几内亚人常常把白人当作"天行者"，就像新几内亚人一样，白人本来是以天空为家的人，也会交易、做爱或作战，只是他们是不朽的——可能是鬼魂，或是偶尔化身为人的天神，变成白皮肤或红皮肤降临到世间。在第一次接触时，新几内亚人仔细观察欧洲人的行为，以及他们遗留在营地的东西，试图寻找证据以判断他们到底是人，是神，还是鬼。有两件事在很大程度上让新几内亚人终于相信那些欧洲人是人：一是他们留在营地茅坑的粪便，看起来就跟普通人（即新几内亚人）的粪便一样；二是据被献给欧洲人的新几内亚少女所说，欧洲男人的性器官与新几内亚男人无异，性交的方式也差不多。

贸易与商人

邻近社会之间的关系除了捍卫疆界、分享资源、兵戎相见，还有互通有无，也就是交易买卖。我在新几内亚东北勇士号海峡上的16个岛屿进行鸟类调查研究时，当地传统社会交易之复杂让我大开眼界。这些小岛大多为森林所覆盖，上面只有几个村落。村落的房子相隔约有几米，面向宽阔的公共空间。当我踏上一个名叫马拉伊（Malai）的小岛时，感觉像是突然空降到一个迷你版的曼哈顿，惊讶得目瞪口呆。这里就像纽约一样，两旁都是两层高的楼房，和勇士号海峡其他小岛的建筑相比，有如摩天大楼。马拉伊岛的海滩上停放着一艘艘巨大的独木舟，那里就像发达国家出租船只的码头。房子前面还有人挤人的奇景——我从未在勇士号海峡上的其他岛屿看到过这么多人。根据1963年在马拉伊岛上进行的人口普查，岛上共有448人，土地面积只有0.32平方英里，人口密度多达每平方英里1 400人，高于欧洲任何一个城市——以欧洲人口最稠密的荷兰来说，人口密度每平方英里只有1 010人。

住在这个村落的人就是以做买卖闻名的锡亚西人（Siassi）。他们乘坐独木舟，船上载着猪、狗、陶罐、珠子、黑曜石等生活必需品和奢侈品，不畏惊涛骇浪，到 300 英里外的地方，通过以物易物的方式致富，回报率高达 900%。例如，他们载着一头猪从马拉伊岛出发，在第一站温博伊岛用这头猪换了 10 袋西米，到了第二站新几内亚大陆上的锡奥（Sio）村，就把 10 袋西米换成 100 个陶罐，之后来到新不列颠岛，再把 100 个陶罐换成 10 头猪，最后带回马拉伊岛。凯旋之后，他们即在庆典上享用猪肉大餐。传统社会没有现金，因此不用现金交易。锡亚西人的双桅独木舟工艺精湛，长达 60 英尺，吃水深度 5 英尺，可载重约 2 吨（见图 7）。

考古证据显示，我们的祖先在冰河时期已做了几万年的交易。欧洲内陆更新世的克罗马农人遗址中出土了来自波罗的海的琥珀、地中海的贝壳，还有黑曜石、燧石、碧石等特别适合用来制造石器的石头——这些都是从几百英里甚至 1 000 多英里外运来的。在现代，只有少数几个传统社会得以自给自足，几乎不需要与外地人做买卖，如在西伯利亚养驯鹿的恩加纳桑人、玻利维亚的西里奥诺印第安人，他们都是人类学家艾伦·霍姆伯格的研究对象。大多数传统社会也像所有已被开发的社会一样必须进口物资。即使是在能够自给自足的传统社会，有些东西可以自己生产，他们通常还是希望通过交易来获得。

传统小型社会通常只与邻近社会交易，如需长途跋涉则会经过其他族群的土地，加上各族群之间时有战事，因此危险重重。即使是乘独木舟到远方做买卖的锡亚西人，也只敢去几个已与其建立贸易关系的村落。万一船只被风吹得偏离航道以致他们被迫停靠在陌生的海岸，当地人恐怕不会以礼相待、欢迎他们再度光临，一般而言会把他们当作入侵者杀害，并劫走牲畜、货物。

传统社会做买卖的方式和现代社会不同。我们通常是直接接触商家，用现金付款后拿走货品，无法想象有人去汽车经销商那里说要买车，就直接把车开走，不付款，也不签买卖合同，而是改天再送来同等价值的礼物。然而，这正是传统社会的交易模式。不过，传统社会交易的某些特征也是现代社会的人所熟悉的。我们会花很多钱购买没有实际用处的奢侈品，如珠宝或品牌服装，以彰显自己的身份或地位。传统社会也会通过交易获取昂贵的奢侈品。然而，传统社会的人与外界有了第一次接触之后，现代社会中利用现金交易的市场经济会带给他们什么样的惊奇与文化震撼呢？

市场经济

那些高地人发现现代市场经济的第一个特点应该是大多数东西要用钱来交易（见图20），而非以物易物。在传统社会，钱本身没有任何价值，不像珠宝或锡亚西人交易的木碗是美丽的奢侈品，也不能作为身份、地位的象征。钱只有一个用途，就是用来消费，以换得其他东西。此外，不像锡亚西人的木碗，凡手艺精巧的村民都可以雕刻，钱无法任意制造，只能由政府发行。发达国家的人即使有印钞机和卓越的印钞技术也不能自行印刷钞票，否则会因触犯法律而被判刑、入狱。

传统交易通常采用以物易物的方式。有一个人想要另一个人的东西，就拿出一样东西面对面交易，不涉及金钱和第三方。然而，有些传统社会也会利用具有象征价值的物品来获取自己想要的东西——这种行为已接近现代社会的居民用钱购买商品。例如新不列颠岛的卡乌龙族会用金唇贝来交换物品，密克罗尼西亚雅浦岛的人则用扁平如碟的石头，新几内亚高地人用的是子安贝（cowrie shell），勇士号海峡群岛上的居民则用雕刻的木碗——如某个岛上的居民要娶新娘，给予新娘的家人下列物品：若干贝壳、若干个木碗以及其他东西。然而，即使是有象征价值的贝壳、石头或木碗，他们也只会用来交换某些东西，而不会用来交换甘薯，以免得不偿失。传统社会也会把上述有象征价值的东西当作奢侈品，向人炫耀。反之，美国人总是把百元大钞藏在钱包里，需要购物的时候再拿出来，所谓"财不露白"，他们不会把一沓钞票串起来，像项链般挂在脖子上展示。

现代市场经济的第二个特点也许会让很多传统社会的人惊讶，即交易是为了获取卖方的东西，买方付款之后即完成交易，交易从来就不是互相赠予。通常买方在取得物品时就必须付款，至少也得同意分期付款。例如购买新车，卖方同意买方分期付款，买方就有付款的责任，不能不付款，日后再拿礼物报答。现代社会的人无法想象汽车销售人员会赠送顾客一辆新车，期待顾客将来再以礼物回报。然而，很多传统社会的确采用这种礼尚往来的交易模式。

现代市场经济的第三个特点是买方和一个专业的第三方

（也就是销售员），在特定的地方（商店）而非买方或卖方的住宅附近进行交易。当然，现代交易方式可能是买方与卖方直接接触，譬如卖方在自家房子外高挂"出售"的牌子，或在报纸分类广告、拍卖网站张贴出售的信息，买方看到之后径自接洽。这是比较简单的交易模式。对于最复杂的模式，如政府与政府间的石油或军火交易，双方必须各派代表进行洽谈，签订交易合约。

虽然现代社会市场交易有各种形式，但卖方通常不认识买方，双方的关系也仅限于当次交易，双方只在意是否银货两讫，很少建立持续的关系。即使买卖双方交易次数很多，如某个顾客每周都会去农贸市场从某个小贩处购买果蔬，交易本身还是最重要的，友好的关系则是其次。这就是市场经济的基本现实。我们或许会觉得这是理所当然的，但对传统小型社会的居民来说则不然。传统小型社会买卖双方的关系是持续的，交易的东西不重要，重要的是借由交易建立友好的关系。

现代市场经济的第四个特点与前一个特点有关：大多数市场是经常或定期开放的。例如商店每天营业，只有周日休息，还有卖方每周固定一天（如每周三早上）出来摆摊的集市。相比之下，大多数传统小型社会的交易次数很少且不固定，如一年或好几年才有一次。

现代市场经济的第五个特点则和传统小型社会的交易颇为相似，也就是从生活必需品到没什么实际用途的奢侈品都可以进行交易。一端的生活必需品是生存的重要物资，例如食物、保暖衣物、工具和机器；另一端的非生活必需品则包括奢侈品和装饰品，如电视机或珠宝，或用于娱乐，或用于彰显地位。在这两端之间的物品也是相当有用的，虽是同类物品，功用相同，但有的很便宜，有的则比较昂贵。例如，一个约10美元的合成皮女包和价值2 000美元的真皮古驰女包一样可用来装东西，但后者可以彰显持有者的身份，前者则不能。因此，我们不能说奢侈品是完全没有用的东西，持有者可能因此获得巨大的利益，如做生意的机会或可以钓到金龟婿或富家女。我们也可从考古学的记录得知在人类文明之初，人类交易的物品同样包含奢侈品与生活必需品。例如，几万年前克罗马农人交易的东西包括黑曜石做的矛形刀尖、贝壳、装饰用的琥珀，以及用透明石英精心磨制而成的刀尖。黑曜石做的刀尖是打猎用的，透明石英磨制的刀尖因为很容易毁损，恐怕不会用于打猎，就像我们不会用昂贵的古驰包来装在市场买的海鲜。

现代市场经济的第六个特点就是我们购物是基于自己的需要，不是要与卖方建立关系，而且我们购买的东西通常无法自己生产或制造，必须依赖卖方。例如，一般消费者阶层除了农民，很少有人会种果树，想吃苹果则必须向种苹果的农民或商店购买。种苹果的农民如果生病，就必须找医生看病，如果需要法律方面的服务就必须去找律师。种苹果的农民之间不会互相买卖苹果以建立友谊。在传统小型社会，由于某些物品只在某个地区生产，也会出现这种互通有无的现象。但是小型社会的人为了维系良好的关系，也常用双方都能生产的东西来交易。

传统交易形态

到目前为止，我们已从传统社会的角度审视了交易以及现代社会的市场经济会让他们感到惊异或熟悉的地方。接着，我们将探讨传统交易的机制。前面提到过，传统社会虽然不使用现金，但会利用有象征价值的东西进行交易，如子安贝，就像我们使用金钱一样。现在，我们就来看看传统交易有哪些特点。

传统社会的交易有时是同时的，也就是双方同时把东西交给对方，有时则是一方先把东西当作礼物交给另一方，另一方则必须在日后回赠价值相当的礼物。安达曼岛人（见图12）的交易方式就是双方同时把礼物交给对方。例如，一群人邀请另一群人来参加为期数日的祭祀典礼。客人带来的礼物可能包括弓、箭、手斧、篮子和陶土，主人不但不能拒绝客人带来的礼物，还必须回赠价值相当的东西给客人。如果回赠的礼物不满足客人的期待，那么客人或许会因此生气。有时，客人会在送礼时表明希望收到什么样的回礼，但这种情况很罕见。南美雅诺马莫印第安人（见图13）也会邀请客人前来同庆祭祀典礼，与安达曼岛人不同的是，客人赠送礼物之后，主人在下一次前往客人家拜访时才回赠礼物。雅诺马莫印第安人收到礼物总会一直牢记，直到下次见面再回礼给对方。回礼时间的延迟使相邻部落不得不保持互相往来的友好关系。

阿拉斯加西北部的因纽特人、菲律宾的阿埃塔人（见图14）、特罗布里恩群岛的居民和昆族人都会与特定的贸易伙伴交换礼物。

每个因纽特人交易的对象可能是1~6人，阿埃塔人会与其他菲律宾农民交易，非洲的俾格米族则会与班图族的农民交易，而且这样的交易关系会代代相传。特罗布里恩群岛的居民往往乘着独木舟给其他岛屿的居民送礼，来年再度造访则可得到价值相当的回礼。每个昆族人可以有几十个贸易伙伴，先送礼的一方通常会在几个月后或几年后得到回礼。

进行交易的是什么样的人？他们的交易是在什么情况下进行的？他们多久见一次面？在传统小型社会，每个人都会与其他人交易。然而，根据四五千年前近东地区的文字记录，大型酋邦或是早期的国家有专门从事交易的人，他们的角色等于现代社会的商人。我们发现有些传统社会的全体成员都精于交易。勇士号海峡上那个面积不到1平方英里的马拉伊岛就是很好的例子。这个岛太小，无法供给全岛居民所需的食物，于是岛上每个人都成了精明的商人，用独木舟把岛上生产的器皿和牲畜载到邻近的岛屿交易，从而获得极大的利润。马拉伊岛可以说是现代新加坡的原型。

传统社会的交易形式很多，交易频率也有高有低。最简单的如昆族和达尼族到邻近游群或小村子交易。新几内亚东北海岸的锡奥村与内陆村的交易就像现在的跳蚤市场，买卖双方各有几十个人，面对面排坐在一起。内陆村村民把一袋10~35磅①的芋头、甘薯推到锡奥村村民那边。坐在对面的锡奥村村民则根据食物的

---

① 1磅≈0.453 6千克。——编者注

多寡给予差不多价值的陶罐和椰子。特罗布里恩群岛的居民也会乘坐独木舟到附近的岛屿进行类似的交易，以获取一些实用的物品（如食物、陶罐、木碗和石头），他们和贸易伙伴也会交换一些奢侈品（如贝壳项链和手环）。

安达曼群岛上的游群和雅诺马莫印第安村落会不定期地安排为期数日的祭祀典礼，以碰面交换礼物。阿拉斯加东北的因纽特人的不同群体之间常会杀红了眼，但在夏季的贸易展销会和冬季的祭祀典礼那一两周能化敌为友，开开心心做生意。乘独木舟到邻近岛屿交易的族群，如锡亚西岛、特罗布里恩群岛及新几内亚东南迈鲁岛的居民，每年都会派人渡海，到几百英里甚至几千英里外的地方开展贸易。印度尼西亚的望加锡人（Macassan）同样如此，他们先到澳大利亚北部获取干海参，然后卖给中国人炖汤。

传统社会的交易物品

传统社会交易的物品大抵可分为两类：一类是实用物品（如食物、工具），另一类则是奢侈品（如子安贝和钻石戒指）。但是我们会发现，一涉及实际运用，这种分类法就出现问题了，因为不少东西处于难以归类的灰色地带。正如经济学家弗兰克·奈特所言："在所有引发经济和社会辩论的谬论当中……最糟糕的莫过于以生物或生存的需求来解释实用价值。"例如，宝马车毋庸置疑是一种奢侈品，也是身份、地位的象征，有利于达成交易或找对象，但你也可以开着这辆车去杂货店买东西。又如锡亚西人的精美木雕碗,不但可在祭祀典礼上装蔬菜,也是勇士号海峡地区的地位象征,可用来娶妻。至于猪,那可是新几内亚最重要的地位象征。托马斯·哈丁因而有感而发:"猪的用途很多,最不重要的一点就是宰杀食用。"

如果我们需要看一张交易表格,那么最好把59项物品分类,而不是杂七杂八地列成一长串。因此,表1-1把13个传统小型社会的交易物品分成三类:第一类是生活必需品,这类物品又可细分为原料和制成品;第二类是奢侈品或装饰品,这类物品可有可无,即使没有也无碍于生存;第三类虽然一样是可用的物品,但除了实用,还有附加价值(如用克什米尔羊毛织的外套与用合成纤维织的外套相比,虽然两者尺寸相同,也同样保暖,但前者的附加价值更高)。

表1-1 社会交易物品举例

	必需品		灰色地带的物品	奢侈品
	原料	制成品		
克罗马农人(冰河时期)	石头			贝壳、赭石、琥珀
达尔比族(新几内亚)	盐	磨制石斧		鸟羽
达尼族(新几内亚)	盐、石头、木头	斧刃与锛刃、树皮纤维	彩网、带有装饰的箭	贝壳
恩加族(新几内亚)	盐、石头、木头、竹子	树皮做的绳子	猪	贝壳、鸟羽、藤杖、树油、赭石、鼓

（续表）

	必需品		灰色地带的物品	奢侈品
	原料	制成品		
特罗布里恩群岛居民（新几内亚）	石头、鱼、山药	西米	陶罐、雕刻木碗	贝壳项链、贝壳臂章
锡亚西岛居民（新几内亚）	黑曜石、芋头	西米、网袋、弓箭、独木舟	陶罐、木碗、猪、狗、草席	猪牙、狗牙、涂料、赭石、珠子、槟榔、烟草
卡鲁萨印第安人（北美洲）			陶罐、海豹肉、鲸鱼肉	贝壳、鲨鱼牙齿
堪察加人（西伯利亚）	肉、蘑菇、毛皮、动物的筋、兽皮			
俾格米族（非洲）	肉、蘑菇、铁、蜂蜜、园艺作物	网、弓、铁制矛尖	陶罐	烟草、酒
昆族（非洲）	肉、蘑菇、铁、毛皮、兽皮	铁罐、陶罐	箭、衣服	烟草、项链、烟斗、珠子
安达曼岛人（亚洲）	铁、木头、蜂蜜、可做陶罐的黏土	锛子、绳索、弓和箭、篮子		贝壳、涂料、槟榔
雍古族（澳大利亚）		铁斧、刀、鱼钩、钉子、矛、独木舟、布、苏铁坚果做的面包	海参	贝壳、龟壳、烟草、酒
北坡因纽特人（阿拉斯加）	石头、毛皮、漂流木、海豹油、鲸鱼皮、鲸脂、沥青	木制容器、船架、干肉饼	木制品、石制品、袋子	象牙

表1-1显示某些有用的原料已是全世界很多社会的交易物品，特别是可制造工具和武器的石头和金属，还有盐、食物、木头、兽皮、毛皮、制造陶罐的黏土和防水填缝用的沥青。各地社会交换的制成品包括磨制工具、武器、篮子及其他容器、编织用的纤维、袋子、网、绳子、布、衣物，以及面包、西米、干肉饼等加工食品。奢侈品和装饰品也有不少，有时当作原料交易，但通常会再加工、制造，如鸟羽、可制成项链与臂章的贝壳和龟壳、琥珀、狗、猪、鲨鱼牙齿、象牙、海象牙、珠子、树油、可当涂料和底漆的红色赭石和黑色氧化锰，以及烟草、酒、槟榔。2 000年前，来自亚洲的商人会把新几内亚天堂鸟的羽毛带到中国，之后这些羽毛又通过交易被卖到波斯和土耳其。此外，交易物品还包括一些既有用又奢侈的物品，包括猪、干海参、香料和其他昂贵的食材（相当于今日的鱼子酱），以及一些美丽的工艺品，如陶罐、雕刻的弓箭、装饰精美的袋子、衣服和草席。

表1-1和此前的讨论都忽略了两个重要类别，也就是劳动力和配偶，我们通常不将其归类为交易物品。非洲雨林的俾格米族人有时会为邻近的班图农民工作，菲律宾阿埃塔森林的尼格利陀人（Negrito）会为菲律宾农民服务，某些昆族人近来也会为班图牧民效劳。其他狩猎-采集社会也会为邻近的食物生产者提供劳动、猎物、野生植物，以换取铁、园艺作物、牛奶等。大多数的邻近社会还会通婚，其嫁娶如同交易，有时是同时交换（例如，你的妹妹嫁给我，我的妹妹嫁给你），有时则有时间差（你妹妹先当我的新娘，等我的妹妹到了初潮年龄，她就嫁给你）。然而，

非洲雨林的俾格米族人（见图15）和邻近班图农民的通婚只是单向的，也就是俾格米族女人嫁给班图族男人，而班图族女人不会嫁给俾格米族男人。

　　上述是传统社会交易的主要类别。至于谁与谁进行交易，交换了什么，以新几内亚的达尔比族而言，他们居住在高地边缘，人口稀少，由于当地森林有很多天堂鸟，他们就把鸟羽送到高地交换盐和石斧。非洲雨林的俾格米族会用森林里的蜂蜜、猎物的肉和蘑菇等，与班图农民交换作物、陶罐、铁、烟草和酒。勇士号海峡地区的居民则用岛上的猪獠牙、狗、西米、槟榔、草席、珠子、黑曜石、红色赭石，与新几内亚大陆上的居民交换猪、狗牙、芋头、烟草、陶罐、网袋、弓箭以及黑漆。住在阿拉斯加北坡海岸边的因纽特人和住在内陆的因纽特人也会互相交易，海边的人能提供的物品大抵来自海洋哺乳动物，如可用作燃料和食物的海豹油、海豹皮、海象皮、鲸脂、海象牙、漂流木、木制容器，以及自己做的陶器和袋子。内陆居民提供的可交易物品则来自内陆哺乳动物，如驯鹿的皮和腿、鹿角、狼的毛皮等，还有防水填缝用的沥青、干肉饼和莓果等。

谁在进行贸易？交换了什么？

　　我们现代人会认为上述交易模式理所当然，因为今天的贸易也几乎如此，即拿出自己已有的或很容易制造的物品与在这方面欠缺的贸易伙伴交换。原料以及用以制造成品的技能在全球各地的分布并不平均。例如，美国是世界农产品和飞机的主要输出国，因为美国生产的农产品和飞机有剩余。但美国的石油产量供不应求，因此必须从其他石油生产国（如沙特阿拉伯）进口。这种原料和技能的分布不均也是传统社会交易的主要特点。

由于原料分布不均，住在不同地区的邻近社会常会互相交易，以弥补自身的不足，例如住在海边的人与住在内陆的人就常常互通有无。就像上述阿拉斯加的因纽特人，海边的居民拥有海洋和海岸资源，如海洋哺乳动物、鱼和贝壳，而内陆居民则能获取猎物、园圃作物和森林等陆地资源，二者进行交易便能享有更丰富的资源。

另一种常见的交易模式则涉及与特定生境相关、仅限于当地的原料，例如盐和石头。比如杜姑姆达尼族所需的盐都来自伊乌凯玛（Iluekaima）盐池，而他们制造斧头和锛子需要的石头都来自诺戈洛盆地（Nogolo Basin）的采石场。至于西南太平洋地区所需的黑曜石（源于火山喷发形成的玻璃岩，可制造出最锐利的石头工艺品），大部分来自新不列颠岛塔拉塞亚附近的采石场。塔拉塞亚的黑曜石通过交易传到往西2 000多英里的婆罗洲，以及往东2 000多英里的斐济。

另外，邻近社会因生存策略不同，会以不同的原料进行交易。狩猎-采集者会以从森林中获得的猎物的肉、蜂蜜、树脂等和邻近村落的农民交换作物。例如美国西南平原的野牛猎人会与普埃布洛（Pueblo）印第安农民交易，马来西亚塞芒族的猎人不但会以猎物与马来西亚的农民交换农产品，也会和印度的其他狩猎-采集者交易。此外如前所述，非洲的俾格米族猎人会与班图族农民交易，阿埃塔人也会与其他菲律宾农民交易。亚洲和非洲地区也常有牧民与农民之间进行交易，而非洲也有不少牧民与狩猎-采集者交换物资。

传统社会的交易有如今日的贸易，通常涉及技术分布不均。如根据人类学家布罗尼斯拉夫·马林诺夫斯基的研究，新几内亚东南迈鲁岛的居民擅长制造陶器和独木舟。虽然附近的新几内亚大陆居民也会制造陶器，但迈鲁岛的居民能够大量制造出更薄、更精细且风格独特的陶器，因此后者的陶器远近闻名。不只制造陶器的迈鲁岛居民因此获利，使用陶器的顾客也得到很大的好处。制造者因为陶器薄，不需要那么多的黏土，得以生产更多的陶器，同时也可缩短干燥时间，减少烧制时的碎裂。而使用者因为陶器薄，容易加热，可节省燃料。此外，迈鲁岛居民打造的独木舟复杂精细，是远洋航行的利器，而一般简单的独木舟只能用于短程航行。中国制造的瓷器和纸在1 000年前也是独步世界。在现代，工业间谍无孔不入，加上知识的不断传播，要拥有某种技术的独家专利已越来越难，然而美国还是曾经短暂（4年）拥有过制造原子弹的垄断技术。另外，大型商业客机的市场今天依然由美国和欧洲国家主宰。

传统社会交易的最后一种形式在今天很少见，也就是所谓的"协议垄断"。以某种物品而言，虽然进行交易的双方都可以取得或生产，但是一方选择依赖另一方供给，以维持双方的友好关系。例如，杜姑姆达尼族会从贾雷摩（Jalemo）地区取得装饰精美的木箭，以及艳丽的兰花纤维织成的网袋。虽然达尼族也会制造简单、没有装饰的箭和袋子，如有心学习，也做得出一样美丽的木箭和网袋，但达尼族还是从贾雷摩地区取得木箭、网袋，以及贾雷摩森林的盛产之物。达尼族和贾雷摩地区的"协议垄断"因供需关系稳定，可实现双方互利。贾雷摩地区所需的盐则来自达尼族，即使贾雷摩森林产物减少，暂时不能将其提供给达尼族，达尼族还是愿意为贾雷摩人提供所需的盐。

巴西和委内瑞拉的雅诺马莫印第安人和巴西的欣古（Xingu）印第安人也常出现"协议垄断"的交易模式。虽然每个雅诺马莫印第安村落都可自给自足，但村民宁可利用交易来维持与邻近村落的和睦相处也不自己生产。于是，每个村落都专门制造某种物品或饲养某种动物来供给邻近村落，如箭矢、箭杆、篮子、弓、陶罐、棉线、狗、迷幻药、吊床。同样，欣古印第安人也会专门生产、供给某些物品，如弓、陶器、盐、贝壳做的腰带、矛。你要是以为雅诺马莫印第安村落大都不会制作陶器，连最简单、没有装饰的陶罐都不会制作，那你就错了。例如，雅诺马莫的默马里伯韦-特里村（Mömariböwei-teri），村民需要的陶罐一向来自睦邻默瓦拉厄巴-特里村（Möwaraöba-teri）。默马里伯韦-特里村的村民说他们不会制造陶罐，即使以前知道怎么做，也早就忘了，而且他们那个地区的黏土不佳，不如委托默瓦拉厄巴-特里村的人制造。没想到，有一天这两个村子发生冲突，默马里伯韦-特里村的人不能从默瓦拉厄巴-特里村那里拿到陶罐了。令人惊奇的是，默马里伯韦-特里村的村民突然想起该如何制造陶罐，也发现他们村子的黏土没么糟，也挺适合做陶罐。可见，默马里伯韦-特里村的人不是因为需求才去默瓦拉厄巴-特里村交换陶罐，这是他们选择的结果，目的是维持友好的关系。

非洲昆族的箭也是如此。每个昆族人都会制造箭，也会互相交换箭。人类学家理查德·李问了4个昆族人，他们各自箭筒里的13~19支箭都来自哪里。这4个人中只有一个人［科佩拉·马斯韦（Kopela Maswe）］只用自己做的箭，另一个人［那乌（/N!au）］的箭当中有11支出自4个人之手，只有2支箭是自己做的，另外两个人［加斯克（/Gaske）与内西（N!eishi）］的箭则没有一支是自己做的，而是出自6个人之手。

在习惯于互通有无的西方人眼中，上述"协议垄断"和以箭易箭的交易方式似乎没什么意义，但对传统社会而言，这种交易具有社会、政治和经济方面的功能：他们不只是为了物品本身而进行交易，而是怀抱社会和政治目的去创造交易机会，增进彼此的关系，希望在有需要时对方能助一臂之力。如阿拉斯加西北部的因纽特人就会尽贸易伙伴之责，在有需要的时候帮助对方。若你居住的地区出现饥荒，你就可以到另一地区的贸易伙伴家里去住。阿埃塔族猎人间的交易以及他们与菲律宾农民的交易也是基于生活的基本需求，而非供需关系。他们认为每个贸易伙伴在不同时期总有盈余或不足，你帮我，我帮你，长久下来，谁都不吃亏，因此不必过于计较。任何一个伙伴要举办婚礼、葬礼，或是碰上台风、农作物歉收、猎物短缺，其他伙伴都会大力相助。至于交战不断的雅诺马莫印第安人，通过交易来巩固与邻近部落的关系尤为重要，这等于是攸关生存的大事，但他们不会公然说出交易的真正目的。

有些交易网络和典礼成为一个社会向其他社会炫耀的方式，如特罗布里恩群岛的库拉（Kula）贸易圈与新几内亚高地恩加族（Enga）的礼物交换典礼。前面提到的马拉伊岛的锡亚西人乘风破浪，经过危险的海域，到远方进行交易，只为了在年终之时举办盛宴，把交易得来的猪全部宰杀食用。其实现代美国人又何尝不是如此，有人辛苦工作只为了购买珠宝或名车向他人炫耀。

迷你国家

无论是过去的传统社会，还是留存于现代的传统社会，都无异于迷你国家。它们有自己的疆界或核心区域，只与一些国家的人往来，有时也和现代国家一样，努力捍卫自己的土地。然而，他们对外界了解很少，远不如现代国家的经常通过电视、手机和网络获取信息的居民。对他们来说，这个世界的人不是朋友，便是敌人和陌生人，这一点异常鲜明。他们有时会与其他国家的人通婚，也会互相交易，然而不是单纯为了互通有无，而是有政治与社会目的。在接下来的三章，我们再来看看这些迷你国家是如何维系和平的，又是如何卷入战争的。

第二部分

战争与和平

第二章

一个儿童之死

车祸意外

在巴布亚新几内亚，旱季将尽的一个下午，一个叫比利的小男孩被一个叫马洛的男子开的公共汽车撞死了。那天，比利放学后，搭乘公交车（而非有标识的校车）回家。他的叔叔根吉姆普（Genjimp）在马路对面等他。那时，一家当地小公司的司机马洛正载着一些办公室职员回家，朝比利坐的那辆公交车驶来。比利从公交车上跳下，看到叔叔，就跑着过马路。如果比利从他乘坐的那辆公交车前面过去，马洛和其他人就能看到他。但比利是从公交车后面一下子就跑到路中央，马洛看到他的时候已经来不及踩刹车，车子立即撞到了比利的头。比利在强力撞击之下被抛到半空中。根吉姆普把他送到了医院急诊室，然而几个小时后，比利便因头部受到重创不治而亡。

在美国，发生重大车祸时，在警方抵达之前，肇事者不得离开现场，如果不向警方报告便自行离开，就被视为肇事逃逸，必须承担刑事责任。然而在巴布亚新几内亚等国家，法律允许肇事者离开现场，但必须立即把车开到最近的派出所。因为即使车祸的责任方是行人，愤怒的旁观者还是有可能把司机从车上拖下来活活打死。另外，比利与马洛分属不同的族群，在巴布亚新几内亚，族群对立并非新闻，这桩车祸更激化了双方的矛盾，马洛和他车上的乘客都可能因此陷入危险。马洛是邻近村落的人，而比利是低地人，老家在很远的地方。很多低地人为了工作而移居至此。如果马洛下车去查看比利的伤势，想送他就医，那么那群旁观的低地人绝不会放过他，甚至连车上的乘客也会惨遭伤害。马洛在车祸发生之时，头脑还算清醒，知道应该把车开到派出所，这才救了自己一命。警察为了乘客的安全着想，暂时把他们安置在派出所，然后护送马洛回家。接下来的几个月，马洛一步都不敢离开自己的村子。

　　我们可从这件事后来的进展得知，新几内亚这类传统社会是如何和平解决争端的，毕竟他们没有现代国家那样的司法制度。也许在史前时代，人类已采用这样的机制来解决争端，直到5 400年前人类社会出现法律、法庭、法官和警察。比利与马洛的例子与下一章的例子相关，都涉及传统社会解决争端的手段，只不过后者是以流血、杀戮的方式。由于情况不同，牵涉的人不同，发生争端之后，如果无法和平解决，就可能演变成血腥冲突。

　　和平解决的过程涉及所谓的"赔偿"。（翻译成"赔偿"其实不够准确，毕竟人死不能复生，一个孩子死了，要如何赔偿？根据新几内亚的巴布亚皮钦语，这个词是"sori money"，相当于英语的"sorry money"，因此比较妥当的译法应该是"同情金"或"补偿金"。）比利死后的事是一个名叫吉迪恩的人告诉我的。吉迪恩在当地的一家公司担任经理，马洛就是他的雇员，他也参与了双方的谈判。我发现，新几内亚传统社会行使公平、正义的机制与现代国家的司法制度有着完全不同的目的。我虽然同意现代国家司法制度有很多优点，可为人民解决冲突，特别是解决陌生人之间的争端，然而如果发生争端的双方不是陌生人，而是邻居、生意合伙人、离异夫妻，或是为了争夺家产反目的兄弟姐妹等无法轻易切断关系的人，传统社会解决争端的方式也许就值得我们借鉴了。

道歉仪式

由于比利家族的人可能会报复马洛、吉迪恩和他们公司的其他员工，吉迪恩要求员工在车祸发生后的第二天别来上班。吉迪恩独自一人待在办公室，公司外有围墙，还有保安巡逻，而他的家就在公司旁边不到100码[①]的地方。他吩咐保安提高警惕，别让任何陌生人进来，尤其是要小心那些低地人。那天早上，吉迪恩坐在办公桌前，抬头瞥见窗外有三个高大的人影，不禁心惊肉

[①] 1码=0.9144米。——编者注

跳。他可以从外表看出他们是低地人。

吉迪恩的第一个念头：我如果不对他们微笑，就得拔腿快跑。他继而想起，他妻子和三个年幼的孩子就在附近，如果逃走，就只能保住自己的一条命。于是他挤出微笑，那三个男人也对他笑。吉迪恩走到办公室后面的窗户边，打开窗户。这么做恐怕会送命，但他别无选择。那三个人中有一个人叫佩季，他就是在车祸中丧生的比利的父亲。佩季用巴布亚皮钦语问吉迪恩："我能进你的办公室跟你谈谈吗？"

吉迪恩点点头，走到办公室前面，打开门，让佩季进来，然后请他坐下。尽管佩季刚刚惨遭失子之痛，依然在惊愕之中，然而面对肇事者的雇主，他还是保持冷静、礼貌的态度。他静静地坐了一会儿，才开口说："我们了解到这是一桩意外，那个司机不是有意的。我们不想制造事端，只是希望你能协助我们办好丧事。你只要出点儿钱，买一些吃的让我们款待参加葬礼的亲友即可。"吉迪恩代表公司所有员工对此深表同情，并说他会尽点儿心意。那天下午，他就去当地的超市买了米、肉类罐头、糖和咖啡。他在超市又碰到了佩季，双方相安无事。

当天，吉迪恩和公司里一个叫雅盖安（Yaghean）的老员工商量了这件事。虽然雅盖安的家乡在外地，但他十分熟悉当地的补偿和谈判事宜。雅盖安自愿帮他进行协商。车祸发生后的第三天，吉迪恩召集员工开会讨论如何进行补偿。虽然男孩的家人看起来较为和善，但公司里的每一个人都很害怕男孩的远亲和族人会因为愤恨难消而诉诸暴力。因为吉迪恩和佩季已经见过两次面，佩季都没对他怎么样，所以吉迪恩心想，或许他可以亲自去和比利的家人协商，正式向他们致歉。但雅盖安认为万万不可，他对吉迪恩说："假如你过去太早，我担心男孩的远亲、族人，甚至整个低地群体都还在气头上。我们还是按照习俗，先派一个人去慰问。我去吧，我会先和那个部落的代表谈谈，他再转达我们的意思，我跟他都熟悉补偿和谈判的过程。只有在谈判有了结果之后，你和我们公司的员工才能参加道歉仪式。"

雅盖安于是去找低地人部落的代表，两人约好于第二天（车祸发生后的第四天）见面商谈，参加的人除了他们两个，还包括比利的家人和亲族。雅盖安回来向吉迪恩报告说，他们谈了很久，比利的家人虽无意报复，但他们部落里有一些人依然对比利的死感到愤慨。雅盖安要吉迪恩准备更多的食物以供道歉仪式和葬礼时使用，并且依据双方的协定，支付给比利家人的补偿金为1 000基那[①]（约300美元），由吉迪恩的公司提供。

车祸发生后的第五天，即举办了正式的道歉仪式。除了马洛，吉迪恩、雅盖安与其他公司员工乘坐公司的车一同前往低地人的部落。他们停好车，然后走进比利家的后院。比利的家人已在那里搭好棚子，并在上面盖了防水布，比利的亲戚和来访者都聚在那里。如果有人过来吊唁，比利的叔叔就示意比利的家人给来访者挪出座位。

一开始由比利的叔叔发言，向来吊唁的人致谢，并为比利的

---

① 基那为巴布亚新几内亚所使用的货币。

死表示哀悼。接下来，吉迪恩、雅盖安和其他公司员工轮流致哀。吉迪恩为我描述当时的场景："我非常难过，一边说一边哭。我告诉比利的家人，我也有小孩，我可以想象丧子之痛如何锥心刺骨。我说，我曾想象今天被车撞死的是我儿子，我会有什么样的感受。我告诉他们，孩子的生命非常宝贵，我送的那些食物、金钱相比之下只是垃圾。"

吉迪恩说："接着轮到比利的父亲佩季讲话。佩季热泪盈眶，承认他的孩子死于意外，而非我们的疏忽。他感谢我们来到这里，提到他的族人不会报复。接着，他把比利的相片举得高高的，说'我们会永远怀念他'。他说话时，比利的母亲则静静地站在他后面。之后，比利的几个叔叔再次重述比利父亲的意思，'我们愿意接受你们的道歉，日后一定不会寻仇'。在场的每一个人，包括我、比利的家人和亲友及公司员工，都哭成一团。"

接着，吉迪恩和员工把食物交给比利的家人，说道："在这样一个令人难过的时刻，希望这些食物能对你们有所帮助。"最后，比利的家人和来访者一起简单享用了一些甘薯（新几内亚的传统主食）和蔬菜。仪式结束时，双方握握手，互道珍重和再见。我问吉迪恩，他们是否会拥抱对方。吉迪恩说，不会，他们完全按照道歉仪式的正式礼节进行，不会相拥而泣。然而，我很难想象在美国或其他西方社会，失去孩子的一方和肇事者可以坐下来谈话、一起落泪，甚至一同吃饭。一般而言，孩子死了，家人必然会请律师打官司，而肇事者也会请律师为其辩护，并请保险经纪人代为办理理赔事宜。

万一……

比利的父亲和亲戚都同意，马洛不是故意开车撞死比利的。我问马洛和吉迪恩，万一马洛故意置比利于死地，或马洛被明确地认定为失职，事情又会如何演变？

马洛和吉迪恩认为，就那种情况而言，还是可以利用相同的补偿过程来解决，然而最后的不确定因素会比较多，情况比较危险，赔偿金额也比较大。比利的亲友可能在补偿协商之前就采取报复行动，可能杀死马洛及他的家人或族人。如果比利的亲友愿意等待补偿协商结果，那么赔偿金额将比现在高出很多倍，大约包含 5 头猪、1 万基那（大约相当于 3 000 美元）和更多的食物，如香蕉、芋头、甘薯、西米、蔬菜和鱼干。

我还想知道，假如马洛不是受雇于一家公司，而是开自己的车，或者他受雇的公司不介入的话会如何。马洛说，如此一来，补偿协商就不会由他的同事雅盖安出面，而是由他的叔叔或村子里的长老帮他去谈。补偿金或食物也不会由公司提供，而是由马洛村子里的人，包括他的家人、族人和其他村民帮忙筹措，但马洛日后必须将这笔钱还给所有帮他的人，并报答长辈为他辛苦协商。万一马洛还没还完这笔钱就死了，他的家族则需代其偿还。尽管情况不同，但不论公司是否代为处理，协商过程大抵不变。

官方做了什么

上述事件表明，新几内亚传统社会如何用和平的方式解决争端、弥补损失。他们的做法和西方社会的司法制度有很大的不同。巴布亚新几内亚警方不会考虑比利亲友的悲恸以及他们是否有复仇之心，只会以危险驾驶罪起诉马洛。即使比利的家人，包括目睹整个事件的比利的叔叔根吉姆普，并没有责怪马洛，警方还是认定马洛驾驶超速。事后几个月，马洛一直待在自己的村子里，只有在警方传唤时才会离开村子。马洛担心年轻、冲动的低地人会来寻仇。村子里的人也都提高警惕，准备好在马洛遭受攻击时出面保护他。

马洛自初次接受警方审讯后，等了好几个月才接受了第二次审讯。警方责令他在等候审判期间，每两周就要进城向交警报到，马洛每次去报到都得等上半天或一整天。第二次接受审讯时，他的驾照就被警方拿走了。马洛本来在吉迪恩的公司当司机，驾照被扣后，他的工作也就不保了。

马洛足足等了一年半才接受审判。在此之前，失业的马洛就像游魂一样在自己的村子里闲逛。马洛在开庭那天准时出现在法庭，结果负责审理此案的法官另有他案要审理，于是将马洛这个案子的出庭日期改在三个月后。到了开庭那天，法官又不能出庭，必须再延迟三个月。但三个月后，法官依然有事，必须再延期。就这样一拖再拖，第五次敲定好出庭日期时距离事发日期已有两年半之久。这次法官终于现身，开始审理，但检察官传唤的警察没来，于是法官撤销了此案。马洛撞死比利的交通事故这才正式画上句号。出庭日期一拖再拖，最后又不了了之，你或许以为巴布亚新几内亚的司法制度缺乏效率，然而我有一位好友最近在芝加哥法院接受审判时也有类似的遭遇和结果。

新几内亚传统社会的补偿制度

我们可从比利与马洛的故事一窥传统社会如何快速、和平地解决纷争，使双方得以和解并重修旧好。这种方式似乎简单而自然，与现代国家司法系统的目的有很大的区别，对我们颇具吸引力。在新几内亚传统社会，没有司法体系、政府、中央集权制度，也没有专业的领导人、官员和法官来行使决定权和使用武力的垄断权。现代国家在解决争端、行使正义的时候有自己的考虑，不一定会维护涉及争端的任何一方的利益。而新几内亚传统社会的正义则要靠发生争端的双方及各自的支持者一起解决，如不能和平收场，就可能演变成血腥报复（见第三、第四章），甚至演变成战争。

新几内亚传统社会之所以会有这样的补偿制度——与西方社会纷争的解决之道大相径庭，主要是因为在新几内亚涉及争端的双方大都认识彼此，要么曾经有过往来，要么听过对方或对方父亲的名字，至少也知道对方属于哪个部族。比如，你是新几内亚人，你养的猪跑到几英里外的森林里，结果被宰杀了。你或许不曾跟杀死猪的人接触过，但一定听过那人的名字，知道他是哪个部族的人，并且那个部族有好几个人是你认识的。因为新几内亚传统社会人口不多，只有几十到几百，居民一般都在自己的地盘上行动，只有在特殊情况下，如为了通婚或拜访亲戚，才会到邻近的村落。所以，新几内亚传统社会的人几乎不曾遇见过完全不认识的陌生人。反之，西方社会动辄就有几百万人，我们每天都会碰到陌生人。我在十几岁时，暑假都待在蒙大拿州的比格霍尔盆地。那是个偏远的乡间，所有的居民都互相熟识，然而他们不时也会碰到陌生人，例如开车经过时在此加油的人。此外，我们也常到外地工作、度假，或是跑到一个自己喜欢的地方生活。在我们的一生当中，我们交往的圈子不知换过几回。

因此，西方社会的人即使发生争端，不管是车祸还是交易纠纷，双方也可能互不认识，以前没见过面，日后也不会再打交道。但在新几内亚传统社会，发生任何争端的双方不但认识，以后还会再见面。如果对方是同村的人，那么更是一天到晚不知会碰到几回。就算对方住在几英里外的村子里，也在你步行可及之处，你还是不想和他结下怨恨。这就是为何新几内亚传统社会补偿制度的目的在于重修旧好。即使双方本来没有关系，也得和平解决，避免日后变成冤家。以我自己为例，我这一生曾与人发生三次纠纷，一次是和一个家具木工，一次是和一个游泳池承包商，还有一次则是和一个不动产经纪人。在纠纷发生之前，我不认识他们，在纠纷解决之后，我再也没跟他们有任何往来，也没有他们的消息。

对新几内亚人而言，要修补受损的人际关系，最重要的因素就是了解、尊重彼此的感觉，在这种情况下，双方会尽可能地平息怒气，恢复过去的关系。至于一方给另一方的赔偿金，这只是一种象征：象征甲方对乙方的歉意，甲方了解乙方的损失与痛苦。就比利与马洛的事件而言，比利的父亲要的是马洛及其雇主的道歉，并希望他们了解他的损失和悲伤。正如吉迪恩把赔偿金交给比利的父亲时所说的，孩子的生命很宝贵，相比之下那笔钱只是垃圾。吉迪恩这么说表示他也很难过，而且深知比利家人的感受。

对新几内亚传统社会而言，关系的修复比什么都重要，不像西方社会总是要确认哪一方有过失，并使其接受惩罚。我听我在果堤（Goti）村的朋友说起他们和敌对的邻近部族如何达成了和解，一开始觉得实在不可思议，从修复关系的角度看才终于恍然大悟。我在果堤村的朋友所在的部族多年来与邻近的4个部族互相仇视，常有互相入侵、杀戮的事件发生。我的朋友皮乌斯的父亲和哥哥就因此而丧生。由于处境危险，大多数果堤村村民不得不离开故乡，躲在盟友的村落，以免被追杀。33年后，果堤村村民才慢慢回到故乡。又过了3年，村民希望与敌对的部族达成和解，彻底解决双方纷争，于是送上几头猪和其他食物给宿敌作为补偿。

我听皮乌斯讲述此事时，完全不敢相信。我想，我应该是听错了。我问他："你们补偿对方吗？但他们杀了你的父亲、哥哥和其他亲戚，为什么不是由他们来补偿你们？"皮乌斯说，村民的目的不是向对方索取补偿，因为并不是乙方杀了甲方的人，之后给甲方几头猪，怨恨就能一笔勾销。村民希望双方能建立和平的关系，和睦相处，这样他们才能无忧无虑地在果堤村生活，毕竟，对方有些族人以前也被果堤村村民杀害，还得让出土地给果堤村村民居住。经过谈判，双方终于满意，愿意不计前嫌，果堤村村民终于可以回故乡自由自在地生活，不必害怕遭到仇家的攻击。

长长久久的关系

新几内亚传统社会比西方社会更注重社会关系网络，人际关系也比较长久，因此如果争端发生，那么不只是当事人，当事人的亲友、部族都会受到牵连。这是我们西方人很难理解的。在我们的观念里，一个部族的猪跑到另一个部族的菜园，把菜园弄得乱七八糟，应该没什么大不了的。但在新几内亚高地，这样的事可能触发战争。新几内亚人从出生开始，就跟当地人建立了长久、重要的关系，大家互相扶持，每个人都对社会的其他人负有责任。现代西方人当然也有长久的人际关系，但我们与他人的关系常会出现变化。我们的社会对个人表现的重视远超过群体关系。在新几内亚，如果发生纠纷，涉及补偿的就不只是当事人，如马洛和比利的父母，还包括与双方相关的人，如比利的族人以及马洛的同事、亲友和族人。要是双方互相仇视，为了复仇，一方可能杀害另一方。替马洛付赔偿金的是他的雇主，如果马洛没有受雇，他的亲友就必须帮忙筹措赔偿金。同样，如果一对新几内亚夫妻打算离婚，双方亲友就都会受到影响。丈夫的亲戚当初帮忙出了娶亲的钱，现在得从妻子的亲友那边把钱要回来。若是当初结婚有部族结盟的因素在内，离婚当然会对部族的关系构成威胁。

传统社会注重社会网络，而现代国家则比较注重个人。我们允许甚至鼓励个人上进、求胜、为了成就自己而不惜牺牲别人。我们进行商业交易的目的是为自己谋求最大的利益，不考虑对方的感受，即使对方蒙受损失，我们也不在乎。美国孩子玩游戏常常是为了争输赢。相反，新几内亚传统社会的孩子玩游戏则常需要合作，无关输赢。例如，人类学家简·卡特·古德尔就曾观察新不列颠岛卡乌龙族的一群孩子玩游戏。有人给这群孩子一大串香蕉，每个孩子都可拿到一根。这群孩子没去抢那根最大的香蕉，每个人拿到香蕉之后，就把香蕉切成两半，一半自己吃，另一半给另一个人吃。每个人从别人那里拿到半根之后，再切开，一样自己吃一半，也就是 1/4 根香蕉，另一半给别人吃。切到第 5 轮的时候，香蕉变成一丁点儿（即 1/32 根），孩子们一样自己吃一小口，再把另一小口给别人。孩子就是从这样的游戏中学会分享，而不是设法占别人的便宜。

我们从另一个例子中可以看出新几内亚传统社会弱化了个人利益。我认识一个新几内亚年轻人，他叫马富克（Mafuk）。马富克只有十几岁，非常勤劳，也很有抱负，于是我请他为我工作了好几个月。我付他薪水的时候，问他会如何处理这笔钱。他说，他想去买台缝纫机，帮别人修补衣服。他会向他们收取修补费，然后把赚的钱存起来。积少成多，他就可以改善生活状况。然而，马富克的亲戚得知他打算这么做之后都非常生气，指责他自私自利。马富克认识来找他修补衣服的每个人，他们不是亲戚就是邻居，他怎能为了自己的利益向他们收钱？那些亲友都认为马富克帮他们修补衣服应该是免费的，等到他有需要，比如他需要钱娶老婆，他们自然会伸出援手。同样，在非洲加蓬挖金矿的矿工因不与嫉妒他们的亲友分享金子和钱，当地巫师就说他们是带来埃博拉出血热的祸首。

一些西方传教士带着年幼的孩子在新几内亚住上一段时间后，就会回到澳大利亚或美国，并把孩子送到寄宿制学校就读，那些孩子总是有些难以适应。我听那些孩子说，他们认为最难适应的莫过于西方自私自利的个人生活方式。他们从新几内亚的孩子身上学到互助合作的精神，然而回到西方之后，常常要和其他孩子争输赢。不管是在学业上还是在游戏上，样样都要争第一，这种行为让他们感到羞耻。

其他非国家社会

其他非国家社会在解决争端方面有什么差异？在新几内亚的传统村落，调解也许是个不错的解决之道，如比利与马洛的事件，然而对其他社会来说，这种方式并非必需，也可能效果不佳。人类社会形形色色，小型社会没有中央权威或司法制度；酋邦中的很多争端都是由酋长出面解决；在较弱的国家，个人仍会用自己的方式寻求正义；较为成熟的国家则通过权威的司法机关来解决争端。接着，我们就来看看五种规模不同的非国家社会如何和平解决争端，其中最小的社会比新几内亚的村落还小，最大的则是已有中央政府雏形的大型社会（见图 21）。

我们从最小的社会开始讨论。这样的社会只有几十个人。有一个人类学家曾到昆族社会（见图 10）进行调查研究，发现他们很爱说话，而且会在别人面前吵架。如果发生冲突的人分属两个游群，双方成员就会七嘴八舌地发表意见。那个人类学家在当地待了约一个月，其间有对夫妻发生口角，同一游群的其他人（与那对夫妻均是亲戚）也跟着吵起来。一年后，这个人类学家又回到这个地方，发现那对夫妻还在一起，依然对彼此不满，同一游群的人也常因此卷入舌战。

过着小型群体生活的玻利维亚西里奥诺印第安人也爱吵架，不但夫妻之间常吵得不可开交，一个男人所娶的多个老婆之间、姻亲之间或同一家族的孩子之间也爱争吵。据统计，西里奥诺印第安人之间发生的 75 次争吵中，有 44 次是为了食物（不与人分享食物、囤积食物、偷走别人的食物、晚上在帐篷里偷吃，或是偷偷把食物拿到森林里吃），有 19 次是为了性，特别是通奸，其他情况则只占 12 次。西里奥诺印第安人发生争端时没有调解人，一般是由涉事双方一起解决，有时亲戚也会加入，为自己人说话。如果同一营地的两个家庭发生争端，也许一个家庭就会暂时迁移到森林里去住，等到双方消除敌意后再回来。万一双方依然互相仇视，一个家庭可能会离开，加入另一个游群或组织一个新的游群。我们由这个例子发现了一个重要现象：如果居无定所的狩猎-采集者发生争端，只要拆散双方就没事了，但对过着定居生活的农民而言，则很难一走了之，毕竟他们在园圃投入了很多心血。西方社会的居民也是如此，总是被工作和房屋捆绑住，无法轻易离开定居地。

同样是小型社会，巴西的皮拉亚印第安人（见图16）要求族人遵守规范，解决争端的方式则是不同程度的隔离或放逐。小事则可能让肇事者一天或数日不得分享大家的食物；再严重一些的则让他一个人住在森林里，断绝其与人接触、交易的机会；最严重的刑罚则是彻底放逐。例如，皮拉亚少年图卡加（Tukaaga）杀了住在附近的一个叫若阿金（Joaquim）的安普里纳（Apurina）印第安人，致使皮拉亚人可能会遭到安普里纳人的攻击。图卡加于是被村子里的人赶出去，一个人独居。不到一个月，他便离奇死亡。虽然有人说他是病死的，但由于他给族人带来危险，很有可能是被自己的族人杀死的。

另一个例子是关于新几内亚高地的佛尔族。我曾在20世纪60年代研究过这个族群。由于该地人口稠密，佛尔族比昆族、西里奥诺印第安人或皮拉亚印第安人更会逞凶斗狠。人类学家伯恩特夫妇在1951—1953年研究这个族群时发现当地很不平静，时有打斗发生。佛尔族没有中央权威或正式的机制来解决争端，氏族或宗族内发生的争端由涉事双方自行解决。例如，保管好财物就是所有者自己的责任。虽然大家都有共识，认为偷窃该受谴责，但所有者可自行决定如何跟窃贼讨公道，比如要他赔几头猪或其他东西。赔偿物品的价值不一定等同被偷物品，而是视双方的势力而定，还要看双方以前有何过节，以及窃贼亲戚的态度，看他们是否为窃贼撑腰。

佛尔族的人发生争端，常会把其他人卷进去。夫妇吵架时，双方亲戚都可能加入争执，也有可能面临利益冲突，例如某个人本是男方亲戚，应该支持男方，但是男方当初娶妻时，这个人也曾帮忙出资，因此他会转而支持女方。通常一个家族里的人发生争端时，双方在族人的压力下都倾向于赶快和解，通过支付赔偿金、交换礼物，或是一起举办宴会来代表双方已握手言和。若是同一地区两个家族的人发生争端，也可能通过赔偿的方式和解，然而由于来自他人要求和解的压力较小，发生暴力冲突的可能性也随之升高（如接下来两章所述）。

我在该部分比较的最后一个例子是关于苏丹的努尔人（见图9）。努尔人的人数约有20万（分成很多部落）。人类学家埃文斯-普里查德曾在20世纪30年代以努尔人作为研究对象。在本章讨论的非国家社会中，努尔人规模最大，也最暴力。努尔人有一个大家都认可的政治领袖，人称"豹皮酋长"。努尔人很敏感，若有人出言或出手侮辱，必然会立即做出反应。村里发生争端时，双方多半用棒棍互殴，直到一方被打得不成人形，或其他村民出面干预把双方拉开。

对努尔人而言，最严重的罪行是杀人。杀人常会引发血腥复仇。如果甲杀了乙，那么乙的亲戚必然会追杀甲或甲的近亲。因此，杀人事件不只涉及凶手和被害人，还包括双方亲友及其所属的群体。凶手杀人之后，知道自己已经成为复仇的目标，为了活命，只得躲在酋长家中。然而，他的敌人仍会在酋长的家外守候，只要他敢走出一步，敌人就会取他的性命。酋长会等几个礼拜，直到被害人的亲友冷静下来（类似于前面提到的马洛，在案发后暂时躲在自己的村子里），再找双方亲友来协商赔偿事宜。一般而言，杀死一个人要赔四五十头牛。

然而，我们要了解，努尔人的酋长没有统治权威，不能论断谁对谁错，也无法命令族人和解。酋长只是一个仲裁者，只有双方有意和解、修复彼此的关系，才有必要找酋长从中协调。酋长通常会请一方提出和解条件，另一方则十之八九会拒绝接受，但酋长还是会设法游说，另一方只好勉强接受，并坚持说他们是看在酋长的面子上才这么做的。同一个村子的人通常不会出现互相打斗的情况，因为这是全体村民不容许的，即使是相邻的村落发生争端，争端也会很快解决。但如果是两个相离甚远的氏族有任何仇恨就较难解决，毕竟双方几乎没有动机修复彼此的关系，而是强调血债血还，因此会结下血海深仇。

努尔人的豹皮酋长也可帮忙解决比较小的争端，如偷牛、用棍棒打人，或是女方在离婚后拒绝还男方迎娶时送去的牛。不管如何，争端的解决并非为了断定谁是谁非。例如牛被偷引发了争端，盗窃者虽然不否认偷牛的事实，但是会辩解失主或其亲戚曾偷过自己或自己亲戚的牛，或欠自己一笔赔偿金（如因通奸、伤害他人、诱拐未婚少女需支付的赔偿，或失主的姐妹离婚时未归还男方迎娶时送去的财物，或失主的亲戚未承担妻子因生产而死亡的责任）。除非失主打算诉诸暴力求偿，或是盗窃者担心自己和亲人可能遭到报复，否则盗窃者不会赔偿。因此，努尔人和佛尔人一样，如果与人发生争端，那么多半是自己解决。

与其他四个非国家社会相比，努尔酋长的角色代表了传统社会走向争端仲裁的第一步。然而，我们必须注意，从努尔人解决争端的过程中，还见不到国家争端仲裁的特点，在大多数非国家社会中也是如此，除非是规模很大的酋邦。努尔酋长只是个仲裁者，促使双方冷静、保留颜面，如在比利家人和马洛的雇主之间奔走的雅盖安。努尔酋长没有武力的垄断权，甚至没有武力的行使权，发生争端的双方仍然可以诉诸武力。努尔人解决争端的目的不是决定谁是谁非，而是重建关系，毕竟他们的社会很小，所有人都互相认识，如果双方相互仇视、水火不容，那么这必然会影响整个社会的和谐与稳定。若是在人口众多的酋邦（如波利尼西亚的大型酋邦和庞大的美洲印第安社会），酋长则握有政治与司法的实权，可垄断武力，这代表酋邦已具早期国家的雏形。

国家权威

我们再来比较上述非国家社会与国家解决争端的方式。如同上述各种非国家社会，各个国家之间也存在若干差异。我对国家解决争端的讨论主要是基于我最熟悉的国家，也就是美国，然而我也会提到其他国家的一些差异。

无论是国家还是非国家社会，可供选择的解决争端的步骤都有两个：首先，设法使意见不同的双方达成协议；其次，在无法达成协议的情况下，还是会找出一种解决方式，不管这种解决方式能否使双方满意。在非国家社会,争端如果不能通过赔偿的过程得到解决,就可能演变成血腥报复(见第三、第四章)。非国家社会没有一个正式的中央协调机制来避免私人暴力寻仇。而以暴制暴会陷入恶性循环,涉及的人越来越多,非国家社会的和平与稳定将面临重大威胁。因此,一个有效能的国家政府首要关心的是保障公共安全,阻止国民擅用暴力。为了维系国内治安,只有国家及其警察能够使用武力对付自己的人民,当然这么做还必须有充足的理由。然而,国家有时也会破例允许人民使用武力保护自己,如人身遭到攻击或财产面临重大威胁时。

由于国家的力量强大无比,不是个人所能抗衡的,民众心生畏惧,不敢私用暴力。此外,民众相信国家已建立了一套公正无私的司法体系,保障民众人身和财产安全,揪出作奸犯科之人加以惩罚,因此民众没有必要自己用暴力解决争端。如果国家能有效率地执法,受到伤害的民众就无须像新几内亚人或努尔人那样通过自行解决来实现正义。(但是,若国家不够强大,民众缺乏信心,不相信国家司法的效率,如巴布亚新几内亚,民众可能还是会像传统部落一样以私人暴力解决争端。)国家能为人民提供的最重要的服务之一就是维持社会的和平、安定。这也就是为何自从5 400年前最初的国家政府出现在肥沃新月地带,人民愿意牺牲一点儿个人自由,接受国家权威,缴纳税金,使国家领导人与官员过着舒适的生活。

国家司法体系会不惜一切代价避免私人采取血腥复仇,埃莉·内斯勒案就是一个典型。埃莉·内斯勒(见图22)住在旧金山以东 100 英里的一个名叫詹姆斯的小镇，她有一个 6 岁大的儿子威廉。威廉参加基督徒夏令营时，疑似遭到营队辅导员丹尼尔·德赖弗性侵。德赖弗在 1993 年 4 月 2 日召开的预审中即以性侵威廉等 4 名男童遭到起诉。在休庭时，内斯勒拿出手枪近距离对德赖弗连开 5 枪，将他击毙。这是典型的以私人暴力复仇的案例：内斯勒并非在德赖弗对其子性侵时开枪，即她开枪不是为了阻止德赖弗对其子伸出魔爪，而是在性侵发生之后，报复侵犯她儿子的犯罪嫌疑人。内斯勒在法庭上自辩，说她儿子被性侵之后，心理遭受极大的伤害，不断呕吐，也无法出面指证德赖弗就是性侵他的人。她担心德赖弗会被判无罪，逍遥法外，继续对其他男童下手。

　　内斯勒一案引发全国性争议，有人赞同她的行为，认为她若不采取这样的报复手段，就无法伸张正义，也有人批评她罔顾法纪。天下父母心，每一个做父母的都了解内斯勒为何如此愤怒，甚至有点儿同情她，或许子女曾遭性侵的大多数父母都会幻想自己像内斯勒一样为子女复仇。但根据加利福尼亚州政府的观点，只有政府的司法体系有权审判罪犯，并加以处罚。如果每个人都像内斯勒一样寻求私法正义，社会很快就会陷入政府瓦解的混乱状态。内斯勒最后以故意杀人罪被判处十年有期徒刑。服刑三年后，内斯勒的律师以陪审团行为失当提出上诉，以推翻判决结果。①

---

① 此案没能重新审理，内斯勒承认过失杀人，并且因罹患乳腺癌须接受治疗而获得假释。——译者注

因此，国家司法的首要目标就是维持社会安定，避免人民以暴力寻求正义，其他目标都是次要的。反之，非国家社会解决争端的目的在于恢复双方过去的关系，促进双方的了解，毕竟在传统小型社会，大家都不是陌生人，以后还要相处。国家司法则必须依据法律裁定谁对谁错。由于国家与非国家社会的目标完全不同，两者如何用类似的方式解决争端？

国家的民事司法制度

若要了解国家司法制度，首先我们必须知道国家司法分成两个系统，即刑法和民法，二者各有各的法庭、法官、律师和法律体系。刑法涉及触犯国家法律的犯罪行为及如何惩处，而民法则涉及公民之间、法人之间或公民与法人之间的人身或财产关系。民法案件主要分为两种：一种是关于合约，即签订合约的一方违约，因而产生纠纷，通常涉及金钱；另一种是侵权，如某个人的权益或其财产因另一个人而受到侵害。在非国家社会，由于没有明确的法则定义何为犯罪、何为民事纠纷，因此不会如此细分。而且如果有人遭受伤害，社会的其他人就都会受到牵连，因此社会不得不为众人着想。正如前面提到一对昆族夫妻失和，双方亲友都陷入了争端。（试想，如果加利福尼亚州的一对夫妻因为离婚闹上法庭，而法官必须考虑这桩官司将会如何影响镇上的每一个人，那么情况将有多复杂。）在新几内亚，不管什么案件都是通过协商赔偿金来解决，如蓄意谋杀、离婚之后的财物纠纷，或是某人的猪践踏了另一个人的菜园（以西方法律而言，这三种争端分属犯罪行为、合约纠纷与侵权官司）。

我们再来比较国家与非国家社会如何解决民事纷争。二者的一个相似点是都会请第三方来仲裁，分开当事人，让彼此冷静下来。如前述新几内亚的雅盖安、努尔族的豹皮酋长以及现代社会的律师，都是起调解作用的第三方。其实，在现代社会，协调者不只有律师，很多纠纷是由仲裁者、调解人或保险理算员处理的，涉事双方因而不必对簿公堂。尽管美国人素以好诉讼闻名，但大多数民事纠纷都是在庭外和解，或是在开庭前已经解决。有些垄断某种资源的职业团体，如在缅因州捕龙虾的渔民、牛场主人和钻石商，其成员间如发生纠纷通常会自行解决，不会闹上法庭。只有在第三方调解失败的情况下，他们才会动用社会的力量来解决，若是在非国家社会就可能使用暴力或发动战争，若是在国家则诉诸司法。

另一个相似点是，不管是在国家还是在非国家社会，造成对方损失的一方常会找其他人一同承担赔偿责任。例如，我们会购买汽车保险或财产保险，如果发生车祸撞伤他人或撞坏他人的车子，保险公司就会代为赔偿。如果我们因为自己的疏忽，使别人在我们家门前的台阶上滑倒、摔伤，只要我们有保险，就不必独自承担赔偿责任。我们付保险费就是为了分摊风险和责任。在非国家社会也是一样，如发生事端，亲戚和氏族都会帮忙支付赔偿金。马洛就曾告诉我，如果他没有工作，这场意外不是由雇主负责赔偿，那么全村的人都会帮忙筹措赔偿金给比利的家人。

在国家的民事纠纷中，与新几内亚补偿协商最类似的就是长期生意合伙人之间发生的纠纷。若纠纷无法顺利解决，其中的一方就会在愤怒之下去找律师。（这种情况在美国要比在日本或其他国家常见。）如果双方才刚合作就发生纠纷，那就一刀两断，没什么大不了的，但若已有长期合作关系，一方觉得自己被合伙人利用、背叛，则往往咽不下这口气。这时律师的角色正如新几内亚争端的调解人，将以冷静、理性的言语劝说双方，要他们停止互相指责，并设法使双方不要那么坚持立场。如果生意原本有利可图，双方在未来仍有可能继续合作，他们就会接受律师的调解，就像新几内亚的村民那样，给对方留一点儿面子，毕竟日后还要往来。然而，我的律师朋友告诉我，在协商的过程中，像新几内亚人那种真诚道歉、尽弃前嫌的行为在美国商业纠纷中很罕见，后者常常拖到最后不得不和解时，理亏的一方才发表一纸道歉声明。若是只有一次合作关系，日后不会往来，双方也就没有和解的动机（如新几内亚或努尔族关系不深的两个部族发生纠纷），可能上法庭解决。但是，由于诉讼费用高昂，加上结果难以预期，即使双方是第一次合作，关系不深，也有不得不和解的压力。

还有一个相似点体现在国际纷争中。虽然有些国际纠纷是由联合国国际审判法院来处理的，但有些纠纷的解决模式仍类似于传统社会，也就是双方直接进行协商，或由第三方来调解，并且双方都小心翼翼，生怕谈判破裂引发战争。1938年发生的苏台德地区的危机就是典型的例子。当时，希特勒领导的纳粹德国与捷克斯洛伐克因苏台德地区的主权归属问题发生冲突。苏台德地区在德捷边境，该地大多数是日耳曼人。希特勒为了完成他的大德意志运动，早就对该地虎视眈眈。而英法两国为了自己的安全，实行绥靖政策，不惜逼迫捷克斯洛伐克妥协，同意让整个苏台德地区与德国合并。另一个典型例子是，一战前的欧洲本已危机重重，每次危机都在协商之下暂时得以解决，但1914年费迪南大公遇刺身亡，成为大战导火线，一发不可收。

至于非国家社会与国家的差异，最重要的一点是，如果民事纠纷无法协调成功，还是要通过司法途径来解决，那么国家主要考虑的并非双方能否尽弃前嫌、互相体谅、重修旧好，即使发生纠纷的是兄弟姐妹、配偶、亲子或邻居，彼此的关系无法轻易一刀两断。当然，对大多数动辄有数以百万计人口的国家而言，发生纠纷的双方几乎互不相识，没有任何关系，也不期待将来会有任何互动，例如顾客和商家、发生车祸的双方驾驶员、罪犯及其受害者。即使案件进入司法程序之后，双方不免会互相仇视，国家也无意化解双方的对立与不快。

反之，国家司法制度的首要考虑是断定是非（见图23），如涉及合约纠纷，法官要了解的是，被告是否违反合约？若是侵权官司，被告是否有疏失或是否造成伤害？我们可以比较法官问的问题与比利遭马洛开车撞死的那起案件的情况。比利的家人、亲戚认同这并非马洛的过失，但他们还是要求赔偿，而马洛的雇主也立刻同意赔偿。这是因为双方必须恢复先前的关系，而非辩论谁是谁非。其他传统社会很多也像新几内亚，以和平解决纷争、修复关系为首要目的,如北美最大的印第安社会——纳瓦霍保留地的首席大法官罗伯特·亚齐所言:"西方司法制度要寻找的答案是发生了什么事,是谁做的,但我们纳瓦霍族的调解则比较关心事件会造成什么影响,谁受了伤,他们有什么样的感受,要怎么做才能弥补伤害。"

当出现民事纠纷时,国家司法制度首先断定被告是否应负法律责任,然后计算原告因被告毁约或疏失造成的损害有多大。这种计算的目的在于"弥补原告受到的任何损失",即恢复为被告未造成过失时的情况。例如有一买家与卖家签约,以每只7美元的价格购买100只鸡,卖家却毁约,没把鸡卖给买家,致使买家必须到市场另以每只10美元的价格购买100只鸡,比原来签订的合约多付了300美元。此案件经法院审理,卖家将必须赔偿买家多付的300美元,包括这300美元衍生的利息,才得以完全弥补买家的损失。然而,身体或情感遭受的伤害则不像财物那样容易计算。(我记得一位律师朋友告诉过我一起案件:他的当事人开汽艇时,汽艇的螺旋桨碰到一个正在游泳的老人,把他的腿切断了。我的律师朋友向陪审团陈述说,老人年事已高,剩下的时光不多,因此被切掉的那条腿并没有多大的价值。)

表面上看来,国家计算伤害的方式似乎与新几内亚人或努尔人类似,其实不然。例如,一个努尔人杀了一个人,一般而言他得赔偿四五十头牛。其他非国家社会则常视双方的协议而定,只要双方接受即可,像我在果堤村的朋友皮乌斯及其氏族就用几头猪和一些东西化解了与邻近部族的世仇。

国家民事司法制度的缺点

不管是律师、法官、原告，还是被告，都常讨论国家民事司法制度的缺点。以美国的制度而言，缺点之一是法院解决民事纠纷需要很长时间，一起案件常常会拖上5年。这是因为刑事案件优先，原本审理民事案件的法官可能被调去审理刑事案件。例如，在我写这段文字时，我居住的洛杉矶东边的里弗赛德县法院忙于审理刑事案件，所有的民事案件暂不审理。这一拖可能就是5年。在新几内亚，马洛意外撞死比利那起案子5天就解决了，但在洛杉矶，一起案子往往拖了数年仍无结果，对原告和被告而言都是漫长的折磨。（话说回来，如果马洛那起案子没能协调成功，演变成部落战争，那么战事也可能持续5年以上。）

美国民事司法制度的另一个缺点是，除非合约明确规定，否则大多数案件都不会要求败诉的一方替胜诉的一方付律师费。比较富有的一方因而经常以诉讼费用高昂来威胁另一方，采取拖延策略或不断申请证据，耗尽另一方的财力。如此一来，对比较富有的一方当然有利（不管这一方是原告还是被告），却让另一方有和解的压力，被迫接受不好的条件。如果民事司法的目的是弥补受害方所有的损失，那么败诉者不必为对方负担律师费用实在不合理。反之，英国等国的司法制度则要求败诉者至少必须负担一部分胜诉者的律师和诉讼费用。

国家民事司法制度还有一个缺点，也是最根本的一个，即只考虑到伤害，而忽略双方的感受。虽然发生纠纷的双方是陌生人

（如相撞车辆的驾驶员），在官司之后不会再见面，但如果双方有机会表达自己的感觉，了解对方的动机，将心比心，可能就不会造成毕生的遗憾。即使是一方杀了另一方的近亲这样极端的案例也有沟通的可能性，如马洛的雇主吉迪恩与比利父亲的沟通，或是参议员爱德华·肯尼迪为女性友人科佩奇尼的死[1]亲自向其父母致歉。

最糟的是，不知有多少民事诉讼中双方当事人的关系剪不断、理还乱，像是已有子女的夫妇闹离婚、为了财产继承权反目的手足、产生纠纷的生意合伙人或邻居。法律诉讼不但无法使双方重修旧好，而且会使双方关系恶化。这样的故事不胜枚举。例如，我有一位好友和她的姐姐因为哥哥与父亲的财产继承权官司被传唤到法庭作证。继母因她们的证词怀恨在心，甚至对我的朋友和她姐姐提起诉讼。两姐妹发誓，有生之年绝不再和哥哥说话。

这个缺点通常可通过调解来弥补，问题是我们没有足够的调解人和民事法官。此外，调解人往往训练不足，民事法庭也常面临人员与经费短缺的窘况。这导致闹离婚的夫妻常常只能通过律师来沟通。只要你去过几次民事法庭就能了解纠纷双方的关系会变得多恶劣。夫妻双方及其儿女和他们的律师到了法庭之后，常必须待在同一个等候区，为了遗产继承权对簿公堂的家人也一样。如果双方在同一个等候区怒目相视，觉得很不舒服，那么如何能够成功调解？以离婚诉讼而言，孩子就像夹心饼干，在父母之间

---

[1] 1969年，爱德华·肯尼迪在马萨诸塞州开车，意外落桥，坠入河中，女性友人科佩奇尼因此死亡。肯尼迪逃生，10个小时之后才报警。——译者注

左右为难。

　　法官可要求双方在正式审判之前召开调解会。但是，调解人得花很多时间，而且要有技巧才能使双方达成和解。相比强制和解，调解需要的时间通常会更长。即使发生争端的双方日后不会再接触，调解成功也可减少司法系统的负担；除了使双方减少诉讼费用，也可避免对判决不满的一方在日后继续上诉，就此缠讼多年，而饱受巨大的经济与心理压力。

　　如果国家愿意拨出较多的经费给司法调解人或民事法庭的法官，那么也许很多因离婚或遗产分配引发的纠纷不必花那么多钱，也不必耗费那么长的时间就可解决，双方的感受也不会那么差。如果希望离婚的夫妻可以在民事法庭之外，请已退休的法官来处理离婚事宜，那么尽管聘请费很高，但与正式诉讼的律师费相比，还是可以省下不少钱。法官在这里的主要任务是调解，设法找出双方都可以接受的条件，而不是像今日民事法庭的法官急着结案。听证会也可准时举行：双方在规定时间出席即可，不必因为法官前一起案件的审理延误，而在法庭外苦等好几个小时。

　　我不想夸大调解的好处，也不是指什么案件都可通过调解来解决。调解本身也有不少问题：首先，调解的结果可能因为保密而无法成为判例，也不能起到教育作用；其次，发生争端的双方都知道，如果调解失败，那么还是必须进行正式诉讼；最后，很多发生争端的双方都希望在法庭上陈述自己的说法，不希望遭到强制调解。

　　1984年12月22日纽约发生的轰动全美的戈茨案就是一个

典型。一个名叫伯恩哈德·戈茨的男人被4个年轻人包围，戈茨以为4个人是抢匪，于是拔枪射杀了这4个人。他宣称是为了自卫才这么做，但被陪审团以意图谋杀的罪名定罪。这个案件引发社会各界议论纷纷，有人赞扬他有勇气反击，然而还有一些人则认为他反应过度，滥用私刑。后来，我们才慢慢了解这个事件的背景：其实，戈茨在案发4年前就曾遭到3个年轻人抢劫，那几个人不但穷追不舍，还把他打个半死。其中一个歹徒落网后，竟然宣称他曾被戈茨攻击过。法院于是要求戈茨和那个歹徒进行调解。戈茨拒绝了。没有人告诉戈茨，那个歹徒后来犯下另一桩抢劫案，被捕入狱。戈茨对司法很失望，法律不但没保护他，还要他和坏人调解。他在心灰意冷之下买枪自保。类似案件虽不常见，但足以凸显一个事实：我们的法院因为无法处理过多的案件，可能强制原告与被告和解。不过，调解也不是一无是处，不少案件都可利用调解顺利解决，只是我们在这方面的努力还不够。

最后，关于调解以及诉讼当事人的心情，我将引用我的律师朋友、加利福尼亚大学洛杉矶分校法学院教授马克·格雷迪的见解："很多人都反对国家干预人与人之间的关系。他们认为，只有'好管闲事的国家'才会这么做。如果国家要强行修补人与人之间的关系或情感，人民的自由也就受到威胁。国家如何强迫人民和做错事的人化解歧见？反之，被害人应该有权要求国家为他们伸张正义，将坏人绳之以法，不要让他们逍遥法外。"

格雷迪又说："然而，在庞大的国家中，人与人关系疏远，要让司法系统运作、发展、发挥作用，我们已付出很大的代价。

我们可以学习新几内亚的某些地方，同时保存我们司法系统原有的功能。只要某起案件进入司法程序，为了审理这起案件，我们的国家和当事人就都必须付出相当大的代价。何不在司法途径之外另辟蹊径，让双方和解呢？这只是多提供给当事人一个选择，让他们解决争端，而非废除正式的司法途径，如此一来，双方或许都能获得更大的好处。当然，我们也必须考虑调解的缺点。被迫调解不但会让个人尊严和自由受到侵害，也可能助长施暴者的淫威，更别提公平正义。因此，调解制度必须防范遭到滥用。尽管如此，我们还是不可忽视调解也是一个用人性、人道的方式解决争端的好方法。"

国家的刑事司法制度

我们已经针对民事司法制度比较了国家与非国家社会解决争端的方式，接下来我们将讨论刑事司法制度。就刑事司法而言，我们马上就会发现国家与非国家社会之间的差异。首先，国家刑事司法制度主要是惩罚违法乱纪之人，以使人民遵守法令，确保社会安定、和平。然而，刑法的用意只在惩罚犯人，将其监禁于牢房之中，并未要求犯人弥补被害人的损失。其次，在国家中，民法和刑法是两个独立的制度，在非国家社会，二者则合而为一，不管是犯罪、侵权或是违约，造成伤害的一方都必须赔偿被害人。

刑法和民法一样也分两阶段进行。首先，法院必须评估被告是否有罪。有罪与否其实并非黑白分明，罪名也因犯罪情节严重与否而有所不同，如杀人可分为预谋杀人、警方执勤杀人、预谋绑架演变成杀人、冲动杀人、误以为有人要杀害自己而杀人、因一时精神失常而杀人等，每种都有不同的刑罚。事实上，很多刑事案件的被告在进入审判之前，都可通过认罪协商——与法官或检察官针对量刑的部分协商，而获得减刑或缓刑。如果案件已在法院审理，那么法院最后一定会做出有罪与否的裁决。如前所述，埃莉·内斯勒枪杀德赖弗是为被性侵的爱子复仇，也赢得了大众的同情，最后还是被判故意杀人罪。相比之下，非国家社会对伤害或损失的看法则不是这么分明：是的，我杀了这个人，但是这个人罪有应得，因为他伤害了我的孩子（或他的姑表杀了我叔叔，或他的猪践踏了我的菜园），而他竟然拒绝赔偿我的损失，因此我不欠他的（或我不必偿还他那么多）。

如果被告被判有罪，下一个阶段就是刑罚，也就是令被告服刑。刑罚的目的有三个：威慑（致使被告不敢再犯）、使其得到惩罚，以及使其改过自新。非国家社会处罚恶人的目的却不同，主要是使被害人得到补偿。然而，就算德赖弗被判刑入狱，埃莉·内斯勒和她的儿子也不会得到任何补偿。

刑罚的第一个目的——威慑是让恶人伏法，以儆效尤，并避免更多的人受到伤害。至于被害人、罪犯及双方亲戚的希望或意愿，则不在法官考虑的范围内。

国家与被害人的着眼点可能大不相同，如轰动一时的罗曼·波兰斯基导演性侵幼女案。1977年，波兰斯基在洛杉矶被指控下药迷奸一个名叫萨曼莎·盖默的13岁少女。事发之后，波兰斯基通过认罪协商，承认犯罪，罪名则改为较轻的与未成年少女非法发生性关系，但在判刑前，他弃保潜逃，之后一直待在欧洲，直到 2009 年出席瑞士电影节才被瑞士警方逮捕。美国要求瑞士将波兰斯基引渡回美接受法律制裁，但遭到瑞士司法部的拒绝。当年的被害人盖默已经 40 多岁，她表示已经原谅波兰斯基，不再追究这件事，甚至请求撤销控告。尽管被害人如此要求，负责此案的检察官仍然坚持立场，如《洛杉矶时报》社论所述："审理波兰斯基一案的目的并非为被害人讨回公道，或是让她觉得这件事终于可以做个了结。加利福尼亚州法院是为该州人民执法的，即使盖默女士对被告不再心存怨恨，也并不代表被告不会危害其他人……犯罪者伤害的不仅是个人，更是整个社会……犯下重罪的人应该接受审判，如果被定罪，就更该面对刑罚。"

刑罚的第二个目的是使坏人得到惩罚，国家借此宣示："国家已使罪犯得到惩罚，因此被害人不可自行伤害罪犯。"在美国，被告的监禁率高于其他西方国家，受到的处罚也比较严厉。至今，在发达国家中（除日本外），只有美国尚未废除死刑。在美国，被判长期或无期徒刑的犯人很多，但在德国只有罪大恶极者才会被判无期徒刑。（例如德国有一位号称"死亡天使"的护士，自称不愿看到病人受苦而为 28 个病人注射致命药剂，最终被判无期徒刑。）另外，美国联邦政府以及半数以上的州（包括加利福尼亚州）都执行"三振出局法"，对第三次犯罪的累犯延长监禁时间。在加利福尼亚州，即使第三次犯的只是偷比萨的小罪，也得延长服刑时间。结果，加利福尼亚州花在监狱管理上的费用直逼政府在高等教育方面的投资。加利福尼亚州居民认为这样的预算分配可谓本末倒置，也是糟糕的经济政策。人才为经济之本，政府该把钱更多地花在高等教育上，让人民找到报酬更好的工作。此外，政府可以缩短轻罪犯人的刑期，多投资在犯人的改造计划上，引导他们培养一技之长，在出狱后得以很快重返社会，从事有意义的工作，如此也是振兴经济之道。再者，我们还不知道重刑是否可威慑犯罪。

刑罚的最后一个目的就是使罪犯改过自新，让他们能返回社会，过正常生活，并对社会有所贡献。犯人数目过多，监狱人满为患，只会消耗社会成本，成为国家沉重的负担。改造计划也是欧洲狱政的焦点。例如，德国法律规定犯罪纪录片不可明确透露犯人的身份资料，如此一来，犯人才有改过自新的机会，出狱后也才能重返社会——这要比新闻自由或大众的知情权更重要。这样的观点是否反映了欧洲人比较慈悲，注重人的尊严，而非着眼于伸张正义和言论自由？欧洲的改造计划是否真有成效？目前看来，以恋童癖的案件而论，成效似乎不能使人满意。

修复式正义

到目前为止，就国家刑事司法的目的而言，并未顾及被害人的需求，民事司法则会设法弥补被害人遭受的损失，而非国家社会解决争端的目的在于修复关系，让双方得以放下仇恨，接受协调的结果。在刑事案件的审理中，法官可能会请被害人或其亲友在被告的面前陈述他们的感受，让被告愿意认罪。至于弥补被害人的损失，有些国家虽有补偿金制度，但这笔钱杯水车薪。

以美国当代最受公众关注的辛普森案为例。前橄榄球明星辛普森涉嫌杀害他的妻子妮科尔和她的朋友罗恩·戈德曼。经过长达 8 个月的审理，辛普森被判无罪。虽然妮科尔和戈德曼的家人对辛普森的民事求偿胜诉，法官判辛普森必须赔偿 4 300 万美元，但他们没能拿到这笔钱。其实，即使民事求偿获得胜利，因大多数罪犯都不富有或没有可观的资产，原告也很少能顺利拿到赔偿金。在传统社会，由于集体责任的观念，被害人能获得赔偿的概率反而比较高。以马洛的案子而言，不只是肇事者本人，他的亲戚、族人、同事也都愿意帮他筹措赔偿金。反之，美国强调个人责任，必须由肇事者或被告自行负责。如果我是新几内亚人，我的表哥被他的老婆抛弃，我就可以和我的表哥一起向我表嫂求偿，要回当初我在他们结婚时给他们的礼金，但在美国社会，我表哥的婚姻是他个人的事，我不必承担任何责任。

一种有前景的解决方式是以弥补罪犯所造成的损害或伤害为着眼点，使被害人或其亲人和罪犯得以和解修好，这就是修复式正义。修复式正义认为，罪犯不但伤害了个人，而且对社区和国家造成危害，因此主张不以惩罚和矫正作为处理罪犯的核心，而是以发现问题、弥补损害、治疗创伤等方式处理犯罪问题，希望被害人和罪犯面对面恳谈，共同参与修复及治疗，而非将被害人和罪犯隔离，请律师代为传达意见。这种做法鼓励罪犯负起责任，也可以让被害人陈述自己的感受。罪犯和被害人（或其亲人）可在有经验的协调者的帮助下会面。协调者会先把规则说清楚，例如不可打断对方说话，也不准口出恶言。被害人与罪犯面对面地坐下来，看着彼此的眼睛，轮流讲述自己的人生、感受、动机，以及案件对生活的影响。罪犯可以亲眼见到自己已经造成什么样的伤害，被害人则可借由这个机会了解罪犯是个什么样的人、犯罪动机是什么，而不是把他当成恶魔。罪犯可能也会反思自己为什么会走上犯罪之路。

例如，加利福尼亚州有个被害人的妻子，41岁的帕蒂·奥赖利，和她妹妹玛丽曾与49岁的犯人迈克·艾伯森见面。艾伯森因杀害奥赖利的丈夫丹尼被判14年徒刑，已服刑两年半。艾伯森开卡车时从后面将骑自行车的丹尼撞死。在长达4个小时的谈话中，奥赖利告诉艾伯森一开始她心中对他充满仇恨，每次回想起丈夫的遗言，她就悲痛万分。她永远也忘不了，警员通知她和两个女儿丹尼死亡那一刻的情景。她现在每天仍思念丹尼，只要听到收音机播放某一首歌，或是看到有人骑自行车，她就会想起丹尼。艾伯森则告诉她，他从小被父亲性侵，后来染上毒瘾，背部曾摔伤，案发那晚，他没有半颗止痛药可以吃。他打电话请女友帮忙，但遭到拒绝。他喝了酒，然后醉醺醺地开车到医院。他看到有人在他前面骑车——他承认他是故意撞死丹尼的，那时他心中满是怒气。他不但气他父亲，也气他母亲，因为她没阻止他父亲伤害他。谈了4个小时后，奥赖利有了结论："原谅很难，但不原谅更难。"接下来的一周，她终于有如释重负之感，而且觉得自己很勇敢，可以和撞死她丈夫的人面对面，让他睁大眼睛看他一手酿成的悲剧。接下来,虽然艾伯森不时陷入沮丧,觉得整个人像被掏空似的,但仍然因为奥赖利愿意见他、原谅他而觉得欣喜。他床头放了张奥赖利的女儿西沃恩送他的卡片,上面写着:"艾伯森先生你好,今天是 8 月 16 日,9 月 1 日是我的 10 岁生日。我想让你知道,我已经原谅你了。虽然我还是很想念我爸爸,但思念是一辈子的事。希望你平安快乐。再见。西沃恩上。"

这种修复式正义已在澳大利亚、加拿大、新西兰、英国和美国的多个州实行了 20 年。目前仍有一些实验还在进行,例如,是否只让罪犯和被害人见面,还是可以由亲友、老师等人陪同;双方见面的时间点该在早期(犯人被逮捕之后),还是在比较晚的时候(犯人已入狱服刑,如奥赖利和艾伯森的案例);罪犯是否在努力赔偿被害人。至于结果,目前已有许多非正式的记录。研究人员也在对照实验中将犯人随机分成两组,一组参与修复式正义计划,另一组则不参加这类计划,然后统计、评估结果。研究结果显示,参与计划的犯人再犯率较低,即便再犯,罪行也比较轻微,而被害人的愤怒和恐惧感有所减少,安全感增加,心情也逐渐平复。正如我们所料,如果犯人愿意见被害人,了解自己造成多大的伤害,结果就会比较好;若是法院强迫双方见面,结果则比较差。

当然,对所有的罪犯和被害人而言,修复式正义并非解决一切的万灵丹。它需要有经验的协调人员在旁协助。实际上,有些被害人面对罪犯就像再做一次噩梦。罪犯毫无悔意,也不道歉,如此一来对被害人犹如二度伤害。修复式正义并不可取代目前的刑事司法制度，只是处理犯罪的另一种模式，而且对社会关系的和谐大有帮助。

国家司法制度的优点及代价

我们已详细比较国家与小型社会解决争端的方式，至此可以得到什么结论？从一方面来看，我们不可对小型社会的做法抱持过于天真的看法，认为他们的做法可圈可点，夸大其优点，而认为国家政府的司法系统一无是处，充其量只是必要之恶。从另一方面来看，很多小型社会的一些做法仍值得我们学习、采纳。

为了避免误解，我必须再次强调，即使是现代国家，有时也会采用传统社会解决争端的机制。例如，我们如果在购物时与店家发生纠纷，大多数人应该都不会立即去请律师或把对方告上法庭。我们通常会先与店家讨论、协调，如果过于气愤或觉得自己力量薄弱，那么也许会请朋友出面，代为协调。前面已经提过，工业社会里有很多职业团体都有一套解决争端的办法。至于在乡村或人口稀少之地，人们互相认识，期待关系能够长久、和睦，因此有强烈的动机解决争端。争端不解决，社会压力也会很大。即使我们请律师帮我们解决纠纷，在面对像是离婚官司或是合伙人之间的纠纷时，也希望通过律师的斡旋别跟对方撕破脸。除了巴布亚新几内亚，还有不少新成立的国家或弱国依然按照传统方式解决纷争。

有了这样的了解，我们再来看国家司法制度的优点。事实上，所有传统小型社会的根本问题在于，武力并非专属于一个中央集权机构，因而社会无法遏止成员作乱或互相杀戮，也无法避免他们利用暴力来寻求正义。但以暴制暴只会陷入恶性循环，如我们将在接下来两章看到的，大多数小型社会因此长期陷入暴力与战争，无法自拔。国家政府或强大的酋邦因握有独一无二的武力权，可破解这种恶性循环。当然，我不是指任何国家都能成功阻止暴力，而且我承认国家可能使用武力对抗自己的人民。大抵而言，国家的控制越有成效，非国家形式的暴力就越受限。这也是国家司法制度的第一个优点。

国家政府本身具有很大的优势，这就是为何大型社会的成员互不相识，还是会发展为强大的酋邦，并更进一步演变为国家政府。虽然我们认为小型社会解决争端之道有可取之处，但我们不得不提醒自己，这么做的结果有两种：一是和平解决；二是若无法和平解决，则会陷入暴力与战争。国家解决争端也有两个结果：一是和平协调；二是若协调不成，则进入司法程序，通过诉讼来解决。即使是最可怕的审判也远比内战或血腥复仇要好。小型社会由于不想走上战争之路，因而喜欢私下协调、修复关系。

国家司法制度的第二个优点和权力关系有关。如果小型社会的成员与人发生纷争，认为自己的力量不足，就会寻求其他人的支持。我因此想到关于西方国家司法制度的一篇很有影响力的文章，即《在法律的阴影下谈判》(*Bargaining in the Shadow of the Law*)，它阐述了进行谈判的双方都知道如果协调破裂，那么最后还是会通过法律途径解决。但在小型社会，成员之间的谈判、协调则是"在战争的阴影下"进行的，双方知道协调不成就会演变成暴力冲突或战争。在这种情况下，为了获得谈判的筹码，双方都会极力拉拢盟友，万一开战才不会势单力薄。

理论上，国家的司法体系以人人地位平等为前提，不会让有权有势或是富有的一方占尽便宜。但我想每个读者都会立刻发出不平之声："这是理论，但是……"的确，诉讼当事人如果富有，不管涉及民事案件还是刑事案件，胜算都比较大，因为他们可高价雇用律师和专家证人，并通过更进一步的证据迫使对方的诉讼费用提高。一些有钱人提出的诉讼尽管对自己没多大的好处，但可逼迫穷困的对方投降。另外，美国有些州的司法制度有漏洞，明显利于有钱有势者，这也常为人诟病。

不管在国家的司法体系还是小型社会中，权贵人士都享有特权，但至少国家有能力保护弱势的一方，小型社会则做不到。在管理效能良好的国家，弱势的受害人仍可向警方报案，伸张冤屈。例如，贫穷的生意人若与合伙人发生纠纷仍可通过法律程序要求合伙人依循合约；请不起律师的被告也可由法院指定公设辩护人或律师为他服务；原告即使拿不出律师费，若有很大的把握可获得胜诉，也有律师愿意为其辩护，事后再从得到的赔偿金中抽取一部分报酬。

国家司法制度的第三个优点是明断是非，使坏人接受法律制裁，并遏制违法行为。这样的制止作用不只是国家刑法制度的目标，也是民法制度的目标——借由判别伤害的成因与责任，让人民知道如果犯法就必须面对什么样的赔偿与刑责。以马洛意外撞死比利的案件为例,如果是在国家司法制度之下,马洛的律师可以声明比利之死不该由马洛负全部的责任,毕竟他开车小心谨慎,会酿成这样的事故,主要是因公交车的司机没注意来往的车辆就让比利下车。再者,比利的叔叔根吉姆普也不该在马路的对面等他,让幼小的比利独自穿越马路。洛杉矶也曾发生类似案件:有一个小男孩为了买巧克力甜甜圈而被车撞死。赫尔姆斯烘焙坊的餐车卖巧克力甜甜圈。小男孩请餐车司机等他一下,他家在对面,他得过马路回家拿钱。司机答应了,车没开走,但小男孩过马路的时候丧命于其他车下。结果,赫尔姆斯烘焙坊的司机因未注意小男孩的安全而被告上法庭。

这类案件促使国家的成员时时留意自己的疏失是否会导致意外而为自己带来刑罚。虽然比利的族人已与马洛的同事私下和解,但新几内亚的成人和公交车司机不会因此心生警惕,注意儿童穿越马路时的安全。在洛杉矶这样的大城市,交通极其繁忙,开车族人数高达数百万,大多数人开车都非常小心,车祸发生率很低,原因之一就是国家司法系统的威慑力。

我要在此澄清一点,以避免产生误解:我并非认为国家司法制度皆优于小型社会解决争端的方式。国家司法制度为了保有上述三个优点,也得付出代价。国家刑事司法主要是为了达成国家的目标:减少私人暴力、使人民守法、保护社会大众、改造罪犯,以及惩罚、威慑犯罪。因此,个人目的、关系修复与当事人的感受并非国家司法制度的着眼点。此外,国家司法制度还有其他缺点,如刑事司法制度对被害人的补偿不足;民事诉讼审理耗时,让当事人心力交瘁,对个人财物或精神损失的补偿有限,且律师费高昂,缺乏协调机制等。

  国家也许可以效仿小型社会解决争端之道来解决这些问题。就我们的民事司法系统而言,我们可多投资在协调人员的训练与雇用上,并聘用更多的法官。事实上,我们的确应该在协调、和解方面多加把劲儿。以刑事司法系统而言,修复式正义是我们可以努力的方向,我们可进行多一点儿的实验,并评估是否该采用欧洲重矫正、轻处罚的模式,以减少犯罪、促进社会祥和,从而提升国家经济。

  上述提议,很多专家、学者都讨论过,每种实践起来都有其困难。我希望我们可以深入了解小型社会解决争端之道,将可借鉴之处融入我们的司法体系。

第三章

小战争

达尼族的战争

本章将以新几内亚达尼族一连串的冲突与攻击来阐述传统社会的战争。这样的部落战争实属寻常，特殊的是人类学家观察到并拍摄了这些战争。在新几内亚的族群中，达尼族的人数最多，集中于巴连河的中央谷地。1909—1937年，有8个西方探险家造访巴连河山谷边缘及邻近地区，并未深入谷地。正如第一章所述，自从达尼族的祖先在巴连河山谷落脚，46 000年来，这个部落一直过着与世隔绝的生活。直到1938年6月23日，阿奇博尔德带领的探险队的飞机飞过新几内亚的高山地区，欧洲人才发现了这个深藏于高山之中、人头攒动的原始部族。同年8月4日，蒂林克（Teerink）带领的探险队成为最早踏进谷地的欧洲人。1938年12月，阿奇博尔德探险队离开谷地，1945年美国军方因救援空难人员来到这里，1954年之后，传教士才进驻此地，荷兰政府也在此设立巡逻站。

1961年，哈佛大学皮博迪博物馆（Peabody Museum）的研究人员组成探险队来此进行人类学研究并拍摄纪录片。探险队在杜姑姆达尼族附近扎营，因为这个地区没有政府驻军，也没有传教站，与外界几乎没有接触。研究人员发现此地战事频传，并详细记载1961年4—9月的战事。这些记录可见于乌得勒支大学社会科学家扬·布鲁克黑塞的博士论文（荷兰文）、人类学家卡尔·海德根据他在哈佛大学的博士论文写成的两本书、作家彼得·马西森的畅销书《山墙下》(Under the Mountain Wall)，以及罗伯特·贾德纳拍摄的纪录片《死鸟》(Dead Birds)，我们可从中一睹传统部落的战争实况。

下述杜姑姆达尼族在1961年的战争概要主要出自布鲁克黑塞的论文，因为布鲁克黑塞记录得最详尽，同时我也补充了一些海德和马西森所记载的细节。布鲁克黑塞访问了参与战争的双方，受访者讲述了自己对战争的评估、感受和所受的伤。这三位作者的记录有点儿出入，主要是达尼族名称的正字法差异（布鲁克黑塞用的是荷兰语正字法，海德则用英语正字法），还有一些日期的差别（相差一天）。总体而言，上面三位作者所述大致相同，也与贾德纳的影片记录一致。

基于本章的综合描述，各位读者可能会和我一样，发现达尼族的战争和第四章所述其他传统社会的战争呈现一些相同的特点：除了正面交锋（见图24），他们也常埋伏在树丛中，趁机袭击敌人，虽然杀死的人数不多，但偶尔也有歼灭整个或大半个部落的事情。所谓的部落战争，敌对者常分属同一个部落里的两个群体，也就是说着同样语言、有着同样文化背景的人，而非不同部落的人。尽管如此，但他们往往把对方看成禽兽、妖魔。男孩从小就必须接受作战训练，甚至期待被人攻击。他们会征求盟友的帮助，但结盟关系经常生变。复仇在暴力冲突的循环中扮演非常重要的角色。（根据海德所述，这些传统部落开战的动机总是为被杀害的亲友复仇，以告慰他们的在天之灵。）如果开战，部落中的每个人就都无法置身事外，不只男人会被杀，妇孺也可能被敌人杀害。他们居住的村子会被烧毁劫掠。从现代军事的标准看，因为他们只能使用短距离作战武器、缺少领导人、计划简单、没有群体训练，也不会同步射击，所以军事效能很低。然而，这样的战事往往会持续很久，对部族成员的行为影响很深。虽然战事涉及的部落人数较少（相比于现代国家的人口而言），绝对死亡人数不多，但死亡人数占总人数的比例很高，即相对死亡人数相当多。

战争纪事

达尼族的战争主要是两个联盟敌对造成的，每个联盟各有5 000人左右（见表3–1）。其中一个联盟叫古特卢联盟，以其盟主的名字命名，此联盟又包括几个同盟，各有1 000人左右，也就是在杜姑姆一带的威利希曼-瓦拉卢阿（Wilihiman-Walalua）和戈西-阿卢阿（Gosi-Alua）、德洛科-马贝尔（Dloko-Mabel）

等。与古特卢联盟敌对的则是其南边的维达亚联盟,包括维达亚、西普-伊洛克塔克(Siep-Eloktak)、胡布-戈西(Hubu-Gosi)、阿苏克-巴莱克等。古特卢联盟也同时与北方的人为敌,但此战事不在本章讨论之内。在1961年之前的几十年,威利希曼-瓦拉卢阿和戈西-阿卢阿本来是西普-伊洛克塔克的盟友,且与德洛科-马贝尔为敌,但因偷窃猪的事件以及因女人引起的纠纷使威利希曼-瓦拉卢阿、戈西-阿卢阿与德洛科-马贝尔结盟,并与古特卢联盟结合,把西普-伊洛克塔克赶了出去。西普-伊洛克塔克因此成为维达亚联盟的盟友。1961年的事件发生之后,德洛科-马贝尔因攻击威利希曼-瓦拉卢阿和戈西-阿卢阿,而与后者从盟友变为敌人。

表 3-1　敌对的两个达尼族联盟

古特卢联盟	维达亚联盟
威利希曼-瓦拉卢阿同盟	维达亚同盟
戈西-阿卢阿同盟	西普-伊洛克塔克同盟
德洛科-马贝尔同盟	胡布-戈西同盟
其他同盟	阿苏克-巴莱克同盟
	其他同盟

这些联盟都说达尼语,有相同的文化,也用同样的方式维持生计。在下面的描述中,为了简洁起见,将敌对的双方简称为威利希曼与维达亚,但交战的不只是这两个同盟,还有其他同盟。

1961年2月,古特卢联盟有4个女人和1个男人到邻近部落参加杀猪庆典并拜访亲友,结果其被维达亚联盟的人杀害,这个事件激怒了古特卢联盟。其实,这并不是偶发事件,在此之前,已有古特卢的人遇害。因此,我们必须把这一连串的冲突与杀戮看作长期不断的争战,而不是一场有头有尾的战争。

4月3日,维达亚有一个男人死了。他在此前的战事中受了伤,伤势日益严重而不治身亡。对威利希曼那边的人来说,这可是可喜可贺之事,因为同年1月,他们有一个族人被维达亚人杀死。威利希曼的巫师说祖先非常欣喜。但对维达亚来说,他们要是不复仇,就无法取得祖先的谅解。于是,维达亚人在4月10日清晨向威利希曼宣战,威利希曼应战,双方就此开打,一直打到下午5点。[1]威利希曼有10个人受轻伤,而他们的盟友戈西-阿

---

[1] 在此处以及接下来几段对达尼族战争的描述中,让我们困惑的一点是达尼族的约战。也就是,一方向另一方提出挑战:双方在指定日期、指定地点作战。另一方可以自由选择是否应战。开战后,只要开始下雨,任何一方都可以叫停。因此,一些评论家误以为达尼族的战争是仪式化的,意不在于杀人,而是类似于一种体育比赛。然而,毋庸置疑的是,达尼人在这类战斗中确有伤亡,还有一些达尼人死于突袭、伏击,甚至大量的达尼人死于罕见的屠杀。人类学家保罗·罗斯科认为,达尼族战争的明显仪式化不可避免地受到了地形的影响,该地区多为沼泽地,只有两处狭窄、干燥的山丘可供大量战士方便作战。若在其他地方作战,一方在追击或撤退时则需要冒着自杀的风险,因为可能遭遇只有敌人才熟悉安全路径的沼泽地。支撑罗斯科观点的一个事实是,达尼族战争的这种明显仪式化在新几内亚高地(土地干燥、坚实)的其他部落战争中并不多见。传言(显然出自传教士)哈佛探险队急于获得戏剧性的影像片段,以某种方式挑起了达尼人的战斗,让他们自相残杀。然而,达尼人在探险队到来前和离开后都发生了战斗,政府的调查也证实传言毫无根据。

卢阿那边则有一个人［名叫伊基塔马利克（Ekitamalek）］受重伤，弓箭刺穿了他的左肺，17天后一命呜呼。维达亚那边也有若干人受伤。这样的结果使双方愤恨难消，急欲报一箭之仇。

4月15日，战事再起，双方约有400个战士打了起来，直到夜幕降临才收兵。双方各有20个人受伤。维达亚的盟友胡比基亚克（Hubikiak）有三个人被抬走。威利希曼阵营的人嘲笑他们："让他们走路吧！他们又不是猪……回家吃老婆煮的甘薯吧！"胡比基亚克的一个伤者在6周后死亡。

4月27日，戈西-阿卢阿那边在4月10日受重伤的伊基塔马利克死亡，族人将他火化。维达亚人发现戈西-阿卢阿和威利希曼的人几乎都不在园圃，于是偷偷渡河，进入威利希曼的地盘，在那里埋伏。维达亚人趁机推倒威利希曼的守望塔（见图4），然后回家了。

5月4日，威利希曼及其盟友向维达亚宣战，并在战场上等候，但维达亚人未现身，他们只好打道回府。

5月10日（或11日），伊基塔马利克的父亲带领戈西-阿卢阿、瓦拉卢阿和一大群威利希曼人入侵维达亚的园圃，威利希曼其他人则若无其事地在自己的园圃干活，如此一来维达亚人才不会起疑。威利希曼人发现维达亚有两个人在田里，还有一个站在守望塔上，于是他们悄悄前进，直到离守望塔50米才被站在高台上的守卫发现。那三个维达亚人拔腿就跑，但其中一个叫胡怀（Huwai）的人被乱箭射伤。维达亚人之后为了复仇，潜入威利希曼的地盘，但没袭击成功。稍晚，胡怀因箭伤而死，其他两个顺利脱逃的人则受了轻伤。威利希曼阵营的人由于已为戈西-阿卢阿的盟友复仇，高兴得跳舞狂欢，直到深夜。

5月25日，古特卢的人在盟友地盘的北边杀死阿苏克-巴莱克联盟的一个人，阿苏克-巴莱克因与维达亚结盟，而招致了当日的杀身之祸。

5月26日，威利希曼和维达亚都向对方下战书，发动突击，打到傍晚才回家。威利希曼那边有12个人受了轻伤。

5月29日，维达亚有个在4月15日受伤的战士死亡。威利希曼阵营闻之大喜，跳舞庆祝，但好景不长，北方边界遭到了维达亚入侵。

维达亚的阵营因无法为最近的两个死者复仇而焦躁不安，于是在6月4日发动突袭。这次突袭演变成了比较大的战争，双方共有800人参战，直到天黑才散。威利希曼那边有3个人受了轻伤。

6月7日，双方再次开战，各有四五百人参战，约相距20米以矛和箭攻击对方，或冲到5米内的距离，与敌人短兵相接，约有20人受伤。

6月8日，威利希曼发现维达亚人入侵的脚印，但没看到人。

6月10日，威利希曼举办祭典，没有人在园圃，也没有人在守望塔上驻守。下午，因天气炎热，威利希曼那边有1个男人带3个男孩到河边喝水，结果遭到30个维达亚人袭击。维达亚人分成两群，第一群出现时，威利希曼那边的4个人拔腿就跑，但被第二群人拦截，其中3个顺利脱逃，但一个名叫韦亚克希

（Wejakhe）的男孩因为脚受伤跑不快而落到维达亚人手里，被刺成重伤，当晚就一命呜呼。

6月15日，韦亚克希的亲戚要为他复仇，偷袭维达亚，结果没有成功。

6月22日，维达亚向威利希曼宣战，双方各派30人应战，后来又加上伏击。4人受了轻伤。德洛科-马贝尔那边有一个人肩胛骨中箭，伤势严重，其同伴想用牙咬住箭并拔出来，但没有成功，只好用竹刀挖出（没有麻醉剂）。

7月5日，战事已休止近半个月，威利希曼再度偷袭维达亚园圃。威利希曼那边有一个叫杰诺克马（Jenokma）的男人跑得太快落单了，因此遭到拦截且被矛刺死。维达亚人把他的尸体抬走，到晚上才放置在荒地上，让他的族人抬回去。戈西-阿卢阿方面则有三人受了轻伤。威利希曼人士气低沉，因为他们非但复仇不成，还失去了一个族人。威利希曼的一个老太太哀痛地说："你们为什么要杀维达亚人？"一个男人回答："因为他们是敌人。他们根本不是人，我们为什么不能杀他们？"

7月12日，威利希曼那边的人整天都埋伏在树丛里，直到下午5点才对维达亚宣战。然而，那天下午，维达亚人不想打，于是继续在田里干活。

7月28日，维达亚发动突袭。威利希曼有8个人躲在守望塔附近，发现了维达亚人的行踪。维达亚人以为四下无人，继续向守望塔挺进，其中一个还爬到台子上。这时，躲起来的威利希曼人突然跳出来，维达亚人立刻逃跑，爬到台子上的那个人跳下来，但被逮个正着，于是命丧黄泉。那晚，威利希曼人把尸体送回了维达亚。

8月2日，维达亚有一头猪不知是被威利希曼人偷了还是走失了，这引发了冲突。

8月6日，威利希曼与维达亚再度开战，双方盟友都被卷入，连小孩都隔河向敌方射箭。这次因双方多半互相叫骂，只有5人受了轻伤。他们叫骂道："你是女人！你是懦夫！""呸！就凭你也配拥有那么多女人？""我有土地，所以我有5个老婆，再娶5个都行。你是个没有土地的亡命之徒，所以没女人肯跟你。"

8月16日，双方又打了起来。至少有20个人受伤，其中一个腹部中箭，伤势不轻。威利希曼人因没能复仇，压力日增。他们觉得自己让祖先失望，得不到祖先的庇佑，因此只能靠自己。在这样的恐惧之下，战斗欲望不如以往强烈。

8月24日，维达亚那边有个女人因为和老公吵架，一气之下投靠威利希曼阵营。威利希曼人认为她这是自投罗网，想杀了她，为杰诺克马复仇，但在族人的劝说下打消了这个念头。

8月25日，此事件如第一章所述：阿苏克-巴莱克有4个人跑到德洛科-马贝尔的地盘，碰到一群威利希曼人，其中两人因在当地没有亲戚而惨遭追杀，一个成功脱逃，另一个被乱箭射中，只剩一口气。威利希曼人拖着他的身体前进，小孩跟在后头，族人陷入狂喜，手舞足蹈。威利希曼人认为此举终于可告慰祖先，也算为杰诺克马复仇。但这还不算血债血偿，毕竟威利希曼有两个人被杀，他们才杀了一个敌人，不过可以杀掉一个敌人表示他们又得到了祖先的庇佑，因此他们欣喜若狂。

9月初，维达亚人发动突袭，杀了古特卢一个名叫狄吉利亚克（Digiliak）的小男孩，古特卢也还以颜色，杀了两个维达亚人。翌日，古特卢人因北方边界出现荷兰巡逻站没再继续打，但他们又在另一个边界和维达亚人打了起来。

上面描述的战事造成的冲击都很有限，毕竟死伤人数很少，也没有人失去地盘。5年后，也就是在1966年6月4日，古特卢阵营发生内斗，因为德洛科-马贝尔联盟的首领和威利希曼-瓦拉卢阿、戈西-阿卢阿的首领互相看不顺眼。其实，早在几十年前，威利希曼-瓦拉卢阿与戈西-阿卢阿还是德洛科-马贝尔的敌人，后来才化敌为友。不知是德洛科-马贝尔联盟首领的预谋还是他无法控制手下的人，威利希曼-瓦拉卢阿与戈西-阿卢阿惨遭大屠杀。如果是首领无力控制，那就印证了部落没有强势领导人的弊端。德洛科-马贝尔的人很会挑选时机，趁当地传教士和警察都不在的时候，在浓雾的掩蔽下越过埃洛盖塔河（Elogeta River）发动攻击，不到一个小时即屠杀了125个人，男女老少皆不放过，还焚毁了聚落。其他联盟则趁火打劫，来这里偷猪。要不是威利希曼-瓦拉卢阿与戈西-阿卢阿以前的盟友出面相助，这两个联盟的人将全部惨遭杀害。幸存者往南逃亡，古特卢联盟因而分裂为南北两派。这样的大屠杀不常发生，但影响深远。海德说，据说这样的屠杀事件还有4起，造成血流成河，家园残破，成为20世纪30年代至1962年这一地区人口迁徙的主因。

死亡人数

在 1961 年 4—9 月发生的争战,总计只有 11 人死亡,但 1966 年 6 月 4 日的屠杀事件即夺走 125 条人命。见识过 20 世纪两次世界大战的人不免对这样的死亡人数嗤之以鼻。仅 2001 年 9 月 11 日美国世界贸易中心的恐怖袭击事件,就导致 2 996 人丧生。1916 年 7 月 1 日的索姆河战役,仅当天,即有 2 万名英国士兵为了突破德军防线,惨死在火力强大的德军机枪下。1945 年 8 月 6 日,美军在广岛上方投下的原子弹就让 10 万日本人丧命(见图 25)。二战的死亡人数更超过 5 000 万。从这些标准来看,达尼族的战事规模实在太小,几乎无法被称为战争。

从绝对死亡人数来看,达尼族的战争的确微不足道,相比之下,被卷入二战的国家由于人口数量庞大,因此死亡人数也十分惊人。以威利希曼和维达亚的战争来看,这两个联盟的人口加起来约有 8 000,而二战交战国的人口总数少则数千万,最多将近 10 亿。从相对死亡人数来看,其实达尼族战争之惨烈不亚于二战的美国、欧洲各国、日本或中国。例如,1961 年 4—9 月,威利希曼和维达亚联盟共有 11 人丧生,约占总人口的 0.14%,甚至比二战太平洋战区最激烈的战争——冲绳岛战役更甚(0.1%)。日军在那三个月的浴血之战中出动轰炸机、神风战斗机、大炮和火焰喷射器,死亡人数约为 26.4 万(美军 2.3 万,日军 9.1 万,冲绳人民 15 万),而美国和日本冲绳的人口总数约为 2.5 亿。至于 1966 年 6 月 4 日的屠杀事件,古特卢联盟的南部同盟总人口数约为2 500，因此被杀害的125人约占人口总数的5%。如要达到同样的比例，在广岛被原子弹炸死的日本人将多达400万，而非只有10万，"9·11"事件丧生者则为1 500万人，而非2 996人。

从世界标准来看，达尼族的战争规模较小，那是因为人口少，但从地区人口的标准来看，达尼族的战争可谓异常惨烈，这项结论亦适用于下一章的一般传统战事。

第四章

战争面面观

战争的定义

传统社会的战争虽然处处可见,但并非所有小型社会都会发生如前一章描述的新几内亚达尼族之战。这样的战争引发了不少激辩,例如:我们要如何定义战争?所谓的部落战争算得上是真正的战争吗?小型社会的战争死亡人数与国家战争的死亡人数可否相提并论?小型社会与欧洲人接触,受到西方国家的影响后,战争增多,还是减少?在人类出现之前,黑猩猩、狮子、狼等群居动物也会成群结队互相攻击、厮杀,这是否意味着好战已存在于人类的基因链中?在人类社会中是否有人特别爱好和平?如果有,为什么?还有,传统社会战争的动机和原因是什么?

让我们先从战争的定义下手。人类暴力的形式很多,其中只有一些算是战争。敌对的两个国家正式宣告开战,并派遣众多受过训练的士兵互相厮杀,这当然算是战争。一个人杀死另一个人或家族血斗则不算战争,如1880年前后,美国弗吉尼亚的哈特菲尔德家族与肯塔基州的麦科伊家庭结怨,互相仇杀。此外,帮派火并、贩毒集团斗殴或政党斗争也都算不上内战,内战的例子包括:社会主义者与法西斯在意大利的对抗导致墨索里尼掌权,在德国的对抗导致希特勒掌权。那我们该如何界定战争?

答案或许取决于研究目的。如果是军事学院受训的军人,他们在对战争下定义时,那么似乎可以排除第三章所述的达尼族部落战争。但就本书的研究目的来看,我们考虑到了所有的社会,小到20个人组成的游群,大到有数十亿人口的国家,因此我们定义的战争必须包含这些社会的战争。正如史蒂文·勒布朗所言:"在为战争下定义时,不可只看社会规模大小或战斗方式,否则我们便无法研究古代战争……很多学者为战争所下的定义,仅适用于复杂的、能运用金属工具的社会。至于小型社会之间的突袭和杀戮,则不算'真正的战争',而比较像游戏或竞技。这种看法把战争的方式与结果混为一谈……我们必须考虑下面几点:不同政治实体发生冲突,是否导致多人伤亡、领土被侵占,或是原来的领土变得太危险而不适合居住?社会成员是否必须为保护自己而耗费相当多的时间和精力?……如果打斗、杀戮对社会成员的生活造成很大的影响,那么不管打斗方式如何,仍应被视为战争。"如果我们用这样的观点来看战争,就可把第三章所述的达尼族的打斗纳入战争的范围。

战争的典型定义如《大英百科全书》第15版所述:"战争

是不同的政治群体，如国家、民族及同一国家或民族的敌对派系之间公开的暴力冲突，参与者为大量有组织、有训练的专业人士……参战者一般在5万人以上。"如同其他许多公认的对战争的定义一样，这一定义限制了我们的研究目的，因为它要求有"大量有组织、有训练的专业人士"，所以小型社会的武装冲突皆被排除在外。参战者规定在5万人以上，这样的数字不但过于武断，而且已是第三章提到的达尼族人口总数（战士与妇孺）的6倍以上，比本书提到的大多数小型社会人数还多。

因此，研究小型社会的学者对战争提出比较宽松的定义，一般而言包括三个因素：一是群体之间（不论人数多寡）发生的暴力冲突，而非某个人杀害另一个人（此为谋杀，而非战争）；二是发生暴力冲突的双方属于不同的政治实体；三是即使实施暴力的只有部分成员，这样的行动也必须得到整个政治实体的批准。照这样的定义来看，因为哈特菲尔德与麦科伊这两大家族属于同一个政治实体，而且美国也不允许他们之间进行杀戮，所以这两大家族的血斗并不构成战争。上述三个因素可合并成一个简短的定义："所谓的战争，是敌对的政治实体间不断出现的暴力冲突，其杀戮行动得到政治实体的批准。"

资料来源

我们可从第三章的达尼族战争中看到传统战争的第一手研究：研究人员和摄影团队深入传统社会，观察、拍摄战争实况，计算战士伤亡的人数，并访问参战者，以得知更多的细节。因此，就达尼族的战争而言，我们掌握确凿的证据。若这样的研究有数百个，便可证明传统社会战争的存在。

其实，学者扛着摄影机深入传统部落拍摄战争实况可谓特例，这样的观察是否完全客观、没有受欧洲的影响也还有争议。1492 年，欧洲势力开始扩张，征服了许多非欧洲族群。欧洲政府占据新的领土之后，第一件事就是镇压传统战争。这么做一方面是为了自保和治理征服之地，另一方面也是为了开化当地人，使他们接受文明的洗礼。二战后，很多人类学家和研究人员获得充裕的研究经费前往小型社会进行田野调查，但那时大抵只有在新几内亚和南美洲仍可见到部落战争，在其他太平洋岛屿、北美洲、大洋洲、非洲和欧亚大陆早就看不到这样的战争了。

即使在新几内亚和南美洲，最近人类学家也难有机会目睹传统战争。首先，当地政府不希望手无寸铁的外人因为调查研究遭到部落人民的攻击，而引来麻烦和公众的关注。其次，他们不希望人类学家带着武器深入部落，阻止部落人民的战争。因此不管在新几内亚还是南美洲，旅行都有严格限制，除非官方认为当地安全才会开放让外人进入。然而，还是有学者和传教士得以溜进原始部落，看到他们开战。最知名的研究者包括观察 1961 年达尼族战争的研究人员、1979 年起在新几内亚西部针对法尤族（Fayu）进行研究的屈格勒家族，以及在委内瑞拉和巴西研究雅诺马莫印第安人的拿破仑·沙尼翁。虽然哈佛探险队来到巴连河山谷之时，当地已有荷兰政府设立的巡逻站，但探险队仍可在荷兰政府管制之外的地区进行研究。尽管这些研究提供了不少第一手的观察数据，但有很多细节还是必须靠当地人补充。例如布鲁克黑塞所记载的，哪些人在什么情况下受伤以及身体的哪个部位受伤则不一定是他本人亲眼所见。

至于我们对传统战争的认识，大多数都是通过参战者对西方国家的采访者的描述或欧洲人（政府官员、探险家、商人等）的观察。那些西方人并非受过训练、为了博士论文搜集资料的科学家。很多新几内亚人曾对我讲述他们参加传统战争的经验。然而，我造访新几内亚那么多次，不管是到澳大利亚政府控制的东部（即后来独立的巴布亚新几内亚），还是到印度尼西亚治理的西部，都不曾目睹新几内亚人刀戈相向。如果那里真发生战事，澳大利亚和印度尼西亚政府就不会允许我进入战区。即使我想去，也根本行不通。

观察、描述传统战争的西方人大都不是专业学者。如萨拜因·屈格勒（传教士夫妻克劳斯与多丽丝·屈格勒的女儿）在她出版的畅销书《丛林之子》（Child of the Jungle）中，描述了她在6岁时看到法尤族的一支蒂格雷人（Tigre）与来访的塞福伊迪族人（Sefoidi）发生冲突，拿着弓箭射向对方。箭从她身边飞掠而过，被箭射中的人由族人驾着独木舟载走。还有西班牙教士胡安·克雷斯皮，他是波托拉探险队的成员。这支探险队于1769—1770年踏上南加利福尼亚州东岸，是最先研究丘马什族的欧洲人。克雷斯皮也详细描述了丘马什人拿弓箭对射的情景。

这些来自欧洲的外界人士，不管是人类学家还是普通人，对传统战争的描述通常存在一个问题，就是观察本身会干扰到被观察的现象，即海森堡的不确定性原理。以人类学研究而言，只要有外人在场，就会影响到那些不曾与外界接触的原始族群。国家政府通常会有意识地采用一些政策以终结传统战争。例如澳大利亚政府在20世纪进驻巴布亚新几内亚，第一件事就是禁止部落战争和食人习俗。另外，外人也可能用不同的方式制止当地人互相打斗。到法尤族地盘客居的克劳斯·屈格勒坚持当地人不可在他住的房子周围厮杀，要打的话，请到别的地方。否则为了自身和家人的安全与平静，他不得不离开。法尤族听从他的劝告，渐渐地不再打斗。

这些都是欧洲人努力终止或减少部落战争的例子。然而，也有人认为欧洲人曾故意挑起部落战争。其实，只要外界人士踏入原始部落，就可能在无意间激发或减少部落相斗。因此，即使外界人士描述了他们的所见所闻，我们还是无法得知在没有外界观察者的情况下，究竟会发生多少战争。我们将在本章后面继续讨论这个问题。

另一个方式是根据考古学的记录仔细研究传统族群与外界接触前遗留下的战争证据。如此一来，就可完全去除外来观察者的影响。然而这种方式有利有弊，因为战争的实况并非通过直接观察而得，也没有当地人的报告作为佐证，只能从考古学的证据进行推论，所以对事实的解读存在各种不确定性。关于部落战争最明确的证据莫过于一堆被草草掩埋的成堆的人骨，这些骨头或断裂，或有武器、工具造成的凹痕，如有的嵌有箭头，有的被利斧等锐器砍过，有的头骨有剥割头皮留下的长割痕，有的头骨仅和头两节脊椎骨相连——通常由斩首（如猎头）造成。约阿希姆·瓦尔与汉斯·柯尼希在德国西南部的塔尔海姆研究了34具骸骨，经过辨识发现这些是18个成人（9个男人、7个女人，另有两人的性别无法辨认）和16个儿童的遗骸。这些是在公元前5000年前后被堆在一起胡乱掩埋的，没有常见的陪葬品。其中18个头骨右后方有被砍的凹痕，表明敌人至少拿着6种不同的斧头，以右手持斧，向他们的脑袋后方猛砍。受害者的年龄范围覆盖儿童到60岁左右的老人。显然有五六户家庭惨遭屠杀，而敌人的数目远远超过他们。

其他考古学证据包括武器、铠甲、盾牌和堡垒等防御工具。有些武器（如矛和弓箭）可能用于狩猎或杀人，而不一定用于战争，战斧和大型弹弓发射器才能作为战争的证据。同样，铠甲和盾牌也只用于战争，不会用于狩猎。有不少现存于世的传统族群，包括新几内亚人、澳大利亚原住民和因纽特人依然会使用这样的武器作战。所以，在考古遗址发现的铠甲和盾牌也可视为过去战争的证据。此外，战争的遗迹还包括防御工事，如城墙、护城河、城门和可投射武器的塔楼，以防敌人从城墙攀爬上来。例如在19世纪初期，欧洲人开始在新西兰殖民时，发现新西兰的原住民毛利人各部落都会修筑叫"帕"（pa）的堡垒。这些堡垒本来用于部落之间的战争，后来则用来抵御欧洲人。目前考古学家已在新西兰挖掘出1 000个左右的"帕"，经年代鉴定，这些"帕"建造于欧洲人到来的几个世纪之前，但和欧洲人看到的"帕"类似。

显然,在欧洲人踏上新西兰的土地之前,毛利人早就开始交战。

最后,我们发现有些古代遗址建造在山顶、悬崖顶端或面向悬崖之地,可能是为了防御敌人入侵。如美国西南的弗德台地等地的阿纳萨齐印第安人住在几百英尺高的崖壁上,必须利用梯子出入,得费尽千辛万苦才能带回生活必需品(如水和食物)。但在欧洲人到来的时候,这就成为印第安人安全的藏身之处。由于早在欧洲人来到美国西南部的几个世纪前已出现这样的遗址,这显然是为了对抗其他印第安部族的入侵。如果这些考古学证据还不够,那么我们还可以看看原始族群在上更新世留下的壁画。他们刻画了敌对的部族拿着弓箭、盾牌、矛或棍棒等武器互相厮杀,有人被矛刺死的惨状。大约在800年,玛雅人也在波南帕克留下精美的壁画,栩栩如生地呈现战争和囚犯被行刑的图像。

因此,就小型社会(最小如游群,大如酋邦和最早的国家)的传统战争而言,我们的资料来源主要有三类,除了现代人的亲眼观察、考古学证据,还有艺术史。

传统战争的形态

不论古今,战争皆有多种形态。传统部落社会也会运用现代国家的基本战争策略。(当然,部落不可能打空战,而海战也需要特别的战船,直到公元前3000年国家政府出现之后,才有海战的历史记录。)最常见的一种策略就是正面对战,也就是交战双方各自集结庞大的人马正面交锋。我们一想到现代国家战争,就会立即联想到这种策略，最有名的例子如伏尔加格勒会战、葛底斯堡战役与滑铁卢战役。除了战争规模和武器有别，这类战争其实和前一章所述达尼族在1961年6月7日、8月2日和8月6日的战争很类似。

另一种常见的战争策略是突袭。一小群战士侵入敌人领土，在夜色或地形的掩护下悄悄前进，趁机偷袭、攻击，暗杀几个敌人或破坏其居所、设施之后随即撤退，无意歼灭全部的敌军或是永久占领他们的土地。这或许是传统战争最常见的类型，而且有许多记录，如努尔人偷袭丁卡族，雅诺马莫印第安人互相偷袭。前一章所述达尼族在1961年5月10日、5月26日、5月29日、6月8日、6月15日、7月5日、7月28日发生的战事都是偷袭。现代国家战争也有大量步兵、战舰或飞机的突袭行动。

与突袭类似的军事行动——埋伏，在传统战争中也很常见。入侵者选择躲在一处，待敌人过来时，出其不意，予以痛击。如前述达尼族在1961年4月27日、5月10日、6月4日、6月10日、7月12日和7月28日发生的战事。埋伏也是现代战争常用的策略，一方通过雷达或破解敌军密码侦测出敌人的行动，在敌人不知情的情况下进行埋伏、狙击。

传统部落也会摆设鸿门宴，设局谋杀敌人，如雅诺马莫印第安人和新几内亚的部落都曾邀请邻近的部落来参加宴会，等客人放下武器、大吃大喝，再痛下毒手。现代人也许会觉得奇怪，为什么雅诺马莫人在听过这样的事件后仍会落入死亡陷阱。也许是因为传统部落常常一起饮宴进而结盟，加上主人热情邀约，客人很少产生怀疑。现代国家政府极少使用这种手段,唯一的例子是南非布尔人(Boer)的首领皮特·雷蒂夫率领 100 个族人在 1838 年 2 月 6 日接受祖鲁(Zulu)国王丁冈的邀请,前去赴宴。这些布尔人进入国王的帐篷后,即全数遭到屠杀。然而这个事件可算作例外,因为祖鲁人是南非原住民班图人的一支。19 世纪初,原始社会瓦解,部落联盟兴起,出现了近百个酋邦,战乱不断,后来才统一并建立了祖鲁王国。

现代国家倾向通过外交促成自己的利益,而不会利用如此无耻的欺骗手段。即使希特勒和日本要对苏联和美国发动攻击,也会公开宣战。但现代国家对待叛徒则另当别论。如法国将军夏尔·勒克莱尔曾在 1802 年 6 月 7 日邀请在海地建立独立政权的领导人杜桑-卢维杜尔前来参加宴会,却趁机将他逮捕,关进监狱,翌年卢维杜尔死于狱中。在现代国家,帮派分子、毒枭、恐怖集团也会用同样的手段杀害叛徒。

另一种仅见于传统社会的战争类型是和平聚会时擦枪走火,在不可收拾之下演变成战争。这比请君入瓮的鸿门宴更为常见,如邻近的两个部族因为祭典共聚一堂,完全没有厮杀的企图,然而在双方的阵营中,也许某两个人有宿怨,仇人相见,分外眼红,终于克制不了,开始动手,以致双方亲戚也加入战局。我有一个美国朋友曾受邀参加法尤族的聚会。在场几十个人中,有几个人不时口出恶言,一副气冲冲的样子,还用斧头猛敲地面,甚至一度斧头相向。传统社会的人平时很少碰面,偶尔在祭典时相遇,如碰到仇家就常会发生这种流血冲突事件。

个人恩怨演变成战争的事件在现代国家非常罕见,但也有实例,如 1969 年 6—7 月萨尔瓦多和洪都拉斯的"足球战争"。萨尔瓦多经济比较发达、人口众多,因此地狭人稠,耕地不足,很多萨尔瓦多人为了工作机会移民洪都拉斯。但他们因为赖以为生的土地后来被洪都拉斯政府没收,只好返回萨尔瓦多,这引发了政治与社会动乱。1969 年,萨尔瓦多与洪都拉斯为了争夺 1970 年世界杯足球赛的参赛资格,以三局两胜的方式决定赢家。6 月 8 日,第一场足球赛在洪都拉斯举行,东道主队以 1∶0 获胜,但洪都拉斯球迷殴打萨尔瓦多球迷引起骚乱。6 月 15 日,第二场足球赛在萨尔瓦多举行,东道主萨尔瓦多以 3∶0 重创洪都拉斯,而萨尔瓦多球迷更加暴力,不仅殴打对方,还侮辱洪都拉斯国旗和国歌。6 月 27 日,萨尔瓦多在墨西哥市的延长赛中以 3∶2 险胜洪都拉斯,两国即宣告断交。7 月 14 日,萨尔瓦多军队入侵洪都拉斯,并出动空军轰炸。这场足球战争历时 100 个小时,2 000 余人丧生,是世界杯足球史上最大的悲剧。

死亡率

传统部落战争的死亡率有多高?是否可与现代国家战争的死亡率相提并论?

军事历史学家会搜集、统计每场现代战争的伤亡资料,如德国在二战中的伤亡人数。如此一来,我们就可以计算一个国家,如 20 世纪的德国在一个世纪中由战争造成的死亡率。至于现存传统社会的战争死亡率，目前已有数十项研究对其进行了估算。人类学家劳伦斯·基利、塞缪尔·鲍尔斯、史蒂文·平克、理查德·兰厄姆、迈克尔·威尔逊和马丁·马勒曾针对 23~32 个传统社会进行研究，发现各社会间的差异颇大。其中，与战争相关的死亡率平均每年可达 1%（即以 100 人组成的社会而言，平均每年有一人死于战争），达尼族、苏丹丁卡族和北美两个印第安社会更高，而安达曼岛人、马来西亚塞芒族则很低，约在 0.02% 以下。这样的差异主要和这些部族的生计方式有关。根据兰厄姆、威尔逊和马勒的分析，务农的社会若发生战争，死亡率几乎是狩猎-采集社会的 4 倍。另一个衡量战争冲击性的方式是计算总死亡率与战争死亡率的比例，如厄瓜多尔沃拉尼（Waorani）印第安人因战争造成的死亡率占总死亡率的 56%，而分布在世界各地的 6 个传统部落则只有 3%~7%。

为了研究传统小型社会与战争相关的死亡率，基利选取了国家的 10 项数值来做比较。以瑞典为例，它在 20 世纪没参与过任何战争，因此与战争相关的死亡率为 0，其他 9 项数值则凸显出现代战争的可怕。以长达一个世纪的时间（包括战争与和平时期）而论，在现代战争中死亡人数最多的莫过于 20 世纪的德国与俄国，死亡率分别为每年 0.16% 和 0.15%（即每 1 万人中，每年分别有 16 人和 15 人死于战争）。这就是 20 世纪两次世界大战造成的灾祸。相比之下，法国在 19 世纪由战争（包括拿破仑战争和拿破仑大军从俄国大撤退）造成的死亡率则比较低，只有 0.07%。至于 20 世纪的日本，美军原子弹轰炸广岛和长崎造成的死亡人数，加上日本其他大城市因遭到传统炮弹的轰炸而死亡的人数，二战中在海外死于枪击、饥荒、自杀与溺水的几万日军，还有日军在20世纪30年代侵略中国、1904—1905年的日俄战争中的死亡人数，总计战争造成的死亡率每年只有0.03%，仍比德国和俄国低。从长期来看，国家战争造成的死亡率最高为每年0.25%（包含阿兹特克帝国亡于侵略者西班牙之手）。

我们现在再来比较战争在传统小型社会及人口庞大的国家造成的死亡率。（同样是在一长段时间内，包括战争与和平时期，估算战争平均每年造成的死亡率）。我们可以发现，在20世纪的现代国家中，战争造成的死亡率最高者（即德国与俄国）只有传统小型社会平均值的1/3，达尼族的1/6。以战争造成的死亡率而言，现代国家的平均值大约只有传统社会的1/10。

读者或许会和我最初一样，对这样的数值惊异不已。现代国家的壕沟战以及机枪、汽油弹、原子弹、炮弹、鱼雷等武器造成的平均死亡人数，竟然远远比不上传统小型社会用矛、弓箭或棍棒互相攻击。如果我们仔细比较传统社会和现代国家战争的差异，就会恍然大悟。首先，现代国家的战争都是断断续续的，并非时时刻刻在交战，而传统部落则经年累月都在作战。以20世纪的德国为例，交战时间只有10年（1914—1918年以及1939—1945年），剩下的90年则无人死于战争。反之，达尼族每年、每月都有战争。其次，除了两次世界大战的大规模征兵，国家战争造成的伤亡主要是18~40岁的男性，而且多为专业军人。除了二战的空军大轰炸，普通民众不会因战争而直接面临生命危险。反之，传统社会如发生战事，男女老少无人可以幸免。再次，国家战争的士兵如投降或被敌军捕获通常可以保住一命，而在传统部落战争中落入敌方之手的士兵，则无活命的可能。最后，传统战争常出现大屠杀，被围捕的一方可能全部惨遭杀害，如达尼族在20世纪30年代末、1952年、1962年6月和9月及1966年6月4日发生的大屠杀事件。现代国家的战胜国通常会让战俘活命，有的战俘会被遣送回国，有的则被迫当劳工。

异与同

传统社会的战争与国家的战争有何异同？回答这个问题之前，我们必须注意传统社会的战争和国家的战争并非没有中间地带的两极。由小型社会到大型社会，战争也会跟着出现一连串的变化。一个社会越大，军力就越强大，军人数目也越多，因此很难全数隐藏起来，也极少采用突袭或埋伏狙击，更倾向于与敌人正面交锋。如果是政权集中、阶级分明的大型社会，领导人就会更强势，国家军队也会有各种等级的军官，还有军事委员会、总司令等。小型游群的战士则人人平等。中型社会（如达尼族的古特卢联盟）的领导人力量薄弱，主要是用说服来促使别人行动，而非利用权威使人遵从他的命令。中央集权的大型酋邦如发生战争，则和小国的战争相似。即使社会规模从小到大有一连串的变化，我们还是可以比较小型传统社会的交战方式与庞大国家的交战方式。

这两种社会的一个相似点，是都会通过结盟来壮大势力。如前一章所述，达尼族的威利希曼-瓦拉卢阿同盟也会和其他部落结盟，以对抗维达亚及其同盟。参与二战的国家也分别组成两个联盟，其中英、美、俄属于同一阵营，而德、意、日则是其敌对阵营。现代国家也许可以凭借优良的军事科技和领导力来制服敌人（如以色列打败阿拉伯联盟），而传统社会既无科技也无领导力，因此更重视结盟，拥有越多盟友则越可能取胜。

另一个相似点是，所有的社会不论大小，人们既会徒手与敌人厮杀搏斗，也会使用远程武器歼灭敌人。即使是一小部分法尤人在屈格勒家旁边打斗，他们也会用弓箭，而达尼族的维达亚人既会投掷长矛，也会近距离地用矛刺死威利希曼的韦亚克希和杰诺克马。一个社会越大，科技越进步，武器的射程就越远。虽然罗马士兵还是会拿剑或匕首与敌人搏斗，但他们的远程武器包括弓箭、标枪、弹弓、石弩，射程最远可达半英里。到了一战，德军已研发出一种名叫"大贝尔莎"的远程火炮，其可在68英里以外轰炸巴黎。现代的洲际弹道导弹更可绕过半个地球。尽管如此，现代士兵与敌人近身肉搏时仍会使用手枪或刺刀。

随着现代远程武器持续发展，战争变成只要按一个钮即可歼灭敌人（如通过按钮发射炸弹、炮弹或导弹）。士兵或军官看不到敌人的脸，因此可克服面对面杀人的恐惧（见图25）。但在所有的传统战争中，战士不是从几十码外拿起弓箭瞄准敌人，就是眼睁睁地看着敌人拿刀刺向自己（见图24）。传统社会的人从小就开始学习打斗和杀戮，但现代国家的人从小到大接受的教育都是，杀人是罪大恶极的事，直到他们长大成人，被征召入伍，才必须依照上级的命令对敌人开枪。难怪在两次世界大战的士兵中，多达半数的人刚上战场时无法拿枪射杀另一个人。传统社会的人在作战时可毫无顾忌地杀人，现代国家则用高超的军事科技克服杀人的心理障碍。

在传统战争和国家战争的各种差异中，有一种涉及杀戮心理。现代国家的士兵即使和敌人面对面，也互不相识，此前也无任何嫌隙。反之，在传统小型社会，战士不但熟识本社会里的人，连敌对阵营的人大都也叫得出名字。这是因为小型社会经常结盟或通婚，大家多半互相认识。如第三章所述，达尼族的战士不但会互相叫嚣，还会指名道姓地辱骂对方。读过《伊利亚特》（Iliad）的读者应该还记得希腊和特洛伊的首领开战前总会指名叫阵，如赫克托耳和阿喀琉斯。因此，个人之间的复仇多半是传统战争的主因，例如敌人杀了你的亲戚或朋友，而现代国家战争则通常与个人仇恨无关。

另一种心理差异涉及自我牺牲。在传统战争中根本没有自我牺牲这回事，现代战争却歌颂自我牺牲。现代国家的士兵在统帅的命令下代表国家与敌人厮杀，不管是与敌人正面交锋，还是冲向敌军防御的铁丝网，都可能牺牲宝贵的生命。还有一些士兵甚至愿意舍身救战友，如用自己的身体盖住手榴弹，使其他在战壕内的弟兄得以逃过一劫。在二战期间，几千名日本士兵或出于自愿或在日军将领强迫之下组成神风特攻队，以樱花弹和回天鱼雷等武器，针对美国海军舰艇进行自杀式袭击。这种行为是这些士兵从童年就开始接受崇尚尽职、服从、为国牺牲的教育的结果。就我所知，新几内亚传统部落战争没有这种牺牲自我的做法：每个战士的目的都是杀死敌人，让自己活命。例如1961年5月11日，威利希曼阵营入侵维达亚，用箭射伤一个叫胡怀的人。胡怀的同伴把他丢下，自己逃跑，没留下来救他。6月10日，维达亚人抓到一个来自威利希曼、名叫韦亚克希的男孩，韦亚克希的三个同伴一样只顾自己活命，拔腿就跑。

传统社会的战士和国家的士兵也有差别。所有国家的军人都是全职的专业士兵，一次可在战场上待多年。平民生产的粮食，不但可养活自己，也会供给士兵。一般而言，国家的士兵都是专业军事人员（如现在的美国），为了扩充人数（主要在战时），国家也可能招募非专业军事人士，如志愿兵或义务兵。反之，所有的游群和部落战士（包括大多数的酋邦战士）都不是专业军事人员，如第三章所述的达尼族战士。他们平时以狩猎、畜牧或务农为生，过着自给自足的生活，战斗时间一般只有几小时到几周，然后就必须回到家园，才不至于影响生计。因此，传统社会的战士不可能长时间待在战场上。这也导致欧洲殖民国家在对抗部落和酋邦时具有很大的优势。有些非欧洲族群可在短时间内集结全力，对抗来自欧洲的入侵者，但长期作战耗损太大，最后只能臣服，如新西兰的毛利人、阿根廷的阿劳干（Araucanian）印第安人、北美洲的苏人（Sioux）及阿帕切（Apache）印第安人。

现代军事历史学家常会评论传统部落战争"效能不佳"：几百个战士厮杀了一整天，最后只有一两个人死亡，甚至可能无人伤亡。原因之一是传统社会没有大炮、炸弹等杀伤力强大的武器。其他原因则与部落缺少专业军事人员以及强有力的领导人有关。传统社会的战士没有接受集体训练,不能执行精密、复杂的作战计划,就连同步射击都做不到。而同时发射弓箭的杀伤力远大于依次发射。如果发射的只是一支箭,敌人躲过的可能性就极大,可若万箭齐发,敌人则在劫难逃。除了阿拉斯加的因纽特人,大多数传统社会(如达尼族)都不曾练习同步射击。传统社会的战士也几乎没有纪律和组织,尽管在战斗之前已排好队伍,但只要一开打就会陷入混乱。再者,传统社会的战争领导人无法以军法管束战士,要战士服从命令。1966年达尼族之所以发生大屠杀,可能是因为古特卢领导无力,无法制止北部的战士杀戮南部联盟的人。

传统战争和国家战争有两个最大的差异,其一就是全面战争和有限战争的区别。国家和大型酋邦大都倾向于打有限战争,只摧毁敌方的作战能力,无意损毁敌人的土地、掠夺其资源,也不想伤害广大的老百姓,毕竟他们入侵的目的是侵占敌人的土地、资源与人民。美国人通常认为全面战争是美国内战期间(1861—1865年)才出现的战争概念。当时的北方军将领威廉·谢尔曼提出焦土政策,对南方发动全面战争,不惜动用一切资源歼灭敌人,不论是作战部队还是平民,都格杀勿论。他向海洋进军(从亚特兰大到大西洋),一路摧毁南方的房舍、工厂、磨坊,炸毁桥梁,破坏铁轨,掠夺粮食,破坏农田和农业机械,杀害牲畜,焚烧棉花,逼迫南方耗尽资源,重创南方士气。谢尔曼如此解说自己的战争哲学："战争是残酷的，你无法使之变得文雅……我们今天所要对抗的不只是敌方的士兵，还有他们的人民。不管男女老少、贫贱或富贵，无人可以例外……我们无法改变南方人的心，但我们可以让战争变得极其恐怖……让人厌恶战争，以后世世代代都不想再陷入战争。"然而谢尔曼并没有杀死南方平民，投降或被捕的南部邦联士兵也免于一死。

从国家战争的标准来看，谢尔曼的做法并非特例，他也不是发动全面战争的始祖。其实，几万年前游群和部落已采用这种作战方式，如人类学家在塔尔海姆发现的大屠杀遗骸。国家军队之所以会饶战俘一命，是因为它们有能力养战俘、保护战俘并让其工作，也可防范战俘逃跑。对传统社会来说，战俘没有利用价值，因此其不会让战俘活命。战士们也知道他们要是被打败或被活捉，一定会被杀，所以奋勇作战到最后，绝不投降。直到大约5 000年前，美索不达米亚出现了城邦，才有收容战俘的历史记录或考古学证据。那时，他们会将战俘的眼睛挖掉，以防止战俘逃走，而那些战俘也只能从事依靠触觉的工作，如纺纱或农作。有几个采用定居方式、经济已经分工化的部落及由狩猎-采集者组成的酋邦也会将战俘当作奴隶，如美国西北太平洋海岸的印第安人和佛罗里达的卡鲁萨印第安人。

然而，规模不及美索不达米亚城邦的美国西北太平洋海岸的印第安人和卡鲁萨印第安人仍会歼灭没有利用价值的敌人。对达尼族、佛尔族、阿拉斯加因纽特人、安达曼岛人等部落而言，作战的主要目的是夺取敌人的土地并歼灭全部的敌人，不论性别、年龄，如1966年6月4日达尼族的大屠杀事件中，就有几十个妇女和儿童遭到杀害。有的传统社会则在杀死敌人中的成年男子并用棍棒打死婴儿之后，带走可生育的女人，如努尔人袭击丁卡族时的情况。努尔人也会把已断奶的幼儿带回去当自己的后代抚养。雅诺马莫印第安人一样会放过敌人阵营的女人，把她们带回去当老婆。

传统社会打全面战争通常必须动员所有的人。如达尼族在1961年8月6日发动的战争，参战者就包括6岁大的孩子。相比之下，国家战争只派专业军事人士上阵，因此参战人数只占成年男性的一小部分。以拿破仑在1812年率领大军入侵俄国为例，士兵总数约60万，从19世纪国家战争的标准来看这已非常庞大，但仍不及当时法兰西人口的1/10（有些士兵来自其他联盟国家，非法兰西人）。即使是现代国家的军队，作战部队的人数也远不及支援部队。以美国为例，前者和后者的人数比例为1：11。从整个社会的作战能力来看，达尼族大可笑傲19世纪的拿破仑与今天的美国。达尼族在1966年6月4日发动了大屠杀，一口气焚毁几十间草屋，并偷走敌人的猪，这样的行动不禁让人联想到谢尔曼"向大海进军"时的所作所为。

终结战争

部落战争与国家战争之间的重大差异，除了全面战争和有限战争，还包括终结战争与维持和平的难易程度。正如第三章所述的达尼族之战，小型社会的战争通常涉及复仇。乙方杀了甲方的人，甲方的人则要乙方血债血偿，乙方的人死了，甲方的人心满意足，但乙方又会回来向甲方索命，因此陷入冤冤相报的无限循环。只有一方被全部歼灭、赶走，或双方耗尽所有的人员和资源，战争才会停止。但国家和大型酋邦不像游群或部落，通常倾向于打有限战争，目的在于征服敌人的领土。

但是要让一个部落里的人共同做出终止战争的决定，或与敌人达成停战协议并不容易，因为只有中央集权的大型酋邦或国家能由领导人做出决定或与敌人协商，而部落没有强有力的领导人，每个人都有发言权。即使一个部落与敌人达成停战协议也很难维持和平。对任何社会而言，不管是部落还是国家，总有对和平协议不满的人，他们因为个人怨仇而想要攻击敌人或引发新的争端。国家政府因为中央集权，拥有动用武力的垄断权，所以可以制止个人寻仇，领导力薄弱的部落首领则做不到。因此，部落和平很难维持，很快就会陷入新的战争循环。

国家和小型集权社会的差异就是国家存在的主要原因。长久以来，对国家兴起的原因，以及大众为何能忍受国王、议员或官员的治理，政治学者多有辩论。全职的政治领导人并不自己生产粮食，而是靠人民生产的粮食维生。政治领导人如何说服或强迫人民这么做？人民又如何愿意让他们掌控大权？法国哲学家卢梭猜测，政府的兴起是人民理性的决定。人民认为在领导人和官员的治理下，自己必然能获得更大的利益。但没有历史学家做这样的推论。根据已知的所有国家形成的案例，酋邦会演进成国家是通过竞争、征服或外来压力：酋邦决策效能高，因此得以抵抗其他酋邦的入侵。例如在1807—1817年，非洲东南部几十个原本互相交战的祖鲁酋邦渐渐被丁吉斯瓦约统一。丁吉斯瓦约擅长招募战士、解决争端、整合被击溃的酋邦、治理领土，因此得以完成统一大业。

部落的人再如何好战，也明白战争带来的悲惨、危险与亲人被杀的痛苦。部落战争在殖民政府的强力干预下宣告结束，部落里的人常说他们的生活质量大有改进。这是因为如果没有中央集权的政府阻止他们杀戮，他们就难以摆脱互相仇杀的恶性循环。新几内亚高地的奥亚纳人（Auyana）告诉人类学家斯特林·罗宾斯："自从殖民政府来到这里，我们的生活大有改善，吃饭的时候不必提心吊胆，担心有人会从背后攻击。早上起来去屋外小解，也不必害怕遭到暗杀。所有的人都承认，他们在作战时内心充满恐惧，而且很怕落单，找不到回家的路。"

我们可由此理解，为何少数澳大利亚巡逻官和当地的警察就可以终止新几内亚东部的部落战争。他们来到交战的村落，买下一头猪，当场用枪击毙猪，让村民了解他们的武器火力强大，接下来拆除村庄的围桩，没收战争用的盾牌，以免任何人再发动战争。偶尔有几个当地人胆敢发动攻击，则立即被击毙。当然，新几内亚人眼睛雪亮，看得出枪支火力非凡。我们实在难以预料到新几内亚部落社会会轻易放弃战争，毕竟这些人已打了好几千年，而且从小到大都以战场上的功绩为人生最大的荣耀。

对此的解释是，新几内亚人了解和平的好处。如果没有国家政府的介入，他们就永远无法实现这一点。20世纪60年代，我曾在新几内亚高地待了一个月。此前不久，那个地区才结束长久以来的征战。当地居民共有两万人左右，由一个澳大利亚巡逻官和几个当地警察维持治安。即使巡逻官和警察有枪，新几内亚人还是可利用夜晚埋伏、偷袭，把他们杀死，再发动战争，但新几内亚人并没有这么做。显然新几内亚人了解国家政府能带来一个很大的好处，也就是和平。

与欧洲人接触的影响

欧洲人对传统战争有何影响？他们会使传统战争变得更多、更少或者不变？这个问题很复杂。如果一个人认为欧洲人与传统社会接触必然会使传统战争加剧，那么他自然不会相信外来视察者的描述。人类学家基利就曾以西瓜打比方：如果我们本来相信西瓜的果肉是白的，拿刀切下去之后，才发现西瓜果肉是红的，那么在没切开西瓜之前，我们如何证明西瓜的果肉是红的？

然而，目前已有大量考古学证据和战争的口述史证明，传统社会与欧洲人接触之前已有不少战争，并非一直过着和平的生活，直到欧洲人到来才干戈相向。毋庸置疑的是，部落战争的消失或减少是因为欧洲人或其他国家政府的干预，因为所有的国家政府都不希望战争和动乱影响它们对当地的治理。从人种学研究来看，在欧洲人与传统社会接触之初，当地战争短期内可能会增加，也可能会减少，原因包括欧洲人带来的武器、传染病、商机，以及粮食供应的增减。

例如新西兰的毛利人在与欧洲人接触之后，短期内战争就变多了。毛利人在1200年前后在新西兰落脚。考古学家在当地挖掘出很多堡垒，证明早在欧洲人来到之前，毛利人已常常作战。根据历史记录，欧洲人最早在1642年踏上新西兰领土，并自18世纪90年代起在此地殖民，当时毛利人不但会杀欧洲人，也会互相厮杀。1818—1835年，欧洲人引进的两种物品使毛利人的战争突然变多。一是步枪。新西兰历史上发生过有名的步枪战争。毛利人发现步枪杀伤力强大，远胜过以前的棍棒打斗，于是用土地和欧洲人换步枪，将其作为战争利器。二是马铃薯。你或许会大吃一惊，难以想象这东西与战争的关联。其实，毛利人的战争时间拉长、规模变大，都是拜马铃薯所赐。毛利人的主食原本是甘薯，马铃薯（原产地为南美洲）则是欧洲人引进的。马铃薯在新西兰落地生根之后，产量丰盛，远超过甘薯。毛利人的余粮因此增多，得以喂养战士，让他们长期待在战场上，或搭乘独木舟征服远方的部族，甚至可远征1 000英里之外的地方。一开始，只有少数几个部落可向前来做生意的欧洲人买步枪。这几个部落便用步枪征服其他部落。然而，步枪越来越普及，等到所有的部落都拥有步枪就是步枪之战打得最激烈之时，后来战争才渐渐平息。

斐济也是一样，1808年前后欧洲步枪引进后，斐济人就可持枪歼灭众多敌人。步枪的杀伤力远大于他们以前使用的棍棒、矛和弓箭。欧洲的枪支、船和钢斧于19世纪引进所罗门群岛之后，岛上"猎人头"的风俗更加兴盛，毕竟钢斧远胜石斧，使用多次后依然锋利。同样，北美大平原和非洲中部由于欧洲枪支与马匹的输入，加上奴隶买卖，战事增多。上面提到的各个社会早在与欧洲人接触之前已有战争，但在欧洲人的刺激下，几十年间（新西兰、斐济、所罗门群岛）或几百年间（北美大平原、非洲中部）战争增多，之后才渐渐减少。

传统社会和欧洲人接触之后，战争也可能平息，连短期激增的现象也没有。在殖民政府的巡逻官进驻后，新几内亚高地有很多地方的战争即销声匿迹，之后欧洲商人和传教士才来到这里，并间接地带来其他来自欧洲的贸易物品。人类学家在20世纪50年代对非洲的昆族游群进行研究时，发现他们已不再互相攻击，但1945年之前仍有一些谋杀案件。最后5件谋杀案中，有4件（分别发生于1946年、1952年、1952年和1955年）的凶手都被兹瓦纳政府关进监牢。由于兹瓦纳政府的法庭可解决争端，昆族人在1955年之后不再用谋杀来解决怨仇。然而我们可从昆族的口述历史中得知，几个世代前，游群间的突袭和战争仍是家常便饭，后来随着与兹瓦纳人的接触增多，他们除了引入可用于制作箭头的铁，还发生了其他变化。早在兹瓦纳警方干预并逮捕凶手之前，游群间已不再经常发生暴力冲突了。

我最后要举的例子是阿拉斯加西北部。当地同属因纽特族的尤皮克人（Yupik）与伊努皮亚特人本来常常爆发冲突，与欧洲人接触的10年内或不到一个世代，战争就消弭了。原因不是巡逻官、警察或法律禁止，而是其他接触的结果。1838年，欧洲人将天花这种传染病带进来，致使很多尤皮克族群遭到灭绝，战争也就戛然而止。伊努皮亚特人则非常热衷于贸易，特别是与欧洲人交易毛皮，1848年后，交易更加频繁，战争将让他们失去宝贵的商业机会，所以他们愿意放弃战争。

因此，传统族群与欧洲、兹瓦纳等外来国家或酋邦的接触，长期下来必然会压制部落战争。至于短期效应，或是战争立即中止，或是战事突然增多，但最后还是渐渐变少。我们无法断言传统部落战争是与欧洲人接触造成的。

长久以来一直有西方学者否认传统战争的存在。法国思想家卢梭便认为人类与生俱来就有怜悯之心，战争是在国家兴起之后才出现的。研究20世纪传统社会的人种历史学家观察到的部落和游群都过着和平的生活，这是殖民政府掌控的结果。直到20世纪五六十年代，人类学家才在新几内亚高地和亚马孙地区亲眼见证最后的部落战争。至于考古学家挖掘出来的防御工事则常被认为只是沟渠、村子外围的栅栏、屏障或边界的象征，而与战争无关。然而传统战争的证据已多不胜数，包括直接观察所得、口述史和考古学的发现。我们不禁疑惑，传统战争的存在与否为什么会引起争辩。

一个原因是传统社会与欧洲人接触前或在早期接触时发生的战争难以评估。传统社会的战士很快就察觉来访的人类学家讨厌战争，因此他们在发动突袭时不会让人类学家一同前往，更不会让他们拍摄战争实况。哈佛皮博迪探险队得以在新几内亚高地拍摄有关达尼族战争的影片可谓特例。另一个原因是传统族会与欧洲人接触之后，短期内对部落战争造成的影响可能是双向的，必须在不预设立场之下分别评估每个例子。尽管如此，仍有许多人无视证据，否认传统战争的存在。

一般而言，学者深入传统社会研究几年之后，常会与当地人打成一片。这些学者认为战争是罪恶的，他们的读者大多数也这样认为，他们不希望他们的部落朋友被当作恶人。此外，有些国家或殖民政府急切地想征服传统社会的土地，恨不得早日除去那些原住民，或对他们自相残杀视若无睹。再者，若说传统社会的居民是好战之徒，那无非是欧洲人想为他们虐待原住民的行为辩护，因此学者不愿意这么做。

我可以理解那些学者对原住民的同情。然而，这样无视传统战争的现实，甚至为了政治目的加以扭曲，并非好的策略。错误地称原住民不爱战争并非尊重他们。传统社会的战争就像其他有争议的现象，我们可以客观地进行观察与研究，最终很可能会显现事实。但是学者若基于冠冕堂皇的政治理由否认传统战争的存在，必然无法看到事实。我们该基于道德的立场主张原住民的权益，而非一味地驳斥事实。

兽性与人性

如果我们采用本章前面对战争的定义，即"敌对的政治实体间不断出现的暴力冲突，其杀戮行动得到政治实体的批准"，并用比较宽泛的观点来看"政治实体"和"批准"，那么会互相作战的不只是人类，还包括动物。论及人类战争时经常被提到的物种就是普通的黑猩猩，因为这种黑猩猩是人类的近亲。黑猩猩的战争与人类的游群和部落战争很像，或是成年雄性发动突击，或是偶然与其他黑猩猩群体相遇发生冲突。据统计，黑猩猩打斗造成的死亡率平均每年为 0.36%（即 1 万只黑猩猩中，每年有 36 只因打斗死亡），和传统社会战争造成的死亡率差不多。但这是否意味着我们的猩猩祖先把战争的基因传给我们，因此好战已存在我们的本性之中，人类无可避免会陷入战争？

答案是否定的，因为黑猩猩并非人类的祖先。人与黑猩猩有共同的祖先，在 600 万年前分别走上不同的演化之路。源于此共同祖先的除了上述两者，还有倭黑猩猩，因此人类的近亲除了黑猩猩，还有倭黑猩猩。并非这三个物种都好斗。倭黑猩猩以爱好和平著称，有些人类传统社会也不好战。除了黑猩猩，有些社会化的动物物种（如狮子、狼、鬣狗及几种蚂蚁）也会成群结队互相攻击、厮杀，有些则不会。显然，并非所有社会化的动物（包括人类与黑猩猩）都爱打斗。兰厄姆认为，会打斗的社会化物种有两大特征：一是激烈的资源竞争；二是大小不同的群体相遇，大的群体因数量大而占优势，轻而易举便可攻击甚至制服小群体或个体。

那人类体内是否潜藏暴力攻击的基因？当然，人类有这样的基因，然而人类也有其他行为（如合作）的基因基础。其实，人类的大脑结构、激素和本能都和基因有关，激素中的睾酮即与攻击行为息息相关。但攻击行为就像身高，除了会受基因的影响，也会受环境和社会因素左右（如营养不良对身高的影响）。因此攻击行为并不像镰状细胞贫血，其特质由单一基因就能决定，与其他基因或环境等无关。此外，与战争相反的合作行为也常见于人类社会。我们已在第一章谈论过，邻近的人类社会会在某种环境的影响下合作，如资源多寡出现波动，或赖以生存的土地无法生产生存所需的所有资源。然而，并非所有邻近的小型社会都会合作，有些较常合作，有些则不常。

类似地，大多数的人类社会都会交战，有些则比较和平。这点可由几个外在因素来说明。如中美洲的哥斯达黎加近年未曾发生战争，甚至1949年已废除军队，这是因为该国人民崇尚平等、民主，而且邻国尼加拉瓜和巴拿马都没有威胁性。再者，该地区除了巴拿马运河，没有其他值得征服的目标。如果哥斯达黎加胆敢攻击巴拿马运河，那么美国必然会出兵防卫。在近代，瑞典和瑞士也都没有战事。强敌环伺（德国、法国、俄罗斯）之下，这两个国家一方面不可能出兵征服这些邻国，另一方面重视国防，加强装备，让敌人不敢轻举妄动。

少数传统社会也和上述现代国家一样，一直过着和平的生活。如格陵兰西北角的极地因纽特人与世隔绝，没有邻居，也不曾与外界人士接触，即使他们想要作战，也没有交战的对象。此外，少数以狩猎-采集为生的游群住在人烟稀少的地区，生存环境恶劣，几乎没有什么财产，也都各自过着孤立的生活，很少与其他游群打交道，如美国大盆地的肖肖尼印第安人、玻利维亚的西里奥诺印第安人、澳大利亚沙漠的一些部落和西伯利亚北部的恩加纳桑人。不曾经历战争的农民包括秘鲁的马奇根加印第安人，他们住在森林边缘，因资源有限，无法供养战士。

因此，我们无法断定哪些人类社会与生俱来爱好和平或特别好战。似乎对一个社会而言，决定交战的重要因素是战争是否对自己有利，以及是否为了自己的生存不得不应战。尽管有些社会很少发生战争，不同群体之间也没有战斗，被认为天性温和（如塞芒族、昆族和非洲的俾格米族），但同一个群体的成员间也有暴力冲突事件（如谋杀），甚至在20世纪50年代被英军征召到马来西亚战场与共产党交战的塞芒族一样杀红了眼。因此，人类是否天生就有暴力倾向或爱好合作是没有意义的辩论。所有的人类社会都会合作，也会用暴力解决争端，至于具体会表现出什么样的特质则依环境而定。

传统战争的动机

为什么传统社会要作战？我们可用不同的方式回答这个问题。最直接的方式就是不去诠释他们的主张或动机，只是观察战争中获胜的社会可得到什么样的利益。另一个方式是询问那些传统社会的人，问他们为什么要作战（也就是探询战争的近因）。还有一个方式就是深入了解其作战的真正动机（即研究战争的终极因）。

根据观察，传统社会如果打了胜仗就会有很多好处，包括将敌方的儿童和女人带回来纳为己有，获得牛、粮食、人头（"猎人头"的战利品）、可供食用的人体（食人族的食物）、土地及其相关资源（如捕鱼区、果园、菜园、盐池和采石场）、猪、威望、蛋白质、奴隶、贸易权等。

然而这些当地人所述的参战动机不一定与他们得到的东西相符。这意味着他们不明白自己的动机，或是不够坦诚。传统社会所说的作战动机有哪些？

最常见的答案就是复仇，为了报族人或同一游群的人被杀之仇。由于部落战争是一个不断报复的暴力循环，每一场战争通常都起因于先前的战争。例如第三章描述的达尼族之战，1961年1月、4月10日和27日、6月10日、7月5日、8月16日发生的战事都是威利希曼人为了寻仇引发的，而4月3日和10日、5月29日的战事则是维达亚人复仇所致。

如果复仇是传统社会所说的战争主因，那么战争的导火线是什么？在新几内亚高地，当地的传统社会一般都是为了女人或猪而战。对新几内亚的男人而言，与女人相关的争端其实和世界其他地区类似，涉及的不外乎通奸、抛弃丈夫、绑架、强暴或聘金。雅诺马莫印第安人也曾说女人是他们作战的原因。人类学家沙尼翁有一次对雅诺马莫印第安人的首领讲述自己那边的人（即美国人和英国人）突袭敌人（德国人）的事。那个首领猜测说："你们会发动攻击，必然是因为德国人偷走你们的女人，对不对？"现代的大型国家已不再会为了女人开战。然而，闻名千古的特洛伊战争正起因于斯巴达国王墨涅拉俄斯的妻子海伦被特洛伊普里阿摩斯国王的儿子帕里斯诱拐。可见在城邦兴起、小国林立之时，女人仍是发动战争的一个重要原因。

在新几内亚人的心目中，猪也很重要，甚至可与女人相提并论，因而成为发动战争的原因。对新几内亚人而言，猪不只是食物以及蛋白质最主要的来源，也是财富和威望的象征，可作为娶妻的聘礼。猪和女人一样，可能四处游走、离开"主人"，也很容易被绑走或偷走，因此经常造成争端。

其他传统社会也会把牛、马等牲畜当作财富的象征，也常因为这些牲畜引发争端。努尔人很喜欢牛，就像新几内亚人把猪当宝贝，努尔人偷袭丁卡族和其他努尔部落的主要目的就是偷牛。努尔人也会拿牛来进行交易或作为赔偿——"你答应要赔若干头牛给我，却没有给"。人类学家埃文斯-普里查德曾引述一个努尔人的话："在我们族人中，为了牛发生争端而死的人要比其他原因多。"在北美大盆地和亚洲草原，马匹（包括马匹失窃事件）也是当地传统社会开战的主因。除了女人与动物，其他物品令人觊觎或被偷也会引起纠纷甚至战争。

小型社会开战不只是为了把女人抢回来当老婆，也可能抱着其他目的。如努尔人会把丁卡族的孩子抓来，当成自己的孩子抚养。猎人头族则欲取得敌人的头颅，包括新几内亚的阿斯马特族（Asmat）和马林德族（Marind）、所罗门群岛的罗维亚纳族（Roviana），以及亚洲的印度尼西亚、太平洋岛屿、爱尔兰、苏格兰、非洲、南美洲的一些部族。食人族则会吃敌人的尸体，包括加勒比人，非洲、美洲、新几内亚的一些部族，以及很多太平洋群岛的岛民。有些酋邦和部落抓到敌人就会把他们当奴隶，如新几内亚西北部的人、所罗门群岛南部岛民、美国西北太平洋海岸和佛罗里达的美洲原住民，以及西非人。很多国家也会把敌人抓来当奴隶，如古希腊、罗马帝国、中国、奥斯曼帝国，以及欧洲在新世界的殖民地。

传统社会开战的原因还包含另外两个。一个是巫术。新几内亚等小型社会常会把种种天灾人祸怪罪到敌人身上，说是他们放蛊造成的，因此得把敌人的巫师揪出来杀掉。另一个常见的原因是一个族群视邻近的族群为低劣、有敌意的次等人类，因此不得不把他们除掉。如第三章所述，威利希曼的一个老太太哀痛地说："你们为什么要杀维达亚人？"一个男人回答："因为他们是敌人。他们根本不是人，我们为什么不能杀他们？"

除了上述人和牲畜引起的冲突，土地纠纷也常是引发战争的原因，如第一章描述的新几内亚山族和河族为了争夺地盘冲突不断。

终极因

我们逐一列举小型社会作战的动机，包括女人、小孩、人头等，还有一些动机无法尽数。尽管如此，我们发现上述对传统战争动机的剖析仍不能令人满意。每个邻近的族群都有女人、小孩、人头和身体——可作为食人族的食物，其中大部分族群还有家畜，会实施巫术，被视为次等人类。尽管有人觊觎这些，或与他们发生纠纷，但不一定会引发战争。即使是特别好战的社会，如发生争端，通常也会利用调解和赔偿金设法和平解决（如第二章所述）。即使无法和平解决争端，被冒犯的一方也不一定会诉诸战争。那为什么有些社会特别容易利用调解与赔偿解决问题，有些则做不到？它们的差异在哪里？

即使是参战者自己也不一定明白战争的终极因，或者能在参战时说清楚。例如人类学家常就雅诺马莫印第安人的战争进行辩论，猜测他们作战的终极因是从敌人手中把猎物抢过来，以获得宝贵的蛋白质。但传统的雅诺马莫人并不知道蛋白质为何物，依然坚持女人而非猎物才是他们作战的动机。因此，即使人类学家提出的蛋白质理论是对的，我们还是无法从雅诺马莫人的口中得知。

要了解终极因往往十分困难。以一战的终极因为例，尽管已有数百位历史学家投入研究，相关文献不计其数，但直到现在依然没有定论。每一个人都知道，一战的近因是1914年6月28日奥匈帝国的皇储费迪南大公夫妇在萨拉热窝被狂热的塞尔维亚民族主义者加夫里洛·普林齐普枪杀。然而，其他国家的元首或皇储遭到暗杀，都没有引发这样的结果。那么，一战的终极因究竟是为什么？历史学家提出的种种理论包括战前的联盟体系、民族主义、对多民族帝国（哈布斯堡王朝和奥斯曼帝国）稳定性造成的威胁、阿尔萨斯-洛林地区的领土争议、英法联军强行进入恰纳卡莱海峡、德国经济势力的兴起等。我们既然对一战的终极因无法达成共识，又如何能了解传统战争的终极因？然而研究传统战争的学生可享有一个优势，也就是有无数传统战争可供比较。

至于传统战争的终极因,大多数学者推测是争夺土地或其他稀缺资源,如渔场、盐、采石场或劳动力。除非环境变化剧烈,致使人们生存困难,人口数量减少,人类群体的数量一般而言会逐渐增多,因此需要更多的土地和资源。如果土地和资源不足,人们就必须从其他群体那里抢夺。因此,人类社会作战的原因主要是掠夺属于其他社会的土地或资源,或是抵御其他社会的入侵,以免失去自己的土地或资源。国家政府作战的一个重要动机也是获得土地和劳动力。希特勒就曾在书中明言,德国需要更多的"生存空间",因此不得不往东扩展。由于苏联人和其他斯拉夫人就住在德国东边,希特勒入侵波兰、苏联,企图征服它们的土地,奴役并杀害那里的斯拉夫人。

人类学家卡罗尔与梅尔文·恩贝尔夫妇就以土地、资源与战争的关系进行深入研究,分析来自不同文化的186个社会,建立"人类关系区域档案"。恩贝尔夫妇分析了人类社会资源短缺的原因,包括饥荒、洪水或酷寒等天灾,以及食物短缺发生的频率。他们发现这些和战争发生的频率息息相关,因此他们认为,传统社会开战通常是为了从敌人那里夺取资源(特别是土地),以防范未来发生不可预期的资源短缺。

虽然这样的解释可圈可点,但不见得所有的学者都接受。在传统战争发生之后,战败的一方落荒而逃,胜利者通常会占领他们的土地,但也有不占领土地的例子。此外,并非人口密集地区的战争就会打得比较激烈。有些地区的资源特别丰富,得以养活众多人口，让他们过着和平、安乐的生活。例如住在沙漠区的狩猎-采集者，即使人口密度很低，每平方英里只有 5 人，还是感受到资源短缺之苦，不得不向外侵略。而住在沃土区的农民，由于当地气候温暖、环境怡人、水源丰富，尽管人口稠密，每平方英里多达 100 人，但并无向外扩张的意图。因此，仅看人口密度还不够，还要看人口密度与资源密度的关系，以判断是否出现资源短缺的情况。如果你比较的几个传统社会都有类似的生存方式，那么住在类似的环境中，当地的资源也都差不多，那么人口密度的大小确实会影响战争发生的频率。

传统社会战争的其他终极因还包括与邻近社会保持距离，以摆脱它们，也有刻意博取好战之名，让邻近社会敬而远之，不敢轻举妄动。这种解释不同于上述的为了争夺土地和资源而战，而是牵涉社会之间的关系。但与邻近社会保持距离的原因可能是稳固自己对土地和资源的控制。我们之所以特别指出社会之间的关系这一点，是因为相比于争夺资源，人类社会可能为了与邻近社会保持距离，不惜采取更极端的手段。

例如，直到约 500 年前，芬兰人大部分还在海岸定居，内陆地区少有人住。有几个家庭或小群体迁往内陆时，落脚之处尽可能远离邻居。我的芬兰朋友告诉我，那些早期往内陆移居的人非常讨厌拥挤的生活环境。有一个人带着家人来到河边，盖了一座小农场，因为看不到邻居而心满意足。但是，有一天他发现河中出现一根漂流木。他惊愕万分：必然有人住在上游！他于是气冲冲地往上游前进，经过一大片原始森林去寻找"入侵者"。第一天,他没遇见任何人。第二天,还是一样,看不到一个人影。到了第三天,他走到一块新开垦的空地,果然发现有人住在那里。他随即把那个人杀了,再走三天的路回到自己的家,这才觉得高枕无忧。我们无法断定这个故事的真伪,然而可以从中发现小型社会也会在社会因素影响下希望远离邻近社会。

其他终极因牵涉战争为个人带来的利益。好战的人或战争首领受人敬畏,也因战绩获得威望,因此可拥有比较多的老婆,生育比较多的子女。根据人类学家沙尼翁的计算,曾在战场上杀过敌人的雅诺马莫印第安人,比起没杀过人的族人,老婆多 2.5 倍,子女则多 3 倍,社会地位也比较高。然而,并非所有的传统社会都像雅诺马莫族。有的社会的战士寿命比较短,如厄瓜多尔的沃拉尼印第安人比雅诺马莫人更凶猛好战,也更可能在战场上死于敌人之手,因此不见得可以拥有更多老婆,该族能活到成年的孩子也比其他社会少。

与谁作战

我们已讨论过小型社会为何作战,接下来再来研究:它们作战的对象是谁?一个部落的人是更多地会和说不同语言的部落发生战争,还是更可能与说同一种语言的人开战?它们会和有通商或通婚关系的部族作战吗?

为了回答这些问题,我们先来了解一下现代国家的情况。著名的英国气象学家刘易斯·理查森擅长用数学分析复杂的大气现象。他在一战期间曾在救护车上服务，帮忙运送伤兵。他太太有三个兄弟，其中两个皆死在战场上。战争带给他的痛苦，加上生于信奉贵格教派的家庭，使他心生转变研究方向的念头。他开始利用数学研究战争，希望能从中得到宝贵的教训，知道如何避免战争。他列出1820—1949年的所有战争，记录每一场战争的死亡人数，再根据这些数据制作5张表格，最后探究不同国家参战的时间和原因。

1820—1949年，各国参战的次数差异很大，如法国和英国参与的战争超过20场，瑞士只有一场，瑞典则没参与过任何一场战争。这样的差异和邻国的数目有关：接壤的邻国越多，越容易爆发战争。至于某一国与其邻国是否说同一种语言或说不同的语言则似乎不是战争的变因。唯一的例外是，双方都说汉语时，较少发生战争，而双方都说西班牙语时，则较常发生战争。理查森推测这是文化因素使然。这种论点很有意思，有兴趣的读者可参看理查森在1960年出版的专著《致命争吵的统计数字》（*Statistics of Deadly Quarrels*）。

理查森并没有利用统计学分析国际贸易与战争的关联。相邻的国家不只特别容易发生战争，通常还是贸易伙伴。在我们的印象中，有贸易关系的现代国家更容易反目成仇、干戈相向。也许这是因为贸易关系常引发纠纷。世界史上最大的战争就是互为贸易伙伴的国家发动的。例如二战，日本的两大攻击目标就是与之有进出口关系的美国和中国。同样，纳粹德国与苏联原本也是贸易伙伴，直到1941年6月22日，德军入侵苏联。

我们再回过头来看看传统小型社会。有关这些小型社会在近代发生的战争,并没有明确的统计图表,如理查森对现代国家战争的研究那样,我们不得不参照一些传闻。小型社会与邻近社会交战的次数甚至比现代国家多,主要是因为它们没有长途运输的工具,无法把战士送到远方,而英国在19世纪就把军队送到另一个半球的新西兰与当地的毛利人作战。至于小型社会与其邻近社会是否说同一种语言,对战争似乎并没有多大的影响。大多数传统战争的双方都是说同一种语言的邻近族群,因为他们住得很近,更可能说同一种语言。如第三章所述的达尼族之战,交战双方都说达尼语。说同一种语言的社会交战的例子多不胜数,包括恩加族、法尤族、佛尔族、希尼洪族(Hinihon)、因纽特人、迈鲁人、努尔族、雅诺马莫印第安人等。比较特别的一点是,努尔部落不但会互相交战,还会与丁卡族交战,后者的次数较多。若是努尔族与丁卡族作战则没有任何限制,可如果同是努尔部落,双方就会手下留情。例如努尔部落不会杀害另一个努尔部落的女人和儿童,也不会烧毁他们的草屋,只杀害他们的战士,偷走他们的牛。

不仅贸易伙伴容易反目成仇,通婚的两方也是如此。如基利所言:"很多社会会和有通婚关系的社会交战,也会允许男人和敌方的女人结婚。它们不但会袭击贸易伙伴,也会和敌人做生意。"这一点和国家类似:相邻的社会容易变成贸易伙伴,会通婚,也会交战。对小型社会而言,贸易和婚姻常会引发争端。所谓的贸易关系又可细分为三种:一种是出于双方自愿的公平交易,另一种是不对等的交易（强的一方强迫弱的一方以贱价出售物品），还有一种则是劫掠（一方强行抢夺对方的物品，不付出任何代价）。著名的掠夺者包括美国西南部的阿帕切印第安人以及北非沙漠的图阿雷格人（Tuareg），但他们也会估量对方的实力，看是否有能力保护自己，如果对方一样强悍，那么他们还是会与对方进行公平交易。

游群或部落间的通婚也和贸易一样，引起的纠纷可能演变成战争。例如一个部落的人答应女儿长大后要嫁给另一个部落的人当老婆，对方也先付了聘礼，小女孩长大后却悔婚了。此外，婚姻也像物品交易，如出现问题，也会引起纠纷，如女方与人通奸、遗弃配偶、离婚、不能或拒绝做饭、农作或拾柴，照理说女方应该归还聘礼，然而女方也可能有借口，如当初作为聘礼的猪已经吃掉了，或已用其他物品交易，因此无须赔偿。任何消费者、商家或进出口从业者读了这段应该都会联想到现代国家人们之间的交易问题。

如果与通婚的社会交战，那么通婚的双方将有忠诚分裂的问题，关系会变得很复杂。一个人的敌人可能是姻亲或血亲。战士对敌人发射弓箭或长矛时，会尽量不伤害到自己的亲戚。例如一个因纽特女人嫁到另一个部落，而自己的部落将对丈夫的部落发动攻击，娘家的人会事先警告她，要她小心。反之，如果她知道丈夫那边的人要攻击娘家部落，那么也许会先警告娘家的人，但她也可能站在丈夫那边，完全不管娘家人的死活。同样，如果佛尔人知道自己的族人将攻击妹妹夫家的村落，那么也可能事先警告她，之后期待妹夫给他一点儿好处。当然，他也可能从妹妹那里得知妹夫村子里的人要对自己的村落发动攻击，而向同村的人通风报信，事后村子里的人再用礼物答谢他。

忘了珍珠港？

最后，我们再回到复仇的主题。传统小型社会总是有仇必报，强调血债血偿，这就是它们发动战争最常见的原因。现代国家的人通常会忽视渴望复仇的力量。在人类的情感中，复仇之心也和爱、愤怒、悲伤、恐惧一样，是正常的人类情绪，但我们的社会只允许并鼓励我们表达爱、愤怒、悲伤和恐惧，而要我们忘却复仇的渴望。我们在接受社会教育的过程中知道复仇之心是野蛮的、令人羞耻的、应该被超越的，社会向我们灌输这些信念是为了阻止我们复仇。

然而，一国人民不可能永远相安无事。社会和平是个人放弃复仇，将处罚权交给国家司法系统换来的。若非如此，我们将和大多数传统社会一样经常交战。我们如果受到委屈，就必须仰赖国家为我们主持公道。尽管如此，我们还是很难释怀。我有一个朋友，几十年前他的姐姐被抢匪杀害。虽然凶手已被逮捕、判刑、关入监牢，但至今他仍愤恨难消，无法忘记当年的悲剧。

在现代国家，个人无法处罚凶手，只能仰赖政府的司法制度伸张正义。虽然这是为了全体人民的和平和安全，但个人也必须付出很大的代价。我与新几内亚人交谈之后，才发现我们失去了什么。国家、宗教和道德不断灌输给我们：复仇是凶残、恶劣的行径，甚至最好不要有想要复仇的心思。然而，如果你的亲友被杀或被欺负，我们自然而然就会产生强烈的复仇之心。于是，很多国家的政府设法给予被害人的家人补偿，让他们有向法官或陪审团陈述感受的机会，或是通过修复式正义的系统与犯人私下见面（见第二章），甚至让被害人的家属观看凶手被处决的过程。

未曾与新几内亚人深入接触的读者也许会有这样的疑问：为什么传统社会的人与我们有这么大的差异？为何他们如此热衷于复仇和杀戮？他们怎可大言不惭地讲述杀人的快感？

事实上，根据传统社会的人种学研究，在这样的社会之中，战争、谋杀、视邻人为妖魔都是常态，而非例外。对他们而言，这些都是再正常不过的行为。而现代国家的人民从小被灌输复仇和战争是邪恶的，有朝一日发现自己的国家宣战了，却不得不上战场与敌人决一死战。等到我方与敌人签订和平条约后，他们又突然必须退出战场。由于仇恨不可能一下子就烟消云散，人们心中不免充满矛盾。我有很多欧洲朋友和我一样生于20世纪30年代，包括德国人、波兰人、俄罗斯人、塞尔维亚人、克罗地亚人、英国人、荷兰人、犹太人，我们从小就知道哪些国家的人做了令人发指的事，也恨他们。这都是当年的经验使然，尽管那已是65年前的往事，我们也知道仇恨的情绪是不好的，要以德报怨，但是很多人仍无法释怀。

在西方国家成长的我们不断受到道德、宗教与法律的洗礼。

《圣经》"十诫"中的第六诫就是"汝不可杀人",不但不可杀害自己的同胞,也不能杀其他国家的人。国家却在人们 18 岁成年之后,要他们接受军事训练,给他们枪支,要他们忘记不可杀人的戒律,奋勇杀敌。难怪现代国家的士兵无法拿起枪射击敌人。在战场上杀红眼的士兵通常会长期饱受创伤后应激障碍之苦。(例如曾到伊拉克或阿富汗服役的美军,有 1/3 都出现这样的症状。)他们从战场回来后往往不会说起自己杀敌有多神勇,他们会经常做噩梦,除非碰到其他退伍军人,否则很少谈起战场上的经历。我有不少朋友、亲戚都曾参与过战争,但没有任何一个人愿意对我描述自己如何杀敌。反之,我的新几内亚朋友提到战争则是无所不言。

这是因为传统新几内亚人从儿时开始就看到战士外出打仗和作战归来,他们经常看到死尸和负伤的亲友,一天到晚听亲友或村子里的人讲述作战的事,如奋勇杀敌是人生最大的成就。他们听到打胜仗的战士骄傲地述说自己的战绩。那些战士就是令人崇拜的英雄。上述达尼族威利希曼的小男孩才 6 岁大就会拿起矛攻击濒死的阿苏克-巴莱克人,也会在父亲的指导下拿弓箭射向同龄的维达亚男孩(见第三章)。对于杀敌,新几内亚人一向认为这是天经地义的事,没有人告诉他们这是不对的。

上了年纪的美国人应该都记得日本在 1941 年偷袭珍珠港海军基地这一事件。他们对敌人的仇恨与渴望复仇之心正像传统社会的人。生于 20 世纪 30 年代或更早的美国人应该都对当时仇日情绪高涨记忆犹新。(想想巴丹死亡行军[①]和山打根死亡行军[②]、南京大屠杀等令人切齿的事件。)尽管大多数美国人都没亲眼见过日本士兵,亲友也没被日军杀死,但心中还是满溢仇日的情绪。当时,数以万计的美国人自愿到战场上,带着刺刀和火焰喷射器与日军正面交锋。战绩辉煌的士兵回国后获颁英勇勋章,不幸丧生者则成为为国捐躯的英雄。

但珍珠港事件发生还不到4年,国家就叫我们停止仇恨和杀戮,忘了珍珠港。很多美国人一直无法忘却这样的伤痛,特别是巴丹死亡行军的幸存者或是有亲友战死的人。当然,现今大多数美国人并未亲历二战时期仇日的歇斯底里。但是对热衷杀敌的威利希曼人来说,战争就是生活中的一环。我们虽然不该有渴望复仇之心,但还是无法假装这种情绪不存在。即使无法复仇,我们也必须了解并深入剖析这种情绪。

[①] 巴丹死亡行军:在二战中,日军于菲律宾巴丹半岛击败美菲联军后,强迫美菲联军战俘徒步行军至俘虏集中营,沿途死者颇众。——译者注
[②] 山打根死亡行军:日军在二战中将英国、澳大利亚、新西兰联军的2 500名战俘送到山打根集中营,并强迫他们穿越沙巴原始森林,等盟军收复沙巴,几乎全数已成亡魂。——译者注

第三部分

儿童与老人

第五章

教养子女

教养方式的比较

有一次我去新几内亚,遇到一个名叫埃努(Enu)的年轻人。埃努成长的故事令我惊异不已。埃努小时候,父母管教得非常严厉,立了很多规矩,如果做不到,他就有强烈的罪恶感。5岁时,埃努无法继续忍受,于是离开父母和大部分亲戚,到另一个部落的村子居住。那里有一个亲戚愿意收留他。那个村子对儿童教养完全采取自由、放任的态度,和他原来的家简直天壤之别。那里的大人允许孩子做自己喜欢的事,前提是他们必须为自己的行为负责,即使小孩玩火,大人也不会禁止。结果,那个部落有不少成人身上都有被火烧伤的疤痕,那就是他们儿时玩火留下来的。

今天,西方工业社会的父母对上述两种教养儿童的方式恐怕都难以接受。像收留埃努的村子那种自由、放任的态度从狩猎-采集社会的标准来看,并没有什么好奇怪的。很多狩猎-采集社会都视儿童为有自主能力的个体，不压抑他们的欲望，允许他们做种种危险的事，例如玩锋利的刀、碰烧烫的锅或玩火（见图26）。

为什么我们应该对传统狩猎-采集社会、农民社会或牧民社会教养子女的方式感兴趣？一个原因是基于学术考量：儿童约占一个社会人口的半数。如果社会学家想了解一个社会，就不能忽视其中一半的人。另一个原因也和学术研究有关：成人生活的每一个特点都是从小到大逐渐发展而来的，如果我们要了解一个社会如何解决争端及其居民的婚姻生活，就不得不了解儿童社会化的过程，这样才知道他们在长大成人之后会怎么做。

尽管如此，目前我们对非西方社会儿童教养的研究并不多。因为很多学者研究其他社会的文化时还很年轻，尚未生儿育女，没有和儿童交谈的经验，也不知道如何观察他们，只能描述、访问成人。再者，人类学、教育学、心理学等学科都有自己的思想体系，它们在既定的时期把焦点放在特定的研究目标，因此忽略了某些值得研究的现象。

即使是声称跨文化的儿童发展研究，如比较德国、美国、日本和中国儿童，也都是有限的抽样研究，无法顾及人类文化的多样性。上述文化其实都很相似，有中央集权政府、经济分工，且人民的社会和经济地位不平等，在多样的人类文化中并非典型。因此，从历史的标准来看，现代国家教养儿童的方式并没有代表性。现代国家的儿童一般在学校教育系统下学习（即学习并非日常生活与游戏的一部分），由警察和父母保护（而非只有父母），只与同龄人一起玩耍（而非经常和不同年龄层的人一起玩儿），与父母分房睡（而非睡在同一张床上），而且母亲依照固定的时间表哺育幼儿（如母乳喂养），而非幼儿随时想要吃奶都能得到满足。

因此，让·皮亚杰、埃里克森、西格蒙德·弗洛伊德等心理学家、儿科医生和儿童心理学家的研究案例大抵都是西方人（Western），他们受过教育（Educated）、来自工业国家（Industrialized）、富有（Rich），并且生活在民主社会（Democratic），特别是一部分案例为大学生或大学教授的孩子。这几个特征的英文首字母凑起来，正是"WEIRD"（怪异），因此这些案例无法代表所有的人类社会。例如，弗洛伊德强调性驱力及其带来的挫折。然而如果你对玻利维亚的西里奥诺印第安人及其他传统社会进行心理分析，会发现他们没有这方面的问题，因为他们很容易找到性伴侣，但他们对食物的强烈渴望和食物驱力及其带来的挫折则很常见。以前在西方流行的儿童教养理论虽然强调幼儿需要爱和情感支持，但认为其他社会的母亲依婴儿的需求哺喂母乳是一种过度放纵的做法，用弗洛伊德的术语来说，就是"在性心理发展的口腔期给予过度的满足"。然而，我们发现传统社会的母亲几乎都是依照婴儿的需求来哺喂母乳，只有现代国家的母亲会考虑自己的便利，按照一定的时间表哺乳或拉长两次哺乳的时间间隔。

我们关注传统社会教养子女的方式，不只基于学术研究的需要，对不在学术界的一般读者也有实用价值。就子女教养而言，传统小型社会可为我们提供巨大的数据库。它们代表几千次自然实验的结果。西方国家无法进行这样的实验,没有任何一个现代西方儿童可像埃努一样,历经极度严格与极度自由、放任的教养方式。虽然本书读者大概无人会让自己的孩子玩火,但传统社会的其他做法仍有值得参考的地方。了解他们的做法,我们就可多一些选择。虽然他们的做法可能和现在西方的常规做法不同,但我们得知结果之后,或许会觉得那样的做法其实也不错。

近几十年,学术界终于对小型社会儿童教养方式的比较研究兴趣渐增。例如,目前已有六七项这样的研究,涵盖了世界最后的狩猎-采集社会,如非洲雨林的埃费(Efe)俾格米族和阿卡(Aka)俾格米族、南非沙漠的昆族、东非的哈扎人(Hadza)、巴拉圭的阿切族和菲律宾的阿埃塔族。我将在本章讨论这些小型社会生儿育女的各个层面,包括生产、杀婴、哺乳、断奶、婴幼儿与成人的肌肤接触、父亲的角色、双亲以外的照顾者的角色、对婴幼儿啼哭的反应、处罚孩子、孩子探索外在世界的自由,以及儿童的游戏与教育等。

生 产

现代社会的妇女通常是在医院生产,由专业医疗人员给予协助,如医生、助产士和护士。婴儿与产妇的死亡率都很低。传统社会的妇女生产则大不相同。在古代或无现代医疗的地区,仍有不少婴儿或产妇死于生产。

传统社会妇女生产的情况也有很多差异。最简单的莫过于让即将临盆的妇女一个人生产，没有任何人从旁协助。例如南非沙漠的昆族，女人要生孩子得走到离营地几百码外的地方独自生产。如果是初产妇，或许有其他妇女的陪伴和帮助，但如果已生过几胎，则通常必须独自生产。但她们一般不会离营地太远，只要其他女人听到婴儿啼哭的声音，就会立刻过来帮忙剪断脐带，为婴儿清洗身体，然后把婴儿抱回营地。

巴西的皮拉亚印第安人（见图16）也要求妇女在无人协助之下独自生产。作家丹尼尔·埃弗里特就曾叙述语言学家史蒂夫·谢尔登在皮拉亚印第安部落的见闻："谢尔登说有一个皮拉亚女人独自在沙滩上生产，结果碰到胎位不正，胎儿臀位先露。女人痛得死去活来，拼命喊叫：'拜托！救救我！我的孩子出不来！'但所有的族人都无动于衷地坐着，有些人看来有点儿紧张，还有一些人则好像没事儿一样，继续聊天。女人大声嘶吼：'我快死了！好痛啊！宝宝出不来了！'依然没有人理她。黄昏时，谢尔登想走到女人身边。皮拉亚印第安人告诉他：'别去了！她不需要你。她需要的是她的父母。'显然，他们要他别去。但她的父母又不在附近，没有人可以帮助她。不久，夜幕低垂。她的哭喊声继续从海边传来，但声音越来越弱，最后变得静悄悄。第二天早上，谢尔登得知产妇和她肚子里的孩子都死了，没有人前去帮忙……这样的悲剧告诉我们，皮拉亚印第安人崇尚勇敢，认为他们的族人必须自己渡过难关，就连产妇也不例外。因此他们会让年轻妇女独自一人生产，即使碰到难产，也只是袖手旁观。"

一般而言，传统社会的女人生产时常有其他妇女在旁协助。

例如，新不列颠岛卡乌龙族的男人认为女人月经来潮和生产都是不洁的，因此即将临盆的女人会在其他年长女性的陪伴下到森林里的草屋生产。然而，也有一些传统社会视生产为公共事件。如菲律宾阿埃塔族的女人则在营地的房子里生产。营地的每个人都可以进房子里面为产妇和助产士加油或指导（"用力！""停！""不要那样！"）。

杀　婴

大多数的国家都禁止杀婴，认为这是一种非法行为。但传统社会在某些情况下则允许杀婴。这种做法或许让人惊恐，但传统社会通常也是不得已才这么做，例如婴儿天生畸形或是身体孱弱。很多传统社会大都会碰到食物匮乏的情况，连有生产力的成人都濒临饿死，更别提喂养众多没有生产力的老人和儿童。再多一张嗷嗷待哺的嘴，社会就更难以负担了。

另一个和杀婴有关的因素是生育间隔太短，也就是做母亲的两年不到连生两胎，前一胎还没断奶，仍要背在身上，第二胎已呱呱落地。母亲分泌的乳汁不足以同时喂饱一个两岁大的孩子和新生儿，在营地迁移时，母亲也很难一次性背着两个幼儿。同样的道理，狩猎-采集社会的妇女如生下双胞胎，通常需要牺牲掉一个。人类学家金·希尔与玛格达莱娜·乌尔塔多曾访问一个名叫库钦吉（Kuchingqi）的阿切印第安人。库钦吉说："我弟弟没能活下来，因为我母亲生下我不久，他就出生了。族人告诉她:'你没有足够的乳汁,你必须喂那个大的。'她只好把我弟弟杀了。"

还有一个杀婴的原因和父亲有关。如果父亲不在或死亡,无法让妻儿获得温饱,也无法保护孩子,孩子就可能性命不保。即使到了今天,单亲妈妈的日子仍不好过。在古代,生活更是困苦,没有父亲的孩子很多难以存活。

我们还发现,某些传统社会中男孩与女孩的比例从出生到青春期逐渐变大,这是因为社会重男轻女,女婴可能因为缺乏照顾而死亡,或遭到勒死、抛弃、活埋。以阿切印第安人为例,10岁之前的孩童中,男孩死亡的比例约为14%,但女孩死亡的比例高达23%。如果双亲中有一个离家出走或死亡,孩童死亡率更会暴增4倍,而且女孩死亡的概率比男孩大。现代的印度也重男轻女,有些人利用产前性别筛选进行堕胎,因此男婴多于女婴。

昆族则把杀婴的决定权交给母亲。社会学家南希·豪厄尔说:"昆族让妇女独自生产,也让产妇掌控婴儿的生杀之权。在婴儿出生之后、命名之前,做母亲的必须仔细检查婴儿是否有任何天生畸形,确定婴儿完全健康才能抱回村子。如果生下畸形儿,母亲就必须把婴儿闷死。昆族人告诉我,这样的检查与决定也是生产的一个重要程序。对昆族人而言,杀婴和杀人不同,因为尚未命名的婴儿并不算是真正的'zun/wa'(昆族人)。一个婴儿有了名字,为全村人接受,他的生命才开始。在此之前,杀婴则是母亲的特权与责任,特别是生下畸形儿,如生下双胞胎,也只有一个婴儿得以存活。因此,在昆族看不到双胞胎……"

然而，并非所有的传统社会都会杀婴，杀婴的案例还是远比"善意的忽略"（这是一种委婉的说法，意指母亲停止哺乳或喂奶的次数减少、不帮幼儿洗澡等，让孩子自生自灭）少。霍姆伯格曾在玻利维亚与一群西里奥诺印第安人一起生活，发现他们不会杀婴，也不会堕胎。然而15%的西里奥诺孩子有内翻足的畸形问题，其中只有1/5的孩子可以得到父母的细心照顾，长大成人，其他孩子都在成人之前夭折了。

断奶与生育间隔

在20世纪，吃母乳的美国婴儿越来越少，断奶的年龄也越来越小。例如，在20世纪70年代，6个月大的美国婴幼儿仍吃母乳的只有5%。相比之下，在没有跟农民接触、无法得到农产品的狩猎-采集社会，婴幼儿6个月后仍在吃母乳，因为这是他们唯一能得到的食物。他们没有牛奶、婴儿配方奶粉或软烂的辅食可吃。人类学家研究了7个狩猎-采集社会，发现这些社会的婴幼儿平均断奶年龄是3岁。这个年龄的孩子已经可以咀嚼坚硬的食物。虽然在孩子6个月大的时候，父母已经可以把食物咬烂给孩子吃，但通常还是等到母亲怀了下一胎才会让孩子断奶。如果母亲一直没生下一胎，昆族的孩子甚至直到4岁才断奶。研究显示，昆族的孩子越晚断奶，存活率越高。在采取定居形式生活的农业社会或与农民交易的狩猎-采集社会，孩子断奶的平均年龄或生育间隔一般为2岁半到4岁。如果是在采取游牧生活方式的狩猎-采集社会，幼儿断奶的平均年龄会提早到 2 岁，因为孩子可以喝牲畜的奶或吃软烂的谷物粥，所以可提早断奶。我们在近几十年发现昆族在某地定居变成农民之后，生育间隔就会从三年半缩短为两年，和一般农民差不多。

如果我们从演化的角度来看狩猎-采集社会的长时间生育间隔，就会发现，一方面母亲因无法供应孩子喝牛奶或吃谷物粥，只好一直让孩子吃母乳直到三四岁，等孩子断奶后才能再生下一胎。若生育间隔过短，孩子没有足够的母乳可吃，就可能会饿死。

另一方面，等孩子 4 岁大的时候，已经可以自己走路并跟上父母的脚步，可随父母转移营地。年纪较小的孩子就只能背着。一个体重 90 磅的昆族妇女，除了要背一个 28 磅的幼儿，还要背 15~40 磅的野菜，加上几磅重的水和用具，这已是很大的负担，实在难以再背一个婴儿。这也难怪生育间隔缩短后，原本采取游牧生活方式的狩猎-采集者必须在某地定居，改以务农为生。毕竟大多数的农民都在一地生活、终老，不必为了营地时常迁移，背着孩子到处跑。

狩猎-采集社会的母亲让孩子很晚断奶，也就得投入更多的体力和心思照顾孩子。来自西方的人类学家发现昆族的孩子与母亲的关系非常亲近，在母亲生下一胎之前，孩子有几年的时间可得到母亲全心全力的照顾，比较有安全感，昆族人长大成人之后情绪也比较稳定。但狩猎-采集社会的孩子最后不得不断奶时，会变得特别磨人、爱发脾气。在断奶期间，孩子觉得母亲对自己的关注变少了，又因吃不到母乳而饥饿难耐，加上母亲必须跟刚出生的弟弟或妹妹睡,自己不能再睡在母亲身旁,这个慢慢踏入成人世界的过程让孩子备感痛苦。即使是昆族的老人,想起70年前断奶的经历,仍有不堪回首之感。皮拉亚印第安人的营地半夜经常可听到孩子尖叫、哭得声嘶力竭,几乎都是断奶引起的。一般而言,传统社会孩子断奶的年龄比现代美国人晚,而且每个社会断奶的方式不尽相同。博菲(Bofi)俾格米族和阿卡俾格米族让孩子慢慢断奶,而且是孩子主动想要断奶,而非母亲要求的,因此断奶的过程比较顺利。

依孩子的需求哺喂母乳

狩猎-采集社会生育间隔拉长的一个主要原因是,母亲无法一次哺喂两个幼儿。如果前一个孩子还不到2岁半,母亲又怀孕了,无法同时照顾两个幼儿,新生儿可能会被忽视或杀死。另一个原因是狩猎-采集社会的母亲通常依孩子的需要哺喂母乳。(西方社会的母亲则是以自己方便为主,依照自己的时间表来喂,哺喂的次数比较少。)如果母亲经常喂母乳,就算有性生活,怀孕的可能性也很小。

人类学家仔细研究狩猎-采集社会喂母乳的情况,发现白天幼儿都和母亲在一起,幼儿经常可以吸吮母亲的乳房,晚上也睡在母亲身旁,不管母亲是醒是睡,随时都可吃到母乳。根据人类学家的统计,昆族的幼儿在白天每小时平均可吃到4次母乳,每次吸吮2分钟,时间间隔只有14分钟。母亲至少会在晚上醒来两次哺乳，但幼儿也会在母亲睡着的时候自己吸吮母乳。这种哺乳的形式通常会持续到孩子 3 岁大的时候。反之，现代社会的母亲多数只在时间允许的情况下才能喂母乳。由于母亲必须工作，不管是外出上班还是在家工作，都得和幼儿分开好几个小时，因此白天哺乳的次数不多，远比不上狩猎-采集社会的几十次，两次哺乳的时间间隔也很长。

狩猎-采集社会妇女哺乳的次数多，对自己的生理也有影响。如前所述，狩猎-采集社会的妇女在孩子出生后的几年内即使有性生活也不会怀孕，显然依婴幼儿的需求来哺乳有避孕效果。有一个假设叫作"哺乳期闭经"，即母亲乳房因婴儿吸吮而分泌乳汁，这会促进性腺释放激素，抑制排卵。然而要达到真正抑制排卵的效果，哺乳的次数必须非常密集，一天只哺喂几次是不够的。另一个假设是"临界脂肪假设"，也就是母亲体内的脂肪储存量必须高于某个数值才会排卵。由于传统社会的妇女没有足够的食物，加上劳动与泌乳，体内的脂肪储存量不足，不易排卵，也就可能不会怀孕。但西方工业社会里的妇女不像狩猎-采集社会的妇女，产后如有性生活，仍有怀孕的可能，原因可能在于哺乳的次数不够频繁，或是营养充足，体内的脂肪储存量高。很多受过教育的西方妇女都听过哺乳期停经的说法，然而她们并不知道哺乳次数要够频繁才不会怀孕。我有一个朋友在产后几个月发现自己又怀孕了。她非常惊讶，说道："我以为在哺乳期根本不可能怀孕！"

哺乳动物哺乳的频率各有不同。有些哺乳动物，包括黑猩猩和大多数的灵长类动物、蝙蝠、袋鼠等，哺乳的次数比较频繁。有一些则断断续续的，如兔子、羚羊。兔子或羚羊妈妈常把小宝宝藏在草丛或洞穴里，自己外出觅食，一天中只回来几次喂小宝宝。狩猎-采集社会哺乳频率比较像黑猩猩和旧世界猴，直到几千年前，农业兴起，情况才有所改变。从那时起，人类的幼儿不再一天到晚黏着母亲。人类母亲哺喂孩子的方式比较像兔子，但泌乳的生理变化则与黑猩猩和猴子一样。

幼儿与成人的接触

哺乳动物哺乳的频率不同，婴幼儿与照顾者（特别是母亲）接触的时间长短也不同。如果是哺喂次数较少的物种，母亲只会短暂地回到孩子身边哺乳或照顾孩子。至于经常哺乳的物种，母亲即使外出觅食，也会带着孩子：袋鼠妈妈把小袋鼠放在自己的肚囊内；蝙蝠妈妈飞行时，蝙蝠孩子就攀附在妈妈腹部；黑猩猩与旧世界猴的妈妈则经常把小孩子背在背上。

在现代工业社会，母亲则像兔子妈妈或羚羊妈妈，必要的时候才会把孩子抱起来、哺喂或跟他玩儿，而不是一天到晚都抱着孩子。白天，孩子大部分时间都待在婴儿床上或在婴儿护栏内玩耍。晚上，我们也让孩子一个人睡，通常和父母不同房。其实，近几千年才如此，人类过去都像古代的猿猴，总是把婴儿背在背上。人类学家针对现代的狩猎-采集群体进行研究，发现母亲或照顾者在白天几乎与孩子寸步不离。他们走路时就把孩子背在身上，如昆族人用背婴带，新几内亚人用绳袋，北半球温带地区的族群则常用摇篮板。在大多数狩猎-采集群体中，特别是在气候温和地区的群体中，孩子与照顾者经常有肌肤接触。在我们已知的每一个狩猎-采集者和高等灵长类动物中，母亲和孩子总是一起睡在同一张床或同一张草席上。人类学家曾以90个传统人类社会为研究对象进行跨文化研究，发现没有任何一个社会的母亲与孩子分房睡。现代西方社会的母亲为了哄孩子一个人睡，总是伤透脑筋。美国儿科医生建议父母和孩子不要睡在同一张床上，主要是怕孩子被大人压到或过热，但自古以来，人类的孩子都和母亲或父母一起睡，并没有发生儿科医生担心的意外。这或许是因为狩猎-采集者睡在比较硬的地面或席子上，很少翻身，而现代的父母都睡在柔软的床铺上，可能在翻身时压到孩子。

以昆族的孩子为例，他们在满周岁之前，90%的时间都会和母亲或照顾者有肌肤接触。昆族的母亲不管走到哪里都会背着孩子。孩子到了1岁半左右，因为要和同伴玩耍，才会开始经常与母亲分开。即使昆族儿童不是由母亲照顾，而是由其他人照顾，孩子与照顾者接触的时间也超过现代西方儿童与母亲或照顾者接触的时间。

西方社会的人如果要带孩子出去，通常会用婴儿车。婴儿车里的孩子与照顾者没有任何身体接触（见图27）。很多婴儿车都是卧式的，有些则是让孩子坐着，面朝后方，因此孩子看到的世界和照顾者完全不同。近几十年在美国渐渐流行让孩子直立的背袋或抱婴袋，但孩子仍面向后方。传统族会用婴儿背带或把孩子扛在肩上，孩子就能坐直，面向前方，和照顾者看到相同的世界（见图28~29）。有些人类学家认为，昆族母子经常有肌肤接触，在走路时看到的世界也相同，因此昆族孩子的神经运动发育可能比西方孩子更好。

在气候温暖的地区，孩子与母亲几乎都赤身裸体，因此肌肤会经常接触，但在寒冷地区则比较困难。传统社会中约有半数会用暖和的布料把孩子包裹起来，他们几乎都是来自温带气候地区。婴儿不但被包裹起来，也常被绑在摇篮板上。其实全世界都有人这么做，特别是居于高纬度的社会。这么做除了御寒，也限制了婴儿身体和四肢的行动。纳瓦霍印第安人的妇女解释说，这样可以使孩子赶快入睡，或让孩子睡得安稳，以免突然被吵醒。纳瓦霍印第安人的孩子在6个月大之前60%~70%的时间都躺在摇篮板上。以前欧洲人也常用摇篮板，但近几百年就不再使用了。

对很多现代人来说，用摇篮板或把婴儿紧紧包裹起来都是错误的育婴法。我们重视个人自由，因此不愿用摇篮板或把婴儿紧紧包裹起来，以严格限制婴儿的行动自由。同时，我们认为这么做会阻碍孩子的发育，造成心理创伤。然而，对纳瓦霍的儿童来说，婴幼儿时期是否被绑在摇篮板上对他们的发育并无影响。此外，婴幼儿时期被绑在摇篮板上的纳瓦霍儿童和住在附近的英国或美国儿童相比，两者的生长发育并无差异。这可能是因为孩子开始学习爬行，有一半的时间不再受到摇篮板的束缚，而被绑在摇篮板上的大多数时间里，他们都在睡觉。从另一方面来看，母亲用摇篮板将孩子背在身上，孩子便随时可以和母亲接触，反而有利于孩子的心理成长。有些专家因此认为，不用摇篮板不见得可以让孩子接受更多的外界刺激，有助于孩子的神经运动发育。相比之下，现代西方孩子一般和父母睡在不同的房间，出门躺在婴儿车内，白天几乎都待在婴儿床上，这样的孩子反而比摇篮板上的纳瓦霍孩子更少有机会与人接触。

父亲和其他照顾者

不同物种的雄性动物对下一代的照顾存在差异。鸵鸟和海马是一个极端，雌性产卵后就离开了，受精卵的孵育与保护完全由雄性负责。很多哺乳动物和一些鸟类则是另一个极端：雄性让雌性受精后即一走了之，继续追求其他雌性，由雌性独自负担生产及照顾下一代的责任。大多数的猴子和猿则处在上述两个极端之间，但偏向后者：雄性会和雌性及其后代一起生活，但只负责保护它们。

以人类来说，父亲对孩子的照顾虽然比不上鸵鸟，但已胜过猿和大多数灵长类动物。就所有已知的人类社会而言，父亲对子女的照顾与奉献还是不及母亲。尽管如此，在大多数人类社会中，父亲在供给食物、保护和教育孩子上还是扮演着重要角色。因此，在某些社会中，如果一个孩子的生父死亡，孩子的存活率就会降低。通常，父亲更会照顾较大的孩子（特别是儿子），婴幼儿则多半由母亲照顾，像换尿布、擦屁股、擦鼻涕和帮小孩洗澡等工作通常是由母亲负责。

人类社会里的父亲对孩子的照顾主要与生计方式有关。如果一个社会的妇女一天到晚都必须为了获得食物打拼，做父亲的就得多负担照顾孩子的责任。如阿卡俾格米族通常是由父亲照顾婴幼儿（见图15），这在人类社会实属少见。或许这是因为阿卡俾格米族的母亲不只要采集植物当食物，而且得拿着网去捕捉猎物。与畜牧社会相比，狩猎-采集社会的母亲对食物供给的贡献更大，父亲也更多负担照顾孩子的责任。但在新几内亚高地和非洲的班图族中，男人的主要角色是战士，负责抵御其他男人的侵略，因此几乎都是女人在照顾孩子。新几内亚高地的男人通常会住在"男人公社"，6岁以上的男孩也住在这一公社，妻子则跟女儿和不到6岁的儿子住在另一间草屋。男人和年纪较大的儿子单独吃饭，食物则由男人的妻子或孩子的母亲准备好之后送过去。

如果父亲或母亲都不能照顾孩子，谁来做呢？在现代西方社会，父母通常是最主要的照顾者。近几十年，由于小型家庭盛行，亲戚之间往往住得很远，孩子就较少由祖父母、叔叔、阿姨或姑姑等亲戚照顾。当然，保姆、幼儿园或学校老师、哥哥姐姐也可当孩子的照顾者。然而，在传统社会，孩子多是由父母以外的人来照顾。

以狩猎-采集游群而言，婴儿刚呱呱落地，游群的其他人就开始照顾新生儿。如阿卡俾格米族和埃费俾格米族的婴儿在诞生之后，游群的人立即抱着婴儿围绕着营火，轮流亲吻他、唱歌给他听或是对他说话。根据人类学家的统计，埃费俾格米族和阿卡俾格米族这样轮流下来每人每小时都可抱到婴儿8次。狩猎-采集游群的父亲及其他照顾者，如婴儿的祖父母、姑姑、姑祖母或哥哥姐姐也会帮母亲分担照顾婴儿的责任。根据人类学家的统计，4个月大的埃费婴儿平均有14个照顾者，而阿卡婴儿则有七八个照顾者。

在很多狩猎-采集游群，上了年纪的祖父母仍和儿孙住在同一个营地，因此可帮忙照顾孙子孙女，让儿子和媳妇外出觅食，照顾的时间可能是几天，也可能长达几周。由祖母照顾的哈扎儿童比起没有祖母照顾的儿童，体重增长得比较快（见图28）。在很多传统社会，舅舅、叔叔、阿姨和姑姑等人也都是重要的照顾者。如南非奥卡万戈三角洲的班图族中，对男孩影响最大的长辈并非男孩的父亲，而是男孩的大舅。很多社会中哥哥姐姐也会帮忙照顾弟弟妹妹，像是农业社会和畜牧社会中的姐姐通常会负起照顾幼小弟弟妹妹的责任（见图29）。

在巴西与皮拉亚印第安人生活多年的作家埃弗里特说："皮拉亚的小孩与美国小孩最大的不同是他们可以在村子里到处游荡，村子里的每一个人都会注意他们的安全。"秘鲁约拉（Yora）印第安人的孩子大都和亲友一起吃饭。我有个朋友是传教士，他儿子在新几内亚的一个小村子长大，村子里的每个人都是他的"阿姨"或"叔叔"，但他父母带他回美国就读中学之后，他非常惊讶美国社会几乎没有这样亲切的长辈，几乎人人都是陌生人。

小型社会的儿童长大了一点儿之后，常去亲友家住一段时间。我在新几内亚研究鸟类的时候，曾雇用当地人当挑夫帮我把行李和生活补给品抬到下一个村落。我到达那个村落之后，原先帮我抬东西的挑夫就回去了，如果我还需要人帮我抬东西到下一个地方，就在当地求助他人。不管年纪大小，任何人只要想赚钱且愿意帮我就行。帮我的人当中，年纪最小的是个10岁的男孩，名叫塔卢（Talu）。塔卢愿意帮我这个忙，是因为想暂时离开自己的村子。我要到下一个村子时，因为洪水淹没了小路，原本几天的行程延长为一周。我在那个村子找新的人帮我时，塔卢再度自愿留在我身边帮忙。等到我完成那次调查研究，塔卢已经跟了我一个月，之后才走路回家。在他跟我走的时候，他父母不在村子里，塔卢认为村子里的其他人会在他父母回来的时候告诉他们，他会离开几天。跟塔卢一起当挑夫的其他村民回去后告诉他的父母，他在外地再待一段时间才会回去。显然，在新几内亚，一个10岁的孩子可以自行决定离开村子一段时间。

有些社会的孩子甚至会离开父母久久不归，最后被人收养。例如，安达曼群岛的孩子到了9岁或10岁，很少会跟自己的父母一起生活，而是被邻近社会的人收养，双方因此维持友好的关系。阿拉斯加伊努皮亚特人也常把孩子送人收养。在现代的发达国家，收养关系主要是养子与养父母之间的关系，他们甚至不会被告知孩子的亲生父母是谁，以切断亲生父母与孩子及与养父母家庭之间的关系。但对因纽特人而言，收养反而使亲生父母和养父母双方的关系更加紧密。

因此，小型社会与大型国家两者之间有一个很大的差异，即小型社会里的每个人都会共同负担照顾孩子的责任。这些照顾者提供孩子需要的食物，也会保护他们。全世界的研究都证实，照顾者的存在有利于孩子的存活。除了物质层面，照顾者对孩子的心理发展也有重要影响。研究小型社会的人类学家常常惊讶于小型社会的孩子社交技巧方面的发展非常之快，并由此推测这是照顾者众多的缘故。

　　工业社会的照顾者也能带来类似的好处。美国的社工发现大家庭或几代同堂的小孩不缺乏照顾者，孩子的成长也比较好。未婚生子、低收入的美国少女也许缺乏照顾孩子的经验或无心照顾孩子，如果有祖母或兄弟帮忙照顾孩子，甚至有受过训练的大学生定期来陪孩子玩耍，孩子的认知能力也能发展得不错。以色列的基布兹公社和教育质量优良的托儿所因为有不少照顾者，也能起到类似的作用。有些人即使父母并不称职，没能得到好好照顾，但因为有长辈的支持和照顾，他们的社交和认知能力并未受到影响，长大成人后依然能过着不错的生活。我就曾听过不少这样的故事，有些甚至是我朋友的亲身经历。例如钢琴老师也可能提供这样的协助，尽管孩子只是每周去上一次课。

对婴幼儿啼哭的反应

　　关于孩子啼哭如何反应最好，儿科医生和儿童心理学家已经辩论很久。当然，父母得先去看看孩子是不是身体不舒服或是需要什么。如果看起来似乎没什么问题，父母是不是该把孩子抱起来，安慰一番？或者把孩子放在床上，让他继续哭，不管他哭多久？如果父母把孩子放下，走出房间，孩子会哭得更久吗？要是父母抱着安抚，孩子是否会变得更爱哭？

关于这些问题，西方国家有许多不同的看法，即使是同一个国家，每代人的看法也都不同。50年前，我住在德国的时候，大多数的学者、专家和父母都认为孩子哭泣时，就让他们哭。在孩子无缘由地哭泣时，安抚他们，对孩子反而有害无益。研究显示，德国婴幼儿啼哭时，每三次中有一次父母不会理睬，或者过了10~30分钟之后才会回应。德国的婴儿常独自长时间待在婴儿床上，母亲则外出买东西或在另一个房间工作。德国父母要求孩子尽早学会自立和遵守秩序，包括自制及顺从别人的要求。美国父母常在孩子啼哭时立刻到孩子身边安抚他们，德国父母则认为这么做会宠坏孩子。德国父母担心过度关心会使孩子变得任性、骄纵。

1920—1950年，英国和美国城市地区的父母对孩子的态度变得像德国人。儿科医生和育儿专家告诉美国母亲，按照一定的时刻表来哺乳和清洁孩子，对孩子来说十分重要，孩子一哭就上前安抚只会宠坏他们，而且孩子要学习一个人玩耍，越早学会自制越好。人类学家莎拉·布莱弗·赫迪曾描述20世纪中期的美国父母在孩子啼哭时的反应："在我母亲那个时代，受过教育的妇女都认为孩子一哭就冲过去抱他只会宠坏孩子，孩子只会变得更爱哭。"到了20世纪80年代，我和我太太玛丽抚养我们的双胞胎儿子时，我们根据专家的建议，把孩子们放在床上，亲吻他们，跟他们说声晚安，接着就蹑手蹑脚地走出他们的房间。他们听到我们离去，总是哭得声嘶力竭，但我们再如何不舍，也不能前去安抚。10分钟后，我们再回来，等他们平静下来，再悄悄地溜出去。即使他们再哭，我们也不能管。听孩子们哭，我们也很难过。不少现代父母都了解这样的心情。

然而，狩猎-采集者的做法则不同。他们认为孩子一哭就该立即回应。埃费俾格米族的孩子如果哭闹，母亲或其他照顾者总会在10秒内安抚孩子。如果昆族的孩子哭泣，在3秒内得到父母安抚（包括抚触或哺乳）的概率高达88%，几乎100%在10秒内可得到父母的安抚。昆族母亲在孩子哭泣时会喂他们吃奶，若是其他照顾者则会把孩子抱起来，或是轻轻抚摸他们。因此，昆族的孩子每小时最多只哭1分钟，每次哭不会超过10秒。由于昆族母亲或其他照顾者总是立即满足孩子的需要，昆族的孩子每小时哭泣的时间只有荷兰孩子的一半。很多研究显示，如果1岁大的幼儿哭泣时，大人不予理会，幼儿哭泣的时间会比得到大人安抚的孩子长。

哭泣时被忽视的婴幼儿相比于哭泣时立即得到大人安抚的婴幼儿，是否更能发展成身心健全的成人？关于这样的问题，我们必须进行对照实验。研究人员会随机将一个社会中的家庭分成两组，一组不理会孩子哭闹，另一组则在孩子开始哭泣的3秒内前去安抚。20年后，这些婴幼儿长大成人，研究人员再来评估哪一组的孩子自主性更强、人际关系更稳定、更自立、更自制、更不会任性，而且更具有现代教育学家和儿科医生所强调的美德。

可惜，至今还没有研究人员进行这样设计良好的实验，并做严谨的评估。我们不得不从杂乱无章的自然实验和传闻入手比较不同社会的教养方式。至少我们可以下结论，像狩猎-采集社会的父母立即安抚哭泣的孩子，并不一定会让孩子变得缺乏自立、自制及其他美德。关于这一点，我们将在后面看到一些学者长期观察所得到的结果。

体 罚

有人认为孩子一哭闹便立刻安抚会宠坏孩子，同样，也有人认为避免处罚孩子则会让孩子养成骄纵的个性。大抵而言，人类社会对孩子的管教与处罚态度各有不同。相邻社会的同一代人可能不同，即使是同一个社会，每一代人的做法或许也有差异。以美国为例，我父母那一代经常打小孩，现代美国父母则较少打小孩。19世纪的普鲁士王国首相俾斯麦说，即使是同一个家庭，一代人不打孩子，下一代人则很可能会打孩子。我的很多美国朋友也有这样的经验：小时候常挨打的发誓说他们当了父母之后绝不会用这种野蛮的方式处罚小孩，至于那些小时候没被打过的则认为必要的体罚是有益的，胜过内疚控制及其他行为控制或把孩子宠坏。

至于邻近社会的差异，让我们看看今天的欧洲。瑞典禁止对孩子体罚：若瑞典父母打孩子，则可能被处以虐待儿童的刑罚。我有不少受过民主自由教育的德国和英国朋友则认为，孩子有必要接受体罚，打孩子要比完全不打更好。我还有一些朋友是美国福音派基督徒，他们也有同样的观念。拥护体罚的一派喜欢引用17世纪英国诗人塞缪尔·巴特勒的名言："孩子不打不成器。"公元前4世纪的雅典剧作家米南德说："没被鞭打过的人就学不到东西。"这句话也常为人称道。现代非洲的阿卡俾格米族未曾打过孩子，甚至不会骂孩子，看到邻近的恩甘杜（Ngandu）农民打骂孩子，则斥之为恐怖的虐童行径。

　　除了现代欧洲和非洲，其他年代的其他地区对体罚儿童的态度也各有不同。古希腊的雅典儿童即使到处乱跑，父母也不会制止，至于同一时代的斯巴达人，不只父母对孩子管教严厉，任何人都可教训别人的小孩。在新几内亚的一些部落，就算小孩玩锋利的刀，大人也不会处罚他们。然而，我在另一个村落［加斯滕（Gasten）］看到另一个极端。那个小村子有十几户人家，他们都住草屋，草屋的中央则是一片空地，因此不管每户人家发生什么事，全村的人都看在眼里。有一天早上，我听到愤怒的嘶吼声，于是往外探头看。一个母亲被8岁的女儿惹火，对她破口大骂，还打了她。女孩一边哭泣，一边抬起手遮住自己的脸，以抵挡母亲的拳头。所有的大人都袖手旁观，无人干涉。结果，那个母亲的怒火烧得更旺，走到空地边缘，弯腰捡起一样东西，然后走到女孩身旁，用那东西猛刮她的脸，女孩哀号得更大声了。我后来才知道那东西是会刺人的荨麻叶。我不知道女孩做了什么事，她的母亲才会气到要处罚她。只是看来，那位母亲这么做，全村的人都觉得没什么不妥。

　　有些社会会体罚孩子，有些则不会，我们要如何解释这种现象？显然，这样的差异和文化有关，而和维持生活的经济方式无关。例如，瑞典、德国与英国都是以农业为基础的工业化社会，同属日耳曼语族，但德国人和英国人会打孩子，瑞典人则不打孩子。新几内亚的加斯滕村和收养埃努的部落都以种菜和养猪为生，但加斯滕村的人会用严厉的方式处罚孩子，而收养埃努的部落则连轻微的处罚都很少见。

尽管如此，我们还是可以看出一些明显的趋势：大多数的狩猎-采集社会很少体罚小孩，农业社会会适度地处罚孩子，而畜牧社会对孩子的处罚最为严厉。有人解释说，那是因为狩猎-采集者没有什么宝贵的财物，小孩即使不乖，也只有自己会受到伤害，对其他人毫无影响。但很多农民（特别是牧民）都拥有宝贵的牲畜，他们会在孩子做错事时施以严格的惩罚，以免给全家人带来重大损失，例如果孩子忘了把牧场的栅门关好，珍贵的牛羊就会跑掉。再者，狩猎-采集社会人人平等，定居的社会（如大多数的农民和牧民）则有权力、性别、年龄之分，晚辈必须顺从、尊重长辈，因此他们更常会处罚小孩。

皮拉亚印第安人、安达曼岛人、阿卡俾格米族和昆族这些狩猎-采集者几乎不会体罚孩子。埃弗里特曾描述他和皮拉亚印第安人共同生活的经历，下面就是他讲述的故事。他在19岁那年就做了父亲。由于他来自管教严格的基督教家庭，自己的孩子不乖，他也会惩罚。有一天，他的女儿香农（Shannon）做了坏事，他认为他该好好教训这孩子。他拿起一根细树枝，要她进房间接受惩罚。香农开始大叫，说她不要被打。皮拉亚印第安人听到这对父女吵架的声音，跑来探看究竟，埃弗里特不敢说他要打小孩，于是他便对女儿说，皮拉亚印第安人在这里，他不能打她，要她先去飞机跑道尽头，5分钟后他再去那里处罚她。于是香农开始走向跑道，皮拉亚印第安人问她要去哪里，香农就说："我爸要我去跑道。他要在那里打我！"接着，一大群皮拉亚印第安人跟在埃弗里特后面，看他是否会做出如此野蛮的行为。最后，埃弗里特只好放弃。皮拉亚印第安人即使跟自己的小孩说话也是用尊敬的语气，很少管教他们，更别提打骂了。

其他狩猎-采集者很多也持同样的态度。如果阿卡俾格米人打小孩，配偶就可诉请离婚。昆族则解释说，小孩还小，不懂事，无法为自己的行为负责，因此不该惩罚他们。其实，昆族和阿卡俾格米族小孩都可以打父母耳光或是辱骂他们。西里奥诺印第安人的小孩如果吃泥巴或吃不该吃的动物，大人也只会把孩子抱起来，绝不会打他们。小孩发脾气时则可以对父母拳打脚踢。

以农业社会而论，对小孩处罚最严厉的是牧民，因为孩子如果不好好看管牲畜，将会为全家带来重大损失。有些农业社会对孩子的管教则没那么严格，孩子在长大成人之前不必承担什么责任，也不会造成什么损失。例如住在新几内亚附近的特罗布里恩群岛的岛民，他们以务农为生，唯一的牲畜是猪，他们不会处罚孩子，也不要求孩子顺从。人类学家马林诺夫斯基描述了他在特罗布里恩群岛的见闻："我常听到那里的大人要求小孩做这个或那个，不管做什么，大人都很客气，很少用威胁的语气。他们不会用简单的命令要小孩去做一件事,也不会期待小孩自然服从……我向当地人提到,如果小孩做错事,也该被打或接受严格的处罚,但我在特罗布里恩群岛的朋友都认为这是有违常理、不道德的做法。"

我有一个朋友曾在东非跟畜牧民族生活多年。他告诉我,那里的小孩接受割礼之前,每个都像不良少年。但在接受割礼之后,就必须承担责任并守纪律,男孩开始照顾牛,女孩则必须负责照顾弟弟妹妹。西非加纳的塔伦西人(Tallensi)会严格管教小孩。例如,孩子在赶牛的时候偷懒、贪玩,就会被大人惩罚。有一个塔伦西人露出身上的疤痕给来访的英国人类学家看,解释说那是他小时候被鞭打留下的痕迹。一个塔伦西长老说:"如果你不好好管教小孩,小孩就永远不会懂事。"这样的话正如巴特勒那句名言:"不打不成器。"

儿童的自主性

我们该给孩子多大的自由去探索环境?该鼓励他们这么做吗?我们是否该让孩子去做危险的事,不制止他们,让他们从错误中学习?或者做父母的应该尽力保护孩子,发现他们即将做危险的事时,及时把他们拉回来?

答案依社会而异。一般而言,比起国家,狩猎-采集社会较为重视个人的自主权,包括孩子。然而,国家则认为保护儿童是社会的责任,不希望孩子因为所欲为而受伤,也禁止父母让孩子做伤害自己的事。我写下这几行字的时候刚好在机场租好汽车。先前从机场行李提领区坐摆渡车去租车公司时，我就在车上听到了这样的广播："联邦法律规定，5岁以下或80磅以下的儿童乘车时，必须使用儿童安全座椅。"狩猎-采集社会认为除了孩子本人应该注意自身安全，孩子父母或同一游群的人或许也该注意，其他人都不必管，尤其是官员。一般而言，狩猎-采集社会非常注重人人平等，因此认为没有人应该告诉任何人（包括孩子）去做任何事。小型社会似乎不像我们这些怪异的现代西方人，认为父母该为孩子的身心发展负责，他们认为自己不该去影响孩子。

许多狩猎-采集社会的观察者都注意到，这些社会非常重视个人自主。以阿卡俾格米族为例，成人能获得的东西，小孩也能取得。但在美国，有些东西只能供成人使用，如武器、含有酒精的饮料和易碎物品。对澳大利亚西部沙漠的马尔图人（Martu）而言，强迫一个孩子去做一件事就是罪大恶极，尽管孩子只有3岁也是一样。皮拉亚印第安人视孩子为独立的个体，不需要特别呵护。埃弗里特说："皮拉亚印第安人对成人和孩子一视同仁……他们的教养哲学带有一些达尔文主义的色彩，因此孩子长大成人之后都很强悍、坚韧。他们认为自己靠技能和勇气才能活下去……由于他们对待孩子和成人并无差别，不会禁止孩子做任何事……孩子必须自己决定是否要按照社会对他们的期待去做。然而，最后他们还是发现，听从父母的建议去做比较好。"

有些狩猎-采集社会和小型农业社会不会阻止儿童甚至婴幼

儿做危险的事。如果西方父母让孩子做可能伤害自己的事，则等于犯法。我在这一章开头曾提到，我在新几内亚高地的一个村落（即收养埃努的那个村子）发现很多成人身上有被火烧伤的疤痕，那是他们小时候玩火造成的。他们的父母采取自由、放任的教养态度，认为孩子可以伸手触摸任何东西，即使孩子靠近火堆被火烧到，也不会制止孩子。哈扎人还会让幼儿拿刀或吸吮锋利的刀刃（见图26）。埃弗里特曾亲眼看到皮拉亚印第安孩子做出让人心惊胆战的事："我们在村子里拜访一个男人，发现有个大约2岁的幼儿坐在后面的草屋里，那孩子正在玩一把锋利的刀，刀长约9英寸[①]。他拿着那把刀挥舞，有时几乎刺到眼睛、胸部，有时则差点儿割到自己的手臂或身体其他部位。不久，那孩子把刀放下。他的母亲在跟另一个人聊天，一边聊，一边帮那个孩子把刀拿起来再给他玩。我们都看得目瞪口呆。没有人告诉那孩子，刀很危险，小心别割伤自己。虽然那孩子没事，但我的确看到过其他皮拉亚印第安孩子在玩刀时割伤自己。"

尽管如此，并非所有的小型社会都允许儿童自由探险或做危险的事。儿童可以有多大的自由似乎可以从以下两点来理解：第一，狩猎-采集社会强调人人平等，对成人和孩童一视同仁，而很多农业和畜牧社会不但认为男女有别，也要求年轻人尊重前辈；第二，狩猎-采集社会因为很少拥有贵重的财物，也就认为孩子不会对他们的财物造成损失，但农民和牧民则不然。基于以

[①] 1英寸 = 0.025 4米。——编者注

上两点，狩猎-采集社会的儿童拥有比较多的自由。

此外，孩子能拥有多大的自由似乎视环境是否安全而定。有些环境对儿童来说比较安全，有些则比较危险，儿童或是会碰到环境危害，或是会碰到危险的人。接下来，我们将讨论在最危险的环境到最安全的环境中，父母会实行什么样的教养方式，对孩子的自由有何限制。

全世界最危险的环境莫过于新大陆热带雨林。那里到处是咬人、叮人的有毒昆虫（如军蚁、蜜蜂、蝎子、蜘蛛和黄蜂），危险的哺乳动物（如美洲豹、西猯、美洲狮）神出鬼没，还有有毒的巨蛇（矛头蛇、巨蝮）和会刺人的植物。在亚马孙雨林，没有任何一个婴儿或幼儿可独自生存。人类学家希尔与乌尔塔多描述了他们对阿切印第安人的观察："未满周岁的阿切幼儿白天有93%的时间都由母亲或父亲抱着或背着，他们顶多单独坐在地上几秒，又被抱起来……直到3岁，孩子才能到地上走路或玩耍，然而都在母亲身边1米内。尽管他们已经三四岁了，白天有76%的时间依然在母亲身边1米内，而且总是有人照看他们。"希尔与乌尔塔多认为，阿切儿童因此直到1岁9个月至1岁11个月才会走路，比美国儿童晚了9个月。尽管孩子已经四五岁了，还常常由大人背着，因为大人不让他们下来行走。5岁以上的阿切儿童才能在森林里玩耍，然而仍必须在大人身边50米内。

危险性次于新大陆热带雨林的是卡拉哈迪沙漠、北极圈和南非奥卡万戈三角洲。昆族儿童可以成群结队玩耍，但大人会经常注意他们的安危。孩子总是在大人的视线范围内，大人也会竖起耳朵注意孩子的动静。北极圈的族群则不让孩子到处乱跑，因为孩子可能会冻死或发生意外。南非奥卡万戈三角洲的女孩可用篮子捕鱼，但必须在岸边，以免碰到鳄鱼、河马、大象或野牛。4岁的阿卡俾格米族孩子虽然不能独自在中非雨林中玩耍，但如果有10岁的孩子陪同，即使可能碰到豹和大象，父母还是会让他们去。

东非的哈扎人则住在比较安全的环境中，他们的孩子也享有较多的自由。虽然该地区和昆族生活的地方一样有豹和其他危险的动物，但哈扎人住在地势比较高的地方，居高临下。即使孩子在较远的地方玩，仍在父母的视线范围内。新几内亚的雨林也相当安全，没有危险的哺乳动物，很多蛇虽然有毒，但很难遇见，也许陌生人比野兽还危险。因此，我在新几内亚常看见那里的孩子独自游玩、走路或是划独木舟。我在新几内亚的朋友也告诉我，他们小时候常在森林里玩。

在所有的环境中，最安全的是澳大利亚的沙漠和马达加斯加的森林。近代以来，澳大利亚沙漠未曾出现会危害人类的哺乳动物。虽然澳大利亚和新几内亚一样以毒蛇闻名，但除非刻意寻找，否则碰到的概率很低。因此，澳大利亚沙漠的马尔图儿童经常自己去探险，不需要大人的陪同或监督。同样，马达加斯加的森林也没有凶猛、危险的野兽，有毒的动植物也很少，所以儿童常成群结队去森林里挖甘薯。

不同年龄的孩子一起玩儿

美国西部边境以前人口稀少，由于每天能来上学的学生寥寥无几，学校只有一间教室和一个老师，所有年龄的学生都在同一间教室上课。在美国，像这样只有一间教室的迷你学校已成为往事，目前只在人烟稀少的乡间才看得到。在所有的城市以及人口较多的郊区，年龄相仿的孩子一起学习、游戏。各个年龄段的学生在不同的教室，同一个年级的学生年龄相差不到一岁。住在相邻地区的孩子们即使年龄不同也会一起玩儿，但是一般而言，12岁的孩子不会跟3岁的孩子一起玩。除了现代国家的学校，在人口密集的酋邦或部落，同年龄的孩子总是在一起，因为他们年龄相仿，而且住得近。例如，很多年龄相仿的非洲酋邦儿童同时接受割礼，祖鲁男孩在从军的时候也是年龄相仿的在同一队。

但小型社会人口少，如狩猎-采集游群一般只有30人，其中不同性别、不同年龄的孩子顶多只有十几个。因此，游群里的孩子不可能依年龄分组玩耍，而是所有孩子一起玩儿，其实在所有小型狩猎-采集社会都是如此。

在一起玩的孩子，不管年龄大小都可获益。年龄小的孩子在社会化过程中不仅可从成人那里学习，也可从年龄较大的玩伴那里学习。年龄较大的孩子则可得到照顾幼儿的经验。由于拥有这样的经验，很多狩猎-采集社会的人在青少年时期即可当称职的父母。西方社会虽然有许多青少年做了父母，特别是未婚生子的青少年，但他们因为缺乏经验，所以无法当好父母。

但是小型社会的孩子到了青少年时期,其实已有多年照顾小孩的经验(见图29)。

例如,我曾在新几内亚一个偏远村落待了一段时间。当地为我做饭的是一个12岁、名叫莫西(Morcy)的女孩。两年后,我回到那个村子,发现莫西已经结婚了,14岁的她怀里抱着孩子。我一开始以为她的年龄有误,她应该已经十六七岁了吧?但莫西的父亲是村子里记录村民生卒年月日的人,他不会把自己女儿的生日写错。我又想,一个14岁的女孩如何当称职的母亲?在美国,法律甚至禁止男人娶这么小的女孩。但莫西把孩子照顾得很好,就像村子里年长的妇女一样。尽管她只有14岁,但已有不少照顾幼儿的经验,老练而成熟,而我在49岁当了新手爸爸时还手忙脚乱。

人类学家针对小型狩猎-采集社会仔细研究发现,不同年龄的孩子一起玩常导致婚前性行为。大多数的大型人类社会认为孩子适合做的事有性别之分,因此常让男孩与女孩分开,各玩各的。由于孩子人数众多,可依性别分组。但游群里的孩子顶多只有十几个,很难再把男女分开。另外,狩猎-采集社会的孩子和父母一起睡,因此没有隐私。孩子可能看见父母做爱。特罗布里恩群岛的岛民告诉马林诺夫斯基,他们与配偶做爱时不会刻意避免孩子窥视,顶多叫他们闭上眼睛睡觉或是用草席盖住孩子的头。一旦孩子长大,和其他年龄的孩子一起玩,就常模仿父母的行为,包括性行为。一般而言成人不会禁止孩子玩这样的游戏。昆族的父母虽然在孩子做得太明显时会劝诫一下,但他们认为这种性体验是不可避免的，也是正常的，毕竟他们小时候也是如此。昆族的孩子就常在父母看不到的时候玩性游戏。很多传统社会，如西里奥诺印第安人、皮拉亚印第安人和新几内亚东部高地人，甚至允许成人和孩子公开玩性游戏。

儿童游戏与教育

还记得我刚来到新几内亚时，第二天早上醒来就听见孩子们在我的草屋外面玩耍、叫喊的声音。他们不是玩跳房子，也不是牵着玩具车走，而是在玩部落战争的游戏。每个男孩都拿着小小的弓，用野草做的箭射向对方。当然，被草箭射到根本不会受伤。这些孩子分成两组，互相对抗，拿着弓箭射向对方。男孩除了攻击，也会左躲右闪，以免被对方的箭射中。这是在模拟真实的高地战争，只是草箭不会伤人，双方都是孩子，不是成人，而且都是同一个村子的，他们玩得不亦乐乎。

我在新几内亚高地看到当地孩子玩的这种游戏就是典型的教育游戏。很多儿童游戏都是孩子根据自己见到的和从大人那儿听到的故事，来模仿大人从事的活动。虽然孩子这么做是为了好玩，但游戏可让他们练习将来长大成人必须学会的生活技能。人类学家海德观察到，达尼族儿童玩的游戏，除了祭祀仪式（不能拿来当作游戏），其他都是模仿成人做的事。达尼族儿童玩的游戏包括用草做的矛打仗，用矛或棍棒摧毁"浆果军队"——他们拿浆果在地上滚来滚去，象征战士前进或后退。他们会攻击悬挂在树上的苔藓和蚁窝，也会为了好玩儿捉小鸟，或建造小草屋、花园和沟渠。他们会用绳子把一朵花绑起来拖着走，说这是"猪猪"，也会在夜晚聚集在营火旁，看木棒烧成炭之后会倒向哪个人，那个人将是自己未来的姐夫或妹夫。

新几内亚高地的成人生活和儿童游戏都以战争和猪为中心，对苏丹努尔族来说，最重要的牲畜则是牛。因此，努尔族儿童不管玩什么都和牛有关：孩子会用沙子、灰烬、泥土建造玩具牛栏，也会用泥土捏出牛的模样，然后玩赶牛的游戏。住在新几内亚东部海岸的迈鲁人乘坐独木舟捕鱼，迈鲁儿童自然也会造玩具独木舟，还会用小小的网和鱼叉假装在捕鱼。巴西和委内瑞拉的雅诺马莫印第安儿童则对他们居住的亚马孙雨林非常感兴趣，从小就喜欢在雨林中观察各种动植物，每一个都是小小博物学家。

至于玻利维亚的西里奥诺印第安人，孩子才3个月大，父亲就会给他一副小小的弓箭当玩具。孩子到了3岁，就会拿着玩具弓箭到处射，先是射没有生命的东西，然后是昆虫，接着以小鸟为目标。等到8岁时，男孩就会跟父亲一起去打猎。12岁那年，男孩已成为真正的猎人。西里奥诺族的女孩自3岁就会玩小小的纺锤、织布机，会做篮子和陶罐，也会帮母亲做家务。西里奥诺族的孩子除了摔跤，就只会玩弓箭和纺锤，不会像西方的孩子玩捉迷藏之类的有组织的游戏。

海德认为，除了模仿成人活动的教育游戏，达尼族儿童还会玩一些看起来没有教育意义的游戏。例如他们会用绳子做娃娃，会用草编图案，会从小丘上向下翻跟头，也会用草绑住独角仙的角拉着它走。这些都是所谓的"儿童文化",单纯是儿童之间的游戏,和成人活动无关。尽管如此,教育游戏和非教育游戏之间仍存在灰色地带。如达尼族儿童会用绳子做两个圈,代表男人与女人相遇,正在交媾,而他们用草牵着独角仙走,或许就像大人用绳子牵着猪。

我们经常发现狩猎-采集社会和小型农业社会的儿童游戏具有一个特点,也就是没有竞争和比赛。很多美国小孩玩的游戏都涉及分数和输赢,狩猎-采集社会儿童则很少玩这样的游戏。反之,小型社会的儿童喜欢玩分享的游戏,成人生活也重视分享,而非竞争。例如我们在第二章看到人类学家古德尔描述新不列颠岛卡乌龙族的儿童玩分享香蕉的游戏。

现代美国社会和传统社会儿童玩具的数量、资源和功能大不相同。美国玩具制造商常极力促销所谓的益智玩具(见图30),以刺激孩子的创造力。美国父母相信这样的玩具确实对孩子的成长发育有帮助。反之,传统社会儿童的玩具很少,即使有,多半是孩子自己做的或是父母帮他们做的。我有一个美国朋友儿时住在肯尼亚乡下,他告诉我,他的肯尼亚朋友会自己做轮子和车轴,加上棍子和绳索,就成了小汽车(见图31)。这个朋友还说,有一天他和他的肯尼亚朋友找来两只大甲虫,设法让它们拖玩具车,搞了一下午,那两只甲虫就是无法同心协力向前走。这个朋友在十几岁时回到美国,看到美国儿童玩从商店买的现成塑料玩具,觉得美国小孩的创造力实在不如肯尼亚小孩。

现代国家一般都会给孩子提供正式教育,包括学校教育和课后教学，受过训练的教师在教室利用黑板教导学生，至于游戏则是另一回事。但传统小型社会则没有这样的分别。他们的小孩在陪伴父母或其他成人的过程中学习，例如围着营火听大人或其他年纪比较大的孩子讲故事。尼里·伯德-戴维就曾如此描述纳亚卡（Nayaka）印第安人："现代社会的儿童上小学的时候，比方说是6岁，同龄的纳亚卡儿童已会独自狩猎，带回小型猎物，也可去其他家庭拜访或小住，无须父母或成人的监督……他们没有正式的教导或学习，不必学习任何知识，不用上课，不必考试，也没有学校，不必接受填鸭式的教育。对他们来说，知识和生活是密不可分的。"

另一个例子是科林·特恩布尔研究的姆布蒂（Mbuti）俾格米族。姆布蒂儿童会拿着小小的弓箭、网或小篮子，模仿父母（见图32）狩猎、捕鱼或采集植物，也会建造迷你屋、抓青蛙，或是要祖父母扮作羚羊让他们追捕。特恩布尔说："对儿童而言，生活就是一连串的游戏，但必要的时候，父母也会以打屁股或打耳光的方式管教孩子……有一天，孩子将发现，他们玩的游戏不再是游戏，而是为了生存不得不做的事，因为他们已经成人。他们真的在狩猎，爬树并非玩耍，而是为了寻找蜂蜜。小时候，他们在树底下荡秋千，如今在树枝间追捕狡猾的猎物，还必须提防危险的野牛。由于这是循序渐进的过程，他们一开始还没能察觉这些变化。等到他们自认为是高明的猎人时，仍觉得生活充满乐趣和欢笑。"

对小型社会而言，教育和生活密不可分，但对某些现代社会来说，即使是最基本的社会生活也需要特别的教导。例如在现代美国城市，人与人之间关系淡漠，邻居互不相识，加上交通混乱，治安不佳，可能出现绑匪，甚至没有人行道，孩子因而不能找其他小孩一起在街上玩耍。父母只好带孩子去所谓的亲子班。孩子在父母或照顾者的陪伴下来到教室，在教师的带领下一起玩游戏，父母或照顾者则坐在外围，从孩子的游戏中汲取经验。教师会教孩子轮流说话、听别人述说，或是把东西交给其他小朋友。现代美国社会的一些特点让我的新几内亚朋友觉得怪异，但他们认为最不可思议的莫过于孩子必须在一定的时间、地点并在大人的指导下和朋友们一起玩耍。

他们的孩子与我们的孩子

最后，我们再来整理小型传统社会与国家教养儿童的差异。当然，就儿童教养的理念与方式，今日工业化国家之间已有不少差异，如美国、德国、瑞典、日本和以色列的基布兹公社。同样是国家，农民、城市穷人和城市中产阶级也有不同的做法，而每一代和前一代可能也有差异，例如今日美国父母教养孩子的方式已和20世纪30年代的父母大不相同。

尽管如此，我们还是可以在所有的国家之间发现一些基本的相似点，也可以看出国家与非国家社会之间的一些根本差异。国家政府所关切的本国儿童利益不一定和父母相同。小型非国家社会也有自己的想法，然而一般而言国家政府的目标比较明确，而且是通过强有力的领导、管理和法律来执行。每个国家都希望本国儿童长大成人之后可以成为有用且顺从的公民，如士兵和劳动者等。因此，国家反对未来的公民一出生就被杀害，也不允许父母放任孩子靠近火源，造成伤害。国家也很重视未来公民的教育，注意公民的性行为。大多数国家都有上述特点，这些与传统社会明显不同。

国家也有军事和科技上的优势，加上人口数量庞大，使他们得以征服狩猎-采集游群。近 1 000 年来，世界几乎是国家的天下，存活下来的狩猎-采集游群寥寥无几。即使国家要比狩猎-采集游群更强大，也并不表示国家教养孩子的方式必然更好。其实，狩猎-采集游群养儿育女的一些做法仍值得我们借鉴。

当然，我并不是说我们该向他们全盘学习。像杀婴、具有死亡高风险的分娩方式，以及放任婴幼儿玩刀或让他们被火烧伤的做法都是我们该避免的。至于其他做法，如允许孩子玩性游戏，虽然很多人觉得尴尬，但仍无法证明这么做对孩子来说是有害的。还有一些做法，有些现代国家的人已经开始学习，如父母和孩子睡在同一个房间或同一张床上，等到孩子三四岁才让他们断奶，以及尽量不体罚孩子。

我们可以立刻采纳、学习一些做法，如带婴幼儿出门时，让他们直立，面向前方，而不要让他们躺在婴儿车里或面向后方坐在抱婴袋里。我们也可在孩子啼哭时立即反应，多帮孩子找几个可以帮忙照顾的人，以及让孩子和父母或照顾者有更多的肌肤接触。我们也该鼓励孩子自己发明游戏，不要过于依赖所谓的益智玩具。我们可让孩子和不同年龄的玩伴一起玩，而不要让孩子只跟同龄的孩子玩。如果孩子安全无虞，我们也可让他们有多一点儿的自由探索这个世界。

我对新几内亚人的研究已长达49年，我常常想到他们。还有一些西方人也曾在狩猎-采集社会共同生活多年，并看着自己的孩子在那样的环境中长大。我们发现传统小型社会的人情绪稳定、自信、有自主能力。这种特点给我们留下了非常深刻的印象，不只是成人，儿童也是如此。我们发现小型社会的人更喜欢和人说话，他们没有被动娱乐，不看电视，不打电子游戏，也不看书，而他们的孩子社交能力都很强。这些特点都值得我们羡慕，我们也希望自己的孩子能够这样，但我们的孩子却不断活在排名和评分之中，老是被告知要怎么做。狩猎-采集社会的孩子不像美国青少年有苦恼的认同危机。有些人推测传统社会的孩子会如此，主要与其父母的教养方式有关，也就是既让他们有安全感，又经常激励他们。因为他们断奶时间比较晚、需求随时可得到满足、婴幼儿时期都跟父母一起睡，以及拥有比较多的照顾者，所以有更多的学习对象。再者，他们与父母或照顾者经常有肌肤接触，也极少被体罚。

然而，传统社会的人情绪稳定、拥有较强自主能力和社交能力都只是我们的印象，难以用科学的方式衡量和证明。即使这些印象跟实际吻合，也很难断定这些特点究竟是什么因素造成的。狩猎-采集社会教养子女的方式虽然和我们有天壤之别，但也没带来多大的灾难，他们的下一代很少变成反社会的人，他们不仅知道如何面对重大挑战和危险,还能享受人生。狩猎-采集者的生活方式持续了将近10万年直到1.1万年前农业兴起,在此之前每个人都是以狩猎-采集为生,5 400年前,人类才开始在国家的治理下生活。狩猎-采集社会养育子女的自然实验既然可以持续那么久,可见有值得我们参考之处。

第六章

如何对待老人

老年人

我去斐济群岛的主岛维提岛的一个村落进行调查研究时,和当地的一个人交谈,发现他曾去过美国。他告诉我他对美国的印象。美国的生活有一些地方是他欣赏的,有一些地方则令他厌恶,特别是美国人对待老年人的方式。在斐济乡下,老年人住在原来居住的村落,与亲戚和老朋友来往。他们通常住在孩子家里,由孩子赡养、照顾,如果已经没有牙齿,孩子甚至会帮他们把食物嚼烂,让他们得以进食。这位斐济朋友愤愤不平地说,但在美国,很多老年人都住在养老院,儿孙偶尔才去看望他们。他指着我的鼻子说:"你们美国人不顾自己年迈的父母,把老人都抛弃了。"

有些传统社会对老年人的敬重甚至胜过斐济人,这些社会允许老年人掌控财产,要成年的儿女完全听他们的话,或是在儿子40岁之前阻止他们成婚。但也有一些传统社会抛弃老年人,让他们饿死，甚至杀害他们，对待老年人比美国人更残酷。当然，在同一个社会内，总有个体差异。在我的美国朋友当中，的确有人把父母送到养老院，最多一年去探望一次，或从来不去看望他们。然而，我有一个朋友在自己百岁生日那天，出版了自己的第22本书，儿孙满堂，齐来庆贺。他们关系亲密，经常见面。然而，传统社会对待老年人的个别差异要比美国人的差别更大。我没听说过任何一个美国人悉心照顾父母到帮父母嚼烂食物的程度，也没听说过有任何人为了"尽孝"而把年老的父母勒死。不管如何，美国很多老年人的命运都很悲惨。传统社会的做法是否有值得我们借鉴之处？

在深入讨论之前，我必须先厘清两点。首先，关于"年老"，并没有一个统一的定义。"年老"的定义依社会与个人观点而异。美国联邦政府界定65岁以上的人就是老人，可以领取社会福利金。在我还是青少年时，我认为近30岁的年轻人处于人生的巅峰，也最有智慧，30多岁的人已经是中年人，而60岁以上的人则是老人。现在我已75岁，我认为我人生的巅峰是在60多岁到70岁出头，而85岁或90岁左右才是我的老年期的开始。但在新几内亚乡下，很少人活到60岁，因此50多岁就已被当成老年人。我想起有一次我去新几内亚岛，当地人得知我46岁时，不禁讶然，说道："setengah mati!"意思是，我的一只脚已经进了坟墓。他们因此特别指派了一个十几岁的男孩跟在我身边，随时安慰我。因此，所谓的"年老"必须从当地社会的标准来看，没有一个全世界认定的年龄标准。

其次，如果一个国家的人均寿命不到 40 岁，那就几乎没有美国人定义的老人。其实，在我调查、研究过的每一个新几内亚村落，尽管很少人可活到 50 岁，50 岁以上的人就算是"lapun"（老人），但偶尔仍可见到一两个 70 岁以上的人，我是从他们经历过的事件推算出他们的年龄的，例如就他们记忆所及，曾目睹 1910 年来袭的龙卷风。尽管他们现在很可能已经跛足、视力受损或是失明，而必须仰赖家人、亲戚给他们食物，但他们仍是村子里的重要人物。人类学家希尔和乌尔塔多也有类似的发现。他们为一些巴拉圭阿切印第安人建构族谱时，发现有 5 人分别活到 70、72、75、77 和 78 岁。豪厄尔曾帮一个昆族人照相，据她推算，那人应该已经 82 岁。族人迁移营地时，这位老人依然可跟着他们走到远方，也可自己采集食物、搭建草屋。

为何各个传统社会对待老年人的标准各有不同？一个解释是视老年人对社会的用处而定。如果社会认为他们是有用的人，年轻人就愿意照顾他们。另一个解释是视各社会的文化价值观而定。有些社会非常尊敬老年人、尊重个人隐私、强调家庭价值，还有一些则比较注重个人和自立。当然，这些都只是部分因素，我们不能以偏概全。

对照顾老人的期待

关于照顾老人，我们就从天真的期待开始说起。显然这样的期待并未实现，但我们还是可以借此思考为什么我们无法实现这样的期待。如果一个人戴上幸福的眼镜来看人生，那他可以看到：父母爱子女，子女也很爱父母；父母为子女牺牲奉献，子女感激父母的养育之恩。我们因此期待全世界的儿女都好好照顾自己年迈的双亲。

天真的演化生物学家也可通过不同的思考方式得到同样感人的结论。自然选择是为了基因传递。对人类而言，把基因传递下去，最直接的方式就是生育子女。因此，子女存活概率高、能传宗接代的亲代基因更能得到自然选择的青睐。同样，在文化选择这种后天习得行为的传递中，父母就是孩子的行为模板。因此，父母愿意为孩子牺牲奉献，甚至不惜牺牲自己的生命，让子女存活，得以继续传宗接代。从相反的角度来看，父母可能因为长年的累积而拥有资源、地位、知识与技能，这些都是子女还没能得到的。子女知道父母基于传递基因与文化的动机，会把这些资源、地位、知识或技能传给他们。因此，子女必须好好照顾父母，父母才会继续帮助他们。在一个理想的社会中，年青一代自然该负起照顾老一辈的责任，老一辈也会把自己拥有的传给年轻人。

然而，我们知道这些只是理想和预测，不是社会的真实面貌。的确，父母通常会照顾自己的孩子，孩子长大成人之后也会照顾年迈的父母，但在社会上并非每个人都是这样，甚至大多数子女都做不到。为什么呢？我们的推论在哪个环节出了错？

首先，我们的想法过于天真，没能考虑到亲代与子代之间的利益冲突。父母不一定会毫无限制地为子女牺牲，子女也不一定会永远感激父母。爱是有限度的，人不管做什么事，不会时时刻刻都着眼于让自己的基因与文化得到最好的传递。所有的人（包括老年人在内）不只是希望子女过得好，自己也想要过舒适的生活。子女则急于享受人生，认为父母消耗的资源越多，留给自己的资源就越少。如果子女不管做什么都以"自然选择"为考虑，"自然选择"不一定会要他们好好照顾年老的父母。因为即使子女对父母吝啬，弃养父母，甚至狠心杀害父母，依然可把自己的基因和文化传给下一代。

为何弃养或杀害老人

为什么子女会不管自己的父母，甚至弃养或杀害父母？什么样的社会会允许子女这么做？我们发现，一个原因是在一些社会中，由于年迈的父母成为负担，危及整个社会的安全，最后便遭到抛弃或杀害。例如居无定所的狩猎-采集社会必须时常迁移营地，什么都得背在背上：婴儿、4岁以下无法跟上大人脚步的儿童、武器、工具等，以及旅途所需的食物和水。如果还要再背负老人或病人，则实在很难走得动。

另一个原因是环境，特别是北极地区或沙漠地区。因为食物时常短缺，也没有余粮，不可能喂饱每一个人，所以社会就不得不牺牲最没有生产力或没有用处的人，否则整个社会的生存将会遭到威胁。

然而，并非所有以游牧为生的狩猎-采集社会或住在北极、沙漠地区的人都会抛弃老年人。有些社会（如昆族和非洲俾格米族）便不会抛弃老年人，另外一些社会（如阿切族、西里奥诺印第安人和因纽特人），则较常弃老人不顾。即使在同一个社会，有些老人会受到近亲的照顾和保护，有些则不会。

成为社会负担的老人会如何遭到抛弃？我们可就他人的介入程度分为5种。第一种做法是最被动的一种做法，就是故意疏忽，让他们自生自灭。例如，只给他们非常少的食物，让他们挨饿，即使他们走失也不管，任其死亡。如北极的因纽特人、北美沙漠的霍皮族（Hopi）、南美热带的维托托族（Witoto）及澳大利亚原住民常常如此。

第二种做法是在族人迁移营地时，故意把老人和病人留下。如斯堪的纳维亚北部的拉普人（Lapp）、卡拉哈迪沙漠的桑族（San）、北美的奥马哈（Omaha）印第安人和库特奈（Kutenai）印第安人，及南美热带的阿切印第安人都常实行这种做法。阿切印第安人还会把老翁带到森林以外、白人经常出没的路上，让他们找不到回家的路。老媪则常常直接遭到杀害。比较常见的做法是族人迁移营地时把病弱的人留下，只给一些柴火、食物和水，如果他们恢复了体力，就能设法赶上，和族人团聚。

曾和玻利维亚西里奥诺印第安人一起生活的人类学家霍姆伯格就曾亲眼看到他们抛弃一个妇人。他说："游群的人想转往里奥布兰科，正要拔营。这时，我注意到一个中年妇女躺在吊床上。她病重得无法开口。我问首领，那个女人该怎么办。首领要我去问她丈夫。她丈夫说，她病得很严重，不能走路，所以他们将把她留下来，反正她也活不了。第二天早上，整个游群就离开了，没有人跟那个女人告别,包括她的丈夫。族人只留给她一点儿柴火、一个装满水的葫芦,以及她个人用的东西。这个可怜的女人连抗议的力气也没有。"霍姆伯格自己也生病了,于是去一个传教站治病。三周后,他回到那个营地,发现那个女人不见了。他走上一条通往里奥布兰科的小路,在半路发现那个女人的遗体被蚂蚁和秃鹰吃得只剩骨头。"她想去找族人,最后还是死在半路上。族人认为她已是无用之人,就抛弃了她。"

第三种做法就是让老年人自杀。在西伯利亚的楚克奇人和雅库特人(Yakut)、北美的克劳(Crow)印第安人、因纽特人和诺尔斯人(Norse)等社会的老人都曾选择自杀,或是在其他人的鼓励下走上自杀之路,如跳崖、跳海或在战争中送死。新西兰医生戴维·刘易斯曾描述他有位年长的朋友泰瓦克(Tevake)和亲友诀别后,就从西南太平洋的一座礁岛独自驾着一艘小船航向大海,就此一去不返。

相对于上述的非协助自杀,第四种做法是协助自杀,或是在有自杀意愿者的合作下将其勒死、刺死或是活埋。楚克奇人会赞扬自杀者,并向他们保证来世必然能住在最幸福快乐之地。欲死之人将头放在妻子的膝上,由妻子抱紧,另外两个人再拿绳索把他勒死。新不列颠岛西南卡乌龙族的遗孀在丈夫过世后不久,就会把兄弟或儿子叫来,要他们把她勒死。这是遗孀的兄弟或儿子应尽的义务。直到1950年,这种习俗才废除。有一个卡乌龙族人曾对人类学家古德尔说,他母亲不断用言语逼迫他,要他不得不从:"我迟迟不敢下手。我母亲就站起来,大声斥责我,让每一个人都听到。她说，我必然是想跟她做爱，才会迟疑。"班克斯群岛的老人或生了重病的人也会要求亲友将他们活埋，好让他们从痛苦中解脱。"莫塔岛有一个人得了流感，身体极度虚弱，于是要求哥哥把他活埋。那个哥哥慢慢地把沙土堆在弟弟头上，不断地哭泣，还一直问弟弟他是否还活着。"

第五种做法很常见，也就是不顾老人的意愿，残忍地把他们杀害。杀害的手段包括勒死、活埋、使其窒息、刺死、用斧头朝头砍下去、折断其颈部或背部等。有一个阿切印第安人曾对希尔和乌尔塔多描述自己如何杀害老妇人："我常常对那些老妇人下手……毫不留情地把她们踩死、活埋，或把她们的脖子折断……我根本不在乎。我也可以拿弓箭射死她们。"

上面的描述实在令人不寒而栗，正如我们在第五章看到的杀婴的例子。但是，我们也得问自己这样一个问题：对一个到处迁徙的游牧社会或没有足够食物的社会来说，要如何对待老人？那些老人这一生已看过不少年老、重病的族人被抛弃或杀害，也许他们也是杀死自己父母的人。他们愿意自己走上黄泉路，或是在亲友的协助下自杀。我们很幸运可以活在一个有充足医疗资源和食物的社会，因此不必面对那样的命运。正如丘吉尔对日本海军中将栗田健男的评论："只有经历过那种严峻考验的人才有资格评判他。"其实，本书的很多读者或许也曾面临类似的考验，或将陷入这样的两难：当年迈的父母得了重病，医生询问你是要继续积极治疗，还是选择止痛药和镇静剂缓和治疗。

老人的用处

对传统社会而言,老人可以发挥什么样的作用?从适应论的观点来看,如果一个社会的老年人可以得到照顾,并发挥作用,这样的社会就能够更繁荣。当然,在这样的社会中,年轻人照顾老年人的理由不是基于演化上的好处,而是出自爱、尊敬与责任。然而,如果狩猎-采集社会面临食物匮乏、族人即将饿死的情况,就不得不考虑现实。如下所述,虽然老人可以发挥的作用,年轻人也做得到,但有些事需要多年经验累积的技能,因而特别适合老人来做。

到了某个年龄,男人就不再能够拿矛刺死狮子,女人也不再能扛着沉重的东西捡拾芒刚果。尽管如此,老人还是可为孙子孙女张罗食物,减轻自己对儿女、女婿或儿媳的负担。阿切族男人到了六十几岁仍能捕猎小动物,捡拾水果、棕榈果,游群转移营地时也能帮忙开辟山路。上了年纪的昆族人仍会设陷阱捕猎动物,捡拾可食的植物,和年轻人一起去狩猎,帮忙判别动物留下的足迹,提出围捕策略。坦桑尼亚的哈扎女人中最勤劳的一群是老祖母(见图28)。即使儿女已经长大,她们还是平均每天花7小时采集块茎和水果,用来喂饥饿的孙子孙女。哈扎老祖母花越多时间搜寻食物,孙子孙女就长得越好。18—19世纪的芬兰与加拿大农民也是如此。根据教会和族谱资料分析,祖父母在世的孩子与两者都已去世的孩子相比,更有可能顺利长大成人。此外,在过了50岁的停经年龄后依然存活的女性,其子女平均每10年能多生出两个孩子（可想而知，这少不了祖母的帮助）。

除了每天花 7 小时挖掘块茎，老人还可帮忙照顾孙子孙女，让子女、女婿或儿媳可外出捕猎，而无后顾之忧。昆族的老祖母可连续好几天照顾孙子孙女，子女因为狩猎或采集食物必须在外过夜时，就不必担心幼儿无人照顾。今日萨摩亚（Samoans）老人移民美国的一个主要原因就是为了照顾孙子孙女，让子女可离家工作，帮他们减轻育儿和家务的负担。

老人也可制造成年子女需要使用的东西，如工具、武器、篮子、陶罐或纺织品（见图 33）。以马来半岛上以狩猎-采集为生的塞芒族为例，他们的老人会制造吹箭筒。以这样的技艺而言，老人或许比年轻人更精熟。最会做篮子和陶罐的人通常也是老人。

还有一些技能也是如此，如医药、宗教、表演、人际关系和政治等方面的技能。传统社会的助产士和医生通常是老人，术士、巫师、先知和法师，以及领导族人唱歌、跳舞、玩游戏以及举行成人仪式的人等也多是老人。老人由于终其一生都在建立人际关系网络，因而拥有很多社交优势。他们可利用丰富的人脉资源帮助子女。政治领导人通常也是老人，因此在一个部落之中，"长老"等于是"领导人"。现代国家也是如此，例如美国总统就职年龄平均是 54 岁，而当上最高法院大法官的平均年龄为 53 岁。

或许，老人在传统社会最重要的功能是作为知识的保存者。本书读者也许很难想到这一点。在知识社会里，庞大的知识和信息都以印刷或数字的方式留存，如百科全书及其他书籍、杂志、地图、日记、笔记、信件以及互联网。如果我们必须查证某些事实，只要翻阅书面资料或上网查询即可。但在没有文字的社会，这些则必须仰赖人类的记忆。因此，老人的头脑等于社会的百科全书和图书馆。我在新几内亚对当地人进行调查、访问时，他们如果不确定答案，总会说："我得向某个老人请教。"举凡部落的神话与诗歌、谁对谁说了什么、谁对谁做了什么、当地数百种植物和动物的名称或用途，以及碰到天灾时要去哪里寻找食物，这些常常只有老人才了如指掌。因此照顾老人对部落而言是攸关生死的大事，就像现代的船长要靠航海图才不至于在大海中遇难。我将在下面的故事中说明，为什么老人拥有的知识是部落存续的关键。

1976 年，我受邀前往西南太平洋的伦内尔岛评估铝土矿开采将对当地环境造成多大的冲击。我研究森林消失的速度，以及哪些树种可用作木材、哪些树种会结出可食用的果实等。那里的中年岛民用伦内尔语列举了当地的 126 种植物，如阿奴（anu）、岗托巴（gangotoba）、盖加吉亚（ghai-gha-ghea）和卡加洛胡洛胡（kagaa-loghu-loghu）。他们详细解释每种植物的种子和果实是否可供人类和其他动物食用，或者只有某些鸟类和蝙蝠可以吃，人类不能食用。在人类可以食用的植物当中，有些还特别指明是"在 hungi kengi 之后才食用的植物"。

由于我没听过"hungi kengi"，就问当地人这是什么意思，为何可以让原本不能食用的一些果实变得可以食用。他们于是带我去见村子里的一个老婆婆。她年纪很大，必须有人搀扶才能行走。原来"hungi kengi"是指伦内尔岛遭遇过的最大龙卷风，根据欧洲殖民者的记录，侵袭时间约在 1910 年。当时，老婆婆还是个少女，我在 1976 年见到她的时候，她已经七十几岁或 80 岁出头。那次的龙卷风夷平了伦内尔岛上的森林，园圃被踩躏得满目疮痍，保住一命的岛民面临饥荒的威胁。在园圃长出新的植物之前，为了求生，只要能吃的就得下肚，平常不吃的野果也得用来果腹，那些果实也就是"在 hungi kengi 之后才食用的植物"。至于平常不吃的果实，哪些是无毒的，哪些是有毒但处理后仍可食用的，都需要特别的知识。所幸 1910 年岛民遭受风灾的袭击时，还记得以前是如何因应的。现在，全村只剩那个老婆婆还记得那样的经验与知识。如果伦内尔岛再遭受一次巨大的龙卷风，村民是否能活下去，而不至于饿死，就得靠老婆婆的记忆了。这样的故事证明：显然在没有文字的社会，老人的记忆有助于族人的生存。

社会价值观

因此，在一个社会当中，老人能否得到照顾就看他们是否有用，而老人能否受到尊敬则和社会的价值观有关。这两个因素表面上看来是相关的：老人越有用，就越能受到尊敬。但正如人类文化的其他层面，实用与价值之间的关联不一定是紧密的：即使经济条件类似，有些社会还是会特别强调尊敬老人，而有些社会则会鄙视老人。

一般而言，人类社会对老人至少还有一点儿敬重。美国人就常告诉小孩要尊敬老人，不可跟他们顶嘴，以及在公交车上要给老人让座等。比起美国人，昆族人对老人更加尊敬。一个原因是昆族人仅有 1/5 的人能活到 60 岁。这些昆族老人熬过人生的种种考验，如狮子攻击、疾病和敌人的突袭，因此值得年轻人敬重。

此外，注重孝道的儒家思想在亚洲颇为盛行，因此中国大陆、韩国、日本和中国台湾都有弘扬孝道的传统。中华人民共和国更在 1950 年颁布的《中华人民共和国婚姻法》中明确规定："子女对于父母有赡养扶助的义务。"根据儒家思想，子女对父母必须绝对顺从，不得违抗。子女（尤其是长子）必须负起照顾年迈双亲的责任。直到今天，孝道仍是东亚尊崇的美德，很多年长的中国人和日本人都和儿女同住。

注重家庭观念的南意大利、墨西哥等也强调尊敬年长者。正如唐纳德·考吉尔描述："他们认为家庭是社会的核心，家庭对家庭成员的影响很大……个人要把家族的荣誉放在第一位，支持父亲或祖父，为家族牺牲，尊敬父母，不可让家族蒙羞。整个家族的人应该在族长的带领下，为了共同的目标而努力……在这样的架构下，个人很少有表现的空间，总之必须以整个家族的利益为重……即使子女成了中年人，仍会常常让父母参与核心家庭的活动。大多数人认为把父母送到养老院是大逆不道的事。"

上述的中国、南意大利和墨西哥家庭都是父权家庭结构。这种家庭结构很普遍，也就是由家庭中最年长的男性握有掌控家庭的权威，通常是核心家庭中的父亲，或大家庭中的祖父或伯父。在游牧或农业社会、古罗马和希伯来也有这种家庭结构。为了对父权家庭的形成有更充分的认识，不妨以现代美国人的家庭构成作为对照，这也是本书许多美国读者认为最理所当然的家庭结构：新婚夫妻脱离原来的家庭，另组一个小家庭，也就是人类学家所说的"新居制"。这种家庭结构只包含核心家庭，也就是夫妻以及他们所生的子女。

尽管美国人认为这种小家庭模式很正常，甚至再自然不过，但在传统社会当中，只有5%的家庭是新居家庭。最常见的还是结婚后从夫居，也就是父居家庭，即新婚夫妻跟新郎家人一起住。如此一来，家庭结构不再只有一个核心，而会水平或垂直延伸。水平延伸包括家长的那一代。如果家长有三房四妾，也可能住在同一个屋檐下，还加上家长未嫁的姊妹或是已婚的兄弟姊妹。垂直延伸则包括家长及其妻子、他们已婚的子女及其生下的孩子（也就是孙子孙女）。不管水平延伸还是垂直延伸，这样的家庭在经济、财务、社会和政治上都是一个整体，所有的家庭成员在生活上都必须互相配合，而且以家长为权威。

自然而然，老人在父权家庭能得到妥善的照顾。他们和子女住在一起，能掌控大家庭的一切，拥有经济大权，可以过得安稳。当然，在这种家庭结构之下，成年子女不一定敬爱年长的父母，敬畏权威的成分也许更多。等到父母过世，他们成为一家之主时，就轮到他们掌控权威，控制子女。至于新居家庭，由于父母不和子女同住，照顾父母的问题就会更棘手。

老人在传统父权社会地位崇高，但在现代的美国则截然不同。考吉尔说道："老人常让人联想到下面几点：没用、衰老、疾病、老糊涂、贫穷、失去性能力、不能生育和死亡。"因此，老人不但难以找到工作机会，能享有的医疗照护也比不上年轻人。美国最近才废除强制退休制度，但欧洲仍有许多国家实施这样的制度。雇主常认为老人会阻碍公司进步、不好管理、不善学习，因此宁愿雇用可塑性较强、好训练的年轻人。波士顿学院退休研究中心的乔安娜·莱希曾进行一项实验研究。她把假造的履历寄给不同的雇主，每份履历都大致相同，唯一的差别只有姓名和年龄，结果发现：如果应征初级工作，35~45岁的妇女中的43%可得到面试机会，50~62岁的妇女能得到面试机会的则较少。很多医院也以年龄来分配医疗照护的资源，在资源有限时，倾向把较多的资源分配给年轻人，理由是医护人员的时间、精力与医疗经费不该投资在身体孱弱、时日不多的老年人身上。也难怪现在很多美国人和欧洲人，尽管才三十几岁就纷纷染发或去美容整形诊所报到。

　　老年人在现代美国社会的地位低下，至少受到三种价值观的影响。第一种是德国社会学家马克斯·韦伯提出的职业道德。简而言之，这种概念与新教加尔文派的教义息息相关，鼓励新教徒把努力工作视为实践信仰的责任。总之，韦伯把工作视为人一生中最重要的事，认为工作代表一个人的地位、身份，也对个性有益。因此，退休、没有工作的老年人也就失去了社会地位。

　　第二种价值观牵涉美国对个人主义的重视。上述很多社会实施的大家庭制度则倾向压抑个人主义。美国人认为自我价值是自我成就带来的，不是家族集体努力的成果。从小，父母、师长就教导我们要独立、自立。独立、个人主义和自立自强都是美国人赞扬的美德，反之依赖、无法自立、不能照顾自己则会受到鄙视。美国的精神学家和心理学家甚至把依赖型人格视为疾病。精神疾病编码中的301.6就是"依赖型人格障碍"，这是一种需要治疗的病症，治疗目标就是帮助病人脱离依赖，变得独立。

比起世界上其他各国文化，美国人尤其注重个人隐私。在传统大家庭结构中，所有的家人、亲戚都住在一起，个人几乎没有隐私，这是大多数现代美国人无法接受的。以传统社会的夫妻为例，即使是性生活也很难有隐私，毕竟睡在一起的还有自己的小孩，其他夫妻也能看到他们的床。在美国的新居家庭中，到了结婚年龄的子女成家之后则必须自立门户，父母和子女才能享有充分的隐私权。

由于美国人重视独立、个人主义、自立和隐私，照顾老年人便和这些价值观格格不入。我们可以接受婴儿的依赖，因为没有一个婴儿可独立存活，但是老年人已独立生活了几十年，又变回依赖他人，便令人难以适应。然而，老年人总有一天无法独立生活，丧失生活自理的能力，只能依赖别人，放弃自己的隐私。子女到了中年，眼睁睁地看着父母失去生活能力，变得依赖他人，内心也痛苦万分。也许很多读者都看过这样的例子：老人坚持独立生活，但有一天出了意外，像是跌倒导致臀骨骨折，从此无法下床而必须依赖别人。老年人因此感叹无法独立、失去自尊，年轻人也视照顾老年人为沉重的负担。

第三种不利于老人的价值观就是崇尚青春。在科技进展一日千里的现代社会，年轻人接受的教育使他们的知识与时俱进，不仅有利于他们面对每天的挑战，而且使他们成为职场的生力军。我现年84岁，我太太73岁，每次我们打开电视都不禁感叹自己不年轻了。小时候，我们家的电视机只有三个按钮：一个是开关，一个是音量按钮，还有一个则是频道选择按钮。现在，我们的电视机遥控器上有41个按钮，我们常常不知道要怎么操作，得打电话问儿子。在现代美国社会的激烈竞争中，年轻人因为速度快、耐力强、有气力、灵活、反应敏捷而占尽优势。此外，现今还有不少美国人是第二代移民，他们的父母在国外出生、长大，说英语总是有口音，欠缺在美国社会生存的重要知识与技能。

现代美国人的确有充足的理由崇尚青春。然而，这种现象似乎影响了很多生活层面并造成不公平。没错，我们认为年轻人漂亮俊美，但为什么大家都认为金发、棕发或黑发要比银发或白发更好看？电视、杂志和报纸广告上的服装模特清一色是年轻模特，似乎用70岁的老人当模特来展示衬衫或裙装是件奇怪的事。为什么呢？经济学家也许会回答，因为年轻人常买衣服，对品牌的忠诚度也没那么高。按照这样的理论，70岁的模特与20岁的模特的比例应该反映出这两个年龄层购买服装的频率与对品牌的爱好。然而，尽管70岁的人也买衣服，对品牌也有一定忠诚度，但目前几乎没有70岁的模特。同样，饮料、啤酒或汽车广告也都找年轻模特（见图34），尽管老人也喝饮料和啤酒、买新车。只有成人纸尿裤、关节炎药物和退休金计划的广告会找老年人拍摄（见图35）。

饮料广告不找老年人当模特没关系，但是上了年纪的应征者在求职时常四处碰壁，年老的病人得不到有限的医疗资源，这些都是社会问题。更严重的是，不只是年轻人对年老有负面的看法，老年人自己也是如此。根据哈里斯民意调查，美国人认为老年人无聊、心胸狭窄、喜欢依赖、孤僻、不受人重视、落伍、被动、贫穷、经常坐着不动、没有性能力、多病、迟钝、没有生产力、对死亡有病态的恐惧、害怕坏人、老是在睡觉或是坐着发呆，以及沉湎于回忆。尽管接受意见调查的老年人强调自己不是那样的人，但他们和接受调查的年轻人依然认为一般老年人都是如此。

社会规则

至此，我们已探讨了多个影响社会对待老人的因素，包括社会是否有能力赡养老人、老人的用处、社会价值观等。然而，这些都是终极因，无助于解释关乎老人的日常决定。例如，如果我们今天猎捕了一只羚羊，要不要切一块肉给老爷爷吃？的确，老爷爷年纪已经很大，不能出去打猎了。儿孙在切羚羊肉的时候，并不会以老爷爷的用处和价值为着眼点，例如说："你还记得在龙卷风过后，如何寻找食物，因此我们愿意给你一块肉。"事实上，日常的决定与社会规则有关，后者决定在哪种情形下人们该怎么做。因此，儿孙在分配羚羊肉的时候用不着思考老人与龙卷风的关系。

每个社会都有不同的规则，作为人们行事的依据。社会规则使老年人拥有对资源的处置权，并且这得到了年轻人的认可。尽管年轻人与老年人有利益冲突，都希望取得最多的资源，而年轻人也有足够的力气从老年人那里把资源抢过来，但年轻人还是遵从老年人的意见，让老年人控制资源。年轻人愿意这么做是因为他们同意等待，等到自己年老，也就能够握有这样的权力和资源。这种例子不胜枚举，在此我将举出三个例子。

最简单的就是食物禁忌。某些食物年轻人不可以吃，只有老人才可以吃。年轻人吃了将会危害自己的健康，但老年人因为年纪大，吃再多都没关系。每个社会都有自己的食物禁忌，尤其是传统社会。如年轻的奥马哈（Omaha）印第安人不得把动物的骨头折断吸取其中的骨髓，否则脚踝容易扭伤，但老人吃骨髓就没有问题。又以婆罗洲的伊班人（Iban）为例，老人可以吃鹿肉，年轻人则禁止食用，否则会像鹿一样胆小。西伯利亚的楚克奇人中，只有老人可喝驯鹿的奶，年轻男子喝了会阳痿，年轻女子喝了则会乳房下垂。

澳大利亚沙漠艾丽斯斯普林斯附近的阿兰达人（Aranda）也有特别的食物禁忌。最美味的食物必须留给老人享用，年轻人如果贪图口腹之欲吃了那些食物将会遭遇厄运。例如接受割礼的年轻人吃了母袋狸的肉，将会出血至死；吃了鸸鹋，生殖器则会变得畸形；吃了鹦鹉，脑袋上方和下巴都会出现一个洞；吃了野猫，则头颈部都会溃烂，散发出难闻的气味。年轻女性吃了母袋狸的肉，月经来潮将出血不止；吃了袋鼠尾巴，会早衰、变成秃头；吃了鹌鹑，乳房不会发育；反之，吃了褐鹰，乳房会胀破但不能分泌乳汁。

很多传统社会的老人也把年轻女子视为年轻男子的禁忌。在这样的社会规则之下，老人不只可以娶少妻，而且可以拥有三妻四妾，而年轻男子则必须等到40岁或者更老才能娶妻。很多社会都有这种习俗，如东非的阿坎巴族（Akamba）、南美的阿劳干印第安人、西非的巴刚族（Bakong）、西南太平洋的班克斯岛岛民、北非的柏柏尔人（Berber）、西伯利亚的楚克奇人、婆罗洲的伊班人、加拿大拉布拉多省的因纽特人、南非的科萨人（Xhosa），以及澳大利亚多个部落的原住民。我在新几内亚北部低地就见过这样一个例子。一个名叫约诺（Yono）的跛足老人指着一个年轻女孩，跟我说那女孩就是他的未婚妻。那女孩看起来还不到10岁。他说，他在那女孩出生时已付了一笔订金，每隔一段时间就会送东西到她的父母家，等她胸部发育、月经来潮，就可以把她娶回家。

我们不禁要问，年轻人为什么愿意遵守那些禁忌，甚至让老人娶年轻女孩？也许年轻人认为等到自己年老后，也能享有这些特权。同时，他们也会在年轻女孩身边徘徊，等她们的丈夫不在就乘虚而入。

然而，上述规则在现代工业社会根本行不通。现代社会的老人常以另一种方式使年轻人愿意赡养、照顾他们，也就是财产的控制权。现代社会的老人和很多传统社会的老人一样，等到死后才会把财产交给子女继承。如果子女不愿意赡养自己，老人就能以更改遗嘱来威胁他们。

以昆族而言，土地的所有权归游群里最年长的人，而非归游群所有的人。很多农牧社会也是如此，土地、牲畜和有价值的财物都归老一辈，特别是大家长所有。因此家长在家族中的地位崇高，可以命令子女赡养、照顾自己。如《旧约圣经》中的亚伯拉罕和其他希伯来家长，在年老时就拥有许多牲畜。楚克奇老人拥有驯鹿，蒙古老人拥有很多马匹，纳瓦霍老人则有马匹、绵羊、牛、山羊，哈萨克斯坦老人除了马匹、绵羊、牛、山羊，还有骆驼。老人常借由牲畜、农田等资产来控制年青一代。

在很多社会，老一代人仍能牢牢地掌握权力，这样的政治体制就是所谓的"老人政治"，可见于古希伯来人、很多非洲畜牧社会、澳大利亚原住民和爱尔兰乡村。如考吉尔所述："在爱尔兰，家庭农场的所有人还是年迈的家长。儿子继续在自家农场工作，无法领取任何酬劳，生活则依靠父母的经济支持，无法娶妻生子。在没有明确的继承制度下，父亲便可能利用继承权来左右儿女，让他们顺从。然而，总有一天，他还是得把农场交给儿子，同时为自己和妻子保留最大、最舒适的房间，确保自己能够安稳地度过余生。"

如果我们了解现代社会的老人通过财产权来为自己取得保障，就可了解为何传统社会的老人强迫年轻人接受食物禁忌，以及娶年轻女孩为妻。我初次听闻这样的习俗，心中不免出现一个疑问："为什么部落的年轻人不干脆把那些好吃的东西抢过来，如骨髓或鹿肉，并跟年轻、漂亮的女人结婚？为什么他们愿意等到40岁之后？"传统部落的年轻人就像我们社会的年轻人。我们社会的年轻人不会违反父母的意愿，从父母手中把财产抢夺过来，不只是因为他们不愿和年迈的父母作对，更是因为他们不得不遵守社会规则。部落所有的年轻人为何不团结起来反抗老年人，说"我们要改变社会规则，从今天开始，我们年轻人也能吃骨髓"？同理，改变社会规则的过程漫长、艰辛，老人握有较多的筹码，不容易被扳倒。年轻人很难在一夕之间改变自己对老人的态度。

今昔相比

今日社会的老人与传统社会的老人相比有何改变？虽然有一些地方大有改进，但其他很多地方显然变得更糟。

好消息是今天的老人更长寿，健康情况也更好，可享受更多的休闲娱乐，而且不像古人经常必须面对白发人送黑发人的悲剧。在发达国家中，人民平均寿命为 79 岁，日本甚至已达 84 岁，约是传统社会居民平均寿命的两倍。现代社会人类寿命延长的原因包括公共卫生的改善（如注重饮水的卫生安全、纱窗的装设、疫苗注射）加上现代医学的进步，有助于对抗传染病，食物分配系统更有效率避免了饥荒（参看第八章和第十一章），以及战争死亡人数骤减（第四章）。得益于现代医学和交通运输科技，现代的老人生活质量大有提升。例如，最近我刚从非洲旅行回来，与我同行的 14 个团员当中，有 3 个介于 86~90 岁，尽管年事已高，他们都还可以进行适度的徒步旅行。现今的美国人，57% 的男人和68%的女人都可以活到80岁以上，多半可在有生之年看到自己的曾孙。发达国家的婴儿98%以上都可顺利度过幼儿期和儿童期，反之传统社会的孩子则有半数在青春期之前就夭折了。因此，发达国家的父母很少经历孩子死亡的悲痛。

然而，我们却面临更多的坏消息。由于生育率下降、老人的存活率上升，现今老年人口越来越多，儿童以及能工作、有生产力的年轻人却越来越少。过去人口呈正金字塔形，下面是众多的年轻人，上面则是人数稀少的老人，现在这个金字塔已经反转。目前，65岁以上的老人在贫穷的国家只占人口总数的2%，但在某些发达国家已占人口总数的20%以上。人类社会的老人比例未曾像今天这么高。

这样的人口比例有一个明显的负面后果，即今天社会扶养老人的负担更加沉重。这也就是美国、欧洲各国及日本社会福利制度危机的根源，有生产力的年轻人口过少，最后将无法支付老人的退休金。然而，如果老人继续工作，年轻人的工作机会又会减少。反之，如果老人退休，社会福利制度将由年青一代来负担，由于年轻人口骤减，他们的负担将沉重许多。老人即使希望与子女同住，让子女照顾、赡养，子女也不一定愿意。我们不由得想到，是否该考虑传统社会结束老人生命的选择，如协助自杀、鼓励自杀或安乐死。当然，我绝非建议读者做这样的选择，而是注意到近来这些选择已成为社会大众、立法者和法庭不断辩论的议题。

人口结构成为倒金字塔形的另一个后果是，尽管老人仍对社会有用，但如果人数众多，其用处将变得有限。假设伦内尔岛上有 100 个老人仍记得龙卷风来袭的情景，以及如何因应这样的灾难，当地社会就不会特别尊敬、重视那个 80 岁的老婆婆。

年老对男性与女性的冲击也各有不同。发达国家的女性平均寿命比男性更长，也就代表女性成为遗孀要比男性变成鳏夫的可能性更大。例如，美国年老男性已婚比例占 80%，其中鳏夫只占 12%，相比之下，年老女性已婚的比例不到 40%，其中一半是遗孀。会有这样的现象，一个原因是女性平均寿命比较长，另一个原因则是男女在结婚时，男性的年龄比女性大，而且鳏夫很可能再婚，娶年轻的新老婆，遗孀则很少和比自己年轻的男性结婚。

过去，老人总是住在同一个地方，甚至自成年以后都住在同一间房子里，和同一群人一起过日子。通常，他们有子女和媳妇或女婿住在附近，与社会的关系紧密，身边都是交往一辈子的朋友。

但在现代的发达国家，老人很少有这样紧密的社会关系。在新居家庭的结构中，子女婚后则自立门户，不和新郎或新娘的父母同住。所谓的空巢综合征随之而生。在 20 世纪初的美国，男女结婚之时，双方的父亲或母亲通常已不在人世，因此他们的父母很少经历空巢期，即使出现空巢期，也通常不到两年。现在的美国父母在子女成家、自立门户之后，至少需面对 10 年以上的空巢期，长达数十年也很常见。

在空巢期盛行的美国社会中，很多老人很难住在老朋友的附近。美国每年迁居人口多达20%，因此不管是年迈的父母，还是父母的朋友，他们一生都可能会搬很多次家。有些老人会跟自己的一个子女同住，如果子女搬家，就得跟着他们搬迁。有些老人可能选择住在朋友家附近，不一定和子女一起居住。还有些老人则远离朋友和子女，一个人住。此外，也有不少人住在养老院，子女偶尔前去探望。这正如本章开头那个斐济朋友的指责："你们美国人不顾自己年迈的父母，把老人都抛弃了！"

除了新居家庭结构、住处经常搬迁，造成现代老人在社会上被孤立的另一个因素就是从职场正式退休。这是19世纪末才出现的社会现象，在此之前，人们一直工作，直到年老体衰、身心不堪负荷。目前，在工业化国家，因各国制度不同，退休年龄范围为50~70岁（日本人较早退休，挪威人则比较晚）。此外，退休年龄也因职业而有所不同，如飞行员较早退休，大学教授则比较晚。现代工业社会把退休纳入正式政策可归因于三个趋势。一是平均寿命增长，到了某个年龄，很多人便无法继续工作，只能退休。如果人们平均寿命不到50岁，就用不着强制其在60岁或70岁退休。二是经济生产力增加，只要少数人工作，就有强大的生产力，供养大多数不工作的人。

三是社会保险使老人在退休之后生活无虞。政府强制或支持养老保险始于19世纪80年代的德国。俾斯麦通过立法，建立了世界上最早的工人养老金、健康和医疗保险制度及社会保险，以政府的力量照顾社会中的弱势群体。在接下来的几十年，这样的制度渐渐传到西欧、北欧和新西兰，美国也在1935年通过了

《社会保障法案》。然而，并非每个老人都欢迎这样的制度。很多人到了某个年龄（如 65 岁或 60 岁）即被迫退休，但他们仍希望继续工作，也还有工作能力，有些人甚至正处于生产力的巅峰。当然，至少老人可以选择退休，利用政府福利制度颐养天年。但退休也带来新的问题，也就是多年的工作关系将被切断，老人可能过着孤立的生活。

为了解决老人的居住和照顾问题，现代社会开始出现养老院这样专司照顾孤单老人的机构。虽然古时的修道院和修女院会收留孤苦无依的老人，但全世界第一家公共养老院是在 1740 年玛丽亚·特利莎主政时的奥地利成立的。这样的机构有各种形态和名称，如退休之家、退休小区、老人院和养护中心。由于现代很多成年子女都必须外出工作，无法在白天照顾年老的父母，于是把父母送到养老院。老人住进养老院后也可结交新朋友，以发展新的社会关系。然而，有些老人进了养老院后，物质生活虽然不再缺乏，但社会需求未得到满足，如子女每年只去探望一次，甚至完全不闻不问。

现代老人更加孤立的一个原因是，他们在社会上的用处不比以前，这主要体现在三个方面。一是现代社会识字率高、教育普及广、科技进展神速，我们现在以文字来储存知识，不需要倚赖老人的记忆保存知识。二是所有的国家都支持教育体系，发达国家的学校都提供义务教育，老人不再是社会的老师。三是过去的科技进展如蜗牛前进，一个人在儿时学到的技能 70 年后依然有用，但是今天的科技发展日新月异，每隔几年就有重大的进展，旧的技术很快就落伍了，因此一个老人70年前学的东西早就没有用了。以我自身的经验为例，我在20世纪40年代和50年代初期上学的时候，老师教给我们计算乘法的4种方式：背诵乘法表、在纸上进行竖式乘法运算、使用计算尺以及使用对数表。这4种方式我都非常精熟，但是这样的技能已经没用了。我儿子那一代的年轻人拿出袖珍型计算器，几秒就能得到正确答案。同样，我虽然会做真空管收音机，也会开手动挡汽车，但这些技能也都过时了。我这一代的人年轻时学的技能大都没用了，还有许多我们不曾学过的东西却已成为不可或缺的能力。

老人问题的因应之道

简而言之，在现代西方社会，近百年来老人的地位已有很大的转变。我们还在摸索如何解决因此而产生的问题。从一方面来看，老人的寿命更长，健康状况也比以前的老人好，现代社会也更富足，可以给老人更好的照顾；从另一方面来看，老人的技能大都已经过时，不能再发挥作用，尽管身体比较健康，但在社会上的处境更加悲惨。大多数读者也许已经开始面对这样的问题，或是不知如何安置年老的父母，或是自己已经是老人。我们该怎么做？我将从我个人的观察提出几点建议供大家参考。

第一个建议是，身为祖父母的老人可帮忙照顾孙子孙女，为子女减轻负担。在二战之前，美国和欧洲正值生育年龄的妇女大都在家当家庭主妇，照顾自己的孩子。然而，近几十年，年轻妇女基于个人兴趣或经济因素纷纷投入职场，外出工作，照顾孩子就成了很多年轻父母头痛的问题。虽然他们可以请保姆或是把孩子送到托儿所，但照顾幼儿的细致程度依然令人担忧。

　　这时，祖父母就可以帮上很大的忙。他们有高度的责任心照顾自己的孙子孙女，自己也有养儿育女的经验，而且能够一对一专心地照顾孙子孙女，愿意无酬帮忙，不会突然说要跳槽，也不会抱怨薪水太低或没有奖金。我的朋友中很多已经当上祖父母，他们来自各个专业领域，如医生、律师、教授、企业家和工程师。他们经常照顾自己的孙子孙女，也很喜欢做这样的事，还可以让他们的子女、女婿或儿媳可以外出工作而无后顾之忧。我的这些朋友正像昆族的老人，留在营地帮忙照顾小孩，让他们的子女外出狩猎或是捡拾芒刚果。这样的安排使祖父母、父母和孩子三方都能获益。但是现在夫妇常到了三十几岁或40岁出头才生孩子，祖父母也许已经将近80岁或更老，就很难有体力照顾幼儿一整天。

　　第二个建议则是关于科技与社会的快速转变。在这种趋势下，虽然老人的技能早就过时，但他们依然可以提供宝贵的经验给下一代。毕竟，今天的年轻人因应问题和变化的经验还是不足。就像我在伦内尔岛遇见的那位80岁的老婆婆，她是恐怖龙卷风的幸存者，知道在灾后可以采集哪些果实果腹，以免饿死。同理，我们的老人的记忆也有可取之处。我将举两个例子说明这一点。第一个例子是关于我的大学导师。他生于1902年，1956年他告诉我，他亲身体验过马车被汽车取代的转变。他说，他们当时都为这样的运输革命欢欣鼓舞，街道不再遍地马粪，变得更干净，同时也少了马蹄声，变得更安静。今天我们却常常把汽车和污染、噪声联想在一起，可见科技变革也会带来让人意想不到的问题。

第二个例子则是我和我儿子乔舒亚在饭店的经历。有一天我和乔舒亚在饭店吃晚餐，结识了一个 86 岁的老先生。他为我和我那 22 岁的儿子描述了 1943 年 11 月 20 日，他和战友在西南太平洋的塔拉瓦环礁涉水登陆海滩与日军决战的情景。那场战斗非常惨烈，不到三天，在不足半平方英里的战场上，总计有 1 115 名美军壮烈牺牲，日军总数有 4 601 人，除了 19 人，其他都战死了。我第一次听闻战场归来的老兵讲述自己的故事，我希望乔舒亚永远不必经历这种恐怖。如果他那一代的年轻人能从老人口中听到世界大战的情景，应该能从中得到宝贵的教训。

第三个建议则是了解老人的长处和短处，并善加利用他们的才能。随着年纪渐增，人不免会丧失一些能力，如抱负、竞争力、体力、耐力、专注力和思考能力。因此，像破解 DNA 结构这类问题最好留给 40 岁以下的年轻学者。反之，随着年龄增长，一个人的经验、对人的了解、人际关系以及整合跨领域问题的能力则会增强，也更能放下自我去帮助别人。所以，物种起源、生物的地理分布、比较历史等研究工作最好交给 40 岁以上的学者。这种转变使得年纪大的人倾向选择监督、管理、顾问、教学、拟定策略和统筹方面的工作。例如，我有一些农民朋友到了八十几岁已很少骑马或开拖拉机，而是花更多的时间思考农场的经营策略；我的律师朋友上了年纪后也较少上法庭打官司，而更多地指导年轻律师；一些医生朋友也是如此，他们因为年纪大了，很少做耗时、复杂的手术，工作目标变成训练年轻医生。

　　社会该利用老人的长处，看他们喜欢做什么事，而非强迫他们像年轻人一样每周工作60个小时，或是到了某个年龄就强制他们退休。反过来说，老人也应该好好思索自身的转变，想办法发挥自己的能力。有两位作曲家就值得我们学习（见图36~37）。这两位在年纪大的时候都很诚实地说出自己能做什么，以及不能做什么。为理查德·施特劳斯的歌剧写脚本的斯蒂芬·茨威格曾描述他和施特劳斯第一次见面的情景，那时施特劳斯已经67岁。"在我们见面的第一个小时，施特劳斯就坦白告诉我，作曲家到了70岁，便不再拥有神妙的灵感。因此，他已经写不出《蒂尔的恶作剧》(*Till Eulenspiegel*)和《死与净化》(*Tod und Verklärung*)（施特劳斯二三十岁的杰作）那样的交响诗。他已经没有鲜活的创造力。"但施特劳斯解释说，有些情景和文字还是会触动他的心弦，让他想用音乐表达出来，音乐主题甚至已在他心中萦绕。为女高音和管弦乐写的《最后四首歌》(*Four Last Songs*)就是他在84岁完成的作品。这是施特劳斯最后的作品，也是经典之作。乐曲营造出秋日萧瑟的气氛，让人感觉死亡的脚步近了，管弦乐褪尽铅华，摒除世俗与官能的况味，呈现真挚的情感，其中还引用了他在58年前写的一些乐曲片段。另一个作曲家朱塞佩·威尔第在54岁写出《唐·卡洛》(*Don Carlos*)、58岁创作《阿依达》(*Aida*)之后，本打算结束自己的创作生涯。

然而他的出版商还是说服了他继续写,他在 74 岁创作了《奥泰罗》(*Otello*)、80 岁完成《福斯塔夫》(*Falstaff*)。这两部晚年作品也是他最伟大的作品,风格简约、微妙,与早年的作品大不相同。

在这瞬息万变的现代社会,如何为老人开创更美好的生活一直是我们社会面临的最大挑战。过去很多人类社会善待老人,让他们发挥长处,都很值得我们学习。我们当然也能找出更好的解决方案。

第四部分

危险与应变

第七章

神经质的必要

面对危险的态度

我最初踏上新几内亚的时候,不知当地环境的险恶,而且粗心大意。记得我曾经花了一个月,在一群新几内亚朋友的陪伴下,在林木蓊郁的山间研究鸟类。我们先在海拔高度较低的地方扎营,一周后,我已把那里的鸟类都记录下来了,希望研究更高地方的鸟类,我们于是往上爬了几千英尺。至于接下来一周的露宿营地,我在森林里选中了一个地方。从一条狭长的山脊继续走,有一个宽阔的平台,附近坡度和缓,可让我随处走走、观察鸟类。那里还有一条小溪,我们不必走远就可以取水。我们在山脊平台的一侧落脚,那里正对着幽深的山谷,我可以观看老鹰飞翔的身影,也可以看到雨燕和鹦鹉。我决定在一棵大树底下扎营,那粗壮的树干上爬满了青苔。想到接下来的一周可在美景如画的林间徜徉,我就喜不自胜,请陪同我的那些新几内亚朋友先搭建帐篷底下的木头架子。

　　没想到他们变得焦躁不安，不肯把帐篷搭在那里。他们解释说，那棵大树已经死了，可能会倒下来，压垮我们的帐篷，我们就会被活活砸死。是的，我看得出那棵树已经死了，但我认为他们实在反应过度，于是劝说他们："那棵树很大，但是看起来很稳固，而且没有腐烂的迹象，不会被风吹倒的，更何况这里没有风。那棵树要倒下来也是好几年后的事。"然而这些朋友还是不放心，不肯睡在大树底下，宁可把他们的帐篷搭在空地上，离那棵树远一点儿，万一树倒下来，也不会被砸死。

　　当时，我真的觉得他们夸大了恐惧，简直到了神经质的地步。但在新几内亚森林待了几个月后，我注意到，在森林里几乎每天都听得到树木倒下的响声，也听说了一些新几内亚人被倒下来的树木砸死的事。这些新几内亚人常常住在森林里，也许一年中有 100 个夜晚，如果他们的平均寿命是 40 岁，一生中就有 4 000 个夜晚在森林中度过。我计算了一下：如果你做某件事可能致使你死亡，即便概率很低，比方说，每 1 000 次发生 1 次，但你要是每年做 100 次，不到 10 年，你就可能一命呜呼，无法活到 40 岁。新几内亚人不会因为森林里的树木会倒下来而裹足不前，但他们知道不睡在枯死的大树底下，就可避免被大树砸死的危险。他们会有这样神经质的反应其实很合理，我称其为"有益的神经质"。

　　但神经质怎么会有益呢？这种说法似乎矛盾。一般人总认为"神经质"是不好的，包括夸大恐惧的感觉、无缘无故的恐慌，甚至近乎妄想。新几内亚人反对在大树底下扎营时，我的想法也是如此。那么粗壮的树怎么可能突然倒下来？但长远来看，在原始的环境中，这种神经质的确有助于生存，这就是传统社会趋吉避凶之道。

这也是新几内亚人对我影响最深的地方。不只新几内亚人如此，全世界很多传统社会也如此。如果你必须常常做一件事，尽管风险很小，但是如果你不想早死或年纪轻轻就变成跛足，还是小心为妙。我因为受到这种态度的影响，回到美国之后，不管开车、淋浴、爬上梯子换电灯泡、上下楼梯，还是走在地面光滑的人行道，都非常谨慎。我的一些美国朋友看我这样小心翼翼都觉得疯狂、好笑。在我的西方朋友当中，和我一样小心的只有三个人。他们是职业使然：一个是开小飞机的驾驶员，一个是在伦敦街上执勤、没佩戴枪支的警察，还有一个则是钓鱼向导，常在山间的急流泛舟。这三位朋友在长年的工作中都看过同行因为不小心而丧命，因此凡事谨慎，步步为营。

当然，不只是新几内亚丛林危机四伏，在西方生活一样有不测之灾，不管你是不是飞机驾驶员、警察或钓鱼向导。然而，现代西方生活中的危险还是和传统社会有所区别。显然，危险的种类不同。我们更可能发生车祸、遭到恐怖分子的攻击或是心肌梗死。对传统社会而言，他们面临的危险则是狮子、敌人和被倒下的树木砸死。大抵而言，传统社会面临的危险还是比我们多，因此我们的平均寿命是他们的两倍，这意味着我们平均每年面临的危险只有他们的一半。另一个显著的差异是，我们受伤的时候可尽快就医，但新几内亚人就可能伤残或者死亡。有一次，我在波士顿结冰的街道上摔倒，脚骨折了。我一跛一跛地走到最近的电话亭，向我当医生的父亲求救，他随即开车过来载我到医院。另一次，我在巴布亚新几内亚布干维尔岛因膝盖受伤而无法走路，发现自己离岸边足足有20英里，呼天不应、叫地不灵。新几内亚人如果骨折，没办法找骨科医生治疗，最后骨头可能愈合不良，造成永久损伤。

我将在这一章描述我在新几内亚碰到的三件事，来说明为什么神经质是有必要的。在第一件事发生之时，我完全没有经验，不知大难临头。当时我和一般的西方人没什么两样，对周遭环境没有戒心，但在传统、原始社会生存的确需要改变心态，才能平安度日。第二件事发生在10年后，我终于知道了神经质的重要性。这次我因为提高了警惕，不再粗心大意，得以逃过一劫。10年后，我又遭遇另一件事。当时，有位新几内亚朋友就在我身边。我们在空无一人的山林空地上发现了一根插在地上的树枝。我的朋友认为这可能是有人故意在这里做的标记，因此我们必须小心提防。他的谨慎与明察秋毫让我印象深刻。我将在下一章继续讨论传统社会面临的危险种类，以及他们如何评估、因应。

雨夜怪客

一天早晨，我在13个新几内亚高地人的陪伴下，从一个大村子转往一个孤立的小村子，预计要走上好几天。那个小村子在一座小丘上，人口稀少，远比不上高地。高地可种甘薯、芋头，能养活很多人，因此人口稠密；低地则多种植西米棕榈，有不少淡水鱼，那里也是脑型疟疾最流行的地方。出发前，有人告诉我，这趟旅程约耗时三天，必须走过险恶的森林。那里几乎没什么人，几年前才成为政府管辖之地，先前还发生过部落战争，据说仍有族内食人的习俗，也就是人死后常会被亲友吃掉。我有几个同伴来自那个地方，但大多数同伴都是高地人，对当地的情况一无所知。

第一天的旅程还算顺利。我们绕过一座山之后慢慢向上爬，通过山脊，然后沿着河流往下走。但第二天就没那么容易了。我们在早上8点拔营，那时飘起了蒙蒙细雨。由于没有林间小路，我们不得不渡过山间急流，在湿滑的大石头上爬上爬下。尽管我的那些新几内亚朋友可在崎岖的高地上健步如飞，但当时也有身陷梦魇之感。到了下午4点，我们已沿着河流往下走了2 000英尺左右。此时，大家已精疲力竭。我们在雨中扎营，晚饭是煮的米饭配鱼罐头。饱食一顿之后，雨还没停，我们随即准备睡觉。

接下来，我得详细说明帐篷的布局，才能让人理解那晚发生的事。我的新几内亚朋友睡在一顶倒V字形的长形防水帆布帐篷里，两端都是开放的，前后都可进出。帐篷顶端的横梁很高，因此帐篷底下可以站人。我用的则是鲜绿色的尤里卡牌自动帐篷，骨架是很轻的金属做的，前方有可掀式的门，后方有小小的窗户。睡前，我已经把门窗的拉链拉好。我住的帐篷的前门正对着新几内亚朋友住的大帐篷的一个开口，相隔只有几码。如果有人从那个帐篷走出来,会先走到我休息的帐篷的门前,然后经过我的帐篷的一侧,再走到帐篷的末端,也就是有窗户的地方。由于我那顶帐篷的门窗都已关上,没见过这种帐篷的人根本不知道门在哪一边。我头向着帐篷后面,脚朝向前门。因为帐篷不是透明的,所以从外面看不到里面的情况。我的新几内亚朋友为了取暖,在帐篷里生了火。

经过这一天的折磨,我们累得倒头就睡。我不知睡了多久,才发现外面传来轻柔的脚步声,地面也因有人走过而微微震动。有一个人走到我的帐篷后端,也就是靠近我头部的地方,然后停了下来。此时,所有的声音和动作都静止了。我猜,那个人可能是从大帐篷出来小便的同伴。奇怪的是,如果要小便,那他该离我的帐篷远一点儿,不知他为何故意经过我的帐篷,还站在帐篷后面。但那时我实在是困极了,没去推敲他的用意,便沉沉地睡着了。不久,我被同伴说话的声音吵醒。从他们那顶帐篷内透出的火光来看,显然出现了骚动。这没有什么不寻常,新几内亚人时常在半夜醒来说话。我大声叫他们安静一点儿,让我好好睡觉。那晚,我根本不觉得发生了什么值得大惊小怪的事。

第二天一早,我醒来之后,掀开帐篷的门,走到外面,向我的同伴问好,然后开始准备早餐。他们告诉我,他们半夜醒来说话是因为好几个人都看到了一个陌生人站在他们帐篷的出入口。那个人知道自己被发现了,于是伸出一只手臂,手指往下弯向手腕。有几个新几内亚人看到这样的手势,不禁惊叫出声。他们的叫声让在睡梦中的我误以为他们半夜还在讲话。其他新几内亚人

图1 新几内亚高地人（之前见过一个欧洲人）与澳大利亚矿工丹·莱希的第一次接触。这张照片拍摄于1931年丘阿韦地区。（参看第一章）

图2 第一次接触。新几内亚高地人第一次见到白人因惊恐不已而号啕大哭。照片摄于1933年莱希等人的新几内亚高地探险之旅。（参看第一章）

图3 新几内亚高地巴连河山谷的达尼族男人。

图4 在传统社会边境，一个达尼族守卫在新几内亚高地巴连河山谷的守望塔顶端驻守。

图5 在美国与墨西哥边境，美国海关边境巡逻瞭望塔上装有遥控摄像机。

图6 达尼族在新几内亚高地的巴连河山谷举行盛宴。传统社会的人们其实很少大吃大喝，他们吃的东西不易使人肥胖（像达尼族吃的甘薯中所含脂肪很少），因此，即便偶尔吃得多也不会变得过度肥胖或是患糖尿病。（参看第十一章）

图7 传统社会的交易。新几内亚商人搭乘独木舟,载了一船的货物造访邻近社会以进行交易。(参看第一章)

图8 阿拉斯加的伊努皮亚特女人。

图9 苏丹努尔族女人。

图 10　非洲卡拉哈迪沙漠的昆族猎人。

图 11　巴拉圭森林中的阿切印第安男人。

图 12　孟加拉湾的安达曼岛人。

图 13　委内瑞拉森林中的雅诺马莫印第安女孩。

图 14　菲律宾吕宋岛森林中的阿埃塔族女人。

图 15　非洲赤道森林阿卡俾格米族父子。

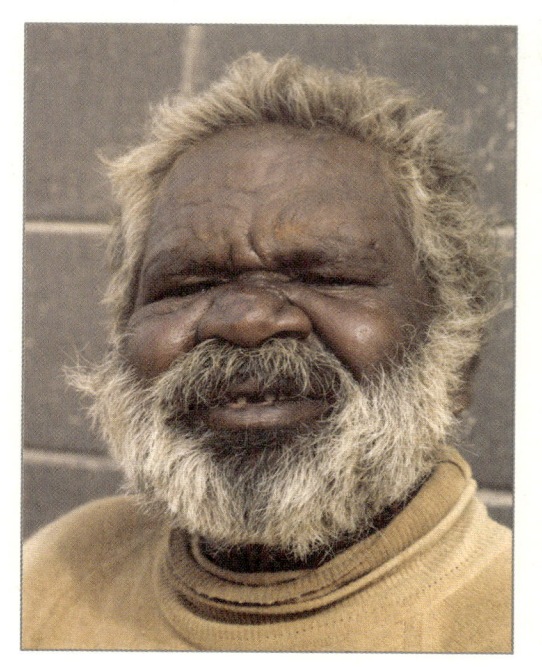

图16 巴西亚马孙雨林皮拉亚印第安夫妻及其幼子。

图17 澳大利亚原住民。

图 18　坦桑尼亚的哈扎人。

图 19　国与国的边境。一个亚洲商人在俄罗斯与中国边境市场拿出护照和签证供俄罗斯官员检查。（参看第一章）

图 20 现代交易。专业的店员在商店中贩卖商品给顾客并收取政府发行的法定货币。(参看第一章)

图21 传统社会的争端调解会议。在一个乌干达村落发生争端的双方彼此熟识，大家聚在一起商讨解决之道，以弥补损失，便于日后和平共处。

图 22　美国加利福尼亚州的埃莉·内斯勒因其子参加基督徒夏令营时，疑似遭到营队辅导员德赖弗性侵而开枪将他击毙。尽管每个做父母的人都能理解内斯勒的愤怒，但如果每个人都像她一样寻求私法正义，社会很快就会陷入政府崩解的混乱状态。（参看第二章）

图23 现代社会的争端解决之道。在美国的一个法院现场,被告律师(左)和刑事检察官(右)在法官(中)面前激辩。犯罪嫌疑人、受害人及受害人的家属在犯罪事件发生之前素不相识,官司结束之后也不会再见面。(参看第二章)

图24 传统部落战争。新几内亚高地巴连河山谷的达尼族部落拿着长矛正面交战。交战双方大都互相认识。死伤最多的一天是1966年6月4日,达尼族的北部联盟夺走南部联盟125条人命,约占南部联盟人口总数的5%。

图 25 现代战争。1945 年 8 月 6 日,广岛遭原子弹轰炸。投弹的美国士兵并不认识受害人,也没看到受害者的脸。当时在广岛惨死的日本人多达 10 万,是现代战争伤亡最惨重的一天,死亡人数占当时日本人口总数的 0.1%。虽然现代战争绝对死亡人数比较多,但以地区人口的标准来看,传统部落战争死亡人数占当地人口总数比例高,因此更为惨烈。(参看第三章)

图26　传统社会孩子的自主性。一个普梅印第安小男孩拿着一把长长的尖刀在玩耍。很多传统社会都允许孩子自己做决定，即使他们做危险的事也不会制止。大多数现代社会的父母则不会允许孩子这么做。（参看第五章）

图27　现代的保姆或妈妈常把婴儿放在婴儿车上。婴儿平躺，面向后方。（参看第五章）

图 28　一个哈扎老祖母背着孙子到森林中采集。传统社会的老人会帮忙照顾幼儿、提供食物，因此对社会有很大的贡献。

图 29　传统社会中帮忙照顾孩子的人总是与孩子有肌肤接触，让孩子直立，看着前方，和照顾者面向同一个方向。见图中普梅印第安女孩抱着弟弟的样子。（参看第五章）

图 30　现代工业社会孩子的玩具。一个美国女孩在玩具堆中玩耍。每一样玩具都是由厂商制造、在商店贩卖的成品，不像传统社会孩子的玩具是由自己设计、制作的。

图31 传统社会孩子的玩具。莫桑比克男孩知道车轴等汽车零件的运作原理,自己或父母会设计、制造玩具车。这样的玩具深具教育意义。

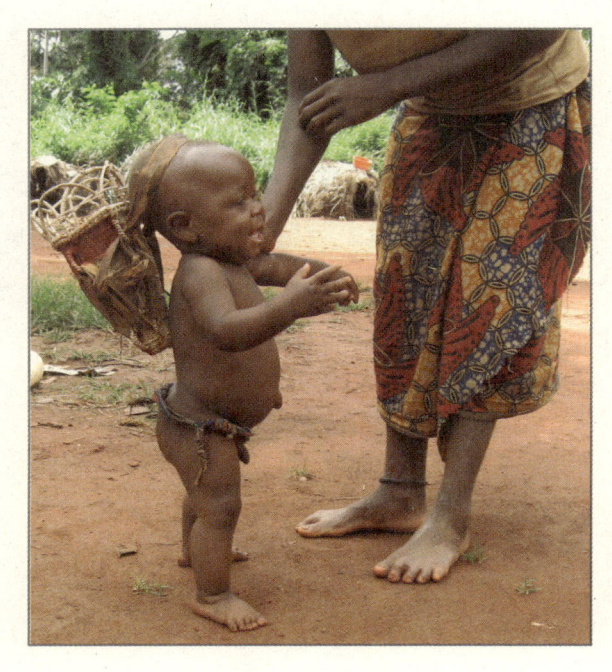

图32 传统社会的儿童玩具。一个阿卡俾格米族的小孩头上戴着一个玩具竹篮,和成人载运东西的竹篮很像。

图 33 一个普梅印第安老人正在做箭矢。不少传统社会的老人制造工具、武器、篮子、陶罐的技艺高超,因此是"社群之宝"。

图 34　在中国推出的可口可乐广告。美国崇尚青春的作风也传到了中国，即使挑选广告模特也喜欢用年轻人。其实，老年人和年轻人都会喝可乐，但我们何时见过老年人出现在可乐广告中？（参看第六章）

图 35　老年人生活咨询、服务机构的广告。老年人极少出现在饮料、服饰或汽车广告中，却常出现在养老院、关节炎药物和成人纸尿裤的广告中。（参看第六章）

图 36 和图 37　作曲家理查德·施特劳斯（左）与朱塞佩·威尔第（下）在晚年仍将自己的才华发挥得淋漓尽致，写出最伟大的作品。施特劳斯的《最后四首歌》是他在 84 岁完成的作品，这是施特劳斯最后的作品，也是经典之作。而威尔第则在 74 岁创作出《奥泰罗》，在 80 岁完成了《福斯塔夫》。

图38 现代社会生活的危险。车祸是现代社会的人们常会面临的重大危险。(参看第八章)

图39 传统社会生活的危险。一只巨鳄在印度尼西亚吃了好几个人后被捕获、杀死。野生动物是很多传统社会的人们面临的重大危险之一。(参看第八章)

图40 传统社会生活的危险——一个巴西男人爬到树上摘巴西莓。从树上掉下来或是被倒下来的树压到,都是传统社会的人们会面临的重大危险。(参看第八章)

图 41　风险管理。2008—2009 年金融海啸席卷全球之时,哈佛大学捐赠基金因投资失利,导致大笔亏损。如果哈佛大学的基金经理人也能像安第斯农民或新几内亚人那样谨慎,采取分散策略,损失就不会如此惨重。(参看第八章)

图42　这是古代宗教？1.5万年前，克罗马农人已经会缝制衣服、发明新工具，也在法国拉斯科的洞窟岩壁上留下许多栩栩如生、色彩鲜艳的动物和人物图像。现代游客借着火光欣赏这些壁画，内心无不充满对先人的敬佩之情。（参看第九章）

图 43 水巫术利用魔法探杖探测地下水源。占卜者走到人们欲开挖水井的地方，根据叉状树枝的旋转方向判断地下水源的位置。实验证实，利用水巫术占卜者成功的概率和胡乱猜测没什么不同，因此水巫术只是一种迷信。但是人在难以预料结果时，总会借由这类迷信或仪式来寻求答案。（参看第九章）

图 44 濒绝语言。阿拉斯加最后一个会说埃亚克语的老婆婆玛丽·史密斯·琼斯已于 2008 年 1 月过世，之后再也没有人会说埃亚克语。（参看第十章）

图45 第一次接触：最后一个雅希印第安人伊希。照片拍摄于1911年8月29日，他重返文明之地的当天。那时，他又累又怕，以为会被杀死。(参看第十章)

图46 现代人的大吃大喝。在美国和其他富裕的现代国家,人们每天都吃得过多(吃的食物约是一日所需的3倍),而且多半是高热量食物(如图中的炸鸡),所以会变得过度肥胖,最后罹患糖尿病。(参看第十一章)

图47 音乐之父巴赫也是糖尿病患者?从巴赫的肖像画来看,他脸颊丰腴、手指粗肥,加上晚年字迹变得潦草、视力模糊,这都符合糖尿病的病征。(参看第十一章)

听到这样的叫声也惊醒了，于是坐起来。接着，那个陌生人的身影就消失在雨夜中。我的新几内亚朋友指着泥地上的脚印给我看。至此，我还不觉得有任何可怕的地方。

我的确没想到有人会在这样一个雨夜，走过荒山野地，接近我们的营地。由于当时我在新几内亚见识过太多出乎意料的事，已经见怪不怪，丝毫没想到自己有生命危险。我们吃完早餐，随即拔营往前走，继续第三天的行程。我们渡过湍急的河流，接着踏上一条宽阔的路，沿着河岸，穿越树木高耸的森林。在森林深处，我觉得像是置身于宏伟的哥特式教堂。为了追逐鸟类，独自享受自然的大教堂，我加快脚步，把我的同伴抛在后头。我先走到了目的地，也就是河流上方的那个小村子，于是坐下来等我的朋友，等了很久，他们才赶上来。

我们在那个孤立的小村子待了近 10 天，过得十分惬意，我已忘了那个"雨夜怪客"。之后，我们得回到之前住的那个大村子。我的新几内亚朋友建议走另一条路回去，那就不必渡河。那条路从森林中穿过，干燥、好走。我们只花了两天就回到大村子。

后来，我向一位传教士提起这次旅程的经历。他已在当地住了好几年，也去过那个孤立的小村子。接下来几年，我和两个向导朋友变得更加熟络。我从他们俩和那位传教士的描述中得知，其实当地人都知道那个"雨夜怪客"，他是个疯狂、危险的巫师，曾拿着弓箭威胁那位传教士，也曾带着矛在那个孤立的小村子行凶，一边把人刺得血肉模糊，一边哈哈大笑。据说，当地已有好几个人被他杀死，包括他的两个老婆和 8 岁大的儿子。那个孩子因为没得到他的允许吃了一根香蕉，就被他狠心杀死。他有如精神异常的凶手，无法区分现实与想象，有时住在村子里，有时则独自一人在森林扎营，如果有女人不慎闯进他的营地附近，就会遭到杀害。

  由于他是个厉害的巫师，当地人根本不敢管他的事。他在半夜闯入我们的营地，被发现时所做出的手势（伸出一只手臂，手指往下弯向手腕），新几内亚人一看就知道是鹤鸵。鹤鸵是新几内亚最大的鸟类，当地人认为这种鸟是法术高强的巫师变成的。鹤鸵不会飞，是鸵鸟和鸸鹋的远亲，重达50~100磅，有着粗壮的腿和像剃刀一样锋利的爪子，可把狗或人开膛破肚，因而令人生畏。据说，那个巫师做出那样的手势就是在施法，模仿鹤鸵准备发动攻击时的头颈部。

  那个巫师半夜进入我们的营地究竟想做什么？我想，来者不善的可能性居大。他也许知道有个来自西方社会的人在绿帐篷里面睡觉。至于他为什么走到我的帐篷后面，而非站在帐篷前方，我猜那是因为他不想被我的新几内亚朋友发现，因为我帐篷的门正对着他们帐篷的出入口，或者他不知道入口在哪里，误以为帐篷后面才是入口。要是我当时对新几内亚已有一些认识，我也许在听到脚步声的时候就会立即意识到情况不对，甚至大叫。我也不敢像第二天那样把同伴抛在后面，一个人独自往前走。现在想起这件事，我觉得自己很愚蠢，身处危险而没有任何警觉。如果我足够神经质，就能早一点儿发现危险信号。

海上惊魂

有一天，我和我的新几内亚朋友马利克要从隶属印度尼西亚巴布亚省的一个小岛去新几内亚本岛，两者隔着十几英里宽的海峡。下午4点左右，离太阳下山还有两个多小时，我们和其他4名乘客上了一艘长约30英尺的木船。船尾装了两个发动机，船夫是3个年轻人。其他4名乘客都不是新几内亚人：一个是在新几内亚本岛工作的中国渔民，其他3个则分别来自印度尼西亚的安汶岛、塞兰岛和爪哇岛。船上的货物和乘客乘坐的地方上方4英尺处有塑料篷覆盖，塑料篷后方距离船尾约4英尺，前方则距离船首10英尺。那3名船夫坐在船尾，靠近发动机的地方，我和马利克坐在他们前面，面向船尾，由于我们的座位上方和两旁都有塑料篷覆盖，我们几乎看不到外面。其他4名乘客则坐在我们背后，面向船首。

开船了，船夫发动引擎，尽管那天浪很高，船还是全速前进。海水渐渐溅入船内，乘客埋怨了一下。溅进来的水越来越多，一名船夫立即把水舀出去。接着，更多的水溅进来，放在船首附近的行李都被浸湿了。我把手中的双筒望远镜放进我膝上的一个黄色小背包里，以免损坏。我还有一些重要的东西，像护照、钱和田野调查笔记也都用塑料袋包起来，放在那个黄色小背包内。引擎轰鸣加上海浪撞击，马利克和其他乘客不由得对船夫大叫，要他开慢点儿，或是掉头。（本次事件所有的对话都是用印度尼西亚语，也就是印度尼西亚巴布亚省的官方语言和通用语言。）但那名船夫还是不肯慢下来。更多的海水溅入船内。由于船内积水甚多，重量增加，船往下沉，海水从船的两侧流进来。

说时迟，那时快，船已经沉下去了。我怕船沉到海中之后，我会被困在塑料篷底下。接着，我和船上的每个人已在海中载浮载沉。由于事发突然，我的记忆已然模糊，不记得我们是从船尾没有塑料篷遮蔽的地方直接跳到海里，还是从塑料篷两边爬出去的，也不知道其他旅客的反应。后来，马利克告诉我，第一个跳下船的是船夫，第二个是我，第三个是他。

接下来的事情更加令我恐慌。我穿着笨重的登山靴、长袖衬衫和短裤。我们的船已经翻了，船底朝天，离我有几码远。我觉得登山靴很重，一直把我往下拉。我的第一个念头是："我要怎么做才不会沉下去？"我发现旁边有一个人紧抓着一个黄色救生圈。我也想抓那个救生圈，但另一个人把我推开。此时，浪头不小，我又吞进了一些海水。虽然我会游泳，但只能在游泳池游一小段。我想，我没办法在海里游很久或一直漂浮在海上。我没有任何东西可以攀附，我不禁被恐惧吞噬。虽然行李箱和汽油桶也在附近的海面上漂浮，但它们无法支撑我的重量。我们的船几乎整个没入海中，只剩船底浮在水面，说不定不久就会整个沉下去。我们离出发的那个小岛有好几英里远，另一个岛也一样遥远，放眼望去，看不到第二艘船。

马利克游到我身边，抓着我的领子，把我拉到船边。接下来的半小时，他就站在翻过来的引擎上，靠着船尾，我在船尾左侧，马利克抓着我的脖子，免得我漂走。我伸出双臂，抱着平滑的船尾底部。偶尔，我伸出右手去抓引擎，然而如此一来，我的头就会挨着水面，海水不时会溅到我脸上。因此，我只能想办法把脚伸到船尾左侧的船舷上，才能让身体固定。由于船翻了，我的脚在船舷上，而船舷已泡在水中，我只有头可以露出水面。每次浪一打来，船上的木头或船舷脱落的部分就摩擦我的膝盖，让我疼痛不已。我问马利克，我能否用一只手解开鞋带，以摆脱登山鞋的束缚，不然我觉得要被这双笨重的鞋子拉下去了。

我不时看着迎面击来的海浪，努力撑住。有时，我的一只脚会从船舷上掉下去，使我一直旋转。还有几次，我两脚都掉下来了，眼看着就要漂走，又努力游回来，或者马利克把我拉回来，让我再度用脚勾住船舷。我无时无刻不在想着如何才能活下去。我知道，我一刻也不能松懈，不然就会葬身海底。每一次海浪扑向我，都仿佛要把我带走，但我不敢有丝毫放松。每次漂走，我总是惊恐不已，拼命地游向木船。我还常常被水呛到，差点儿不能呼吸。

马利克站的位置似乎比较稳固，于是我渐渐从船的一侧移到船尾，试着用一只脚站在没入水中的引擎上，紧靠着马利克，面向船首。接着，我发现我可以用右手抓住与船身相连的木条，也许那是船舷的碎片，如此一来，我终于可以稳稳地抓着，头也能离水面比较远。可这样脚会很酸、很累。

我们似乎还在原地，并没有离那两个看得到的小岛近一点儿。如果船沉了，我实在无法在海面上漂浮。我问马利克，船还能浮着，是不是因为船身底下有空气，如果空气流失，船就会下沉。马利克说，木船本身就可以漂浮，我现在能做的就是抓紧，小心下一波浪涛的来袭，好好观察，以及等待（但我不知等待什么）。我问马利克，他还好吗。也许，我只是想从他的答案中得到安慰。

行李从木船下方漂了出来，有些因为有绳索绑着，一直在船首附近，其中包括我的三个行李箱。没绑好的行李就漂走了，包括我的红色帆布背包、绿色粗呢行李袋和马利克的行李。此时，我心中闪过一个念头：现在最要紧的就是活命，相比之下行李一点儿也不重要。但是我还是不由得开始盘算要如何解决旅途上的问题：如果我的护照丢了，可以重新申请，但是最近的美国大使馆在印度尼西亚首都，离这里有1 600多英里。如果我所有的钱和旅行支票都泡烂了，的确会很麻烦。我不确定我是否已把支票号码抄下来放在行李里面。如果我们获救，我得去借一笔钱，才能飞到印度尼西亚首都办新的护照，但是我要去哪里借钱？我最重要的东西（护照、钱、支票和鸟类观察笔记）都在那个黄色小背包里。我本来一直把那个背包抱在怀里，现在那个背包已不知去向。如果背包找不回来，也许我可以靠着记忆重建那些鸟类数据。然后，我又觉得荒谬，我甚至不知道自己能不能活命，想那么多又有什么用？

在这悲惨时刻，海景却美得震撼人心。我们头顶上是万里无云的蓝天，可爱的热带岛屿在远方，鸟儿在海面上飞翔。在努力求生之际，我仍不免被鸟类吸引，试着指认：噢，那是小凤头燕鸥（还是大凤头燕鸥？），也许是更小的一种燕鸥，还有一种绿蓑鹭。然而，有生以来，我第一次不知道自己能否活下去。我在想，万一我死了，我的母亲和未婚妻会多伤心。我想象母亲接到这样的电报："很遗憾通知您这个消息，您的儿子贾雷德昨日在太平洋溺亡。"

那时，我曾对自己说，如果这次大难不死，我就不再为琐碎的事心烦，我也将用不同的心态来面对人生。我本来对生养孩子一事犹豫不决，现在决意要养育下一代。如果这次能活下来，以后我是否还会回到新几内亚？新几内亚的生活危机四伏，不但常发生船难、坠机，而且如果在偏远的山林受伤或生病，很可能终身残疾。为了研究鸟类，冒这么多危险，到底值不值得？我想，如果我侥幸活下来，或许永远不会再回到新几内亚。

我接着思索，要怎么做才能活下来。我想起我的行李箱里面有两张折叠式塑料充气床垫和两个充气枕头，如果充满了气，应该可以充当救生工具。我请马利克去跟船首的人说行李箱里有床垫和枕头，他们可以帮忙取出来。我从口袋掏出行李箱的钥匙，交给马利克。但是不知道为什么，没人去帮我打开行李箱。

除了我和马利克，船上的其他4名乘客和3名船夫现在都在船首，有的紧抱船壳，有的坐在上面。来自塞兰岛的那名乘客潜到船壳下方，寻找有用的东西，结果找到了3个救生圈，于是把这些救生圈交给船首的那些人。没有人帮我和马利克。来自安汶岛的那个人在哭，不断地说："我不会游泳，我们就快死了！"爪哇人念念有词地在祷告。中国渔民说，太阳下山之后，如果下起雨来或是波浪汹涌，漂浮在海上的我们恐怕凶多吉少。他又说:"老天爷,救救我们吧!"马利克说,如果我们不能在一个小时之内或是太阳下山前获救,那就没希望了,因为我们将随着洋流漂到离陆地更远的地方,我们无法在海上漂浮一整晚。我还没想到太阳下山之后的危险。我只知道我们白天已在海上漂流了一个小时,全身湿透,冷得发抖,拼命抱着船壳,已快精疲力竭。如果要在黑夜的海上漂流12个小时,不知会是什么样的酷刑?但那三名船夫和塞兰人似乎一点儿也不紧张,有一个在唱歌,其他人偶尔跳到海中,在船身附近游泳。塞兰人坐在船壳上,吃榴梿。那几名乘客带了好几个榴梿上船,硕大的果实在船身附近漂浮。

我们一直留意着附近有没有船只经过。除了远远的几艘开向新几内亚本岛的船,看不到其他船。五点半,离日落还有一个小时,我们看到三艘小船从本岛驶来。虽然那几艘船有可能经过我们,但现在还距离很远。我们船上的一名乘客把衬衫绑在木棍上,站在船壳上不断挥舞,希望能引起那几艘船的注意。塞兰人要我脱下身上的蓝衬衫。马利克也把我的衬衫绑在棍子上站起来挥舞。我们每一个人都大叫:"Tolong(救命)!"然而,那几艘船离我们很远,恐怕听不到。

我仍站在船尾翻过来的引擎上,至少有个稳固的地方可以站立,马利克则和其他7个人站在平滑的船壳前方,没有任何地方可以抓握。但我知道,我不可能一整晚都站在引擎上,我的脚已经快撑不住了。我对着马利克叫喊,问他我是否可以和他们一起坐在船壳上。他说:"可以。"但我要从船尾走到前方,就得走过圆弧状湿滑的船壳。我从引擎下来,站在船壳上,然后往前走。我一下子就掉到海里,只能赶紧游回来,从船首爬上去,在中国渔民的后面找了个地方跨坐在上面。由于我的手没有可以紧抓的地方,脚也没有可以站立的地方,船壳一摇晃,我就得调整身体的位置。我被甩到海里好几次,然后再游回来。海水虽然温暖,但我从海里爬上来,坐在船壳上,由于全身湿透,风一吹就冷得直打哆嗦。没想到我在热带低地还会失温。要是我全身干燥,说不定还会觉得热,但我全身湿透,所以很怕冷。坐在船壳上,头不会被水泼到,脚也不会酸,的确比较舒服。我想,这样应该能多撑一会儿。

眼看着夕阳即将西沉,有两名船夫说他们要去求救,于是拿了两个救生圈,游向我们出发的小岛。此时,我们还不知道远方那三艘小船会不会靠近我们、看到我们或听到我们的呼救声。坐在船壳上的人都指着太阳,担心不久天就要黑了。在这漆黑的海面上,谁看得到我们?接着,我们又看到一艘汽艇,但离我们还很远。

此时,有艘小船的帆影越来越大,似乎向我们驶来。那艘船上的人应该看到我们了。那船在离我们100码左右的地方停住,把帆降下来。船上只有一个人,他用桨划向我们。那船真的很小,船长只有10英尺左右,船身吃水很深,出水高度只有6英寸。小船一靠近我们,不会游泳的安汶人和爪哇人立刻跳上去。看来,这艘船不能再多载一个人,于是船夫就开走了。不久,第二艘小船也接近了我们,一样在离我们100码的地方把帆降下。这艘船要比前一艘大，船上有两个人在用桨划向我们。这时我们终于有机会可以讨论。一开始，船上的那两个人说，由于船吃水已经很深，他们只能载两三个人，但他们最后还是答应载4个人，留下一个人。我们一致同意让我们船上的最后一名船夫留下来，船上还有一个救生圈也留给他。

我踏上第二艘小船时，马利克问我，我的护照在哪里。我说，我放在黄色小背包中，也许还在船壳下方。于是会潜水的那个塞兰人潜到船壳底下，帮我把黄色小背包找出来交给我。我们坐上第二艘船，渐渐驶离那艘翻覆的船。这艘船坐了6个人：两名船夫坐在前面，后面依序是中国渔民、我、马利克和塞兰人。我一直看手表。我很惊讶，这表在海水中浸了那么久还能走。这时是6点15分，再过15分钟，太阳就下山了。我们被困在那艘翻覆的船上长达两个小时。

不久，天就黑了。船夫把我们载到最近的一个岛上。当初，我们就是从那个岛出发的。由于船身吃水太深，水一直溅进来，我后面的一个人不停地帮忙舀水。我虽然担心这艘小船也会翻覆，但现在看来还算安全。我就像无动于衷的旁观者，没有如释重负之感，也没因获救而激动不已。

在我们的船前进时，我们听到左边的海面上传来喊叫声。我猜，可能是先前带着救生圈去求救的那两名船夫。我们船上一个懂印度尼西亚语的人说，那叫声来自第一艘小船上的三个人（船夫、安汶人和爪哇人）。他们的船因进水太多，就要沉了。然而，我们的船一样吃水太深，不能再多救一个人。我们的船上有人对着那三个人大喊，但船夫还是不停地往前划，把那艘船上的三个人交给命运。

我不知道过了多久，也许一个小时，我们才回到那个岛屿。岸边风浪不小，沙滩上有个火堆。我们不明白为何有人会在那里生火。我听到我们船上那个中国渔民和船夫用印度尼西亚语在交谈，一直提到"empat pulu ribu"（4万）。那个中国渔民从他带的一个小袋子里掏出钱来交给船夫。我猜，那名船夫累了，想把我们放在沙滩上的火堆旁，就走人。但中国渔民给了他4万印度尼西亚卢比，要他把我们载到码头。后来，马利克跟我解释了那名船夫的话："你们有4个人，你不给我4万卢比（约20美元），我就把你们送回那艘翻覆的船，把你们丢在那里不管。"

这时，我们听到一艘汽艇从漆黑的海面上驶来，慢慢接近我们。我们的船停泊在靠近火堆的浅水处。接着，我跟着马利克、中国渔民和塞兰人下船，爬上汽艇。原来那艘汽艇是那个中国渔民的家族的船，出海捕鱼时遇见那两个带着救生圈游泳求救的船夫，便救了他们，在海面上搜救时，找到了我们那艘已经翻覆的船，还把看得到的行李都打捞了起来（我的行李都在，但马利克的已经不见了）。我们就坐着那艘汽艇慢慢驶向新几内亚本岛。我们告诉开船的人，我们听到坐第一艘小船的三个人在海中呼救。然而，当我们到达他们呼救的那个地方时，汽艇继续往前开，并没有在那一带巡回搜救。马利克后来跟我说，开汽艇的人认为那三个人或许已经上岸了。

一个半小时后，汽艇终于抵达本岛。我上身赤裸，抖个不停。我们上岸的时间约是晚上 10 点，有一群人在码头等我们。想必，船难的消息早已传开。我注意到那群人中有个身材矮小的老婆婆，从外貌看来像是爪哇人。除了电影中的演员，我这一生从未见过有人表情如此激动。她似乎陷入悲伤与恐惧，不敢相信眼前发生的事。不久，她从人群中走向我们，问了我们一些问题。原来她儿子就是坐第一艘小船的那个爪哇人。

第二天，我在一间小客栈休息，把行李中的东西拿出来风干。我的双筒望远镜、录音机、高度计、书和睡袋都毁了，只有衣服洗干净、晾干后还可以穿。马利克则一无所有。尽管我们因船夫驾驶不当而发生船难，差点儿送命，但在当地，我们根本拿他们没办法。

晚上 6 点左右，我爬上附近一间房子的屋顶，看多久后太阳会下山。在赤道附近，由于太阳笔直下沉，黄昏的余光消失得比较快。6 点 15 分，也就是我们前一晚获救的时间，太阳即将掉到地平线下。6 点 30 分，天色已经很暗，到了 6 点 40 分，已是一片漆黑，如果这个时间我们还在海面上，其他经过的船只就看不到我们了。我们能及时获救真是福大命大。

天黑之后，我从屋顶下来，内心充满愤慨和疑问。我失去了宝贵的装备，甚至差点儿送命。我的未婚妻、父母、妹妹和朋友差点儿就失去了我。我的膝盖因随着海浪不断擦到船舷而受伤、结痂。这一切都是那三名鲁莽的年轻船夫害的。在浪头很高、海水容易溅进船内的情况下，他们仍不肯放慢一点儿或停下来。我们一再地要求他们，但他们根本不当回事儿。其中有两名船夫带着救生圈就游走了，不曾道歉，对他们造成的痛苦和损失也没有一点儿悔意。这些浑蛋！我们差点儿就死在他们手里。

　　这些想法一直在我脑中翻滚。我从屋顶下去后，在一楼遇见一个人。我们聊起来，我于是告诉他，我为何要去屋顶，以及前一天发生的事。没想到，他前一天也从那个岛坐船来本岛。他见过我们坐的那艘船。那三名年轻船夫把船开到岸边，准备搭载客人。他发现船的引擎很大，也注意到那三名年轻船夫的轻率自大。由于他有不少搭船的经验，他认为搭那艘船太危险，宁愿等下一艘驶向本岛的大船。

　　他的话让我心头一震，原来我并不是非搭那艘船不可！没有人强迫我搭那艘船。我会碰上这样的事，我自己也有责任。我本可以避免这次灾祸的。与其责怪船夫愚蠢，不如说我自己愚蠢。那个男人正是因为神经质，意识到可能会发生危险，所以宁可等下一艘大船，如此也就躲开了大祸。从今以后，我也宁可做一个神经质的人。

一根树枝

　　最后，我要描述的事件发生在那次船难多年之后。经历船难后，我已深刻体会到神经质的必要。新几内亚低地矗立着一座座孤立的山。生物学家对这样的高山栖地非常感兴趣，因为被低地包围的山就像海中孤岛，栖息着独特的物种。大多数这样孤立的山因海拔高而不适合人们居住，要去那里研究鸟类和其他动植物只有两个方法：一是直接搭乘直升机过去，但在新几内亚不仅包机很难，在林木翳郁的森林找到可以降落的空地更难；二是在目标山头附近找到一个比较近的村落，先搭乘飞机、直升机或船到那个村落，再往上爬到山顶。由于新几内亚地形崎岖，如果一个人带着装备从村落出发，最多只能走5英里的山路。此外，很多孤立的山没有详细的地图，我们因此无法找到明确的地点，也不知道海拔高度。只有通过勘测飞行才能得到这样的地理数据。

有一座山特别吸引我。虽然那座山不是特别高，但四周都是低地，因此形成孤立的环境。我在新几内亚的研究告一段落之后，计划第二年就去那里进行田野调查。我先租了架小飞机在那座山附近绕行、侦测，并找到最高峰。山顶半径25英里范围内看不到任何村落，也看不到园圃或其他人类踪迹。如此一来，没有任何村子可当我的中转站，我必须靠直升机载运人员和装备，也得找一个直升机可以降落的空地。（有些直升机可在森林的上方盘旋，利用绞盘把人员和货物垂吊到地面。但这需要特殊的直升机，而且人员必须受过训练。）新几内亚的原始森林放眼望去一片碧绿，偶尔也可看到沼地、干涸的池塘、河岸、池塘边的空地、干涸的泥火山，或地震引发泥石流倾泻形成的土坡。这次勘测飞行中，我很幸运找到了一大片土坡，离山顶约有2.5英里，海拔高度比山顶低几千英尺。以新几内亚人的标准来看，在这个土坡上扎营，每天走到山顶上观察鸟类实在太远，应该用直升机把装备载到土坡，设立第一个营地，再开辟一条小路，在靠近山头的地方设立第二个营地，然后从第一个营地把东西运到第二个营地。

解决直升机降落地点的问题之后，还有其他问题，例如取得研究许可和请求当地人协助。然而，如果靠近山顶的地方没有任何人类踪迹，那我该怎么办？我该和谁接洽？我的经验告诉我，东部山区低海拔处可能有游牧族群出没。我虽然看过相关报告，但没有确切资料，不知那些游牧族群是否会从东部往西，到靠近山顶的地方。不管如何，我之前坐飞机勘测时，并没有看到任何人。我也从经验得知，游牧族群喜欢待在孤立山区的低海拔处，以生长在那里的棕榈树所产的西米为主食。高海拔山区则没有足够的食物让人吃饱。游牧族群也许偶尔会为了寻找苏铁跑到比较高的山区，但我多次进出高海拔山区，并没有发现任何游牧族群。我发现那里的动物因为不曾见过人类，也不曾遭到猎杀，因此非常温驯。

如果我在想要研究的那个山顶未能发现人迹，也就无法找到任何新几内亚人，并请求他允许我在当地进行调查研究，更无法在当地找到帮手，协助我搭建营地、砍青开路，并帮我寻找、辨识鸟类。我也许可从别的地方找新几内亚人当帮手，但我仍不知如何才能得到许可来进行我的研究。

在新几内亚，每块地都可能归某个社会所有，即使他们未曾踏上那块土地，但未经许可擅自闯入可是大忌。如非法入侵被逮到则可能遭到抢劫、谋杀或强暴。我有几次明明已得到当地人的许可在某个区域探访，没想到会在那里碰到其他人，他们宣称自己才是土地的主人，因为我没得到他们的许可擅自闯入而勃然大怒。这次由于我不是独自前往，还从其他地方找人跟我一起去，更可能激怒当地人。他们会以为跟我一起去的那几个新几内亚人想偷他们的女人、猪，或是要抢夺他们的土地。

如果直升机把我载到土坡，让我下去，然后就飞走了，把我留在那里三周，我会不会碰到游牧族群？直升机还要再来回几趟，载运补给品和帮手过来。如果附近有任何游牧族群，他们会听到直升机的声音，发现直升机降落的地方，找到我们。更糟的是，如果当地的游牧族群不曾与外人接触过，也就是没见过白人、传教士或政府官员，那么第一次接触的经历恐怕非常恐怖，双方都不知道对方想要什么或会做出什么事。由于我们完全不懂那些族群说的语言，难以用手语沟通、示好，即使他们愿意慢慢等，你也很难表明来意，更何况他们不会等，一看到外人就惊惶、愤怒、害怕，立即拿出弓箭对付你。如果我被那些人发现了，该怎么办？

完成勘测飞行之后，我回到美国，计划第二年利用直升机前往目标山顶。回到美国这一年，每晚在入睡前，我总会想象在森林里碰到游牧族群会是什么样的情景。我想，如果我碰到他们，我会坐下，伸出双手，让他们看清楚我没带任何武器，不会对他们造成威胁，然后挤出笑容，伸手到我的背包里拿出一条巧克力棒，吃一口给他们看，表示这东西无毒可食，再请他们吃剩下的巧克力。但是，他们可能会因为遇见我这个外人而愤怒，或是看我伸手到背包里，以为我要拿出武器，立刻变得恐慌，那就不妙了。我还想到的一个办法是模仿新几内亚鸟类的叫声，表示我只是去那里研究鸟类。通常这是和新几内亚人交好的好办法，但那些游牧族群可能会认为我是疯子,或是想利用鸟类的叫声对他们施展巫术。如果我带着新几内亚人和我一起飞到山顶附近,碰到独自在山林间漫游的原始部落的人,我们或许可以设法请他来到我们的营地,跟他交朋友。我会努力学习他使用的语言,请他多带几个族人过来。问题是,他看到我们这一群外来者应该会非常惊恐,我们要如何说服他,让他在我们的营地待上好几周?

我不得不承认,这些都是我一厢情愿的想法,恐怕都行不通。但我不会因为这样的担心而放弃整个计划。就勘测飞行所见,看不到任何人迹或草屋,因此可能不会碰到游牧族群。再者,就我先前的经验,游牧族群多待在低地,很少爬上山顶。一年后,当我再度踏上新几内亚进行我的研究计划时,说实在的,我还不知道万一碰到游牧族群该怎么办。

开始执行计划的日子终于到来。我从几百英里外的地方找来4个新几内亚人当帮手,打算包一架小直升机,飞到离目标山顶最近的土坡。我们必须运送的装备重达半吨。土坡附近有个村子,在山顶南边37英里处。我们沿着山丘往上,发现东部山区的河谷有8间草屋,离山顶最近的草屋仍在山顶东边23英里处。第二天,我们包了架小直升机,分4次把人员和装备载运到山中那一大片土坡上。第一次,载了两个新几内亚人、一顶帐篷、斧头和食物过去,万一直升机暂时无法回去,他们也能生存。一个小时后,直升机飞回土坡,而且带来好消息:他们在飞行途中发现一个更好的地方可以扎营,那里离山顶只有2/3英里,海拔高度更高。如果我们在那里扎营,去往山顶只要几个小时,就不必从现在的土坡大老远地走过去，也用不着设立第二个营地。直升机又飞了两趟，把另两个新几内亚人载过去，也载运了更多补给品。

最后一趟则是载我和剩下的补给品到营地。我在飞行途中往下看是否有任何人类的踪迹。我发现在土坡以北10英里、山顶以南27英里处的小河边还有一个村落。不久，我又看到两间草屋，它们相隔有一段距离。由于那一带是低地，我猜可能是游牧族群的草屋。我们继续往上爬升，这时已看不到任何人迹，也没有草屋或园圃。也许，这一带山区真的不适合人居住，也没有人到访过！

直升机在我们扎营的预定地点上方盘旋。我那4个新几内亚同伴在下方向我挥手。那块空地本来是沟壑，因为上方土石滑落而变成平地（也许是最近一次地震造成的）。那块空地都是土，没有任何植物，正是直升机降落的理想地点。除了这块空地和先前看到的大片土坡，放眼望去，全是蓊郁的森林。直升机降落后，我和驾驶员把最后一批东西卸下来。之后，我再爬上直升机，请驾驶员把我载到最近的山顶。看来，我们可从营地沿着山脊走到山顶，由于坡度和缓，应该不成问题。山顶本身则非常陡峭，得再往上爬200英尺才能到达峰顶。附近仍看不到任何人迹、草屋或园圃。最后，直升机把我送回营地就飞走了，约定19天后再回来接我们。

我们相信直升机一定会回来接我们，然而要是直升机不回来呢？从这个山区的地形来看，我们绝不可能走到37英里外的小机场。虽然我带了部小小的无线电对讲机，但由于附近山峦起伏，无法接收150英里外直升机基地传来的信息。为了防范意外或有人临时生病，需要紧急救援，我安排了另一架小直升机，每5天到我们的营地附近巡逻一次。届时，我们就可以通过无线电对讲机和驾驶员联络，告诉他我们的情况。万一需要紧急撤退，我们就在土坡上放个鲜红色的充气床垫。

第二天，我们都在建造营地。幸运的是，我们仍然没看到任何人。看来，没有游牧族群听到直升机的声响尾随而来。巨大的鸟类在山沟飞来飞去，尽管离我们只有几十米，也不害怕。显然，游牧族群未曾来过这个地方。

第三天，我已准备好去山顶。我的新几内亚朋友古米尼（Gumini）和帕亚（Paia）为我开路。我们从土坡往上爬了500英尺左右，到达山脊，发现那里有一小块草地，还有矮树丛。我猜，这里本来可能也是个土坡，最近才有植物长出来。我们沿着山脊前行，不久就进入一片茂密的森林，然后继续往上走。这里真是个赏鸟的好地方，我看到很多山鸟，也听到它们的叫声，有几种甚至是很罕见的鸟类，如迷丝刺莺和暗择蜜鸟。我们终于抵达山顶，发现这个山顶果然如我先前从直升机上俯瞰时那样陡峭，但我们仍可抓着树根往上爬。我在这里看到白胸果鸠和黑头林鹀鹋，这两种山鸟在低地已经看不到了。虽然这个山顶很高，但仍吸引一些特别的鸟前来。在新几内亚与这里海拔高度相同的地方有些常见的、爱叫的鸟，在这个山顶却完全看不到。我想，或许是这个山区太小，无法让那些鸟存活。我叫帕亚先回营地，我则和古米尼一边慢慢从小路往下走，一边观察鸟类。

到目前为止，一切顺利，我非常欣喜，也松了一口气。我担心的事都没发生。我们在森林中找到了一个直升机可以降落的地方，建造了一个舒适的营地，也清理出一条通往山顶的小路。更棒的是，这里完全没有游牧族群的踪迹。还剩下 17 天，我可以从容地记录在这里看到哪些山鸟。我和古米尼神采奕奕地在新开辟的小路上行走，出了森林，走到山脊上的一小块空地。我们的营地就在下方。

古米尼突然停下脚步，弯下腰，盯着地面。我问他发现了什么有意思的东西。他只是说："你看。"顺着他指的方向，我看到地上立着一根几英尺高的小树枝，上面还有几片叶子，看来也像刚长出来的小树。我说："那只是棵小树。在这块空地，还有很多这样的小树。我实在看不出这棵小树有什么特别的。"

他答道："这不是小树，是一根插在地上的树枝。"我不同意他的看法："你为什么会这么想？这不过是棵从地里长出来的小树。"接着，古米尼从地上一把拔起这棵小树。他轻轻一拔，就拔起来了。我们发现树枝下方没有根，断面干净。我想，或许是古米尼拔断了，但他从树枝留下的那个洞周围挖掘下去，没有发现任何树根。他认为这是插到地上的树枝。问题是，这树枝是怎么插到地上的？

我们抬头往上看旁边那棵高达 15 英尺的树。我说："这树枝可能是从树上掉下来的，就这么插在地上。"但古米尼不同意这样的解释。他说："如果树枝从树上掉下来，不会刚好插在地上，因为这树枝很轻，不可能插得这么深。在我看来，这可能是有人将其折断，插在地上，当作一种标记。"

我不禁打了个寒战，脖子后面却烫烫的，觉得自己像突然在荒岛上发现人类脚印的鲁滨孙。我和古米尼坐在地上，捡起那根树枝，看看四周，就这样坐了一个小时，讨论各种可能。如果真有一个人把树枝插在地上，那为什么除了这根树枝，看不到其他踪迹？如果有人故意把这根树枝插在这里，那大概是多久之前的事？应该不是今天，因为树枝上面的叶子已经有点儿枯萎，但也应该不是很久之前，因为叶子依然碧绿，而且没有干缩。这块空地真的是山崩形成的土坡，最近才长出植物的吗？或许是，但它也有可能是废弃的园圃。照我的推断，游牧族群不大可能从27英里外的草屋走到这里，折断一根树枝，插在地上，然后就走了，没留下其他踪迹。古米尼则坚持这根树枝不会自己插在地上，必然是有人插进去的。

我们走了一小段路回营地，和其他新几内亚人会合，告诉他们树枝的事。他们并没有看到附近有人。为了来到这个乐园，一年来我朝思暮想，好不容易才达成心愿，我可不想为了这么一根树枝就把红色充气床垫抬出来，紧急撤退。神经质固然有其必要性，但是到这种地步未免太夸张了。我告诉自己，那根树枝会插在地上也许还有其他解释，或许它笔直掉落时的重力够大，就这么插入地里，或是我们把树枝拔出来的时候，树根被拔断了，留在地底下。但古米尼是经验老到的樵夫，新几内亚没几个人比他厉害，我想他不大可能解读错误。

我们现在能做的就是小心翼翼，提高警惕，留心其他人类留下的踪迹，而且必须注意别惊动躲在森林某处的游牧族群，因此我们最好不要高声喊叫。我在海拔比较低的地方观察鸟类，也尽可能不声不响。我们即使在天黑后生火煮饭，也小心不让烟飘得太远。后来，我们在营地旁发现了几只巨蜥。我请我的新几内亚朋友制作弓箭作为防卫武器。他们勉强做了一些，也许是因为刚砍下来的树枝不好做，也许他们认为万一碰到一群愤怒的游牧族群，这几副弓箭根本就不管用。

　　过了几天，没再出现第二根神秘的树枝，也没有其他可疑的迹象，我们倒是在白天看到了树袋鼠。树袋鼠是新几内亚最大的本土哺乳动物，也是本地猎人的首要目标，因此在栖地很快就被射杀光了，存活下来的树袋鼠只会在夜间出没，一看到人就会跑走，但这里的树袋鼠并不怕人。我们还看到鹤鸵。鹤鸵是新几内亚体型最大的鸟类，但不会飞，也是猎人的首要目标，在有人的地方很罕见，也很怕人。这里的大鸽子和鹦鹉一样不怕人。上述现象表明：这里的动物未曾见过猎人或外来者。

　　直升机在19天后依照约定来接我们。那个树枝之谜依旧无解。除了那根树枝，我们没再发现其他疑似人类留下来的痕迹。现在回想起来，我认为游牧族群不大可能大老远从低地爬到几千英尺高的山上开垦园圃，一两年后再回来，并在地上插了一根树枝，几天后刚好被我们发现。我虽然无法解释那根树枝为何会插在地上，但我还是认为古米尼过度紧张，他的理由站不住脚。

　　但我可以理解为何古米尼会有这样的态度。他住的地方最近才成为政府的管辖地，之前部落战争连年不断。帕亚比古米尼年长 10 岁，从小就学会制造石器。在古米尼和帕亚的社会，如果不注意森林里是否有陌生人的踪迹，必然活不久。也难怪古米尼在森林里发现一根插在地上的树枝就忐忑不安，提高警惕。我如果没有遭逢船难，也许会认为古米尼反应过度，就像我刚踏上新几内亚时竟然敢在枯死的大树底下扎营、睡觉。我在新几内亚也待了很长一段时间，因此能了解古米尼的反应。即使那根树枝只是从树上掉下来、插在地上的，小心 1 000 倍总比粗心大意好，免得被陌生人杀害。古米尼的神经质其实是有道理的，凡是经验丰富、生性谨慎的新几内亚人都会有那样的反应。

冒险求生

虽然新几内亚人以我所谓的"有益的神经质"来防患未然的做法令我印象深刻，但我希望读者别误以为他们会因为太恐惧而手足无措或迟疑。新几内亚人和美国人一样，有些人特别小心，有些人还是会粗心大意。谨慎的人会先评估风险再行事，他们也会冒险，然而还是抱着小心谨慎的态度。他们为了获取食物而不得不这么做，或者他们赋予其重要意义。著名的曲棍球员韦恩·格雷茨基曾说："如果你不挥杆射门，就永远无法得分。"

我的新几内亚朋友应该也能体会这句话，只是他们可能会加上两个注解：第一，在传统社会的生活中，尽管"射门失败"会遭到处罚，你还是得做，只是你会更加小心；第二，由于曲棍球比赛有 70 分钟的时间限制，你不可能等到完美的机会出现再挥杆射门。同样地，传统社会的生活也有时间限制，如果你不冒险去找水喝，几天之内就会渴死；如果你在几周内都没办法找到食物，就会饿死。此外，传统社会的人因为许多无法控制的因素，如疾病、旱灾、遭到敌人攻击等，平均寿命要比发达国家的人短。不管一个人再怎么小心，也很可能活不到55岁。发达国家的人必须忍受的生存风险则比较少，平均寿命可达80岁。正如格雷茨基所言，如果曲棍球比赛的时间长度缩短为30分钟，他必然会更努力地尝试射门。我将在下面举三个例子，说明传统社会的人愿意冒什么样的风险，这些风险在西方人眼中实在恐怖到不可思议。

昆族猎人只用小小的弓和毒箭当武器。他们用毒箭射中羚羊，羚羊不会立刻死亡，还会逃走，等几个小时或一天后，毒性发作，羚羊才会倒下。但是第一个发现羚羊尸体的总是狮子或鬣狗。他们会拿着棍棒朝一群狮子或鬣狗挥舞，并对它们喊叫，要它们远离动物的尸体。如果不把那些掠食者赶走，猎人自己就会饿死。我一想到拿着棍棒朝一群狮子挥舞，就觉得这无异于自杀。尽管如此危险，昆族人一年总要面对几十次，而且得面对几十年。他们会等狮子吃饱，露出圆滚滚的肚子，再去吓退它们，以减少被狮子吃掉的风险。

新几内亚东部高地佛尔地区的女人结了婚就要搬到丈夫的村子。如果她们要回娘家探望父母或亲戚，就得丈夫陪同，否则只能自己回去。然而，在战争频仍的部落，女人单独出行是很危险的，可能在经过敌人地盘的时候遭到强暴或杀害。为了减少风险，女人通常必须请住在途中的亲戚护送，尽管如此，仍有可能遭遇不测。女人可能被仇家杀害，或者护送的亲戚人数不敌仇家，最后还是死在仇家手中。在传统社会，这种冤冤相报可谓家常便饭。

例如，人类学家伯恩特曾讲述少妇尤姆（Jumu）的故事。尤姆来自一个名叫奥法菲纳（Ofafina）的村子，嫁给一个住在贾苏维（Jasuvi）的男人。有一天，尤姆带着孩子，要回奥法菲纳探望父母和兄弟，途中将经过一个叫奥拉（Ora）的地区。奥拉最近有个叫伊努莎（Inusa）的女人被奥法菲纳的男人杀害。因此，尤姆在贾苏维的姻亲劝她在奥拉找名叫阿西瓦（Asiwa）的男性亲戚护送她。阿西瓦的父亲正是死者伊努莎的哥哥。不幸的是，尤姆在园圃找到阿西瓦之后，就被几个奥拉男人发现了。他们对阿西瓦施压，要他默许他们在他面前强暴尤姆，然后把尤姆和她的孩子杀死。由于尤姆和她的孩子正是奥拉人复仇的对象，阿西瓦本来就不大想帮尤姆的忙。至于尤姆为什么找阿西瓦帮忙却惹来杀身之祸，伯恩特解释说："因为战争和复仇稀松平常，那里的人已经习惯了。"尤姆为了见父母一面，不得不冒险，虽然已做了防备，但仍不幸死于非命。

最后一个例子是关于因纽特猎人的。因纽特人如果要在冬天捕杀海豹，必须站在冰面上的海豹呼吸孔旁。有时，一等就是好几个小时。只要海豹一浮到洞口，他们立即用鱼叉捕猎。万一冰面断裂或是冰块漂浮到海上，因纽特人就可能淹死或饿死。如果他们待在陆地上，就不会面临这么大的危险。但是在陆地上捕猎收获很少，远不如捕杀海豹，因此因纽特人还是可能饿死。为了求生存，因纽特人只好尽量找比较安全、不易断裂的冰面。然而，即使是最小心的猎人也无法保证冰面绝对安全。由于生存不易，因纽特人的平均寿命都不长，正如一场只能打20分钟的曲棍球赛，即使射门不中可能遭到处罚，也得冒险一试。

话多的必要

最后，我将探讨传统社会生活中的两个特点及二者之间可能的关联性，也就是危险与话多。自从我第一次踏上新几内亚，我就发觉新几内亚人比美国人和欧洲人爱说话。他们说个不停，谈论现在发生的事、今天早上或昨天发生的事、谁在什么时候吃了什么东西、谁在何时何地小便，以及谁对谁说了什么等细节。他们不只在白天说话，有时睡到一半醒来也继续说话。像我这样习惯一觉睡到天亮、不被干扰的西方人，对这么一个充满话语的世界起初会觉得很难适应。如果我和好几个新几内亚人同睡在一间草屋，总是会被不断地吵醒。其他西方人也曾提到，昆族和非洲的俾格米族等很多传统社会的人都很爱说话。

我第二次去新几内亚的时候，一天早上，我和两个新几内亚高地人留在同一个帐篷里，其他人都去森林了。那两个新几内亚人来自佛尔部落，用佛尔语交谈。我一直都很乐于学习佛尔语，也学会了一些佛尔词。他们俩的谈话中常重复同样的字眼，围绕着一个话题打转，所以我大概知道他们在说什么。我发现那两个人不断地谈论着甘薯。甘薯是新几内亚人的主食，在佛尔语中是

"isa-awe"。其中一个人看着放在帐篷角落的那一大堆甘薯，一脸不高兴地对另一个人说"Isa-awe kampai"（甘薯没了）。于是他们开始数那堆甘薯，先用10根手指，再用10根脚趾，然后再利用手臂上的痣来数。两人分别陈述自己那天早上吃了几个甘薯，再提到那个"红人"（也就是我。佛尔人称白人为"tetekine"，意思就是"红人"。他们不称白人为"白人"）那天早上吃了多少。最先说话的那个人说，他饿了，想吃甘薯，但他一个小时前才吃过早餐。两人接着开始讨论，那堆甘薯还可以吃多久，什么时候"红人"（我）会再去买甘薯。他们讲来讲去，都是在说甘薯，这个佛尔词刻在了我的脑海里，我也很惊讶他们光是说甘薯就可聊上大半天。

我们也许觉得这样的交谈只是闲聊，然而对我们或是新几内亚人来说，闲聊也有其作用。对新几内亚人而言，闲聊就是他们打发时间的最好方式，毕竟他们不像我们有很多娱乐，像是看电视、听收音机、看电影、看书、打电子游戏、上网等。他们也利用闲聊来发展社交关系。其实，西方人也会用闲聊来套交情。此外，我发觉新几内亚人也会通过不断聊天来因应生活中的种种危险。他们无所不谈，包括每天发生的大小事，如自昨天以来有何改变、接下来会如何、谁做了什么、为什么要做这样的事。我们的生活信息多半来自媒体，新几内亚人则只能从观察和交谈中得到信息。他们的生活可谓危机四伏，不像我们过得那么安逸。他们只能借由不断地说话来交换信息，了解他们的世界，并随时准备面对危险。

当然，我们也能通过交谈避开危险，然而，由于我们的生活没那么危险，而且我们有很多信息来源，我们不必那么多话。但我们西方人也有因应危险的一套方式。我有一个美国朋友是单亲妈妈，在此姑且叫她莎拉。莎拉有一份全职工作，薪水差强人意。她努力工作就是为了挣一口饭吃，养活自己和儿子。她善于社交，人又聪慧，很想找到一个合适的男人结婚，为她分担家计，她儿子也能有一个父亲及保护者。

　　对一个单亲妈妈来说，要找到合适的伴侣实在很难，毕竟知人知面不知心，谁知道新认识的男人会不会欺骗她或是对她施暴。但她依然不气馁，努力寻求第二春，就像昆族猎人，即使狮子环伺，也不肯轻易放弃快到手的猎物，但他们会快速根据经验评估风险，不会贸然行事。经过多次与男人交往，莎拉看男人的眼光变得精准，也留心危险的征兆。她也常常和女性朋友讨论、分享交男友的经验。

　　格雷茨基应该可以了解莎拉为什么要这么做，毕竟"不入虎穴，焉得虎子"。（令人高兴的是，莎拉终于找到一个好男人，缔结了美满的姻缘。）我的新几内亚朋友也可以理解莎拉对男人的那种"有益的神经质"，也知道她为何必须和朋友分享生活的点点滴滴。

第八章

狮子与马路

传统生活面临的危险

人类学家梅尔文·康纳曾在博茨瓦纳的卡拉哈迪沙漠偏远地带和昆族猎人共同生活了两年。那里没有马路，也没有小镇。最近的一个镇很小，镇上车很少，路上平均一分钟左右才有一辆车驶过。有一天，康纳带了一个名叫霍马（！Khoma）的昆族人来到小镇。那人在过马路时简直吓坏了，即使左右都没有来车，也一样不敢过马路。但是，这个人在卡拉哈迪沙漠可是敢从猎物身旁赶走狮子和鬣狗的勇士。

德国传教士夫妇的女儿萨拜因·屈格勒从小与父母在新几内亚沼泽林中与法尤人一起生活。那里一样没有车子，也没有马路。17岁那年，她离开新几内亚到瑞士寄宿学校就读，她说："我真不敢相信这里有这么多的车辆。车子以惊人的速度从我面前急驶而过……每次我和朋友要过马路，我就紧张到冒汗。我无法估算车子的速度，害怕会被车子撞到……车子不断从左右两个方向驶来，我朋友把握时机，一下子就跑到街对面了。我还站在原地，就像石化了一样……过了5分钟，我还迟迟未能跨出一步。我实在太害怕了，最后只好绕一大圈，到一个有红绿灯的路口过马路。从那时起，我的朋友都知道要和我一起过马路必须老远就先计划好。直到今天，我依然害怕在城市交通繁忙的地方过马路。"然而，萨拜因·屈格勒却不怕新几内亚沼泽林中的野猪和鳄鱼。

由此可见，每个人类社会面对的危险各有不同，但我们对危险的认知常常只是自己的看法，不见得符合现实。康纳的昆族朋友和萨拜因·屈格勒的反应都是对的，在西方，汽车的确是常见的"都市杀手"。但如果你问美国大学生和一般女性，生活中最重大的危险是什么，他们都会告诉你核武器最危险，比汽车更令人害怕。其实，在二战期间原子弹造成的伤亡只相当于车祸死伤人数的一小部分。美国大学生也认为杀虫剂非常危险，仅次于枪支和抽烟，相比之下，手术则安全得多。事实上，手术比杀虫剂更危险。

传统社会的人的平均寿命很短，可见传统社会的生活方式比西方社会的生活方式更危险。然而，这样的差异却是最近才出现的。自从400年前出现了有效能的国家政府，社会在政府的治理下，饥荒的冲击减少，公共卫生也得到改善，加上20世纪抗生素问世，可以对付很多传染病，欧洲人和美国人的平均寿命才得以延长。

传统社会中真正重大的危险是什么？狮子和鳄鱼只是其中之

一。我们现代人面对危险时有时是理性的，会设法减少危险，但有时也会变得不理性，像是否认危险的存在或希望借由宗教（如祷告）来消除危险。我将从传统社会面对的四大危险来讨论其因应之道，即潜伏在环境中的危险、人类暴力、传染病和寄生虫病，以及饥荒。其实，现代西方社会仍受到前两者的威胁，受到后两者（尤其是饥荒）的冲击则较少。我将简要说明我们对危险的评估为何出现扭曲，乃至对杀虫剂过度反应，却不怕手术。

意　外

如果我们想象传统社会会遇到的危险，很可能会先想到狮子等潜伏在环境中的危险。其实，对大多数传统社会而言，环境带来的危险并非人们最主要的死因，只能排第三，比不上疾病和人类暴力。然而，环境危险对人类行为的影响很大，甚至胜过疾病，因为人类更容易看出环境危险的因果关系。

表 8-1 列出 7 个传统社会的人意外死伤的重要原因。这 7 个社会都居住在热带或热带附近，有时会以狩猎、采集为生，但其中的新几内亚高地人和卡乌龙族则以务农为主。显然，不同的传统社会依生存环境的差异，面对的危险各有不同。例如北极海岸的因纽特人常会淹死，或随着浮冰漂到海上，而卡拉哈迪沙漠的昆族人则不会面临这样的危险。至于阿卡俾格米族和阿切印第安人则可能被倒下的树木砸死，或是被毒蛇咬到而一命呜呼，但因纽特人就不必担心这种生存威胁。另外，卡乌龙族可能因为居住

的地下洞穴崩塌而被活埋，表 8-1 列出的其他 6 个传统社会则没有这样的危险。即使同属一个社会，人们遭到危险的可能性也有性别和年龄之分，如阿切族、昆族等社会由于男人的主要工作是狩猎，其意外死亡概率要比采集植物的女人高。当然，男人倾向于喜爱冒险，女人则倾向于保守，因此男人也更容易送命。

表 8-1　传统社会的人意外伤亡的原因

阿切印第安人（巴拉圭）	1. 毒蛇 2. 美洲豹、闪电、迷路 3. 被倒下的树砸死、从树上摔下来、被昆虫咬到或被荆棘刺到后感染、火灾、淹死、晒死或冻死、被斧头砍到
昆族（南非）	1. 毒箭 2. 火灾、大型猛兽、毒蛇、从树上摔下来、被荆棘刺到后感染、晒死 3. 迷路、闪电
阿卡俾格米族（中非）	从树上摔下来、被倒下的树砸死、大型猛兽、毒蛇、淹死
新几内亚高地人	1. 火灾、被倒下的树砸死、被昆虫咬到或被荆棘刺到后感染 2. 晒死或冻死、迷路
法尤族（新几内亚低地）	蝎子、蜘蛛、毒蛇、野猪、鳄鱼、火灾、淹死
卡乌龙族（新不列颠岛）	1. 被倒下的树砸死 2. 从树上摔下来、淹死、被斧头砍到或被刀子割伤、地下洞穴崩塌
阿埃塔人（菲律宾）	被倒下的树砸死、从树上摔下来、淹死、在狩猎或钓鱼时发生意外

现代西方社会的人的主要死因，如依死亡人数由多到少排列，依次是车祸（见图 38）、酒精、枪支、手术、摩托车。除了

酒精，其他都不会危害到传统社会。有人也许会认为我们远离了被狮子咬死、被倒下的树砸死的威胁，但新增了被车子撞死和死于酒精的危险。除了这两种特别的危险，现代社会和传统社会的环境危险还有两个重大差异：一是现代社会的人更能够控制环境，二是得益于现代医学，意外事件造成的伤害通常可以通过医疗来医治，受伤者不至于死亡或造成终身残疾。如果我的手肌腱受伤，外科医生用夹板帮我固定，6个月内就可复原，但是我的有些新几内亚朋友因为肌腱受伤或骨折，没能接受治疗，最后愈合不好，变成跛足。

这两大差异或许就是传统社会的人愿意放弃原始生活方式的原因。例如很多阿切印第安人放弃在森林以狩猎为生的生活方式，决定在保留区定居。同样，我有一个美国朋友绕过半个地球去新几内亚森林，想要一睹那里的狩猎-采集游群，没想到那个游群有一半的人已迁居至印度尼西亚村落，在那里定居，还穿上了T恤衫。这正因为村子里的生活比较安全、舒适。他们解释说："这里有米饭可吃，而且不会被蚊子叮。"

看了表8-1列出的7个传统社会常见的意外伤亡原因，你可能会发现有些危险会危及很多或大多数的传统社会，但对我们现代人而言却很罕见。野生动物的确是传统社会面临的重大威胁（见图39），例如，被美洲豹咬死约占阿切印第安男人死因的8%。狮子、豹、鬣狗、大象、水牛和鳄鱼都夺走过不少非洲人的性命，但对非洲人而言，最大的"杀手"其实是河马。昆族和非洲俾格米族不只会被大型肉食动物咬伤、抓伤或杀害，在追捕受伤的羚羊等猎物时，他们自己也会受伤。尽管我们想到昆族猎人挥舞木棒要赶走围绕着动物尸体的狮群就觉得很恐怖，但昆族人最怕的莫过于一头落单的狮子，特别是过于老弱或受了伤的狮子，它会因为无法迅速捕捉猎物，转而攻击人类。

被毒蛇咬到也是表8-1列出的热带族群中人们的重大死因。阿切族成年男子死因中有14%是被毒蛇咬死（比被美洲豹咬死的人还多），有人甚至因此失去手脚。几乎每个成年雅诺马莫印第安人和阿切印第安人至少曾被毒蛇咬过一次。对他们来说，毒蛇甚至比树木倒下更危险（请参看我在第七章开头述说的亲身经历），为了狩猎或采集水果、蜂蜜从树上摔下（见图40）也不如被毒蛇咬到恐怖。大多数新几内亚高地人和昆族人在火堆旁取暖可能因睡着被烧伤，幼儿靠近火堆玩耍也可能被烧伤。

传统社会的人可能因为身在热带之外或高山地区，暴露在寒冷或潮湿的环境中时会有受冻的危险。即使阿切印第安人住在南回归线附近的巴拉圭，那里冬日仍常出现零摄氏度以下的低温。寒夜中，在森林里没有火取暖就可能会被冻死。我曾身穿保暖的防风外套爬到新几内亚海拔11 000英尺的山上，在那里遇见7个新几内亚小孩。那群小孩早上出发时，天气晴朗，因此只穿了短裤和T恤衫。几个小时后，我们相遇时，他们在冷雨和强风中不住地颤抖，走起路来跌跌撞撞，甚至无法说话。我和陪同我的当地人把他们带到一个可以避风躲雨的地方。我的同伴说，去年有23个人因天气不佳在附近的一个岩石堆后面蔽身，结果差点儿冻死。淹死或是被闪电击中等危险则不只会发生在传统社会的人身上，现代人也可能会遭遇这样的不测。

昆族、新几内亚人、阿切印第安人等狩猎-采集游群很善于追踪、辨别线索或是发现隐秘的路径。尽管如此，他们有时还是会迷路，无法在天黑之前找到回营地的路，特别是小孩，因而遭遇致命的危险。我的新几内亚朋友就曾被卷入这样的悲剧。其中的一个是小男孩，本来跟着一群大人，后来走失了，尽管大人们接连搜寻了好几天，但都没有结果。另一个是个经验老到、体魄强健的男人，有一天黄昏，在山中迷路，没能回到村子，晚上就在山上冻死了。

还有一些意外则是和他们自己使用的武器或工具有关。由于昆族猎人在箭头上涂了毒药，万一在打猎时不慎被箭头擦伤，就可能致命。全世界传统社会的人都可能在使用刀或斧头时不小心伤到自己，现代社会的厨师和伐木工也会发生这样的意外。

被昆虫咬伤或被荆棘刺伤则比被狮子咬死或被闪电击中更常见。在潮湿的热带地区，即使是被寻常的小虫、水蛭、虱子、蚊子或蜱虫咬到，也可能被感染，如果没能接受治疗，就可能出现脓肿。例如，有一次我去新几内亚拜访一个名叫德尔巴（Delba）的朋友。两年前，他曾陪我在山里走了好几周。再次见到德尔巴，我发现他居然因为抓伤感染而不能行走。当地村民没有抗生素可用，我给他服用我带来的抗生素之后，他很快就康复了。蚂蚁、蜜蜂、蝎子、蜘蛛、黄蜂等昆虫不只会咬人，有时甚至会把致命的毒液注入人体，置人于死地。因此，我在新几内亚的朋友在森林中最害怕的除了大树倒下，还有会叮咬人的黄蜂和蚂蚁。有些昆虫还会在人的皮肤上产卵，造成皮肤溃烂。

传统社会中的人们发生意外的原因虽然各有不同，但也有几个共同点。若人们发生严重意外，即使保住一命，也可能令健康或行动暂时受到影响，或造成终身残疾，如容易遭受疾病侵袭变成跛足或必须截肢，而无法扶养孩子或其他亲戚。但在新几内亚，我和当地朋友最怕的反倒是后果没那么严重的意外，例如被蚂蚁、黄蜂叮咬或是被荆棘刺伤而感染。被毒蛇咬到可能引发坏疽，使人瘫痪、残疾，甚至失去被咬的手臂或腿。

环境危险对人类行为的影响之大，不是光从死伤人数就可以看出来的。人类为了对抗危险步步为营，因此死亡率变得很低。以昆族而言，每1 000个死亡案例中只有5个是被狮子等大型猛兽咬伤致死。我们不能因为死亡人数少，而误以为狮子并非昆族人的重大威胁。新几内亚人的生存环境没有大型猛兽，因此可在夜间狩猎，昆族人则不行，因为在漆黑的森林中，他们将难以察觉危险的动物及其踪迹，而且那些危险的猛兽也喜欢在夜间活动。昆族妇女总是会成群结队采集植物，经常发出声响或大声谈话，以免突然碰到危险的动物。她们也会留心动物留下的踪迹，并避免奔跑（因为此举会引发猛兽攻击）。如果昆族人发现附近有野兽出没，会待在营地一两天，暂时不外出。

大多数意外事故发生在外出采集植物的时候，像是遭遇猛兽、毒蛇、被倒下的树砸死、从树上摔下来、被火烧伤、冻死、迷路、淹死、被昆虫咬到或被荆棘刺到等。虽然待在营地或房子里避免外出就可躲过这些危险，但有饿死的可能。因此，曲棍球选手格雷茨基所说的原则也可应用于环境风险：如果你不冒险射门，就无法得分。传统社会的采集者和农民除了要顾及生计，也要衡量危险。同样，现代社会的城市居民如果待在家里，不必上高速公路，就不会发生车祸，然而为了工作和购物，城市居民还是不得不开车上路。套用格雷茨基的原则：如果不开车出门，就没有收入，也没有饭吃。

提高警惕

传统社会的人既然生活在危机四伏的环境中，那他们如何因应？他们的反应包括第七章解释的"有益的神经质"，即时常绷紧神经，留心危险，以及寻求宗教的帮助（参看第九章的讨论），或采取其他做法。

昆族人经常提高警惕，外出采集植物或是在树丛中行走时，他们会注意动物和人类留下的踪迹，也会查看沙子上的痕迹，推测是何种动物或哪一族的人留下的、多久前经过此处、往哪个方向走、速度如何，再决定是否修改自己的行动计划。即使他们待在营地，也一样时时留意。尽管营地有人声和火光，有时毒蛇或猛兽仍会悄悄潜入。如果他们在营地发现一种叫黑曼巴的蛇，就可能放弃营地，而不会把蛇杀死。在我们看来，这样做似乎反应过度，但黑曼巴是非洲最危险的毒蛇，长度可达8英尺，动作敏捷，有长长的毒牙，绝大多数被咬的人都回天乏术。

在任何危险的环境中，人们根据累积的经验得出行为准则，以减少风险。尽管在外人看来是反应过度，那样的准则仍值得遵守。人类学家珍·古道尔描述的新不列颠岛雨林中的卡乌龙族避免意外的做法，其实也适用于其他传统社会："避免意外非常重要。知道在何种情况下应该做什么或是不该做什么，才能保住一命。在自然环境中，任何技术或是行为的创新都可能带来很大的危险。安全行为的范围很小，只要超出这个范围就可能遭遇危险，例如走路时地面突然裂开、大树突然倒下，或是在过河时突然遭遇洪水。有人就曾劝告我别踩着河面上的石头过河（因为洪水即将高涨）、不要玩火（地面会裂开或会被火烧到）、在洞穴中捕猎蝙蝠时不可出声（洞穴会崩塌）等。注意这些禁忌才能在自然环境中生存。"我有位新几内亚朋友也告诉我同样的话："事出必有因，小心为上。"

我常在西方社会看到有些人喜欢逞英雄，爱冒险犯难，但我在新几内亚，从未见过哪个经验老到的当地人有这样的表现。他们不会隐藏自己的恐惧，假装勇敢。玛乔丽·肖斯塔克也曾注意到，昆族人不会像西方人一样爱表现自己的胆量："狩猎通常很危险。昆族人虽然勇敢面对危险，但他们不会为了证明自己勇猛过人而刻意冒险。对他们而言，小心避免危险是谨慎，不是怯懦或没有男子气概。昆族男孩不会故意隐藏恐惧，表现得像大人一样勇敢。昆族人说：'无谓的冒险等于找死。'"

肖斯塔克接着描述一个名叫卡舍（Kashe）、12岁大的昆族男孩与父亲、堂哥一起去打猎的事。卡舍的父亲用矛刺中一只大羚羊，羚羊用长而锋利的角拼命挣扎。肖斯塔克问卡舍，他是否助父亲一臂之力杀死那只羚羊。卡舍笑着说:"没,那时我已经爬到了树上!"肖斯塔克觉得很奇怪,于是再问了一次。卡舍解释说,他和堂哥等那只羚羊不再奔跑,就立刻爬到树上。他们俩都怕得要死。卡舍丝毫不觉得尴尬,但在西方人的眼中,胆小鬼才会如此。然而,卡舍还有很多时间可以学习如何面对并捕猎凶猛的动物。当肖斯塔克询问卡舍的父亲时,父亲也不以为然,说道:"爬到树上?当然该这么做。他们只是小孩,可能会受伤。"

新几内亚人、昆族等传统社会的人常会讲述惊险的故事。他们没有电视和书本,讲故事也是一种消遣,而且这样的故事往往有教育意义。希尔与乌尔塔多就曾描述阿切印第安人围着营火闲聊:"有时,晚上聊起当天的事,他们也会说起先前发生的意外死亡事件。孩子们都听得入迷,也许也上了宝贵的一课,知道在危险的森林中如何求生。例如,有一个小男孩抓幼虫吃的时候,忘了把幼虫的头掐掉,结果幼虫的下颚咬住了他的喉咙,小男孩因此窒息而死。还有几个十几岁的少年和大人去狩猎,结果在半路走失,之后再也没有回来,或是被人发现时已成死尸。有一个猎人挖掘犰狳地洞时,头朝下跌进洞里,结果窒息死亡。有一个人拿箭射猴子,后来爬到40米高的树上,要把箭拿回来,却不慎从树上摔下来,因而丧命。有个小女孩跌进洞里,因此摔断脖子。有几个男人遭到豹群攻击,有的骸骨还在,有的则尸骨无存。有个男孩晚上在营地睡觉,头被毒蛇咬了,第二天就一命呜呼。一个少女在伐木,倒下的树砸死了一个老婆婆,后来族人就给她起了个绰号,叫她'塌树小姐',要她好好记住自己闯的祸,不要再犯。一个男人被长鼻浣熊咬了,不久就不治身亡。1985年,也有一个猎人因手腕被浣熊咬断血管,大量出血而死,如果他能得到医治就不至于死亡。有个小女孩在过独木桥的时候,掉到河里,就这么被河水冲走……最后,有6个人在营地里不幸被闪电击中而送命。"

人类暴力

对传统社会的人而言,暴力造成的死亡可谓最重要的死因,只是发生的频率和形式有很大的不同。这样的差异主要和国家或外界的干预程度有关。暴力的形式大抵可区分为战争(见第三章、第四章的讨论)或杀人。战争是不同的群体互相打斗、杀戮,至于杀人则可定义为一个群体之内的人互相杀害。至于原本关系友好的邻近群体如发生致命的暴力冲突,到底是战争或杀人则难以区分。此外,还有一些杀戮行为也不容易界定清楚。根据已出版的调查资料,阿切印第安人的暴力杀人事件包括杀婴和杀害老人,但有关昆族人的资料中未出现这样的行为,另外,不同作者对昆族人的杀婴行为也有不同的看法。关于被害人的选择以及被害人和凶手的关系,各族群也有很大的差异。例如,阿切印第安人的被害人通常是婴儿和儿童,而昆族的被害人主要是成人。

昆族暴力事件的研究结果很值得我们参考。根据人类学家最先的描述,昆族人爱好和平,因此1959年出版的一本有关昆族的专著题为《温和的人》(*The Harmless People*)。人类学家理查德·李在20世纪60年代和昆族共同生活了三年，共观察到34次打斗，但无人死亡。当地人告诉他，那几年确实没有杀人事件。理查德·李在那里待了14个月后，与当地人比较熟悉了，他们才愿意讲出过去的杀人事件。理查德·李对比了好几个人的说法，终于根据搜集到的信息列出了一张可靠的清单，包括凶手的姓名、性别、年龄，被害人的姓名，凶手和被害人的关系，事件在什么情况下发生，杀人的动机、季节、当天的时间以及凶手使用的武器。1920—1969年，总计有22人被杀害，其中并没有婴儿和老人。理查德·李认为昆族婴儿和老人被杀的案例十分罕见。然而，根据豪厄尔对昆族妇女的查访，昆族的确有杀婴事件。但理查德·李还是认为1920—1969年只有22个昆族人被杀害。

当然，这22桩死亡案例可以确认是杀人事件，而非因为战争。在其中几桩案例中，凶手和被害人是同一营地的人，其他案例的双方则是不同营地的人，而且没有两个营地的人成群结队互相杀戮的事情（也就是战争）。事实上，理查德·李调查研究的地区在1920—1969年没有任何战事记录。但根据昆族人自己的说法，他们的祖父辈曾征剿敌人，这显然类似其他传统社会的"战争"。看来，那是在19世纪兹瓦纳族每年前来与昆族进行贸易之前的事。我们也在第四章看到了贸易对因纽特人的影响，前来交易的商人都不希望当地发生战争。因纽特人为了争取更多贸易机会以获得利益，宁可放弃战争。昆族或许也一样弃武从商。

至于昆族杀人案件的发生频率，在49年中只有22人被杀害，换言之，每两年有不到1人被杀死。这种现象和今日的美国城市大相径庭。如果你是住在都市的美国人，随便哪天翻开报纸，都可能发现过去24小时内又发生了几桩谋杀案。这样的差异主要和人口数量有关。一个美国城市动辄几百万人，但那时理查德·李研究的昆族人只有1 500人。因此，昆族杀人案件的发生频率为每10万人中每年有29件，等于美国的3倍，更是加拿大、英国、法国和德国的10~30倍。有人认为，美国的杀人案件排除了死于战争的案件。然而，昆族的杀人案件一样不包括死于战争的人（他们的征剿在一个世纪前就结束了）。尽管其他传统社会战事频仍，但近代昆族的确没有战争记录。

从发生频率来看，昆族在49年间只有22人被害，也就是每27个月才有一桩杀人案件。如果人类学家在当地进行调查研究的时间只有1年，那就可能不会听闻这样的事件，以为当地人爱好和平。即使人类学家在当地待上5年，也不一定能亲眼看到杀人事件，得靠当地人告诉他。尽管美国是发达国家中杀人案件出现频率最高的国家，但我没有目睹过杀人事件，在我的亲友圈中，我也只听过寥寥可数的几位谈及自己目睹的经历。根据豪厄尔的统计，暴力占昆族人死因的第二位，仅次于传染病和寄生虫疾病，并列第三位的则是退化性疾病和意外事件。

近年来，昆族不再有人死于暴力，原因也颇值得探讨。理查德·李在报告中说，昆族最后一桩杀人事件发生在1955年春，两个昆族男人杀了另一个人。那两个凶手后来遭到警方逮捕，接受审判，最后入狱，从此再没回到家乡。在这桩凶杀案发生的三年前，昆族才出现第一个因杀人被警方逮捕入狱的案例。1955

年之后，直到 1979 年理查德·李发表他的报告期间，在他调查研究的区域没出现其他杀人案。显然，这是国家政府强力干预、阻止暴力犯罪的结果。我们也可从过去 50 年新几内亚的殖民和后殖民史中发现同样的事实，也就是在澳大利亚和印度尼西亚分别掌控新几内亚岛东部和西部偏远地区之后，暴力事件骤减，但巴布亚新几内亚独立之后，独立的新政府的管制不如澳大利亚殖民政府严格，暴力事件又有死灰复燃的迹象。国家政府的严格管制虽然有助于减少暴力，但我们也不可忽略传统社会也常用非暴力的方式解决争端（参看第二章）。

至于理查德·李报告中那 22 桩杀人案件的细节，所有的凶手以及 22 个被害人当中的 19 个都是成年男性，年龄在 20~55 岁之间，只有 3 个被害人是女性。在这些案例中，被害人皆是凶手的远亲，所以双方认识。昆族不像美国人，不会为了抢劫而杀害素昧平生的陌生人。所有的案件都发生在营地，事件发生时皆有目击者，其中只有 5 件是预谋杀人。例如 1948 年发生的一桩杀人案，凶手名叫特维（/Twi），恶名昭彰，很可能有精神病，先前已经杀了两个人，后来被一个叫沙什（/Xashe）的男人发射的毒箭所伤。受伤的特维还持矛刺死一个叫库什（/Kushe）的女人，并用毒箭射伤库什的丈夫奈希（N!eishi）的背部。后来，多个族人一起拿毒箭射特维，特维就像豪猪一样，身上被刺满毒箭。族人最后用矛把他刺死。其他 17 桩杀人案则是在打斗时发生的。例如，在恩瓦马（N≠wama），有个男人拒绝另一个男人迎娶自己妻子的妹妹，双方爆发口角，进而集结亲友拿起毒箭和矛互相攻击。迎娶不成的那个男人的父亲大腿被毒箭所伤，肋骨也被矛刺中。

这22桩杀人案件中有15件都是为了复仇，冤冤相报长达24年。这种杀戮循环也是传统社会战争的特点（见第三、第四章）。杀人的动机除了为已死的亲人复仇，最常见的就是与通奸有关。例如一个男人的妻子与另一个男人发生性关系，做丈夫的于是找情夫算账，情夫也欲置那个做丈夫的于死地。还有一个不甘戴绿帽子的男人用毒箭杀死了妻子，接着远离家乡，不再回来。

至于其他小型传统社会，有些甚至比昆族更温和（如阿卡俾格米族、西里奥诺人），有些则比较暴力（如阿切印第安人、雅诺马莫人以及格陵兰和冰岛的诺尔斯人）。1971年之前，当阿切印第安人在森林里过着狩猎-采集的生活时，暴力就是最常见的死因，甚至胜过疾病。一半以上被暴力杀害的阿切印第安人死于巴拉圭人之手，但仍有22%的阿切印第安人是被同族人杀害。被杀害的昆族人中以成人居多，但被杀害的阿切印第安人当中高达81%是儿童或婴幼儿（大多数是女孩）。这些孩子有的是陪葬，有的则是被父亲遗弃或是因父亲死亡没人照顾而死，有的婴儿因母亲不久前才生下哥哥或姐姐而遭到杀害。对阿切印第安人而言，同一个社会内的成人互相残杀并不是偶发事件，即在打斗当时手中刚好握有武器，因此拿来砍杀，而是有预谋的。阿切印第安人也和昆族一样，在政府的干预之下，暴力事件减少了。自1977年起，阿切印第安人渐渐移往保留区生活，受巴拉圭政府的管理，杀人事件（包括杀害儿童和婴儿）也大幅减少。

传统社会居民如果无国家政府和警察维护治安，要如何自保？一般而言，他们会绷紧神经、提高警惕。首先，他们会提防陌生人。如果发现陌生人入侵，他们通常会把陌生人赶走或杀死，因为陌生人可能前来侦察地形，或是有杀害族人的企图。其次，他们也会注意是否会遭到联盟部族的背叛，或先发制人，对可能有异心的联盟发动攻击。例如，雅诺马莫人会邀请邻村的人前来饮宴，等他们放下武器，大吃大喝，就加以杀害。唐·理查森曾在报告中提到，新几内亚西南部的萨维人（Sawi）认为会耍诈、使人上当才高明，因此与其直接杀死敌人，不如向敌人示好，请他过来吃饭，交好几个月后，在杀死他之前才告诉他："Tuwi asonai makaerin!"（我们用友谊的饭局把你养肥，只是为了杀你！）

另一个避免被攻击的策略就是选择容易防御或地势较高的地方居住。例如，新几内亚山地的村民通常会住在山丘上，居高临下，这样就可察觉周围有无可疑之处。另外，美国西南部的很多晚期的阿纳萨齐印第安人聚落只能用绳梯进出，把绳梯切断即可阻隔外人进入。虽然他们必须从山丘到下面的谷地取水，十分辛劳，但住在河边容易遭到袭击。如果人口密度增加或是打斗的情况增多，人们就会聚集在有围栅防护的大型村落居住，不再分散住在没有保护的草屋。

为了自保，一个社会常与其他社会结盟，个人也会与其他人发展友好关系。我在新几内亚发现当地人很爱说话，一天到晚说个不停，目的就是了解彼此，监控每个人的一举一动。女人也是很好的消息传播者,她们在婚后嫁到夫家,和丈夫的部族住在一起,如有风吹草动,就为娘家那边的人通风报信。最后,传统部落的人喜欢在营火边讲述各种事件,不仅是为了闲聊、打发时间,也可告诉孩子他们的生存环境潜藏哪些危险。他们会提到劫掠的事,提醒族人防人之心不可无。

疾 病

疾病可能是某些传统社会最主要的死因(如阿埃塔人和昆族因病而死的人数各占全部死亡人数的 50%~86% 及 70%~80%),也可能是仅次于暴力的第二大死因(如对于在森林中生活的阿切印第安人,疾病造成的死亡只占全部死亡人数的 25%)。然而,我们也必须注意到一点,营养不良的人比较容易受到感染,而食物短缺也可能使人在饥不择食的情况下患上传染病。

疾病因各传统社会的生活方式、地理位置和人口年龄而有所不同。大抵而言,传染病是婴幼儿最主要的死因,所有年龄层的人都会得传染病。寄生虫病和传染病都是主要的儿童疾病。热带地区的人很容易得钩虫、绦虫等引起的蠕虫病,或被引发疟疾、嗜睡症等疾病的原生动物寄生虫感染,而这些寄生虫不易在极地、沙漠或寒冷山区存活。上了年纪的人因为骨头、关节和软组织退化,所以较多罹患关节炎、骨关节炎、骨质疏松症,容易骨折,牙齿也容易磨耗。由于传统社会的生活方式依靠体力,人们年纪大了之后更容易出现退化性疾病。然而,有些在发达国家盛行的疾病在传统社会则非常罕见，如冠状动脉疾病等动脉粥样硬化疾病、中风、高血压、成人发病型糖尿病和大多数的癌症。我将在第十一章详细讨论这个明显的差异。

近200年来，传染病不再是发达国家人们生命的重大威胁，原因包括卫生条件的改善、政府提供洁净的供水系统、注射疫苗等公共卫生措施的施行；由于科学家深入了解传染病病原体，因而可设计出反制之道；抗生素的问世也是一大关键。但传统社会由于没有良好的卫生环境，人们不管饮水、做饭、洗澡、洗衣服与排泄都利用同样的水源，也不知道拿食物前洗手的重要性，因而很容易遭到传染病和寄生虫病的感染。

关于卫生和疾病，我曾有过一次难忘的经历。有一次，我去印度尼西亚森林观察鸟类。我和我的印度尼西亚同伴们待在同一个营地，森林小路以营地为中心呈辐射状，我多半一个人在小路上赏鸟，然而每天总在不同时间拉肚子。我绞尽脑汁也不知自己到底吃了什么才会这样，而且难以理解为何每天发作的时间都不同。后来，我才恍然大悟。每天，有个印度尼西亚同伴总会悄悄跟在我后面，以确定我安全无事。他碰到我的时候，就掏出从营地带来的饼干请我吃，跟我聊几句，才回营地。有一天晚上，我突然想到，我总是在吃了饼干的半个小时后拉肚子。如果他在上午10点碰到我，我就会在十点半肚子痛。若是他在下午两点半与我相遇，我就会在3点发作。翌日，我谢谢他带饼干来给我吃，在他离去后，再偷偷地把饼干丢掉。从此以后，我就再没拉肚子了。如果我在营地吃自己从玻璃纸包装袋拿出的饼干就没事，问题必然出在朋友的手不够干净。我吃了他手中的饼干,肠道病原菌因此进入我的体内。

在狩猎-采集社会及以家庭为主的小型农业社会流行的传染病,包括疟疾和其他节肢动物传播所致的发热、痢疾和其他胃肠道疾病、呼吸系统疾病和皮肤感染等。还有一些疾病本来未曾危害狩猎-采集社会,只在人口稠密的西方社会流行,但在西方人到来之后形成了大患,如白喉、流感、麻疹、腮腺炎、百日咳、风疹、天花和伤寒。这些疾病常造成急性流行病,在短期内使很多人得病,病人很快就复原或死亡,然后疾病即在当地销声匿迹,一年之后或者更久才又出现。

为何这些传染病在大型人类聚落流行?近几十年来这一直是流行病和微生物学研究的重要课题。这些疾病来得急、去得也快,只在人类当中流行,患者康复后即终身免疫。传染途径有时是接触到病人的皮肤,或是病人咳嗽、打喷嚏造成的飞沫传染,也有可能是水源被病人的排泄物污染。疾病急性发作意味着在几周之内病人就可能死亡或康复。幸存者得以终身免疫意味着存活的人不再会受到感染,直到多年后,很多未曾接触病原的新生儿诞生,该病才有可能再度流行。这些疾病只在人类之间传播,不会传染给动物,病原也无法在土壤和水库中存活,因而会渐渐在一地消失,除非从遥远的地方传入,否则不会再度流行。这些特点加起来意味着这些传染病只会在大型人类聚落流行,从一地传到另一地。以麻疹而言,人口数量至少在几万人以上才流行得起来。简而言之,这些急性传染病就是群体性疾病。

在大约1.1万年前，农业尚未出现，群体性疾病根本就不存在。只有在农业出现，人口有了爆炸性增长后，群体性疾病才有了生存的空间。居无定所的狩猎-采集者群聚定居，住在拥挤、卫生条件差的村子里，常与邻村往来、交易，微生物因此可以迅速蔓延。近年来，微生物学专家已经证实，现今大多数只在人类之间传播的群体性疾病其实是源于家畜（如猪和牛）。人类在1.1万年前开始驯养动物，因经常与家畜接触，家畜身上的病原得以借机感染人类。

当然，人口稀少的狩猎-采集社会没有群体性疾病，但这不意味着他们不会得传染病。狩猎-采集者容易得的传染病与群体性疾病有四点不同。第一，致病的微生物不只会危害人类，也会使动物受到感染（如由非洲野猴传播的黄热病），有些也可在土壤中存活（如引发肉毒中毒和破伤风的细菌）。第二，很多疾病不是急性的，而是慢性的，如麻风病和雅司病。第三，有些疾病并不容易在人与人之间传开，如上面提到的麻风病和雅司病。第四，很多疾病得了之后无法终身免疫，即使康复，仍然可能再受到感染而发病。从这四点来看，有些疾病仍然可在小型人类社会传播，或是通过动物或土壤一再地传染人类。

狩猎-采集社会和小型农业社会并非没有群体性疾病，只是在人口数量不足的情况下，群体性疾病难以传开。然而，如果有人从外面的世界把病原带进来又另当别论。这样的小型社会对这一类疫病没有任何抵抗力，人们特别容易受到感染而死亡，而且成人致死率高于儿童。在人口稠密的发达国家，几乎所有的中老年人在小时候都得过麻疹（年青一代则因注射过麻疹疫苗而拥有免疫力），但在与世隔绝、人口稀少的狩猎-采集社会，没有任何成年人得过麻疹，一旦得病，就可能死亡。如因纽特人、美洲印第安人、澳大利亚原住民等因为与欧洲人接触而得了传染病，整个族群几乎因此灭绝。我们可在历史上看到不少这样的悲剧。

对疾病的反应

传统社会对疾病的反应不同于面对其他三种主要的危险，主要是疾病潜在的机制难以理解，因此无法预防或进行有效的治疗。如果一个人因为意外事件、暴力、饥饿而死亡或受伤，原因通常很清楚：被倒下的树砸中，被敌人的箭射中，或是因为没东西吃而挨饿。预防或解决之道也很明确：别在枯死的树下睡觉；注意敌人，先下手为强；设法找到源源不绝的食物来源。就疾病而言，近200年来，世人才确实了解病因以及以科学为基础的预防和治疗措施。在那之前，不管国家还是小型传统社会都难逃疾病的魔掌。

然而，这并不代表传统社会的人面对疾病束手无策。西里奥诺印第安人显然了解自己的排泄物和某些疾病的关联，如痢疾和钩虫病。西里奥诺人的母亲在婴儿大便之后，会迅速帮婴儿清理干净，把粪便放在篮子里，最后拿到森林里倒掉。但西里奥诺人不算非常重视卫生。人类学家霍姆伯格曾发现有个西里奥诺婴儿大便了，但母亲没发现，婴儿便躺在粪便上，还把粪便涂抹在自己身上，甚至放在嘴里。后来他的母亲终于发现了，于是把自己的手指伸入婴儿的嘴里把粪便掏出来。她只是帮婴儿擦拭了一下，没帮他洗澡，甚至自己的手也没洗，又去拿东西吃。皮拉亚印第安人会和自己养的狗用同一个盘子吃东西，难免会被狗身上的细菌和寄生虫感染。

很多传统社会的人经由不断的错误尝试，识别出可以治病的植物。我的新几内亚朋友就常告诉我，哪些植物可以治疗疟疾、其他发热、痢疾或是会导致流产。西方的民族植物学家对传统社会的草药知识进行了研究，西方的制药厂也用这些植物萃取出药物。然而，传统社会的医学知识还很有限。疟疾仍是危害新几内亚低地和丘陵地区居民的最主要的疾病。直到科学家确知疟疾是以疟蚊为媒介把疟原虫传染给人类，我们才知道如何用药物对抗这种疾病。新几内亚低地居民遭受疟疾攻击的概率才从50%左右降为1%以下。

不同传统社会对疾病的看法不同，因而会采取不同的预防和治疗措施。有些族群有专司医疗的人，也就是西方人所谓的"巫师"。昆族和阿切印第安人认为，疾病是无可避免的宿命，常置人于死地。阿切印第安人也会从生物学的观点解释疾病，如儿童致命的胃肠疾病是断奶、吃了固体食物造成的，至于发烧则可能是吃了腐坏的肉，或是吃太多的蜂蜜且蜂蜜没掺水，或是吃了太多昆虫的幼虫，或是接触到人血。虽然有些解释是正确的，但仍然无法避免疾病造成的死亡。达尔比族、法尤族、卡乌龙族、雅诺马莫人等都认为疾病是诅咒、魔法或巫术带来的，因此会向下蛊的巫师寻仇。达尼族、达尔比族、昆族则认为疾病是鬼神作祟的结果，因此昆族的巫师会用起乩的方式祈求鬼神原谅。卡乌龙族、西里奥诺人等也会以道德或宗教来解释疾病，如有人粗心大意、触犯天怒或不守禁忌都会招致疾病。卡乌龙族则认为男性的呼吸道疾病是被女人污染造成的。月经来潮或刚分娩的女人都被视为不洁，凡是她们触摸过的东西、经过的树木、走过的桥、涉过的水都是禁忌，会使接触到的男人生病。西方社会中的癌症患者也常认为自己做了什么不道德的事才会患癌，这其实和卡乌龙族把呼吸道疾病归咎于女人没什么两样。

饥　饿

1913年2月，英国探险家沃拉斯顿登上新几内亚最高峰的雪线，然后心满意足地往下走。然而，在下山途中，他发现了两具刚断气的尸体。他描述说，在接下来的两天，他看到有生以来所见到的最悲惨的景象：他总共在山间发现了30多具新几内亚人的尸体，多半是女人和儿童，或独自一人，或三五成群躺在路边。他在其中一群人中发现一个死去的女人和两个小孩，其中一个孩子已死，另一个约3岁大的小女孩则奄奄一息。他把女孩抱回营地，喂她喝牛奶，但她不到几个小时就死了。还有一群人走到了他的营地，包括一个男人、一个女人和两个小孩，除了一个小孩，其他人后来都死了。这群人将甘薯和猪都吃光了。在森林中，除了某些棕榈树的树心，找不到其他野生食物，因为长期营养不良，饥饿难耐，身体虚弱的人就难逃一死。

意外事件、暴力和疾病都是传统社会常见的死因，相比之下，很少人注意到饥饿这个因素。如果传统社会发生饥荒，往往死者众多。小型社会的人都会分享食物，因此不是大家都有食物吃，不会饿死，就是许多人饿死。为什么饥饿这个因素不受重视？因为在大多数情况下，没东西吃会导致严重营养不良，在饿死之前就可能死于其他原因。例如，抵抗力变得很差，容易生病，健壮的人得以康复，而营养不良、身体虚弱的人可能会因此一命呜呼。身体虚弱也比较容易发生意外，像是从树上摔下来、溺死，或是被强壮的敌人杀死。小型传统社会的人非常担心食物不足，因而想出种种方法储存食物或确保食物供应，因为食物是他们生存的命脉。

此外，食物短缺不只是卡路里摄取不足，也会使人因缺乏某些营养元素而引发疾病，例如维生素缺乏导致脚气、糙皮病、恶性贫血、佝偻病和坏血病等，矿物质不足可能使人罹患地方性甲状腺肿或缺铁性贫血，蛋白质不足则会造成恶性营养不良。比起狩猎-采集者，农民更容易因某些营养元素摄取不足而生病，因为农民的饮食不像狩猎-采集者那样多样化。某些营养元素摄取不足也容易使人因身体虚弱而发生意外、感染疾病，或被敌人杀害。

发达国家的居民生活富裕，丰衣足食，因此不会有饿死的风险。我们每日、每季、每年吃的东西几乎完全相同。当然，有些食物在某些季节盛产，如樱桃，但一般而言，我们差不多什么食物都吃得到。但对小型社会来说，食物产量的多寡难以预料，如碰上干旱或严冬，就可能面临食物不足的窘境。因此，他们会经常谈论食物的问题，可谓三句不离食物。难怪我那些佛尔族的朋友开口闭口都是甘薯，就算吃饱了，也还是说个不停。玻利维亚的西里奥诺印第安人也满脑子都是食物，他们最常说的两句话就是"我饿了"以及"给我一些吃的"。对西里奥诺人来说，食物显然比性更重要，他们会因没东西吃而焦虑，但随时都有性交的机会，因此会用性来弥补饥饿。然而，西方人则相反，会因为性事得不到满足而焦虑，所以用食物来弥补性方面的挫折。

很多传统社会的人不像我们，特别是那些生活在干旱贫瘠之地或极地的人，经常面对可预期或不可预期的饥荒。他们发生饥荒的概率要比我们高得多，造成这种差异的原因很明显。很多传统社会几乎没有储存的余粮，或是因为他们无法生产多余的粮食以供储存，或是因为气候过于湿热，食物容易腐坏，或是因为他们无法实行定居的生活方式。即使有些族群确实有余粮可存，也可能遭到劫掠。传统社会与我们不同，只能整合一小块地区的食物资源，而发达国家的居民可从遥远的国家进口粮食，运送到全国各地，因此无食物短缺之忧。传统社会没有运送的交通工具、道路、铁路和货轮，无法把食物从远方运来，所以只能从邻近地区取得。此外，传统社会也没有可以组织食物储存、运输和交换的政府机构，使相隔遥远的两地互通有无。尽管如此，传统社会也有一些因应饥荒的对策。

不可预期的食物短缺

　　部落如果猎捕食物，每天的斩获都不尽相同。植物不会移动，因此采集的量可以预期，但动物会四处跑，所以猎人可能忙了一整天，最后还是空手而回。为了解决食物来源不稳定的问题，几乎所有的狩猎-采集者都过着游群生活。游群里的多个猎人分头去打猎，回来再一起共享。理查德·李就曾描述了他在非洲卡拉哈迪沙漠的见闻。虽然他记录的是昆族，但也适用于各个大陆、各种环境中的狩猎-采集者。他写道："食物从来不是一个家庭可独自享用的，必须和游群里的每个人分享。每个游群可能多达 30 个人或更多。即使外出打猎的只是几个身强力壮的成年人，狩猎回来后，食物也必须和每个人均分。每个游群就是一个食物分享的单位。"很多小型畜牧和农业社会也实行这种资源共享的方式，如苏丹的努尔人。根据埃文斯-普里查德的研究，努尔人会一起分享肉、牛奶、鱼、谷物和啤酒。"虽然每一家都有自己的食物，自己烹调，供给家中男女老少所需，也在自己家吃饭，但每家的食物都是由整个社会供应的。他们并非没有所有权的观念，只是好客，更注重分享。"

　　食物供给量不稳定，时多时少，对当地社会的生计会产生很大的影响。如果天气变得寒冷、潮湿，阿切印第安人外出打猎，不但可能空手而归，没东西可吃，也可能感冒或被冻死。雅诺马莫印第安人的主食是大蕉和刺棒棕的果实，这两种植物的产量都不稳定，有时完全没产量，有时则盛产到吃不完。努尔人的粟类作物可能因为遭逢旱灾、暴雨而歉收，或是被大象、蝗虫或织巢鸟吃光。以狩猎-采集为生的昆族人大约每 4 年中总有 1 年会突然因碰到严重旱灾而出现饥荒。特罗布里恩群岛虽然不常发生旱灾，当地的农民还是很担心。新几内亚高地上的甘薯每 10 年约有 1 年因霜害而无法生长。所罗门群岛每 10 年或数十年则会遭到龙卷风袭击。

于是小型社会以各种方法来因应不可预期的食物短缺，包括迁移营地、将食物储存在体内、与不同地区的人达成互助协议，或是分别在几个地方种植作物。至于居无定所的狩猎-采集者，由于他们不会被田地或园圃绑住，如果在一地面临食物短缺的窘况，只需迁移到另一个食物比较多的地方。另外，为了防止食物腐坏或被敌人劫掠，有些人会尽可能把食物吃下去，以身体作为食物的储藏所，把热量储存为体内脂肪，以免在食物短缺的时候饿死。我将在第十一章以小型社会为例解说这一点。对西方人而言，这实在是不可思议的做法，当然除了那些参加吃热狗比赛的人。

虽然暴食可使人撑过短期食物短缺，但如果饥荒长达一年，人们没有食物仍会饿死。一个长期的解决之道就是邻近社会互相帮助、互惠共享，以多余的食物援助食物短缺的邻居。任何一个地区食物产量都可能有变动。如果两地相隔一段距离，不太可能同时出现食物短缺的现象。因此，某一个社会必须和远地的社会交好，万一食物短缺，才可从另一个社会取得食物。同样，远地的社会如果面临食物不足的难关，也会向这一社会求助。

以昆族居住的卡拉哈迪沙漠为例，不管哪个月，不同地区的降水量都可能有多达10倍的差距。根据理查德·李的描述，"在这个沙漠，有一个地区可能绿意盎然，但你继续走了几个小时之后，看到的将是不毛之地"。理查德·李比较了杭济区5个地方从1966年7月到1967年6月的每月降水量，发现不同地方的全年平均降水量差异不到两倍，但在某个月，降水量最少的地方可能一滴雨也没有，最多的则可达10英寸。库梅（Cume）的年降水量最大，但在1967年5月却是5个地方中最干燥的，在1966年11月和1967年2月亦属第二干燥的。反之，卡尔克方丹年降水量最小，但在1967年3月和5月都是第二潮湿之地。因此，不管一个社会待在哪个地点，都可能在某一时间碰上干旱，面临食物短缺之苦，然而在同一时间另一个社会则可享受丰沛的雨水，因而有多余的食物。因此，这两个社会就可互相扶助，帮助彼此渡过难关。其实，昆族人正是靠这种互惠、互助的做法才能在不可预期的沙漠环境中生存。

很多传统社会尽管偶尔会发生争战，也都会互助合作，共同求生存。特罗布里恩群岛的各个村落会分配食物，以度过食物短缺的危机。阿拉斯加北部的因纽特人面临饥荒时则会到另一个地区，住在当地的亲友家。雅诺马莫印第安人的主食是桃椰子的果实和蕉树，两者常盛产到吃不完（尤其是前者）。果实过熟则会腐烂，无法储藏，必须趁成熟的时候尽量吃。因此，一地的果实如果盛产，当地的人便会邀请邻近地区的人过来一起享用，就是希望他日邻人食物有余时也能救济他们。

分散种植

面对不可预期的食物短缺风险，另一个长期解决之道就是分别在几个地方种植作物。我曾在新几内亚目睹了这种现象。有一天，我外出观察鸟类，在森林中见到了一个新几内亚朋友垦殖的园圃，在他居住的村落东北部 1 英里处，但他还有其他园圃在他住的村子南部和西部好几英里外的地方。我问自己，这家伙到底在想什么，为何把园圃分散在这么远的地方，每天往返就得浪费大半天的时间，再说也难以预防猪和小偷潜入。新几内亚的农民都很聪明，也很有经验。我那位友人这么做的理由何在？

世界其他地区的人也有这种分散田地或园圃的做法，这让西方学者和研究人类社会发展的专家感到困惑。像英国中古时期的农民会在几十块零星的田地上耕种。在现代经济史学家眼里，这种做法显然不符合经济效益，不但往返浪费时间，田地之间的空地也白白浪费了。根据卡萝尔·戈兰的研究，的的喀喀湖附近的安第斯农民现在仍采用类似的做法。有些研究社会发展的专家抨击道："这些农民毫无效率……我们实在难以想象他们是怎么活下来的……这些农民因为继承关系和婚姻关系，拥有的田地分散在好几个村落，光是往返于这些田地，就得花上一天中 3/4 的时间，而且有些田地很小，甚至只有几平方英尺[①]。"专家因而建议农民互相交换土地，使自己的土地集中，以提高耕种效率。

[①] 1 平方英尺 ≈0.092 9 平方米。——编者注

但根据戈兰在秘鲁安第斯山的定量研究，这种疯狂的行为自有其道理。库约库约地区的农民在不同的田地上种植马铃薯等作物，平均每个农民有17块土地，最多的甚至有26块田地，每块平均只有2 500平方英尺。农民偶尔也会将田地出租或出售，他们完全可以将田地集中在一起。但他们为什么不这么做呢？

戈兰注意到一个线索：每块田地的产量各有不同，同一块田地每年的产量也有差异。从地势、坡度、日照等环境因素和农民的耕种方式（包括施肥、除草、种植密度和种植日期）来看，只有一小部分田地的产量是可以预期的，大多数都不可预期且难以控制，因为后者会受到降雨、霜害、作物疾病、害虫和人为偷窃的影响。从任意一年来看，田地之间的产量差异甚大，连农民也无法预期哪一块土地收成好。

库约库约地区的农民于是竭尽所能避免某一年收成欠佳，致使家人饿死。此外，就算某一年的收成不错，如次年碰上坏年景，也撑不下去。因此，农民的目标不是设法达到最大产量。就算有一块田地收成特别好，产量等于过去9年的总和，只要次年碰到干旱，农民还是会饿死。因此，农民的目标是每年的产量足以让他们存活下去，只要够吃就好了，不一定要追求最大产量。这也就是为何他们要将田地分散。如果你只有一大块田地，不管几年下来平均产量有多好，只要有一年无法收成，你就会饿死。但是如果你有很多块田地，每一块的产量各有不同，即使有几块收成欠佳，还是可以利用其他收成好的田地生存下来。

戈兰为了验证这个假设，连续两年调查了20户农家（共

488 人）田地的产量。他先计算每户所有田地（可能有 2 块、3 块、4 块，最多的有 14 块）的作物产量，发现田地越分散，单位时间平均产量越低，但也不会低到会使人饿死的地步。例如标示为"Q"的那户人家，家中成员包括一对中年夫妻和 15 岁大的女儿，预估每年每英亩[①]田地必须生产 1.35 短吨[②]马铃薯，他们才不会饿死。如果这户人家只有一块土地，那他们在任意一年饿死的概率将高达 37%。尽管他们可能每年最多生产 3.4 短吨的马铃薯，每 3 年仍然有 1 年可能会饿死。如果他们把田地分成 7 块或更多，饿死的概率就可以降到零。尽管田地分散，年产量可能降为每英亩 1.9 短吨，但绝不会低于使人饿死的临界值，也就是每英亩 1.5 短吨。

在戈兰调查研究的 20 户农家中，每户至少有两块田地。当然，田地分散，农民必须在田地之间往返，消耗的卡路里较多。但根据戈兰的计算，多消耗的卡路里在作物提供的卡路里中只占 7%，由于可避免饿死的风险，这样的代价还是可以接受的。

简而言之，戈兰研究中的安第斯农民并没使用统计学或数学分析，而是通过长期的经验得知，要面对不可预期的食物短缺，避免饿死，最好把田地分散。这样的策略其实就是"不要把所有的鸡蛋放在同一个篮子"。中古世纪的英国农民把田地分散来耕种，想必也是如此。的的喀喀湖的农民不听从社会发展专家的建议把田地集中，也有自己的道理。至于我那个把园圃分成几处的

---

① 1 英亩 ≈ 4 046.856 4 平方米。——编者注

② 1 短吨 =907.184 74 千克。——编者注

新几内亚朋友，他的族人为我讲述了他们这么做的理由：除了避免园圃因暴风雨的侵袭、植物病虫害、猪践踏或老鼠啃咬而全部遭殃，还可在不同海拔、不同气候之下种植多种作物。新几内亚农民的做法和安第斯农民类似，只是他们的园圃比较大，也没分那么多块。（每个新几内亚农民有 5~11 块园圃，平均是 7 块，而安第斯农民则有 9~26 块田地，平均为 17 块。）

不知有多少美国投资人没能像上述的农民一样，知道如何分辨单位时间的最大收益，以及如何不让收益少得可怜。如果你有多余的一笔钱，短期内不会用到，可运于投资或购买奢侈品，那就可以单位时间的最大收益为目标，尽管收益为零或会赔钱，也不会有太大的影响。但是如果你必须靠投资所得来支付现今的开销，就得和上面的农民一样分散风险。你得注意每年收益必须达到一定的水平才能维持生活，就算是单位时间收益较低也没关系。我在写这一段时，正好发现美国一些最聪明的投资人因为没能分散风险而导致巨额亏损。哈佛大学获得的捐赠基金是全球最多的，基金获利率向来笑傲美国各大学。该基金的经理人拥有绝佳的操盘技术，也愿意投注在获利高的投资上，一般保守的大学则不敢这么做。哈佛捐赠基金经理人的薪资多寡，视其操盘基金投资组合的长期平均收益率而定。但这笔基金不是多余的或可用于不时之需，其中有半数就是哈佛的校务运作经费。高获利难免有高风险，2008~2009 年金融海啸席卷全球之时，哈佛捐赠基金因投资失利，导致大笔亏损，哈佛大学不得不裁员和停止招募教职员来因应，计划花费 10 亿美元的科学校区工程也只好停摆。如果哈佛大学的基金经理人也能像安第斯农民或新几内亚人那样谨慎，采取分散策略，损失就不会如此惨重（见图 41）。

储藏食物

我们已经讨论过传统社会如何因应不可预期的食物产量。当然，食物也会因季节而有产量差异，这是可以预期的。温带地区的居民非常熟悉春、夏、秋、冬的季节变化。即使现在食物的保存技术相当发达，长途运输十分便利，我们在超市几乎什么食物都买得到，然而一地的新鲜果蔬还是有季节之分。以我居住的洛杉矶而言，农贸市场有堆积如山的时令果蔬，如四五月的芦笋、五六月的樱桃和草莓、六七月的桃杏、七月至来年一月的瓜类。在北美和欧亚大陆的温带地区，除了新鲜果蔬，其他食物的产量也会因季节而有所不同。秋天是农场家畜被屠宰的季节，因而有很多肉；春、夏则盛产牛奶，因为那时是牛羊生产的季节；鲑鱼和鲱鱼等鱼类会在一定的时间洄游；驯鹿和野牛等野生动物会在一定的季节大迁徙。

因此，在温带地区，人们可以预期某几个月食物产量特别多，某几个月则会青黄不接，这时就必须勒紧裤腰带或是做最坏的打算——可能饿死。对格陵兰的诺尔斯人而言，危险期就在每年冬天结束的时候。此时，他们储藏的奶酪、干肉都快吃完了，但是母牛、绵羊和山羊都还没产崽，因此还没开始分泌乳汁，竖琴海豹等春天来临才会游到岸边交配，在当地定居的普通海豹也还没登陆生产。1360年前后，格陵兰两个诺尔斯人聚落的全部族人就在这样一个冬天饿死了。

美洲人、欧洲人以及其他温带地区的居民总认为热带地区的季节并不分明，特别是靠近赤道的地方。尽管热带地区每月温差不大，还是有干湿季节之分。例如，巴布亚新几内亚有一个名叫波米奥的城镇离赤道南边只有几百英里，一年降水量高达260英寸，即使是在最干燥的月份，降水量也有6英寸。但在波米奥，降水量最多的月份（7月和8月）和最少的月份（2月和3月）相比，降水量足足相差7倍。这样的差距当然会影响到食物的产量和人们的生活环境。因此，住在低纬度或是赤道上的人就像温带地区的居民一样，必须面对青黄不接的季节。一般这种情况发生在旱季，对卡拉哈迪沙漠的昆族和巴布亚新几内亚的达尔比族来说，大抵是在9月和10月；对刚果（金）伊图里森林的姆布蒂俾格米人而言，则是12月到翌年2月；至于新不列颠岛的卡乌龙族，则是在1月。但对其他一些住在低纬度的人来说，食物短缺危机则发生在最潮湿的月份，如对澳大利亚西北部的原住民恩加里宁族（Ngarinyin）来说，是在12月到翌年3月；对苏丹的努尔人而言，是在6月到8月。

传统社会常用三种方法来因应可预期的季节性食物短缺：储存食物、多样化的饮食以及人口的聚散。现代社会也经常利用第一种方法：我们把食物储存在冰箱、冷冻库、罐头、瓶子里，或是包装起来。很多传统社会（特别是采取定居生活方式的社会）也会在食物盛产时（如温带地区的秋天）储存吃剩的食物，等到食物短缺时（冬天）再拿出来吃。狩猎-采集者由于居无定所，经常迁移营地，无法携带太多的食物（除非利用船，或利用狗拉雪橇）。如果他们把食物放在营地，则可能会被动物吃掉或被其他人偷走。（尽管如此，采取定居生活方式或在某些季节会定居于一地的狩猎-采集者还是会储存大量食物，如日本的阿伊努族、美洲西北太平洋海岸的印第安人、大盆地肖肖尼族以及北极地区的族群等。）在定居的社会中，有些小型农业社会因为人口太少，无法抵御敌人的劫掠，所以只能储存一丁点儿的食物。住在温带地区的人更会储藏食物，而在高温、潮湿的热带，因为食物容易腐坏，所以人们较少储存食物（见表 8-2）。

表 8-2　全世界部分传统社会储藏的食物

欧亚大陆	
欧亚大陆的牧民	乳制品：黄油、奶酪、脱脂酸奶、发酵乳
欧亚大陆的农民	小麦和大麦、咸鱼或鱼干、乳制品、马铃薯等块茎、腌蔬菜、啤酒、油
韩国	用大白菜、萝卜、小黄瓜腌制的泡菜，发酵的鱼虾
阿伊努族（日本）	坚果、鱼干和冷冻鱼、干鹿肉、块根淀粉
恩加纳桑族（西伯利亚）	熏肉、干肉、冷冻肉（皆驯鹿肉）、鹅油
伊滕米族（堪察加半岛）	鱼干、发酵鱼
美洲	
大多数的原住民农民	干玉米
北美大平原的印第安人	野牛肉干、脂肪炼成的油、莓果干
安第斯山的印第安人	冷冻肉干、块茎、鱼

（续表）

因纽特人	冷冻鲸鱼肉、冷冻驯鹿肉或驯鹿肉肉干、海豹油
西北太平洋海岸的印第安人	鲑鱼干、烟熏鲑鱼、蜡烛鱼鱼油、莓果干
大盆地肖肖尼人	牧豆荚淀粉、松子、肉干
北加利福尼亚州内陆印第安人	橡子粉、鲑鱼干
非洲	
努尔族	小米、啤酒
太平洋地区	
东波利尼西亚	发酵的芋头和面包果、香蕉干、淀粉
毛利人（新西兰）	煮过后用脂肪密封的肉、块茎
特罗布里恩群岛（新几内亚）	山药
新几内亚低地	西米粉、鱼干
新几内亚高地	块茎、甘薯（用甘薯把猪喂肥了，再换其他食物）
澳大利亚原住民	野草籽饼

储藏食物最重要的一点就是，避免食物被微生物分解而腐坏。微生物就像其他生物，在温度适宜和水分充足的环境中就可以生长。因此，食物必须保存在低温或干燥的环境中。有些食物本身水分特别少，特别是再稍微晒干之后，可储藏数月到数年，如坚果、谷物、蜂蜜、马铃薯和萝卜之类的根茎块茎。这类食物通常储存在罐子里或食物储藏室中。很多根茎类植物甚至可堆放在地上长达好几个月。

其他食物（如鱼、肉、多汁水果和莓果）因含水量高，必须放在架子上晒干或在火上烤干才能储藏。例如西北太平洋海岸的印第安人就会将鲑鱼烟熏以便储藏。北美大平原印第安人的主食则是野牛肉干、莓果干和脂肪炼成的油。安第斯山的印第安人则会交替使用冷冻和日晒的方式，储藏大量的肉、鱼、马铃薯和酢浆薯。

还有一些食物则是从原料中萃取出营养成分，并去除大多数的水分，如我们常用的橄榄油、奶酪和面粉。地中海传统社会、欧亚大陆的牧民和农民几千年来一直使用这种方法保存食物。新西兰的毛利人会把鸟肉煮熟并去除水分后储藏，鸟肉本身的脂肪有防腐作用，因此不易腐坏。此外，美洲猎人会把野牛肉做成肉干，北极地区的人也会用这种方式来储藏海洋哺乳类动物的肉。西北太平洋海岸的印第安人会用蜡烛鱼来炼油。蜡烛鱼本身含有非常丰富的脂肪，鱼干甚至可以当蜡烛，这也是它名字的由来。新几内亚低地居民的主食则是从西米棕榈的木髓中萃取的西米粉。波利尼西亚人和日本的阿伊努族也像大盆地肖肖尼族萃取牧豆荚淀粉一样，会从植物根部萃取淀粉。

还有一些储藏食物的方式无须干燥。在北极和欧洲北部等冬天气温降到零度以下的地区，最简单的方式就是在冬天将食物冷冻、埋在地底下或是埋在填满冰的地下洞穴，如此一来食物就可保存到第二年的夏天。我在英国剑桥大学读书时，曾和英国朋友在英格兰东部乡间开车漫游，找地下洞穴探险。我们和一个当地人聊天。他说，他的土地上有一栋特别的建筑物，欢迎我们去看看。那栋有圆顶的建筑是用砖砌成的。他打开上锁的门，我们凑近一看，发现里面有个洞，洞口直径约 10 英尺，可从木梯攀爬到下方，但那个洞深不见底。

紧接着的一个周末，我们带着套索、火炬、头盔，身穿连体工作服，打算进入那个洞穴探险。当然，我们希望那里有深邃的通道，通道旁还有走廊，最好能在那里发现被人遗忘的宝藏。由于我是唯一的美国人，也是我们那群人中体重最轻的，朋友们指派我第一个从那个腐朽的木梯爬下去。没想到，我才往下30英尺就到了底部。那里没有走廊、没有宝藏，什么也没有，只看得到旧砖头砌成的洞壁。那晚回剑桥之后，我和朋友一起吃饭，聊到我的神秘发现。其中一个朋友是上了年纪的工程师，周末经常到乡间散步。他说："那一定是冰屋！"他解释说，在19世纪末，冰箱问世之前，英国人常利用这种冰屋来储存食物。他们挖深深的地洞，冬天把食物和冰块放进去储存，食物就可以一直保持冷冻，直到来年夏天。我们发现的那种冰屋必然可以储藏相当多的食物。

传统社会保存食物的另一个方法就是将食物煮熟——杀死微生物，在滚烫、无菌的状态下封存起来。二战时期，美国政府要求城市居民在后院园圃种植果蔬，采摘后煮熟再用真空瓶封存，然后送给在前线作战的士兵。我小时候住在波士顿，家里有个地下室，我母亲把秋天成熟的番茄和小黄瓜都装在罐子里，就可供我们家冬天所需。我母亲在装罐之前，会先用高压锅将它们煮熟。我还记得那种老式高压锅不时会泄压喷气，把蔬菜糊喷到天花板上。新西兰的毛利人也用煮熟封存的方式来保存鸟肉，鸟肉融化的脂肪有助于阻隔微生物。虽然毛利人对微生物一无所知，但还是发现了这个好方法。

最后一种保存食物的方式则是用腌制或发酵来抑制微生物生长。常见的做法如在食物中添加盐或醋，也可借由食物本身含有的酒精、醋或乳酸来发酵，如啤酒、白酒等含酒精的饮料就是如此制成的。韩国人每餐必备的泡菜也是这类食物，他们通常是用大白菜、萝卜、小黄瓜加盐水来腌制。亚洲牧民用母马的乳汁来发酵，波利尼西亚人用芋头和面包果来发酵，堪察加半岛的伊滕米族（Itenm'i）也会做发酵鱼。

此外，要储藏余粮也可先将其转化为非食物的东西，之后在青黄不接的季节再换回食物。现代社会的农民会出售作物或宰杀后的牲畜，然后把赚来的钱存入银行，最后再用钱到超市买其他食物。又如新几内亚高地的养猪户会用甘薯来喂猪，几年后，再把猪宰杀。这种做法也相当于把多余的甘薯储存在猪体内，而达到储存食物的目的。

饮食多样化

传统社会的人们面临季节性食物短缺时，除了储存食物，还会选择多样化的饮食，即使是平常不屑于吃的东西也得吃。我曾在第六章讲述了伦内尔群岛居民的例子，他们把可以吃的野生植物分成两类：一类是平常吃的，另一类则是在龙卷风破坏园圃之后，没有东西可吃时不得不将就吃的。伦内尔群岛居民平常吃的东西大多来自自己的园圃，对野生植物的分类并不精细。而南非昆族由于是狩猎-采集者，自己并不种植作物，因而对野生植物的分类相当精细。他们为 200 种以上的野生植物命名，认为其中的 105 种是可以食用的，然后再依照喜好的程度分成 6 类以上。

昆族人最喜欢的植物是产量丰盛、到处可见、每个月都有、容易采集、可口又有营养的。芒刚果因符合上述每个特点，在昆族人食物排行榜可荣登第一名。昆族所消耗的植物卡路里中将近一半都来自这种坚果，可与之匹敌的只有肉类。如果某种植物产量稀少，只在某几个地方或某些月份才有，并且难吃、不好消化或没有营养，则不太受族人青睐。昆族人搬迁到新营地时，会先采集当地的芒刚果和其他 13 种他们比较喜欢的植物，直到这些植物在那一带被采光了。接着，昆族人就必须退而求其次，接受没那么好的食物。每年 9 月和 10 月因炎热干燥，食物变得稀少，昆族人甚至连多纤维、不好吃的植物根部都得挖出来吃。约有 10 种树分泌的树脂由于不好消化，昆族人很少食用。昆族人一年只吃几次最讨厌的食物，如会引发恶心和幻觉的水果，以及因为吃了有毒叶子死掉的牛。如果你以为发达国家的人永远可享用最好的食物，就错了。在二战期间，因食物短缺，很多欧洲人也会吃一些平常不吃的东西。例如我的英国朋友告诉我，他们就曾吃奶油鼠肉。

在昆族东边 300 英里内，有一名叫格温贝·通加（Gwembe Tonga）的农业社会。这个农业社会的人口密度是昆族的 100 倍。由于农民人口众多，若作物歉收，就会对当地野生植物环境造成很大的压力，农民也得像昆族人一样退而求其次，吃一些平常不吃的东西。这些通加农民会吃当地的 21 种植物，但昆族人认为那些无法入口。其中一种是刺槐，虽然产量丰富，如果昆族人要采集，每年应该可以采集几吨之多，但因豆荚有毒，昆族人就放弃了。但通加农民在面临饥荒时，还是会采集这些豆荚，将其浸泡、煮熟、滤干以去除毒素，然后再吃。

生活在新不列颠岛的卡乌龙人，其主食来自自家园圃种的芋头和饲养的猪。但在每年 10 月到翌年 1 月的旱季是"taim bilong hanggiri"（属于饥饿的时节），园圃里几乎种不出东西。这时，卡乌龙人只好到森林狩猎，捕捉小动物、昆虫、蜗牛和采集野生植物来吃。其中一种植物是有毒的野生坚果，必须浸泡数日才能将毒素过滤出来。他们还会把一种野生棕榈树的树干烤来吃，他们平时可不会吃这种给猪吃的东西。

人口的聚集与分散

除了储藏食物与饮食多样化，传统社会还会以人口迁移的方式，来因应可预期的食物短缺。当食物来源稀少且集中在少数几个地区时，人们就会采取聚集的生活方式。如果食物盛产，且到处都有，人们就会分散到各地居住。

例如大家都知道阿尔卑斯山的农民冬天会待在山谷中的农舍，春夏则会把牛羊赶到新草长出来的地方和已经融雪的山坡上。其他社会，尤其是狩猎-采集社会也采取这种季节性聚居和分散居住的生活方式，如澳大利亚原住民、因纽特人、西北太平洋海岸的印第安人、大盆地肖肖尼族、昆族和非洲的俾格米族。人们在食物短缺的季节聚集在一起，常举办各种群体社交活动，如年度祭典、跳舞、成人礼或洽谈婚事。下面就以肖肖尼族和昆族为例。

美国西部大盆地的肖肖尼族住在四季极为分明的沙漠地区，夏日高温、干燥（白天气温可达32~38摄氏度），冬日则非常寒冷（日夜温度皆在零摄氏度以下），而且降水量少（每年10英寸以下），大多数都是冬天飘下的冰雪。在食物短缺的冬天，能吃的都是以前储存下来的松子和牧豆荚淀粉。秋天，肖肖尼族会聚集在松树林，采集大量松子并储存起来。冬天，2~10个有血缘关系的家庭会聚集在有水源的坚果林中的营地。春天，天气暖和，植物欣欣向荣，动物活跃起来了，营地里的大团体又分散成多个核心家庭，分别去高处和低地居住。夏天，食物的来源多，肖肖尼族餐桌上的菜肴也变得丰盛，包括种子、根茎、块茎、浆果、坚果及其他植物，蚱蜢、苍蝇幼虫和其他昆虫，兔子、啮齿动物、爬行动物及其他小动物，还有野鹿、山羊、羚羊、大角鹿、野牛和鱼。夏末，他们会在松树林聚集，然后一起过冬。南非沙漠因为水源和食物来源不固定，在那里生活的昆族也实行季节性的聚散。他们会在旱季集中在少数几个水坑附近聚居，等多雨的季节来临，则又分散到超过308个有水的地方。

对危险的反应

我们已讨论过传统社会可能面临的危险及其因应之道。最后，我们再来比较实际的危险程度与我们的反应（例如我们有多担心，如何预防）。也许有人会天真地以为我们完全理性，也具备知识，因此我们对各种危险的反应应该与实际的危险程度（每年实际造成的伤亡人数）成正比。我将以 5 个理由来戳破这种有关危险的天真想法。

第一，每年因某种危险而受伤或死亡的人数要比我们预期的更少，因为这种危险是已知的，我们会小心防范以减少风险。如果我们非常理性，对危险程度要有一个比较正确的估量，那么应该将那些因疏于防范而死亡的人数考虑在内，但这样的人数实在难以计算。就本章前面讨论过的两个例子而言，传统社会的人很少饿死，这是因为他们已采取各种对策来降低饿死的风险。每年昆族人丧生在狮口下的人数少之又少，并不是狮子不危险，而是昆族人认为狮子极其危险，因此有许多小心防范的对策，例如天黑之后就不离开营地，经常注意四周有何风吹草动，白天外出随时当心有无狮子出没的踪迹，常常大声说话，女人离开营地必定成群结队，以及特别留心老迈、受了伤或落单的狮子。

第二，我们愿意为了某些目标不惜置身于险境。如果狮子霸占猎物，准备饱食一顿，那么为了夺回猎物，昆族人还是会冒险把狮子赶走。大多数人不会为了好玩儿而冲进失火的房子，但是如果自己的小孩被困在火场，则会奋不顾身地冲进去。很多美国人、欧洲人和日本人为了是否兴建核电站而头痛不已。由于日本福岛核电站事故震惊全球，人们更害怕核能带来的危险。然而，如果为了减少煤、石油和天然气的使用，改善全球变暖的问题，那核电站提供的清净能源还是可以考虑的。

第三，人们常常错误评估风险，特别是西方世界的人。这也是心理学家深入研究的一个课题。如果你问美国人，今日生活的危险是什么，他们可能会先提到恐怖分子、空难、核电站事故，但这三者过去40年来在美国每年夺走的生命远远少于车祸、酒精和香烟。如果以每年实际致死人数（每小时夺走的生命）来评估各种风险，显然一般美国人高估了核电站事故的危险（美国大学生和一般女性心目中的头号危险），也夸大了基因改造技术、新的化学科技和喷雾罐带来的危险，但低估了酒精、汽车、香烟、外科手术、家电和食物防腐剂带来的危险。我们会有上述偏见，是因为我们特别担心无法掌控的事件，而这样的事件可能造成大量死伤，或是我们对那种情况很陌生，难以正确评估其危险性。反之，由于某些危险为我们所熟悉，我们以为那是自己可以控制的，即使有人死亡也是个案，不会导致大量伤亡，因而低估了这些危险，如开车、喝酒、抽烟或是站在踏板梯上面。我们认为自己可以掌握情况，所以愿意做这样的事。虽然我们知道有人因此丧生，但那是别人，如果我们够小心就不会发生不幸。正如昌西·斯塔尔所言："我们不愿别人对自己做的事，自己倒是做得不亦乐乎。"

第四，有些人不但愿意接受危险，还特别热爱冒险。例如有人为了追求刺激去玩跳伞、蹦极、赛车或是赌博。根据保险公司的统计资料，男人比女人更爱冒险，人们最喜欢冒险的年纪是二十几岁，年纪越大越保守。最近，我去非洲维多利亚瀑布旅游，宽达1英里的赞比西河笔直下落355英尺，再从曲折的峡谷流入一个叫作"沸腾锅"的河湾。瀑布怒吼，有如万马奔腾，岩壁漆黑，峡谷水汽氤氲，下方河水滚滚，那里就像是地狱的入口。在"沸腾锅"上方有一座桥，让人可以通过赞比亚和津巴布韦的边境。玩蹦极的游客从桥上一跃而下，在嘈杂的瀑布声中，纵身至漆黑、水汽弥漫的峡谷。我看着眼前的奇景，不敢走上桥去。即使有人告诉我，我得从桥上跳下才能救我的妻儿，我也不敢。后来，我儿子的同学来这里与我们会合。这个22岁的年轻人脚踝绑着绳索，头朝下，就这样跳下去了。他肯花钱追求这种刺激，而我若必须献上全部的家产才能免于一跳，那我也愿意。但我后来想起自己大学时在英国乡间的洞穴探险，才恍然大悟自己也曾是天不怕地不怕的年轻人。

第五，有些社会对危险的接受程度比较高，有些则比较保守。不只是发达国家的社会有这样的差异，美洲印第安部落和新几内亚部落也是如此。举一个最近的例子：被派往伊拉克前线的美军要比法国或德国士兵更勇于冒险。有人猜测这样的差异可能是因为法国和德国历经两次世界大战的冲击，丧生者将近700万人，不少士兵死于冒险的军事行动。此外，现代美国社会以外来移民为基础，这些移民愿意从旧大陆到新世界闯荡，因而也更具冒险精神。

总而言之，所有的人类社会都会面临危险，只是因不同的居住环境和生活方式而承受不同种类的危险。我害怕被车子撞到或是从梯子顶端摔下来，我的新几内亚朋友担心鳄鱼、龙卷风和敌人，昆族人则怕狮子和干旱。每个社会也都有自己的一套因应危险的方法，但西方社会的人对危险的考虑与认识显然不够清楚。我们对基因改造技术、喷雾罐忧心忡忡，却认为抽烟或骑车不戴安全帽没什么。传统社会的人是否会和我们一样错误评估生活中的危险仍待研究。西方社会的人对危险的认识大都来自电视等媒体，容易被耸人听闻的报道影响，如罕见的或死伤惨重的事故，我们是否因此容易错误评估危险？反之，传统社会的人对危险的了解都是来自亲身经验或亲友的描述，他们是否因此对危险的评估比较准确？我们对危险的想法是否可以更实际一点儿？

第五部分

宗教信仰、语言和健康

第九章

电鳗与宗教的演进

有关宗教的问题

最初,所有的人都在丛林里,围绕着一棵巨大的铁木树居住,说同一种语言。有一个男人因为睾丸被寄生虫感染,肿大得很厉害,只能坐在铁木树的树枝上,让巨大的睾丸垂到地上。丛林里的动物在好奇心的驱使下,前来嗅闻他的睾丸。这些动物就被猎人射杀了。由于猎物很多,人人得以大快朵颐。

有一天,一个坏人喜欢上一个美丽的女人,为了横刀夺爱,便杀了那女人的丈夫。死者的亲戚于是追杀那个坏人,最后那个坏人及其亲友就爬上了那棵铁木树,以求活命。死者的亲戚猛拉树的一端垂下的藤蔓,要把坏人及其亲友拉下来。结果,藤蔓断了,树在巨大的反弹力作用下把坏人和他的亲友抛到四面八方。他们最后分别落在非常遥远的地方，再也找不到彼此。经过一段时间之后，他们说的语言就越来越不同。这就是为什么世界各地的人都说不一样的语言，不能了解彼此，猎人也不再轻而易举就能抓到猎物。

这个故事流传在新几内亚北部的一个部落。这样的故事就是所谓的"起源神话"，和《圣经·创世记》中讲述的伊甸园与通天塔有异曲同工之妙。尽管我们发现这个在新几内亚流传的神话和犹太教、基督教中的故事有些相似之处，但新几内亚传统社会和其他传统小型社会一样，没有教堂、牧师和圣书。令人不解的是，部落的信仰体系与犹太教、基督教差异如此之大，为何起源神话却很相像？

所有已知人类社会都有宗教或类似宗教的信仰。这代表宗教能满足某种人类共同的需求，至少根源于人类天性的某一部分。既然如此，到底是什么样的需求，或是天性的哪一部分让人类信仰宗教？我们要如何定义宗教？就这些问题和其他相关问题，学者已辩论了好几个世纪。如果一个信仰体系要建构成宗教，是否必然要相信神或是某种超自然的力量？除此之外，是否还必须包括其他的条件？从人类演化史来看，宗教是什么时候出现的？人类与黑猩猩本来有着共同的祖先，大约在600万年前分化。不管宗教为何物，黑猩猩应该没有宗教信仰，但4万年前的克罗马农人与尼安德特人是否已有宗教信仰？宗教的发展是否有不同的历史阶段，例如像基督教或佛教代表近代的宗教，而部落信仰体系则属于早期的宗教？我们常把宗教与人类高贵的一面相联系，而非邪恶的一面，然而，为什么宗教有时还会引导人去杀人或自杀？

本书试图剖析人类社会的各个层面，从小型或原始社会到人口稠密的现代社会，上述与宗教相关的问题非常引人深思。不只是现代社会有宗教信仰，原始社会也有。今日世界的主要宗教出现在 1 400~3 000 年前，那时的社会比较小且传统。社会大小有别，各种宗教也有很大差异。此外，大多数读者，当然包括我自己，都曾质疑自己的宗教信仰或问自己为什么不信教。如果我们了解宗教对每个人的意义都不同，或许可以找到最适合我们自己的答案。

不管是个人还是社会，总需投入很多的时间和资源在宗教上。例如摩门教徒必须把自己收入的 1/10 奉献给教会。据估计，霍皮印第安人每三天就有一天必须进行一次宗教仪式，而西藏传统社会中 1/4 的人都是喇嘛。中古世纪的欧洲人大多把仅有的资源用来兴建教会、大教堂，或是供养修士、修女和大批的十字军。借用经济学术语来说，由于宗教耗费的时间和资源甚巨，必然要付出机会成本，也就是为了宗教而必须放弃一些有利可图的事，如种植更多作物、建造水坝或是养更多的军队以进行征伐。如果宗教不能带来真正且巨大的好处，以弥补那些失去的机会成本，那没有信仰的社会将异军突起，征服宗教社会，进而称霸世界。然而，我们今天的世界仍有各种宗教信仰，宗教到底带给我们什么样的好处？宗教究竟有何功能？

对有宗教信仰的人来说，质问宗教的功能不但没意义，而且可能触怒他们。信教的人可能会说，几乎每个人类社会都有宗教，那是因为上帝真的存在，宗教就像岩石，无所不在，自有其功能与好处。如果你是这样的人，请试着想象一下有一种来自仙女座星系的高等生物，这种生物在宇宙中飞行的速度超过光速，能量来源包括日光、电磁辐射、热能、风、核能以及有机或无机的化学反应。它们在几兆星体间探访，研究宇宙各种生命形态。有时，这些来自仙女座星系的访客也会来到地球。在我们这个星球，这种生物的能量来源只有日光和有机或无机的化学反应。从公元前11000年到2051年9月11日，地球皆被一种自称为"人类"的生物主宰。人类有一些古怪的想法，例如认为宇宙中有一个全知全能的神，它就叫"上帝"。上帝会特别照顾人类，而不管其他百万兆物种。宇宙就是上帝创造的。在人类的想象中，上帝的形象和人很像，只是它是无所不能的。由于来自仙女座星系的访客已经探访过整个宇宙，知道宇宙是怎么被创造出来的，而且在这个宇宙中还有许多比人类更高等的生物，因而认为人类对上帝的看法只是幻想，没有任何证据。他们也发现人类拥有几千种不同的宗教，每个社会都宣称自己的宗教才是真的，其他宗教都是虚伪的。然而，在来自仙女座星系的访客眼中，人类所有的宗教都是虚伪的。

但人类社会普遍都有宗教信仰，相信上帝或神明的存在。那些来自仙女座星系的访客了解宇宙社会学的原则，知道人类社会会投入这么多的时间和资源在宗教领域，甚至不惜为了宗教受苦或自杀，必然有其原因。它们思索，宗教应该能够带给人类某种好处，否则人类不会这么做。如果本书中有关宗教功能的讨论让部分读者感到不悦，或许你愿意退一步，想想新几内亚部落宗教的功能，或者设法从来自仙女座星系的访客的角度来看人类宗教。

宗教的定义

且让我们从宗教的定义开始，看是否至少能达成一些共识。哪些是所有宗教共同的特征，如基督教、部落宗教、希腊和罗马的多神教？我们是否可根据这些特征来指认什么是宗教，什么不是宗教而只是与宗教相关的现象（如魔法、爱国或生活哲学）？

表9-1列出了宗教学者提出的16种定义。第11种和第13种分别是涂尔干和克利福德·格尔茨提出来的，也是最常被学者引用的定义。显然，就宗教的定义而言，目前仍莫衷一是。很多定义都像律师写的合约条文一样佶屈聱牙。这种写法应该是想提醒我们宗教是辩论的雷区，我们应步步为营。

表9-1　宗教拟议定义

1. 人类认为宇宙间有一种超人的控制力量，也就是上帝。人人都该服从上帝。——《简明牛津词典》

2. 任何信仰或崇拜体系通常涉及一套伦理准则与哲学。——《韦氏新世界词典》

3. 建立在某个群体信仰或态度基础上的社会体系，把某物、某人、某种看不见之物或思想视为超自然、神圣或最高真理，进而产生一套道德准则、实践方式、价值观、制度、传统和仪式。——维基百科

4. 从最广义、广泛的角度来看，宗教……包含一种信念，相信世界上有某种不可见的力量，至善就在我们心中。——威廉·詹姆斯

（续表）

5. 宗教是一个社会体系，参与这个体系者皆立誓相信某种超自然的力量。——丹尼尔·丹尼特

6. 一种可控制自然和人类、超乎人类的力量。——詹姆斯·弗雷泽

7. 一组象征形式，讲述人类存在的终极情况。——罗伯特·贝拉

8. 一个信仰和实践的系统，与社会的终极关怀有关。——威廉·莱萨，埃翁·沃格特

9. 深信世界上有一种超自然的力量，并相信这股力量可以助人或害人。我认为这种信念就是全世界宗教的核心因素……因此，我将把宗教定义为"人类与超自然力量两者互动展现出来的文化形式"。——梅尔福德·斯皮罗

10. 从跨文化的角度来看，宗教的共同要素就是相信这世上有一至高无上的神。这神是看不见的力量加上一组象征，以引导个人或团体将宗教和谐融入自己的生活，并全心达成这种和谐。——威廉·艾恩斯

11. 宗教是与神圣的事务相关、统一的信仰和实践系统，它将某些事挑出来，视为禁忌。与宗教有关的信仰和实践系统合成一个道德团体，也就是教会。——涂尔干

12. 简而言之，宗教是某个团体全心全意相信在这世界上有一超自然媒介。此超自然媒介主宰人类的存在焦虑，如死亡或欺骗。——斯科特·阿特兰

13. 宗教是一个象征系统，借由某种存在观念的建立，给予人真实感，进而使人具有恒久的心境和动机。——克利福德·格尔茨

14. 宗教是一种社会制度，也是人类文化的重要机制，借由神话的创造与传播鼓励人行善、互助，并促进社会群体的互助合作。——迈克尔·谢尔莫

15. 我们可将宗教定义为在不同社会中演化出来的一组信仰、实践和制度，用以了解与解读个人生活的层面与境遇（如以经验或工具的观点来看，则无法理解或控制）。人也赋予这组信仰、实践和制度重大意义，借由相关行动和事件感知某种超自然的力量，知道人在宇宙中的地位和价值，自己的命运以及与他人的关系都有了意义。——塔尔科特·帕森斯

16. 宗教是被压迫者的叹息、残酷世界的心肝、空虚社会的灵魂。宗教是人民的鸦片。——卡尔·马克思

我们是否可退而求其次，像定义色情一样定义宗教，如认为"我无法定义色情，但是在我看到的时候，我就知道那是不是色情"？不行，我们无法用这种方式来了解宗教。学者面对某种广泛流传、众所周知的运动，也无法一致同意这是不是宗教。例如，关于佛教、儒家思想和神道究竟是不是宗教的问题，宗教学者辩论已久。目前大家倾向于把佛教视为宗教，虽然一二十年前有人把儒家思想当作宗教，但现在大都认为这是一种生活方式或世俗哲学。

其实，我们也可从为宗教下定义时遭遇到的困难中得到一些启发。宗教不是把几个不同的因素凑在一起就可以下定义的。由于宗教、社会以及宗教演进阶段等差异，有些因素在某些宗教中非常明显，在另一些宗教中则非常隐秘且微小，或是完全看不到。宗教暗含的现象有些则不一定和宗教相关。这就是为什么佛教虽已名列四大宗教，但依然有人不认为佛教是一种宗教，而只是一种生活哲学。构成宗教的要素大抵可分为5个：相信超自然的力量；宗教是一种群体现象，信徒会结成一个群体；信徒必须拿出确切的证明，表示自己能全心投入；信徒的行为必须服从宗教的一些规则（也就是道德）；信徒相信超自然的力量可借由祷告等引发并介入世俗生活。当然，并非具备这5个要素就可成为宗教，也不是缺乏某个或多个要素，就不是宗教。

我第一次在加利福尼亚大学教授文化地理学的时候，就以相信超自然的力量作为宗教定义的基础。我说："宗教是一种信念，相信超自然力量的存在。这种超自然力量，虽不是我们的感官可以探知的,却可用来解释我们所感知到的一些事情。"这种定义有两个好处:第一,相信超自然力量的确是宗教最普遍的特点;第二,宗教的源起和早期功能都涉及对事物的解释。大多数宗教都相信神明、鬼魂等媒介的存在,我们称其为"超自然的力量",因为鬼神并不存在于我们可感知的自然世界中。很多宗教更进一步提出,除了世俗世界,还有一个平行的超自然世界,如天堂、地狱或来生。我们在死亡之后,就会被送到那个超自然世界。有些人对超自然的力量深信不疑,甚至强调他们见过、听过或可以感觉到鬼神的存在。

　　但我很快就发现,这样的定义还不够。相信超自然的力量不只是宗教的特点,其他非宗教现象也有这样的特点,如神仙、鬼怪、小精灵或是外星人。为什么相信神明就是宗教,相信神仙则不一定是宗教?(提示:相信神仙的人不会在每周的某一天聚会或举行某种仪式,不会认为自己是相信神仙团体的成员,有别于其他不相信神仙的人,也不会为了捍卫自己对神仙的信念,不惜牺牲自己的性命。)反之,有些运动被视为宗教,参与运动的人却不相信超自然的力量。不少犹太人(包括拉比)、一神论者和日本人都是不可知论者,但他们自认为并且其他人也认为他们有宗教信仰。此外,释迦牟尼不以神明自居,认为自己只是为人们指出一条开悟之道。

　　我的定义有一大缺点,就是忽视了宗教的第二个要素:宗教是一种群体现象,这些人拥有相同的信念。如果一个人相信上帝或神明的存在,每个安息日都独自待在房间向上帝或神明祷告,读一本自己写的书且从不给别人看,这个人并不能算是信教者,更像是离群索居的隐士或厌世者。

宗教的第三个特点是,信徒必须拿出确切的证明,表示自己能全心投入。因此他们必须做出重大的奉献或痛苦的牺牲。信徒的奉献可能是时间:每天5次面向麦加祈祷,每周日都去教会或花时间记忆复杂的仪式、祷词或圣歌(而且可能必须使用另一种语言),年轻时花两年的时间传教,加入十字军东征的行列,自费前往麦加或其他圣地朝圣等。奉献也可能是信徒将金钱或财产捐给教会,或是将有价值的家畜献祭(例如将自己养的羔羊献给上帝,而不用抓来的野生动物)。牺牲也可能是放弃肉体的享受,如斋戒,砍下一小截手指,行割礼,割掉鼻子、舌头或阴茎等让血流出来。这些做法主要是为了让其他信众相信自己的真心,如有必要,他们甚至不惜牺牲生命。因为如果一个人只是高喊"我是基督徒",那可能是为了个人利益(如有些囚犯宣称自己是基督徒,希望获得假释)或是为了保命而说谎。虽然我认为第二个和第三个特点(即群体运动和重大牺牲)是宗教的重要特质,但只具备这样的特点仍不足以被称为宗教。有些参与群体运动的人有着共同的信念,也要求追随者牺牲,但仍不是宗教,例如爱国运动。

宗教的第四个特点就是信徒的行为必须服从宗教的一些规则。这意味着信徒的行为必须依照神明或其他超自然力量的指示。这样的行为规则可称为律法、道德准则、禁忌或义务。虽然所有的宗教都有这样的行为规则,但行为规则不只来自宗教,也可能是与宗教无关的国家政府法规等，即使是无神论者，也有一套行为规范必须遵守。

宗教的第五个特点表现在，很多宗教都告诉信徒，超自然的力量不只会赏善罚恶，信徒也可借由祷告、奉献或牺牲求助于这样的力量。

因此，世界上的宗教（包括传统社会的宗教）主要有上述5个特点，有的特点比较明显，有的则比较隐秘且微小。我们也许可利用这些特点了解宗教和其他相关现象的差异。虽然爱国精神和民族自豪感从某些层面来看和宗教相似，都涉及群体行为，要求追随者牺牲或展现全心投入的精神，也有仪式或庆祝典礼（如美国人的独立纪念日、感恩节和阵亡将士纪念日），但爱国精神和民族自豪感并不会教人相信超自然的力量。有些球迷也像宗教信徒那样会组成团体，为支持的球队（如波士顿红袜队）加油，与其他球队（如纽约扬基队）的支持者有别，但这都与超自然的力量不相干，他们也不会要求球迷做出重大奉献、拿出全心投入的证据，也不会立下许多道德准则要球迷遵守。至于马克思主义、社会主义等政治运动，虽然它们也吸引很多追随者（就像宗教），追随者愿意为了这样的理想牺牲生命，也必须遵守道德准则，但它们与超自然的力量无关。魔法、巫术、迷信或水巫术（利用有魔法的探杖探测地下水源）虽然都涉及超自然的力量，但是我们不能用这些现象定义宗教信徒的行为：相信黑猫是妖魔鬼怪的人不会每周日聚会，并强调自己有别于其他不相信的人。也许比较难界定的是，佛教、儒家思想和神道究竟是宗教还是人生哲学。

宗教的功能与电鳗

宗教几乎是所有人类社会都有的现象，我们却丝毫无法在动物身上观察到类似的现象。尽管如此，我们还是可以探索宗教的起源，就像我们研究其他人类独具的艺术和口语等特质一样。600 万年前，我们的猿类祖先还没有宗教，但是到了 5 000 年前，人类社会出现最初的文字时已有宗教。在这中间的 599.5 万年间，宗教是如何形成的？在动物及人类祖先时代出现的宗教原型是什么？它是何时出现的？原因为何？

大约从 150 年前，宗教学者开始用科学的方式研究宗教，最常见的研究架构就是所谓的功能研究法。那些学者问：宗教有哪些功能？他们发现个人和社会常为宗教付出很大的代价，如禁欲独身、放弃生育、建造巨大的金字塔、宰杀有价值的家畜用于献祭，有时甚至不惜牺牲自己和儿女的生命，以及经常长时间地不断念诵同一段文字。宗教必定有其功能与好处，才会让人愿意做出这样的牺牲。宗教能为人类解决什么样的问题？从功能取向来看宗教，宗教是为了达成某些功能、解决某些问题，例如维持社会秩序、安慰焦虑的人们以及教导人们服从。

然而，后来也有一些学者从演化心理学的角度研究宗教。他们反对上述说法，并认为宗教并非有什么特别的目的，或是为了解决某些问题而产生的。宗教不是某个酋长有一天心血来潮想出来的点子——认为宗教是个好理由，借以说服臣民为其建造金字塔。宗教也不是某个狩猎-采集社会的人为了安慰族人设想出来的，如族人失去心爱的人，沮丧消沉，不能出去打猎，于是编造一个关于来生的故事以安慰族人，给他们新的希望。宗教也许是我们祖先某种能力的副产品。起初，没有人可以预见这种能力会带来什么，然而经过一段时间之后，这种能力还是渐渐发展出新的功能。

对我这样的演化生物学家而言，上述两种探究宗教起源的研究方法并不矛盾，反而可视为宗教发展的两个阶段。生物演化本身也可分为两阶段：第一，个体之间的变异是由基本的突变和重组而来；第二，自然选择和性选择使得有利于生存、繁殖的遗传性状得以传给下一代，即在不同的个体之间，有些变异的个体比较好，也更能解决生存问题。就功能问题（如在酷寒的气候下生存）而言，并不是动物想到自己需要更厚的毛皮就能得到，寒冷的天气也不会激发突变，使动物长出丰厚的毛皮。反之，是某种东西（以生物演化而论则是分子遗传机制）表现出另一种特征（如毛皮多寡），而某些生存情况或环境问题（如寒冷）使这些变异动物具有某种与环境相适应的能力。因此，基因突变与重组促成生物多样化，而自然选择与性选择则通过功能来进行筛选。

也有演化心理学家认为，宗教是人类大脑特征的副产品，起初并不是为了建造金字塔或安慰悲伤的亲戚生成的。对演化生物学家来说，这种假设很合理，不会让人感到意外。演化史本来就充满为了某种功能而出现的副产品与突变，经过一番发展，它们演变出不同的功能。例如，创造论者常以电鳗推翻演化论。他们指出，电鳗会产生600伏特的电压以电击猎物，因此电鳗不可能是由普通、不会发电的鳗鱼经过自然选择筛选出来的物种，因为电鳗在演化成能释放低伏特电压的阶段时，无法将猎物电晕，演化没有任何益处。其实，鳗鱼会释放600伏特的高电压是功能演变的结果，是一般鱼类侦测周围电场和发电功能的副产品。

很多鱼类的皮肤都有能感知环境电场的感觉器官。这些电场可能来自洋流、不同盐浓度的水流的混合，或动物皮肤收缩产生的电流。如果一种鱼类具有电敏感的感觉器官，它就可利用这些感觉器官实现两种功能：一种是侦测猎物，另一种是在水中通行，特别是水质混浊不清，或在夜间看不到的时候。由于海水导电性佳，猎物就很容易在电场侦测之下现形。鱼类对环境电场的侦测因为不需要特别分化出来的发电器官，也许可视为被动的电流侦测。

但有些鱼类可以更进一步产生低伏特电压，不只可以侦测另一个物体的电场，还可依自身的需要调整电场。至少有6种鱼演化出可产生电流的器官。大多数的发电器官都来自会产生电流的肌细胞膜，但有一种鱼是从神经发展出发电器官的。有关鱼类的主动电流侦测，第一个找到证据的是动物学家汉斯·利斯曼。利斯曼用食物作为奖励，训练会产生电流的鱼类区分相同形状的会导电的金属碟以及不会导电的塑料碟或玻璃碟。我在剑桥大学开展研究时，利斯曼的实验室就在附近的一栋大楼里。利斯曼的朋友告诉我一个有趣的故事：利斯曼发现在每个工作日的黄昏时，实验室有一种会产生电流的鱼总是显得特别兴奋。利斯曼最后才发现，原来实验室里的一名女技术员在回家前总会到屏风后梳理头发，那种鱼必然是侦测到她梳头发产生的电场。

能释放低伏特电压的鱼利用自己的发电器官和皮肤上的电流侦测器，增强了侦测猎物和在水中通行的能力。这种鱼也会利用彼此释放的电流实现第三个功能，也就是互相沟通。这种鱼不但可利用不同电脉冲类型获取信息，从而辨识其他鱼类的种类、性别和大小等，还可利用这种电脉冲对同种鱼类发送信息，如"这是我的地盘，你滚吧"或是"我是泰山，你是珍妮，我们来交配吧"。

鱼类也会通过释放电压实现第四种功能，也就是捕杀鲦鱼之类的小猎物。释放的电压越大，可捕杀的猎物越大，因此一条长达6英尺的电鳗甚至可释放600伏特的电压，电晕落到河中的马。（我的博士论文就是研究电鳗，因此我对这段演化史印象特别深刻。当时，我全部的精力都放在关于电流产生的分子生物学上，第一次做实验竟直接用手去抓电鳗，果然被电个正着。）会释放高伏特电压的鱼也会利用放电实现其他两种功能：一是对攻击者放电以自我防卫；二是释放电压捕捉猎物，这和一些渔夫利用发电器捕捉鱼类的道理相同。

创造论者认为，在演化的过渡阶段释放低伏特电压的器官因为没有实际功用，对生存没有帮助，因此电鳗能释放高伏特电压不可能是经由自然选择发展出来的。他们认为，以600伏特的电压捕杀猎物并非发电器官的原始功能，而是以其他功能为主的器官发展出来的副产品。我们已知电鳗的发电器官具有6种功能，而不会释放电压的鱼类也能借由被动的电流侦测捕获猎物和在水中通行。会释放低伏特电压的鱼类能更有效率地实现上述两种活动，也能利用电流进行沟通。能释放高伏特电压的鱼类不但能电晕猎物、自我防卫，还能利用电流聚集鱼群然后将其捕获。接下来，我们会看到人类宗教的功能有 7 个，而非像电鳗一样只有 6 个。

因果关系的推论

宗教可能是人类哪种特质的副产品？有人认为或许是人类为了生存和防范危险，为了明了事情的因果关系，大脑推想原因、作用和企图的功能日益复杂，由此产生了副产品——宗教。当然，动物也有大脑，能够推想其他动物的企图。例如，仓鸮在黑暗中侦测老鼠时，能根据老鼠的脚步声推算老鼠的行进方向和速度，并判断老鼠是否会以同样的方向、速度继续前进，然后算准时机，扑个正着。尽管如此，动物并没有可与人类媲美的推理能力，就连人类的近亲也望尘莫及。例如，非洲长尾黑颚猴的主要掠食者是在地面上活动的巨蟒。长尾黑颚猴一看到巨蟒，就会发出一种特别的叫声警告同伴，要它们赶快跳到树上保命。然而，即使最聪明的猴子看到巨蟒在草地上留下的痕迹，也无法联想到巨蟒可能会在附近出没。反之，人类拥有高超的推理能力，自然选择使我们的大脑能够从众多信息中找到蛛丝马迹，我们也能用语言正确传达信息。

例如，我们会推测别人的行为。我们了解别人和我们一样具有意图，而每个人的意图都不相同。因此，我们每天花费很大的精力想了解别人，从别人的表现（如脸部表情、语气、言行）推测他们下一步可能会怎么做，或是我们可以如何影响他人，让他们照我们的意愿去做。我们也会推测动物会怎么做。像昆族猎人接近猎物尸体时，如果尸体旁有狮子，他们会观察狮子的肚子和动作，看它们是不是已经吃饱，因为要赶跑吃饱的狮子很容易，若是饥肠辘辘的狮子，还是少惹为妙。我们也会预测自己行事的后果。在已经注意到自己的行动会带来什么样的结果后，如果我们相信怎么做会成功，就会依照那个方式去做。我们的大脑能发现这样的因果关系，这就是人类物种比其他物种成功的一个重要原因。这也就是为何在 12 000 年前，在农业、金属或文字尚未出现，人类仍过着狩猎-采集生活的时候，人类早已遍布除南极外从北极到赤道的各大洲。

我们一直设法解释事情的因果关系。有些传统解释预测正确，其原因后来才得到科学证实。有些虽然预测正确，其原因却是错的，如因为禁忌而避免吃某些鱼类，而不了解那些鱼类含有有毒化学物质。有些解释则预测失准，如狩猎-采集社会把河流、太阳和月亮视为超自然的力量，甚至一些不会动的物体也是如此，如花、山峦或岩石。我们今天已懂得分辨超自然现象和自然现象，但传统社会的人们不会做这样的区分，甚至自己想出一套因果关系来解释观察到的现象。例如，天神每日驾驭马车载着太阳横越天空。他们没有天文学知识，因此不知道太阳其实是不会动的恒星。他们并非愚蠢，那些解释只是他们对自然事物的逻辑推论。

我们在寻求因果关系的解释时常常会过度推论，认为植物和非生物也有超自然的力量，把它们当作神明来敬拜。我们也会用因果关系来看待自己的行为。如农民今年收成不佳，便会检讨自己的所作所为究竟与往年有何不同，或是有个卡乌龙族猎人跌到森林的一个岩坑里，其他人怀疑他是否做了什么才会导致这样的结果。传统社会的人们绞尽脑汁找寻原因。他们提出的解释有些是正确的，有些则是没有科学根据的禁忌。例如安第斯农民会把田地分成 8~22 块（见第八章），即使他们对原因不甚了解。有些传统社会会向雨神祈祷。卡乌龙族猎人在岩坑附近捕猎蝙蝠时会刻意不叫喊蝙蝠的名字。我们现在知道，将田地分散是有科学根据的，可使作物产量不至于少到会让人饿死的地步。至于向雨神祈祷，或是禁止叫喊蝙蝠的名字则只是迷信。然而，传统社会的农民和猎人仍无法分辨科学和迷信。

另一个常促使人寻找因果关系的就是疾病。如果某人病了，这个人和他的亲友就会寻找疾病的原因，就像碰到其他重要事件时一样。生病是不是因为病人做了什么（如在某个水源饮水）、疏忽了什么（没在饭前洗手或是向神明祈福），或者别人做了什么（对病人打喷嚏或是对病人施展巫术）？发达国家的居民即使生活在医学昌明的年代，也会像传统社会的人寻找疾病的原因。我们相信不洁的水源和饭前没洗手很可能会致病，但认为饭前没向神明祈福不是疾病的原因。如果你得了胃癌，有人告诉你那是由你身上的某个基因变异造成的，这样的答案并不会令你满意而不再感到无助、绝望。也许，你的胃癌只是源于饮食习惯。如果医生的治疗失效，我们会寻求其他治疗方式，传统社会的人们也一样。有些传统疗法的确有效，原因可能有很多：大多数疾病都会自行痊愈；很多传统植物疗法具有药效；巫医的做法可以去除病人的恐惧或是具有安慰剂的效果；只要指出病因，不管正确与否，都能使病人采取行动，因此病人觉得好多了，免除了等待的痛苦；如果病人死了，族人可能会认为病人触犯了某种禁忌或是巫师施法所致，应该把那个巫师揪出来杀掉。

至于现代科学仍无法给出满意答案的问题，我们依然在设法寻找解释。例如，大多数宗教都有神义论的问题。这也是《旧约·约伯记》的主题：如果神是良善、全能的，为什么会让这世间发生邪恶的事？传统社会的人就连在地上看到一根断裂的树枝都可能滔滔不绝谈上一个小时，若看到一个遵守社会规范的好人受伤、被击垮或是遭到杀害，自然也会探究事发原因：这个人是否触犯了什么禁忌？这是恶灵作祟，还是神明发怒了？如果有一个人在一个小时前还好端端的，可以呼吸、活动，身体也还是暖的，突然就无法呼吸、全身冰冷，像石头一样一动不动，其他人不免推测这究竟是怎么一回事：这人是否灵魂出窍，变成一只鸟，活在别的地方？你或许会认为，这只是在寻找"意义"，而非寻求解释，只有科学能给我们合理的解释，因此我们是从宗教中寻找意义。毕竟，过去的每一个人和今天的大多数人都希望能发现事物的意义。

总之，我们现在所谓的宗教也许是大脑寻求因果解释及做出预测的副产品。长久以来,人们对自然与超自然、宗教和现实生活并没有清楚的区分。至于宗教在人类演化的过程中究竟在何时出现,据我猜测,这应该是渐进的,出现在我们大脑功能趋于复杂的时候。1.5万年前,克罗马农人已经会缝制衣服、发明新工具,也在拉斯科、阿尔塔米拉与肖维洞穴岩壁上留下许多栩栩如生、色彩鲜艳的动物和人物图像。当现代游客借着烛光欣赏这些壁画时,内心无不充满对宗教的敬畏之情(见图42)。不管史前画家真正的意图是不是要让我们心生感动,他们的大脑必然已有信仰的功能。至于尼安德特人,他们会用赭石作为颜料来做装饰,或许也会埋葬死者。从现代智人的行为来看,至少在6万年前,我们的祖先已有宗教信仰。

超自然信念

所有的宗教都有其特有的超自然信念,即一个宗教的信徒坚持某些信念为真,尽管这样的信念与我们的认知冲突,无法用我们对自然世界的经验来证实,而且在其他不信仰该宗教的人看来似乎难以置信。表9-2就列出了这样的例子,但这只是一部分,诸如此类的信仰多到不可计数。宗教的这个特点使信徒与现代世俗者成为泾渭分明的两个阵营。现代世俗者实在不可想象有人竟会有这样的信念。即便是两种不同的宗教,也各有各的超自然信念,一方的信念在另一方看来极其荒诞。然而,为什么所有的宗教都有这样的超自然信念?

表 9-2　超自然信仰举例

---

1. 有一个猴神翻一个筋斗就可跑到几千公里外。（印度教）

2. 如果你花 4 天的时间独自待在一个地方，不吃不喝，并砍下左手的一截指头，就可得到神灵之助。（克劳印第安人）

3. 一个女人没受精而怀孕，生下一个婴儿。婴儿长大成人，死后躯体升上天堂。（天主教）

4. 巫师拿了钱，接受别人的请托，和全村子的人坐在一间幽暗的屋子里。所有的村民都闭上眼睛。巫师这时则潜入海底，请求带来不幸的海神息怒。（因纽特人）

5. 要判断一个被指控犯了通奸罪的人是否有罪，可把毒饲料强行塞给鸡吃。如果鸡没死，表示那人无罪。（阿赞德人）

6. 在战场上，为宗教牺牲生命的人死后将上天堂，有许多美丽的少女相伴。（伊斯兰教）

7. 1531 年，在墨西哥北边的山丘上，圣母玛利亚在一个信奉天主的印第安人面前显灵，用阿兹特克的纳瓦特尔语跟他说话，使他在草木不生的沙漠摘下玫瑰。（墨西哥天主教）

8. 1823 年 9 月 21 日，在纽约州西北靠近曼彻斯特村的一个山丘上，天使摩罗乃向一个名叫约瑟夫·史密斯的人显灵，要他把一本写在金页片上的经文翻译出来。约瑟夫·史密斯翻译的经典就是《摩尔门经》。（摩门教）

9. 神把中东的一块沙漠赐给自己最喜爱的一群人，让他们作为永远的家。（犹太教）

10. 19 世纪 80 年代的一个日食之日，上帝在一个名叫沃沃卡的派尤特印第安人面前显灵，告诉他如果印第安人举办一个叫"鬼舞"的仪式，两年内成群的野牛将覆盖原野，白人则就此灭绝。

有人认为，超自然信念只是无知的迷信，和非宗教的超自然信念类似，代表人类大脑有能力欺骗自己相信任何事物。我们都可以想到一些非宗教的超自然信念，它们很容易被戳破。很多欧洲人认为看到黑猫会碰上倒霉事，但黑猫很常见。如果你在黑猫

经常出没的地方仔细观察，进行统计学卡方检验，很快就会发现黑猫会带来不幸的概率不到 1/1 000。有些新几内亚低地人相信听到一种叫作红胸鼠鸫的小鸟发出的美妙哨音代表最近有人死亡，但这种鸟在新几内亚低地森林很常见，如果他们的信念为真，当地的人大概不到几天就死光了，但我的新几内亚朋友还是深信不疑，跟欧洲人认为看见黑猫是不好的兆头一样。

另一种与宗教无关的迷信就是水巫术，即利用魔法探杖探测地下水源。至今仍有人愿意为这种巫术花钱。400 多年前欧洲已有这种巫术，也有人说在基督降生之前这种巫术就有了。占卜者走到人们欲开挖水井的地方，从叉状树枝的旋转方向判断地下水源的位置（见图 43）。实验证实：占卜者利用水巫术成功的概率和胡乱猜测没什么不同，即使听他们的意见开挖下去，恐怕也只是白费功夫，但是仍然有人愿意付大笔钱请他们指引开挖水井的位置。之所以会有人相信水巫术，是因为我们只记得成功的事例，忘了很多人的失败。即使证据薄弱，只有极少数人亲眼看到水巫术成功占卜出水源位置，人们还是认为水巫术很灵验。这种想法很自然，相比之下，利用对照实验与科学研究来区分随机与非随机事件则违反本能和自然，因此未见传统社会采用。

或许，迷信只能证明人类容易上当，就像相信看见黑猫会带来厄运或其他与宗教无关的迷信一样。然而，宗教也充满种种在世俗者看来不可置信的信念，而信徒甚至愿意为这样的信念牺牲、奉献。信徒的行动不只像欧洲人躲避黑猫那么简单，再怎么苦、花再多的时间，他们都愿意承受。这显示出宗教不仅是人类理性思维偶然出现的副产品,还具有更深刻的意义。然而,那究竟是什么样的意义?

最近,某些宗教学者提出的解释是,相信宗教代表信徒对宗教的全心投入。所有历史悠久的人类团体,如虔诚的天主教徒、爱国的日本人、红袜队的球迷(比如我本人)都有辨识成员的问题,即不知某一个人是否真正属于自己的团体而可以信赖。一个人越投入某个团体,就越能辨识同一团体的成员,不会受到假成员的欺骗。如果有一个人带红袜队的旗帜进场,你会以为他是红袜队的球迷,然而在扬基队击出全垒打的时候,那个人却情不自禁地欢呼。他的举动会让你有受到侮辱之感,但不会威胁到你的生命。但如果你是在前线作战的士兵,你身旁的战友却在敌人进攻时用枪对着你,你就可能丧命。你以为他是与你共生死的袍泽,其实他是敌方派来的。

这也就是为什么皈依宗教必须做出很大的牺牲,以展现自己的真诚,包括投入时间和资源,以及忍受种种苦痛等。这样的举动会暴露一些不理性的信仰,这些信仰与一般人的认知相左,也不会得到非同一教派教徒的理解。如果你宣称你信仰的教派创始人是其父母自然怀孕生下来的,任何人都会相信你的说法,但如此一来,你就不能证明自己对该信仰的真诚。然而,如果你坚持教派创始人是其母以处女之身生下来的孩子,尽管这和常识、理性相悖,但你依然深信不疑,同一教派的人就会相信你是坚持信仰、真心诚意、可以信赖的人。

然而,并非任何信念都可作为宗教的超自然信仰。斯科特·阿特兰和帕斯卡尔·博耶曾分别指出，全世界真正的宗教加起来并不多。用博耶的话来说，没有任何一个宗教如此宣示："世界上只有一个上帝！它是万能的，但它只存在于每个周三。"事实上，人类相信的宗教超自然存在和人类、动物或其他自然界的东西惊人地相似，差别只在于它们拥有超自然的能力。宗教里的神高瞻远瞩、长生不老、强大壮硕、健步如飞，能预知未来、变换身形，也能穿过墙壁等。从某些角度来看，神明和鬼的举手投足都很像人。《旧约》里的神会大发雷霆，而希腊的众神会嫉妒、喜好饮宴作乐，也享受鱼水之欢。他们凌驾在人类之上的超能力有如人类对自身能力的幻想：他们能做到我们想要做的任何事情。我的确也幻想过用雷电消灭坏人，或许很多人也有这样的幻想，但我无法想象神只有周三才存在。在很多宗教的教义中，神就是正义的力量，惩罚世间的恶人，这不足为奇，但没有任何一个宗教宣称神只有周三存在。因此，虽然宗教的超自然信念是非理性的，但从情感上其实可以说得通，而且可予人慰藉。尽管宗教有很多无法用理智分析的信念，还是有很多人愿意相信。

宗教的解释功能

在人类社会发展的长河中，宗教的功能也在不断地变化。在原始的功能中，已有两种功能在西方社会式微。还有几种主要的现代功能在小型狩猎-采集社会和农业社会中几乎不存在。有4种功能以前不太明显或不存在，之后变得非常重要，但现在已经式微。宗教功能的演进与很多生物结构功能的变化（如鱼的发电器官）很相似，社会组织形式的演进也是如此。

我将在本章列举不同学者提出的宗教功能，这些功能共有7种，最后再来讨论宗教是否会被人类社会淘汰或者将继续存在，如果是后者，有哪些功能将得以延续。我将依照这些功能在社会进化史中出现的顺序来讨论，最开始讨论的是在早期人类史中最显著的功能，最后提到的则是以前看不到，直到最近或现在才变得重要的功能。

宗教最初的功能就是解释。史前时代的传统社会中的人们尽管没有预知能力，无法分辨科学与超自然及宗教信念，但就所见的万事万物还是有一套解释，其中的一些解释则被视为宗教信念。例如，新几内亚社会对鸟类行为就有很多解释，有些解释在鸟类学家看来是合理、正确的（如鸟叫的功能），还有一些解释则属于超自然的信念，不被鸟类学家接受（如某些鸟类的叫声是人死后变成鸟发出来的）。部落社会或《旧约·创世记》讲述的起源神话常常是为了解释事物的存在，如宇宙、人和各种语言的存在。古希腊人对很多自然现象有正确的科学解释，却错误地认为天神是日出、日落、潮汐、风和雨等自然现象背后的推手。今天，大多数美国人仍相信创造论，也就是以神为"第一因"，神是宇宙及其定律的创造者——这可以解释宇宙的存在，所有物种（包括人类）也都是神创造出来的。今天，绝大多数的世俗者仍将宇宙的起源及其定律归因于上帝，但宇宙自形成之后，即自行运作，不受任何神圣力量的干扰。

在现代西方社会，宗教的原始解释角色渐渐被科学取代。正如我们所知道的，宇宙的起源被归因于大爆炸及随后的物理定律的运行。现代语言的多样性也不再需要利用原始神话来解释，如通天塔的故事，或者如新几内亚人所言，是铁木树的树枝被折断，把人甩到四面八方造成的。正如第十章的讨论，语言的多样性必须从语言变迁的历史过程来看。如今，有天文学家为我们解释日出、日落和潮汐等现象；有气象学家为我们说明风和雨的现象；有行为生物学家解释鸟的鸣唱；还有演化生物学家解释动植物的起源，甚至人类的起源。

对很多现代科学家而言，宗教解释功能的最后堡垒就是"第一因"：至于宇宙存在的目的是什么，科学似乎没什么可说的。我还记得，1955年，我在哈佛大学本科就读时曾上过神学大师保罗·田立克的课。他对我们提出这样一个问题："为什么这个世界会存在，而不是虚空，什么也没有？"班上主修科学的人没有一个能回答这个问题。如果田立克拿上帝作为答案，恐怕也不能使人信服。其实，科学家至今仍在努力研究田立克的问题，希望能找到合理的答案。

缓解焦虑

宗教的下一个功能在早期社会也许是最强大的，即在我们面对无法控制的问题和危险时，为我们缓解焦虑。如果人们能做的都已经做了，接下来就只能求助于祈祷、仪式、捐献、求神问卜、严守禁忌或法术。尽管这些方式没有科学根据，无法带来令人满意的结果，但因为我们相信自己还能做点儿什么，不用到完全放弃的地步，而保有一丝希望，不会那么焦虑，能够继续努力。

人类学家理查德·索西斯与 W. 佩恩·汉德韦克曾在 2006 年黎巴嫩战争期间针对以色列妇女进行研究，检视宗教对苦难人民的帮助。在那次战争中，黎巴嫩真主党每日对以色列北部加利利地区的山城采法特一带发射数十枚喀秋莎火箭炮。尽管在火箭炮来袭的前一刻会有警报声通知居民赶快躲到防空洞里，但居民无法保护自己的房屋。居民无从预测火箭炮何时会来袭，也无法阻止，但根据索西斯与汉德韦克对当地妇女的访问调查，约有 2/3 的妇女每天会念诵赞美诗以抚平心中的不安。人类学家问她们为什么要这么做，很多妇女都说觉得自己不做点儿什么不行。虽然念诵赞美诗无法使火箭炮转向，但至少能让她们觉得自己还能采取行动，不至于不知所措。（这些妇女尽管不知道为什么念诵赞美诗可避免房子被炮弹摧毁，但她们还是抱持这样的信念。）同社区的有些妇女没有念诵赞美诗，相较之下，她们的心理调适能力就比较差，不但难以入眠，而且心神不宁、易怒、焦虑、紧张、沮丧。因此，念诵赞美诗的妇女的确获得了好处，不太会因为极度焦虑而做出愚蠢的事。所有人都会面对不可预期、不可控制的危险，如果无法控制焦虑，轻率行事，问题只会越来越多。

在早期的宗教社会，宗教缓解焦虑的功能达到顶点，但后来由于国家政府兴起，暴力减少，在饥荒之时国家会分配预先储藏的食物以免民众饿死，加上近两个世纪科学与科技的进展，这个功能渐渐不如以前重要。其实，传统社会的人并非全然无助，他们会运用观察与经验克服困难，不会只是听天由命。例如，新几内亚等传统社会的农民能辨识几十种甘薯或其他作物，知道在什么地方种植作物最好，也知道如何除草、施肥、护根、排水和灌溉。昆族等部族的猎人会仔细研究、判断动物留下的足迹，预估猎物的数目、距离、速度和方向，也会观察其他动物的行为作为捕猎的线索。渔夫和水手即使没有罗盘等工具，依然能依据太阳、星辰、风、洋流、投射在云层的光线、海鸟及海洋生物发光的特性等判断方位。所有的族群都会守卫自己的地盘，留心敌人的攻击，并与其他部族结盟或计划奇袭、先发制人。

但对传统社会的人们而言，上述做法都有限制，还有很多地方是他们无法掌握的。作物产量可能受很多因素的影响，包括无法预期的干旱、雨水、冰雹、风暴、酷寒和病虫害。动物的行动也很难预测。由于传统医学知识有限，大部分疾病难以控制。就像前面提到以色列妇女无法控制炮弹的方向，只能念诵赞美诗，传统社会的人们也一样，尽管尽了全力，很多时候仍无能为力。如果他们什么也不做，则很容易陷入焦虑、无助，也容易出错。这就是为何他们会相信祷告、仪式、占卜、法术、禁忌和巫师。其实，现代人也差不多，相信这些超自然的力量有效，就不容易那么焦虑，会更平静，也能更专注。

举例来说，人类学家马林诺夫斯基曾针对新几内亚附近的特罗布里恩群岛岛民进行研究。他发现岛民在两种地点使用不同的方法捕鱼。如果是在平静的环礁湖捕鱼，只要把毒药倒在湖里，等待死鱼浮起来，就可满载而归。若是去外海捕鱼，就得划独木舟乘风破浪，然后撒网捕鱼。在环礁湖捕鱼既安全又容易，而且可以保证有一定的捕获量，到外海捕鱼则很危险，祸福难料，如果撒网的时机和地方都对，就能丰收，要是运气不好，可能什么都捕不到。因此，尽管特罗布里恩群岛岛民在出海之前根据过去的经验已有万全的准备，还是会举行祈福仪式。但在环礁湖捕鱼就不必举行任何仪式，不必担心不可预期的变化。

另一个例子是关于昆族猎人，他们似乎都是胸有成竹的狩猎高手。昆族小男孩从会走路开始就喜欢用小小的弓箭玩耍，待成长为青少年，就会跟父亲一起去打猎。晚上，他们围着营火，一再讲述之前狩猎的故事，谈论最近在什么地方看见什么样的动物，并计划第二天的行动。在狩猎的时候，他们眼观六路、耳听八方，从动物和鸟类的行为中寻找线索，也仔细研究动物经过的路径，推测其行踪。我们认为这些沙漠中的狩猎高手不需要依靠法术。尽管如此，昆族猎人每天早上出发之前，仍会为了当天能否有斩获而焦虑，因此总是会举行盛大的仪式。

有些昆族猎人会利用占卜来预测猎物可能出现在哪个方位。他们用羚牛皮割出五六个圆形，直径为2~3英寸，分正反面，而且为每块命名。每个猎人都有一套皮革做的占卜圆盘。占卜方式如下：把所有的皮革圆盘都叠在一起，最大的一块放在最上面，置于左手掌心。接着用庄严肃穆的语气大声提问，再把手中的皮革圆盘甩向铺在地上的衣服。这时，巫师就可根据皮革圆盘是否重叠、正面朝上或反面朝上等来判断结果，例如 1 号到 4 号圆盘皆正面朝下则代表当日将大有斩获。

当然，这些圆盘无法告诉昆族猎人他们本来就不知道的事情。不管圆盘占卜出现什么样的结果，由于昆族猎人对动物行为非常了解，其狩猎计划成功的概率还是很大。尽管这种占卜就像罗夏墨渍测验[①]，结果仍可能使昆族猎人大为兴奋，然而这种仪式主要帮助猎人就行进方向的选择达成共识，以免因意见分歧发生争吵而影响狩猎行动。

今天的人由于科学昌明、知识普及，不必再依赖祷告、仪式或法术，但这世间仍有许多事情是我们无法控制、无能为力的，即使是科学与科技也无法保证成功。这时，我们一样也只能祷告、向神明献祭或举行求神仪式，如因搭船而祈求安全返航、为大丰收和打胜仗祝祷，或是祈求身体康复。如果医生无法预测病人的病情会如何发展，特别是他们承认自己已束手无策，这时病人及其家属很可能会祷告，求助于上帝或神明。

还有两个例子可说明仪式或祷告与未知的关联。喜欢赌博的人为了赢钱，常会在掷骰子之前玩一套个人仪式，但是下棋的人则不会。这是因为赌博的输赢和运气有关，但下棋与运气无关：如果你下错了棋，那完全是你自己的错，没有借口，因为你不能预知对手要怎么走。新墨西哥西部的人如果想要钻一口井，汲取

---

① 视受测者对墨渍等不具意义的图样的反应，来分析其性格的测验。——译者注

地下水，常会求助于会水巫术的人，请其占卜地下水源的位置。然而，该地区地形复杂，地下水的深度和水量都难以预估，即使专业的地理学家都不能正确预测。但在得克萨斯州的潘汉德尔，地下水位一律在地底下125英尺处，居民只要钻到那个深度，就可挖到地下水，不需要去找会用水巫术占卜的人。也就是说，新墨西哥的农民和赌徒都必须面对未知，所以必须求助于仪式，正如必须出海捕鱼的特罗布里恩群岛的渔夫和昆族猎人一样。得克萨斯州潘汉德尔的居民和下棋的人则像在特罗布里恩群岛环礁湖捕鱼的渔夫，由于成败掌握在自己手中，就用不着仪式。

总而言之，宗教（以及非宗教）仪式能在我们面对不安和危险时帮助我们克服焦虑。相较于现代西方社会生活的安逸、平和，传统社会的生活可以说是危险重重、充满不安，因此宗教缓解焦虑的功能特别重要。

予人慰藉

接下来，我们再来探讨宗教的另一个功能。过去1万年来，这个功能对人类越来越重要，也就是在人生遭遇不幸，特别是想到自己的死亡或面临亲爱的人离开人世时，予人慰藉、希望和意义。有些哺乳动物似乎会对同伴之死显露哀伤，最显著的例子就是大象。然而，在所有的动物当中，只有人类了解自己有一天终将死亡。人类由于拥有自我意识和更好的推理能力，因而能从同伴之死推论自己也会面临死亡。根据考古学的发现，几乎所有人类社会都了解死亡的意义，不会将同伴的尸体草率丢弃，而会将其安葬、火化、包裹，或进行人工防腐以长久保存。

人类看到原本还能走动、说话、自我防卫的同伴变成冰冷的尸体一动也不动，不能发出声音，只能任人处置，必然会觉得恐惧，再想象自己变成那样子便会感到更加可怕。大多数宗教常借由否认死亡的事实以安慰活着的人，如假设人死之后还有来生，或是人死之后虽然身体已经没了，灵魂依旧去了一个超自然的地方，即天堂或极乐世界。灵魂也可以幻化成小鸟或另一个人，重新在地球上生存。宗教所说的来生不仅否认死亡，而且让人对死后的世界抱有希望，像是永生不死或是与已逝的亲人重逢，从此无拘无束，可享受琼浆玉液，或是有美丽的少女相伴。

除了想到自己免不了一死的痛苦，人世间还有很多痛苦需要宗教的慰藉。其一就是解释痛苦：人不是白白受苦，痛苦并非没有意义的随机事件，而是有更深层的意义，例如考验你是否值得有更美好的来生，或是对你犯下的错予以惩罚。此外，灾祸之所以降临到你的头上，可能是坏人造成的，你该请巫师把那个人找出来杀掉。宗教也可能向你保证，你在这个世上所受的苦都将在来生得到补偿。没错，你受了很大的折磨，但不要害怕，在你死后，你将得到奖赏。再者，不仅你在人世受到的痛苦能从快乐的来生得到补偿，加害于你的人也将在死后得到惩罚。尽管今生今世，你无法看到敌人遭受报应而得到复仇的满足，但他们在死后被打入炼狱，永远摆脱不了酷刑的折磨，你不仅得以复仇，还能得到终极的满足。地狱因而具有双重功能：歼灭你今生无法杀死的敌人，让你得到慰藉，并且使你心甘情愿遵守宗教的道德规范，即如果你做坏事，就该下地狱。来生的假设也解决了神义论的矛盾（即全能、慈悲的神为何容许世上充满苦难和罪恶），让人不要为今世的痛苦难过，果报不爽，死亡无法使旧债一笔勾销，来生还是要还的。

宗教这种慰藉的功能必然在人类演化史的早期，即在人了解自己终将一死，质疑人世间为何充满痛苦之时就已经出现。狩猎-采集者相信人在死亡之后会变成鬼魂。在拒斥现世的宗教兴起之后，宗教的抚慰功能更显重要。有些宗教不只强调人死后有来生，甚至认为来生要比现世更重要、长久，今生主要的目标就是得到救赎，以进入一个更好的来生。很多宗教都有这种拒斥现世的特点，如基督教、伊斯兰教和佛教，另外柏拉图的世俗（非宗教）哲学也是如此。有些宗教人士十分信服这种信念，甚至排斥世俗生活。有些修士或修女尽管会出来讲道，生活起居则脱离世俗世界。有些修道院更是完全遗世独立，如西多会的里沃兹修道院和方廷斯修道院。英格兰的杰维斯修道院（Jervaulx Abbey）因远离城镇，在废弃之后免于被劫掠或改造，而成为英国保存最完善的古迹。有些爱尔兰修士因极度拒斥现世，而在不宜人类居住的冰岛隐居。

比起小型社会，大型、复杂的社会更拒斥现世，强调救赎与来生。这样的趋势至少有三个原因。首先，从人人平等的小型社会演变成大型复杂的社会，社会分成许多层级，也变得不平等。国王、贵族、精英、富人和地位崇高的氏族高高在上，而在社会底层的是众多穷苦的农民和工人。如果每个人都过得跟你一样苦，就没有什么不公平，也不必寄希望于来生。然而，如果社会贫富、阶级差别很大，眼看着一些人不事生产即可享受荣华富贵，你不由得会去寻求解释与安慰——这正是宗教可以给你的。其次，考古研究和人类学的证据显示，狩猎-采集者定居下来成为农民，组成更大的社会之后，生活的确变得更困苦。转型到农业社会之后，人们每日工作时间变长，营养变差，易罹患传染病，身体耗损更严重，平均寿命也缩短了。从工业革命时代开始，生活于都市的工人阶级的工作时间更长，卫生条件恶化，生活乐趣也更少了。最后，复杂、拥挤的社会需要正式的道德规范，更强调赏善罚恶，但也更凸显了神义论的问题：如果别人可以违法犯纪、加害于你，为何你要遵守法律、做善事？

从上述三个原因可以了解为何宗教的慰藉功能在人口越稠密、越近代的社会越显著，这是因为社会生活带给我们的痛苦日甚，使我们渴求这样的慰藉。这个功能也可解释为何苦难会使人趋近宗教，为何比较贫穷的社会阶层、地区和国家比有钱人或富裕的地区和国家更容易受到宗教的吸引。今天，在全世界的国家中，认为宗教对人们生活的重要性高达 80%~99% 的国家，其人均国内生产总值大都在 1 万美元以下，人均国内生产总值在 3 万美元以上的国家认为，宗教对人们生活的重要性只有 17%~43%。即使在美国，贫穷地区的教会与去教会的人似乎也比富有地区更多。在美国社会中，最虔诚、最激进的基督教支派大抵存在于最边缘化、地位低下的阶层中。

尽管科学已抢走宗教的解释角色,由于科技进步,我们面临的不安和危险减少,但宗教不仅在现代社会得以延续,甚至更显重要。宗教没有丝毫式微的迹象,是因为我们总是不停地追寻意义。若非如此,人生就会变得没有意义与目的,稍纵即逝,充满不可预期的灾难,尽管科学告诉我们,所谓"意义"一点儿意义也没有,个体的生命只是为了传递基因、繁殖后代。有些无神论者认为神义论的问题根本就不存在:所谓的善良或邪恶都只是人类的定义;如果癌症或车祸夺走甲、乙的性命,丙、丁没事,那只是随机的噩运;这世界没有来生,既然没有来生,你在这个世间受的苦也就不能在来生得到补偿。你也许可以如此反驳:"我不想听这样的话。告诉我,那不是真的。请以科学证明人生的意义给我看。"无神论者将会这么回复:"这一切都是枉费功夫,算了吧,别再寻找意义,意义根本就不存在。"这就像有人问美国前国防部长唐纳德·拉姆斯菲尔德,他对美军在伊拉克杀人、放火、强奸、抢劫的恶行有何评论,拉姆斯菲尔德答道:"这种事在所难免!"但我们的头脑仍渴望意义。几百万年的演化史告诉我们:"即使那是真的,我也不喜欢这样的说法,更不相信。如果科学不能给我意义,我就去宗教那里找。"因此,尽管我们已发展到科技时代,宗教仍扮演重要角色。虽然美国是科学与科技发展领域的前沿国家,但在发达国家中也是笃信宗教的国家,或许是因为美国的贫富差距比欧洲各国都大,这种不平等使人投向宗教以寻求慰藉。

组织与顺从

宗教还有四种功能，即标准化的组织、使人民顺从、制定对待陌生人的行为规范，以及为战争辩护，接下来我将逐一讨论。小型社会的宗教并无这四种功能，在酋邦和国家兴起之后，这些功能变得显著，但到了现代世俗国家，这些功能又式微了。现代宗教的一个特点就是标准化的组织。大多数现代宗教都有全职的神职人员，如神父、牧师、拉比和伊玛目。他们从宗教组织领取薪酬或生活必需品。现代宗教也有特别的聚会场所，如教堂、寺庙、犹太会堂和清真寺。不管哪一个宗派，其教会都有标准的圣书（如《圣经》《托拉》和《古兰经》）、仪式、艺术、音乐、建筑与服饰。一个生于洛杉矶的天主教徒即使到了纽约，也能在当地的天主教堂参加星期日弥撒，和他在洛杉矶去天主教堂没什么两样。反之，小型社会的宗教没有这些统一的特色（如仪式、艺术、音乐和服饰），也没有全职的神职人员、教会或圣书。尽管小型社会可能有自己的巫师，有些巫师会收取费用或礼物，但他们并非全职，也必须像游群或部落的每个成人一样，以狩猎、采集或种植作物为生。

从人类社会的发展史来看，上述宗教的组织特色是为了因应人类社会的转变。原始人类社会变得富裕、人口增多，也倾向中央集权。游群和部落太小，无法生产余粮供养全职的神职人员、税吏、陶工、巫师等，人人靠着打猎、采集或耕种喂养自己，自给自足。只有在社会规模较大、生产力较高、能生产余粮的情况下，才能供养酋长等领导人或工艺专家。

对那些不事生产的人，社会成员怎么愿意把粮食分给他们？且让我们考虑下面这三个不言而喻的事实：人口稠密的大社会更易击败小社会；如果一个社会只有20个人，就可围着营火讨论，达成共识，要是社会人口多达2 000万，那就不可能了，此时社会需要全职的领导人和官员；全职的领导人和官员必须仰赖人民的供养。因此，酋长或国王得以光明正大地要社会其他阶级把食物交出来，供养他们。其实，现代民主国家也是如此。每一次选举，选民总会提出这样的疑问：目前这一任自当选以来领了那么多薪水，到底做了些什么？

为了解决这样的问题，每一个酋邦和早期的国家，从古埃及和美索不达米亚到夏威夷岛上的波利尼西亚和印加帝国，都利用宗教提出这么一套说法：酋长或领导人就是天神的亲戚或化身，可代替神明与人民沟通，满足人民的需要，例如在遭遇旱灾时降下甘霖或保证人民可以丰收。酋长或国王也可以组织农民，使其投身公共建设，如建造马路、灌溉系统和仓库，使人人都能得到好处。反之，农民则必须供养领导人、祭司和税吏。领导人也会在特定的寺庙举行特定的宗教仪式，将宗教教义灌输给人民，让人民服从。由人民供养的军队也必须服从酋长或国王。首领领导军队攻占邻近土地，如此开疆拓土也有利于人民。此外，军队能带给首领两大好处：首先，有野心的年轻贵族加入抵御邻国的行列，就没有心力推翻首领；其次，如人民叛变，就可派兵镇压。随着神权主义国家逐渐演变成帝国，如古巴比伦或古罗马，并拥有更多的食物资源和劳动力，宗教的建筑装饰也变得复杂、艳丽。这就是为何马克思说，宗教是人民的鸦片（见表9-1），也是阶级压迫的工具。

当然在近代犹太教和基督教盛行的世界，这样的趋势已有反转的倾向，宗教不再是为国家利用的工具。政治人物和上层阶级已改用其他手段来说服人民。但在一些国家仍看得到政教融合，如伊斯兰国家、以色列、日本和意大利，就连美国也在钞票上印着"我们信奉上帝"，每次国会开会必由牧师带领祈祷宣誓，而且每一任总统（不管是民主党还是共和党）在演讲结尾总会加上一句："上帝保佑美国。"

对待陌生人的行为规范

另一个宗教特点在国家中扮演相当重要的角色，但在小型社会则看不到，即制定对待陌生人的行为规范。世界上所有的宗教都教我们明辨是非，也为我们确立行为规范，然而根据我在新几内亚所见到的，宗教与道德的关联似乎很薄弱，特别是在对待陌生人方面。在此情况之下，社会责任主要视关系而定。一个游群或部落只有十来个人，顶多有几百人，彼此相识，也知道各自的人际关系。每个人有不同的人际关系，如血亲、姻亲、同氏族的人，或是同住在一个村子但属于不同氏族的人。

你根据这样的关系来决定是否可直呼其名，能否结婚，或是否与他们共同分享食物和房舍。如果你和另一个部落的人打斗，与你们有关联或认识你们的人则会把你们拉开。在这样的社会中，陌生人并不会构成问题，因为你们的社会根本没有陌生人，你不认识的人必然来自敌对部落。如果你在森林中发现一张陌生的脸孔，必然会想杀了他或逃走。如果按照现代社会的习俗说声"你好"或跟他闲聊，就等于是不要命了。

因此，7 500年前，部落演变成酋邦，成员多达几千人，就出现了问题。由于酋邦人数众多，人们不可能彼此都叫得出名字且互有关联。酋邦和国家在崛起之初，由于部落行为规则已无法适用，因而不够稳固，容易动乱不安。如果你在酋邦见到一个陌生人，根据部落行为规范，和那人打了起来，最后双方亲友都会加入战斗，万一有人不幸丧生，其亲友必然会寻仇报复，整个社会将因陷入长期血斗而面临崩解。要如何避免这样的悲剧呢？

如果根据社会规范，不管遇见熟识的人或陌生人都友善相待，就可避免永无止境的冲突与打斗。但这样的规范必须由政治首领（酋长或国王）及官员制定。政治首领宣布这种规范是天神制定的，并将其变成正式的道德规范。人民从小就学习遵守这些规范，知道不守规范的人会遭到严厉的惩罚（因为攻击另一个人等于是冒犯天神）。对犹太教徒和基督徒而言，最显著的例子就是《圣经》中的"十诫"。

在近代世俗社会里，这种道德行为规范已经超过宗教的范畴。对无神论者和信仰虔诚的人来说，不可杀人与其说担心上帝发怒，不如说是怕因此违法。从酋邦的形成到世俗国家的兴起，源于宗教的行为规范使人得以在大型社会中和陌生人和平相处，宗教也教导人民必须服从政治领袖，宗教等于社会秩序的支柱。如伏尔泰所言："即使没有上帝，也要创造一个出来。"宗教的角色可能是正面的，也可能是负面的，视每个人的观点而定，有人认为宗教可促进社会和谐，有人则认为宗教是当权者压迫人民的工具。

发动战争的理由

另一个新的问题只出现在酋邦和国家，而未出现在游群和部落。由于部落的行为准则主要依据血缘或婚姻关系，部落的人杀害没有关系的陌生人不会陷入道德困境。一旦国家以宗教为由，要求没有关系的人民和平相处、禁止杀人，又如何劝说人民奋勇杀敌？其实，只要爆发战争，国家总会要求人民歼灭其他国家的人、掠夺他们的财物。如果一个国家花了18年的时间教导一个孩子"你不可杀人"，有一天突然改口告诉他"在下列情况下，你该杀人"，如此一来，他将无所适从，而且可能会杀错人（如杀害自己的同胞）。

这就是宗教发挥新功能的时候，不管在近代或远古皆是如此。"十诫"的原则只运用在同一个酋邦或国家的同胞身上。大多数宗教都宣称唯独自己握有绝对的真理，其他宗教都是错的。无论在过去还是现在，很多民众都被国家和宗教洗脑，必须消灭信仰其他宗教的人。高贵的爱国主义也有黑暗面，即为了上帝和国家杀人。目前，宗教狂热分子也秉持着这种邪恶的信念夺走许多宝贵的生命，还以圣徒自居。

《旧约》处处可见以色列人如何残酷地对待异教徒。例如，《申命记》第20章的第10~18节解释为何以色列人要对敌人赶尽杀绝：如果你临近一座城，城里的民众不肯与你和睦相处，你就要围困这城，用刀杀尽这城的男丁，把妇女、孩子、牲畜和城里的财物取为己用，而且你要照神的吩咐把赫人、迦南人等都杀尽，凡有气息者，一个都不可留存。《约书亚记》也描述约书亚如何依照神的指示，歼灭恶贯满盈的迦南部族，而成为最伟大的英雄。但这无异于种族屠杀。犹太法典《塔木德》分析了两个原则间的冲突，一个是"你不可杀人"（即不可杀害同样信仰上帝之人），另一个则是"你该杀戮"（杀害信奉其他神的异教徒）。根据某些《塔木德》评论者的说法，如果一个以色列人蓄意杀害另一个以色列人，那就是犯了谋杀罪，然而如果他杀害的是非以色列人，那就是无罪。如果一个以色列人对一群人丢石头，那群人有9个是以色列人，1个是异教徒，尽管其中1个以色列人死了，丢石头的那个人仍然无罪，因为他的目标应该是那个异教徒。

对异教徒赶尽杀绝的描写在《旧约》中比较多，在《新约》中则比较少，因为《新约》已转向放之四海而皆准的道德原则——至少理论上如此。但就事实而言，史上最大规模的种族屠杀还是出现于欧洲，即信仰基督教的殖民者对非欧洲人的杀戮。他们也是以《圣经》为依据，包括《旧约》与《新约》，认为这么做是奉行上帝的旨意。

有趣的是，在新几内亚，一个部落和另一个部落交战从来不曾以宗教为由。在我的新几内亚朋友中，很多人都向我描述过他们对邻近部落发动的种族屠杀行动，但没有一丝一毫的动机来自宗教，即为上帝或其他崇高的理想牺牲。反之，伴随国家政权兴起，基于宗教的意识形态则要求人民必须服从神指派的统治者的命令，对同胞必须遵守"十诫"等道德戒律，但对敌人或异教徒则应赶尽杀绝，甚至不惜牺牲自己的生命。这也就是为什么宗教狂热社会如此危险：只要有一小撮人愿意为了宗教献身（例如发动"9·11"恐怖袭击的那 19 个"基地"组织成员），就可令敌人伤亡惨重（如在"9·11"事件中丧生的 2 996 名美国人）。近 1 500 年以来，狂热的基督徒和伊斯兰教徒已不知造成多少人死亡。他们对异教徒毫不留情，如不愿改宗，就加以奴役或杀害。20 世纪，在宗教之外，欧洲国家还以世俗的理由为其杀害数百万非欧洲国家人民进行辩解，还有一些社会对宗教的狂热至今未消减。

全心投入的证据

宗教有几个特色让世俗者大惑不解，尤其是不理性的超自然信仰。每一个宗教都有这样的信仰，信徒深信不疑，但其他宗教的信徒则不以为然。宗教还常常鼓动信徒做出自残或自杀式的行为，这样的行为令人望而生畏。此外，宗教常宣扬一套道德标准，说这套标准放之四海而皆准，但又说这套标准不适用于某些人，因此那些人是可以杀害的，这无异于伪善。这些矛盾令人困惑，我们要如何解释？

　　首先，我们必须了解，宗教的信徒必须拿出证据，表明自己是全心投入的真信徒。信徒们花很多时间一起生活，互相依靠，而且必须提防其他宗教信徒或世俗者对他们的敌意。因此，信徒自身的安全、幸福与生命就看自己能否辨识真正的教友，除了相信教友，也必须让教友相信你。要拿出什么样的证据才能让人信服？

　　为了取信于人，这样的证据必须是显而易见且无法造假的，以免信徒被人欺骗或利用。这就是为什么全心投入某一宗教总要付出很大的代价，包括花很多时间投入仪式、祷告、唱诗歌、朝圣；奉献很多资源，如金钱、礼物和祭拜的牲礼；公然拥护一般人难以置信的信念，即使被揶揄或谩骂也不以为意；公开展示自己为了全心投入该宗教所做的牺牲，如自残的伤口、生殖器的切割处或切下来的一截手指。如果你看到某人毕生都这样投入，那人就值得相信。毕竟全心投入不是空口说白话，例如"相信我，我是你的教友。我戴着跟你们一样的帽子"（那帽子可能是昨天才买的便宜货，明天就可以丢弃）。同样地，演化生物学家发现，有些动物信号在演化上必须付出巨大的代价，那是为了取信于异性，以利于交配，如雄孔雀的尾巴。雌孔雀看到雄孔雀那大而艳丽的尾巴，相信该雄孔雀就是理想的交配伴侣，它们生下的下一代将拥有更好的基因，会长得更好。如果雄孔雀的尾巴很小而且不起眼，要如何让雌性相信它们基因卓越？

　　我们还可以从美国公社的发展来看宗教如何促使群体合作、

全心投入。美国一直有人进行公社生活的实验，也就是志同道合的一群人一起居住。有些公社是宗教性组织，由教友组成，还有一些则是非宗教性的。很多非宗教性公社成立于20世纪六七十年代。所有的公社都曾遭受多方压力，包括财务、现实生活、社会和性等，也必须提防成员受到外面世界的引诱而脱离公社。大多数的公社都在创办人有生之年解散了。例如，我有一个朋友在20世纪60年代与几个人在北加利福尼亚州一个偏远、宁静而美丽的地区共同创办了一个公社，由于与世隔绝、无聊和社会压力等原因，其他创办人一一离开，最后只剩下我的朋友。虽然她现在仍住在那里，但只剩下她一个人，公社已不复存在。

索西斯在比较了创立于19世纪和20世纪初的几百个宗教和美国世俗公社的发展后发现，那些宗教组织与公社几乎都解散了，主要的原因是信徒不再相信那样的信仰，还有一些原因则是自然灾害，或是领导人过世，以及无法抵御外人的敌意等。硕果仅存的只有哈特教派公社。在索西斯进行研究时，该公社仍有20个哈特教派信徒。和宗教公社相比，世俗公社解散的概率要高出4倍。显然，宗教意识形态更能说服成员全心投入而不会轻易背离团体，相对来说，团体共有的财产也不会遭到滥用。几十年来，在以色列的基布兹公社中，有些是共同生活、严守戒律的宗教团体（如安息日一律不工作），有些则是世俗团体。虽然基布兹中世俗团体的数目较多，但其宗教团体的运营更成功。

如何衡量宗教的成败

我们也可采用演化生物学家戴维·斯隆·威尔逊的研究来解决宗教矛盾。威尔逊发现宗教可用来定义人类团体，不同的团体常拥有不同的宗教思想。如果要衡量一个宗教的成败，最直截了当的方式就是计算信徒的数目。为什么在今日世界，天主教徒多达10亿人以上，犹太教徒也有1 400万人之多，却没有人信奉阿尔比摩尼教派（Albigensian Manichaeans）？

威尔逊接着阐述宗教信徒人数的增减取决于几个条件。如果信徒生养的子女众多，子女一般也都能成为虔诚的信徒，或是让其他宗教信徒或本来不信教的人信仰自己的宗教，信徒的数目就会增加。如果信徒逐渐死亡，没有新信徒加入，或是信徒改信其他宗教，信徒的数目就会减少。你或许会说："当然，这是显而易见的。就算我知道这一点，如何能了解为什么天主教徒的数目远远超过犹太教徒？"我们可借由威尔逊提出的架构，检视宗教信仰与实践对信徒人数增减的影响。有些结果显而易见，有些则比较微妙，我们可以发现，各种宗教会利用不同的实践策略获取成功。

例如，美国震颤教宣扬平等和禁欲，要求信徒独身，因此不能利用信徒生儿育女的方式增加信徒数目，但它在19世纪还是风行一时。数十年来，震颤教的成功都是靠吸引其他宗教的信徒改信。而犹太教并不要求信徒去拉拢其他宗教的信徒使之改信，但还是延续了好几千年。由于基督教和伊斯兰教信徒努力拉拢其他宗教的信徒，其信徒数目远超犹太教就不足为奇了。至于犹太教为何长久以来能一直延续，可能基于下列原因：信徒生育率高；尽管曾遭迫害，但死亡率低；注重教育以获得好的就业机会；互相帮助；改信其他宗教者少。而摩尼教派的消失则与其教义有关。阿尔比摩尼教派虽然没要求信徒独身，也没阻止信徒拉拢信奉其他宗教的人，但其教义与天主教主流相左，致使天主教徒对阿尔比摩尼教徒发动圣战，将之全部歼灭。

我们还可利用威尔逊的架构解开西方宗教史的一个大问题：早期基督教在 1 世纪只是一个仅有 12 人的小宗派，与之竞争的是许许多多的犹太教宗派，基督教教徒如何在短短 300 年内激增为 3 000 万人以上，成为罗马帝国最大的宗教？基督教在罗马帝国晚期已发展出相当鲜明的特色，包括教徒致力于传教，把其他宗教的人拉拢过来（与主流犹太教不同），鼓励信徒生育，允许女性入教，信徒的死亡率低，以及强调宽恕。虽然《马太福音》说"有人打你的右脸，连左脸也转过来由他打"，但基督教的宽恕并不是这么简单，它是一个视情况而定、复杂的反应体系。研究人员从模拟实验发现，在某些情况下，原谅别人对你造成的伤害，很可能对你的未来有好处。

另一个可以探讨的例子是摩门教的成功。近两个世纪，摩门教的发展最为迅速。非摩门教徒常怀疑其起源之说，也即表 9-2 所列：摩门教是由约瑟夫·史密斯创立，1823 年 9 月 21 日，在纽约州西北靠近曼彻斯特村的一个山丘上，天使摩罗乃向他显灵，要他把一本写在金页片上的经文翻译出来，这本经典就是《摩尔门经》。非摩门教徒也质疑见证此神迹的11个人（奥利弗·考德利、克里斯蒂安·惠特默、海勒姆·佩奇等人）是否真的看到了那些金页片。因此，非摩门教徒不由得好奇：摩门教的起源实在令人难以置信，为何仍能吸引那么多的信徒？

根据威尔逊的研究，一个宗教能够成功吸引众多信徒与其宣扬的教义是否为真无关，重要的是那样的教义与实践能否激励信徒生育下一代、拉拢其他宗教的人或不信教的人，以及能否建构一个功能健全的社会。威尔逊认为："即使是虚假的信仰也能不断地被适应，只要这种信仰激发出来的行为在真实世界具有适应的价值……仅是基于事实的知识无法激发这样的行为。有时，尽管一个象征的信仰体系已脱离现实，还是拥有广大的信众。"

以摩门教为例，它的教义和实践对其信徒人口的增加大有帮助。摩门教徒通常有很多子女。他们组成一个关系紧密、互相扶持的社会，人人都能过满意的生活，也有工作奖励。摩门教也很爱传教：年轻的摩门教徒必须自愿休学，并花两年时间在国内或国外自费传教。教徒每年除了缴纳联邦税和地方税，其收入的1/10必须奉献给教会。这样的付出使得每个摩门教徒都对自己的信仰非常认真。至于天使向约瑟夫·史密斯显灵的神迹以及那11个见证人，这和《圣经》中有关神迹的描述，除了相隔一两千年，又有什么不同？

关于很多宗教的伪善，即一面宣扬高尚的道德原则，一面又鼓动信徒杀害异教徒，威尔逊认为，一个宗教的成功（或用演化生物学的术语来说，也就是其适应性）是相对的，只能通过比较来看。一个宗教的确可以利用杀害异教徒或强迫其改信来增加信徒的数目。威尔逊说："每次我和别人谈论宗教，就会听到他们愤愤不平地说有人借着上帝之名干了哪些坏事。那些大抵是一个宗教团体对其他宗教团体的迫害。面对这样的证据，我如何能说宗教有其适应性？其实，如果你从相对的角度来看，就很清楚。我必须强调，我们可以用演化的观点解释某种行为，用不着道德宽宥。"

宗教功能的递变

最后，我们再回到最初的问题，即关于宗教的功能与定义。我们现在已经了解为何宗教难以定义：因为宗教功能就像鱼的发电器官，会不断地演化。其实，宗教功能的变化甚至比鱼的发电器官的变化更大。鱼的发电器官只有6种功能，宗教则有7种功能（见表9-3）。在这7种功能当中，有4种在宗教的某个发展阶段并不存在，有5种虽然在另一阶段可见，但已经式微。有2种功能——解释的功能（第1种）和消除焦虑的功能（第2种）在公元前5000年的远古时期发展到顶点，但近1 000年已经衰退。其他5种功能在早期或尚未存在（第3、4、6、7种）或是不明显（第5种），直到酋邦和国家兴起之初（第5、6、7种）或欧洲宗教国家兴起之时（第3、4种）才登峰造极，之后则开始走下坡路。

表 9-3　宗教功能随着时间的递变

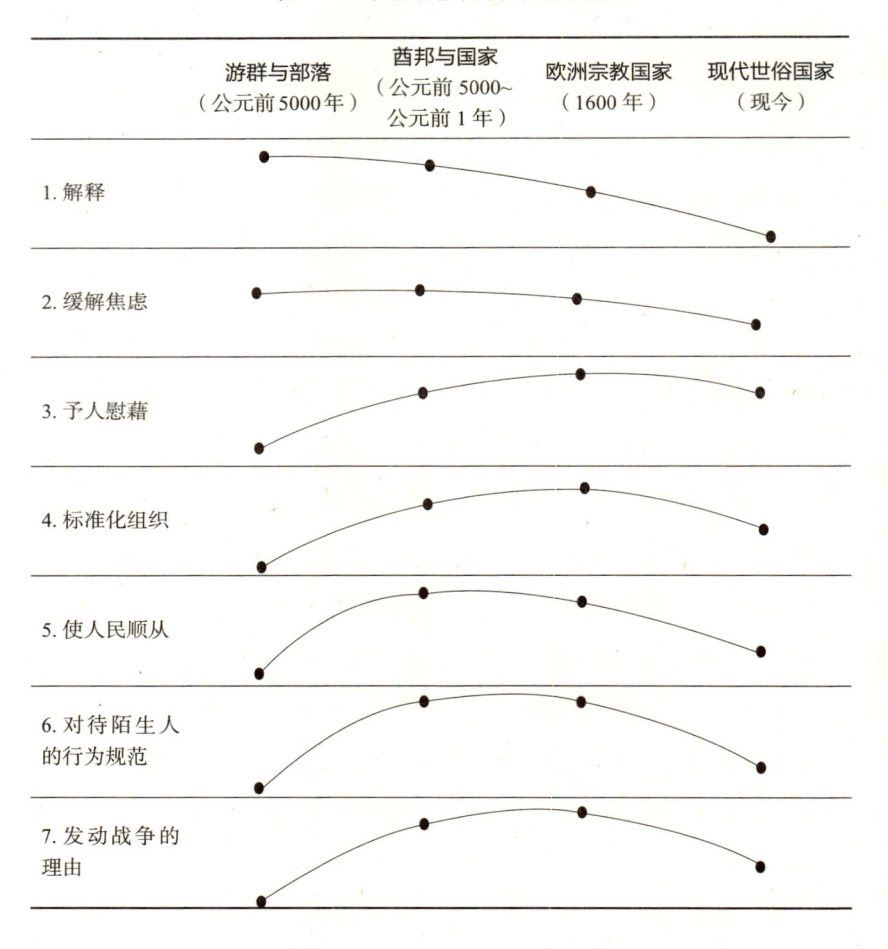

功能	游群与部落（公元前 5000 年）	酋邦与国家（公元前 5000~公元前 1 年）	欧洲宗教国家（1600 年）	现代世俗国家（现今）
1. 解释	高	高	中	低
2. 缓解焦虑	中	中	中	低
3. 予人慰藉	低	中	高	中
4. 标准化组织	低	高	高	中
5. 使人民顺从	低	中	高	低
6. 对待陌生人的行为规范	低	高	高	低
7. 发动战争的理由	低	高	高	低

　　宗教功能递变复杂，因此要比鱼的发电器官更难以定义，至少发电器官都能侦测环境电场，然而没有单一的特征可用来形容所有的宗教。或许我可以在表 9-1 的宗教定义中再加上我自己的刍义："我们可借由宗教分辨不同的人类社会团体。一个社会团

体的宗教具有某一组特色，这些特色中有 1~3 个可能与其他社会团体的宗教重叠，如解释、缓解焦虑以及予人慰藉。到了酋邦与国家兴起之初，宗教则出现标准化的组织，当权者利用宗教使人民顺从，要人民对信仰同一宗教的陌生人友好，也会以宗教之名发动战争以征服信奉异教的国家。"虽然这样的定义冗长、曲折，但至少合乎事实。

至于宗教的未来，那就得看 30 年后的世界变得如何。如果全世界的生活水平都提高了，表 9-3 列出的 7 种宗教功能，第 1 种以及第 4~7 种将会继续衰退，但第 2 种和第 3 种很可能还在。我们将继续从宗教角度追寻生存和死亡的意义，尽管从科学的观点来看，这样的意义似乎一点儿也不重要。即使科学能提供正确的意义，宗教给我们的意义也虚幻不实，很多人还是宁可选择宗教。反之，如果全世界陷入贫困，经济和生活水平低下，动荡不安，那宗教所有的功能（包括解释的功能）都将再度兴起。究竟结果如何，将在我们的下一代见分晓。

第十章

七嘴八舌

多语现象

我曾和 20 个新几内亚高地人在森林营地待了一个星期。某天晚上，我们围着营火闲聊，说的是当地的几种语言，加上巴布亚皮钦语和莫图语（Motu）这两种通用语。如果新几内亚不同的部落聚在一起，也会像这样用好几种语言交谈。新几内亚语言分很多种，如果我在高地行走或开车，每前进一二十英里，就会听到一种新的语言。我先前待在低地的时候，有位新几内亚朋友告诉我，他住的村子方圆只有几英里，却有 5 种不同的语言。儿时，他在村子里跟同伴玩耍，也就学会了他们的语言。上学之后，他又学了三种语言。在营地那晚，我因为好奇，绕着营火走一圈，请每个人说出他会说的语言。

在那 20 个新几内亚人中，每个人最少会说 5 种语言，有人甚至会说 8~12 种语言，最厉害的则会说 15 种语言。新几内亚人的英语是在学校上英语课学到的,其他语言则是从社交中而非语言教科书上学到的。你或许会以为新几内亚那么多语言只是方言。其实不然,当地每种语言都完全不同,无法沟通,有些是像汉语那样的声调语言,也就是依声调的相异而表达不同的语义,有些则是非声调语言,就像英语,可利用声调来传达情绪,但不会影响意义,甚至属于不同的语系。

　　反之,土生土长的美国人多半只会一种语言。受过高等教育的欧洲人通常会两三种语言或更多种,除了母语,其他语言都是在学校学的。新几内亚人和现代美国人或欧洲人的语言差异显示,小型社会与现代国家有不同的语言特点,这样的差异在未来几十年内将会越来越明显。传统社会和现代新几内亚一样,每种语言的使用者都很少,现代国家的语言的使用者数量则十分庞大。或许传统社会中很多会两种以上的语言的人,其第二种语言是自儿童时期以来从社交生活中学习的,而非在学校课堂上学的。

　　很可惜,目前世界上的语言种类正急速减少。在人类史上,没有任何一个时期语言消失的速度像今天这样。照目前的趋势发展下去,到2100年,自数万年前传下来的95%的语言将会消失或濒绝。到时候,有半数的语言将会失传,剩下来的大多数只有还活着的老年人会说,少数语言因代代相传还能留存下来。现在,每9天就有一种语言消失,研究濒危语言的语言学家寥寥无几,很多语言还没来得及描述、记录就已经消失。因此,语言学家就像研究濒危物种的生物学家一样在和时间赛跑。我们的可口可乐文明不断传播到地球各个偏远的角落，很多生物物种却渐渐灭绝。很多人都对这样的现象感到忧心而提出讨论，然而很少人关注语言消失的问题，以及语言与原住民文化存续的关系。每种语言都是独特的，语言是思想和言语的工具、文学的载体，也提供独一无二的世界观。语言失传，文化遗产也跟着消失，这就是我们即将面临的悲剧。

为什么今日语言消失的速度如此之快？这要紧吗？目前五花八门的语言现象对世界整体而言是好是坏，对语言濒危的传统社会而言又有什么样的影响？我说语言的失传是人类社会的悲剧，很多读者也许不同意。你也许认为语言分歧致使社会之间无法沟通，这不但是内战的导火线，也会阻碍教育，这个世界的语言种类少一点儿，也可避免不少麻烦，而且语言的多样性已是昨日世界的特征，我们应该庆幸现在语言种类变少了。你或许会说，语言种类大幅减少，就像部落战争、杀婴、弃养老人、饿死等事例减少，都是好事。

但对每个人而言，学习多种语言是否有好处，还是有害无益？要学习、通晓一种语言必然得花费很多时间和精力，我们该用这些时间和精力学习其他有用的技能吗？我对传统社会使用多种语言的现象感到好奇，不知这种多语文化对社会和个人有何价值，我想诸位读者也很想知道答案。不知诸位读完本章之后，是否会想让你的孩子学习两种语言，还是认为全世界最好统一只说英语就好了？

全世界的语言总数

在我们探讨上述问题之前，先来研究一下今日世界到底有多少种语言，这些语言是如何发展出来的，以及在哪些地区使用。在现代世界，仍被使用的语言总数约有 7 000 种。很多读者恐怕没想到世界上的语言种类如此之多。大多数人只能说出几十种语言的名称，绝大多数的语言对我们来说都很陌生。大多数语言都没有文字，说这些语言的人住在原始部落，而且人数很少。例如，在俄罗斯以西的欧洲，语言总数不到 100 种，但非洲大陆和印度各有 1 000 种以上的语言。非洲的尼日利亚有 527 种语言，而喀麦隆有 286 种语言。即使是面积不到 5 000 平方英里的太平洋岛国瓦努阿图，也有 110 种语言。世界上语言最多样的地区是新几内亚，尽管新几内亚的面积只比得克萨斯州大一点儿，却有多达 1 000 种语言。

在全世界 7 000 种语言中，前九大语言各自的使用者皆在 1 亿人以上，总计占全世界人口的 1/3 以上。使用人数最多的语言无疑是汉语，接下来依次是西班牙语、英语、阿拉伯语、印度语、孟加拉语、葡萄牙语、俄语和日语。如果我们把主要语言定义为在使用人数排行榜的前 70 名，也就是最常用的 1% 的语言，那么使用这些语言的人口几乎占全世界人口的 80%。

看来，大多数语言的使用人数都很少。如果我们把全世界将近 70 亿的人口除以 7 000，那么每种语言平均约有 100 万人使用。然而，由于前九大语言的使用者已囊括 1/3 以上的人口，这样的平均值没有意义。我们必须找出语言使用人数的中位数，也就是一半语言的使用人数比中位数少，另一半语言的使用人数比中位数多。我们将发现，全世界半数语言的使用者只有几千人，很多甚至只有 60~200 人。

讨论了语言的数目以及语言的使用人数之后，我们不得不面对这么一个问题：一种独特的语言和方言的差别在哪里？以相邻的两个社会为例，如果用各自的语言互相沟通，那么双方可理解的程度可能是 100%、92%、75%、42% 或 0（完全无法沟通）。一般而言，语言与方言之间可以相互理解的程度约是 70%。如果相邻的两个社会互相沟通，可理解彼此话语的 70%，那么照上面的定义来看，这两个社会可能使用的是同一种语言的不同方言。如果相互理解的程度少于 70%，那么双方使用的是不同的语言。

即使这样的定义十分简单，而且是我们任意选择的，实际应用起来也会碰到很多问题。例如，有 8 个相邻的村落 A、B、C、D、E、F、G、H，每个村落也许都了解左右相邻两个村落说的方言，但在两端的 A 村落和 H 村落就难以理解彼此的话语。另一个问题是，两个相邻社会语言使用的不对等：A 社会的人大致可以理解 B 社会的人在说什么，但 B 社会的人听不懂 A 社会的人说的话。例如曾有会说葡萄牙语的朋友告诉我，他们听得懂别人说西班牙语，但会说西班牙语的朋友告诉我，他们听不懂葡萄牙语。

以纯语言学来区别语言和方言有两个问题。比较大的问题是，这样的区别不只涉及语言的差异，还必须考虑政治与种族的不同。例如，语言学家常说一个笑话："有军队做后盾的方言就是语言。"虽然说西班牙语和意大利语的人了解彼此话语的程度不到70%，它们应被视为不同的语言而非方言，但我的西班牙朋友和意大利朋友告诉我，他们可以互相沟通，如果能先稍微练习一下，就更好了。不管语言学家怎么说，每个人还是认为西班牙语和意大利语为两种截然不同的语言，因为说这两种语言的人，1 000多年来皆有自己的军队、政府和学校系统。

反之，很多欧洲语言虽然因地区之隔而大有不同，不同地区的人无法沟通，但其国家政府还是强调这些语言只是方言。例如，我有朋友住在德国北部，就完全听不懂巴伐利亚地区的人说的话。意大利北部的朋友也是如此，他们到了西西里，就像到了外国一样。但是他们的国家政府仍然坚持，既然在同一国，这些就只是不同地区的方言，不管方言之间是否能够沟通。

60年前，欧洲国家的地区差异更大。之后，因为电视的问世与人口的迁徙，方言造成的隔阂才慢慢瓦解。例如1950年，父母带我和姐姐苏珊去英国格兰瑟姆-希尔斯访友。那里是在东安吉利亚一个叫贝克尔斯的小镇上。我父母和朋友聊得起劲，我和姐姐则无聊得发慌，于是走到外头溜达，欣赏这个迷人的古镇。我们在大街小巷间穿梭，不知转了几个弯，突然发现迷路了。我们在街上看到一个人，于是问他回格兰瑟姆-希尔斯要怎么走。那男人显然听不懂我们的美国口音，就算我们讲得很慢，一个词、一个词地说，他也不知道我们在说什么。但他看得出来我们姐弟迷路了，也抓到关键词"格兰瑟姆-希尔斯"。他讲了一大堆，我和苏珊连一个字都听不懂，不相信他说的是英语。我们向他指的方向走，走了一段路终于看到一栋比较熟悉的房子，再过去就是父母的朋友家了。近几十年，由于电视的普及，英国各个地区的方言，包括贝克尔斯方言，最后几乎都被标准英语同化了。

如果我们不考虑政治和军事因素，以相互理解程度为70%这样严格的定义来区分语言和方言，就像我们为新几内亚的语言和方言下定义那样，那么有一些意大利方言其实可以算是语言。如果意大利方言经过重新定义变成语言，那么意大利的语言多样性是否可与新几内亚媲美？其实，还差得远呢。如果新几内亚每种语言平均有4 000个使用者，每种意大利方言也有相同数量的使用者，那么意大利将有1万种语言。各种意大利方言的拥护者也许可称他们的方言为语言，但再怎么算，也只有几十种，没有人可以说意大利有1万种不同的语言。以语言多样性而言，意大利还是远比不上新几内亚。

语言的演变

我们为什么不是说同一种语言？为什么世界上的语言多达7 000种？自几万年前开始，由于传统社会与邻近社会经常接触，如通婚或贸易，人们会互相借用语言，也会模仿彼此的行为，语言的差异完全有可能渐渐消失。但事实不然，语言的差异、分歧依然存在。

40岁以上的人应该都会注意到近一两年语言已经有了变化，

有些词已经没有人用，有些词是新创造出来的，还有一些词的发音和过去不同。例如，1961年，我曾在德国住过一段时间，后来再去德国，对一些新词感到很陌生，于是年轻的德国朋友为我解释。像"Händi"（手机）这个词在1961年尚未出现，而我使用的旧式德语中的部分词语已经没有人说了，如"jener"（那个）或"jene"（那些）。尽管如此，我和年轻的德国朋友还是能沟通。同样地，40岁以下的美国人也许不知道"ballyhoo"（吹牛）这个词，而现在年轻人常挂在嘴上的"to Google"与"Googling"，在我小时候根本不存在。

　　源于同一语言社会、地理位置独立的两个社会，其方言各自经过几百年的发展，最后可能会导致双方沟通困难。虽然美式英语与英式英语的差别不大，但魁北克的法语与法国本土的法语在音调与词汇上就有相当大的差异，而南非的荷兰语与荷兰的荷兰语差距更大。两个方言社会各自发展2 000年后，尽管有些相似之处，但最后可能完全无法沟通，如源于拉丁文的法语、西班牙语和罗马尼亚语，或是源于原始日耳曼语的英语、德语及其他日耳曼语。经过1万年的演变后，语言差异之大可能让大多数语言学家认为，它们分属没有任何关联的语系。

　　不同社会的人使用的词汇和发音经过一段时间之后会有变化，于是，语言之间的差异越来越大。问题是，原本独立、隔离的社会跨越语言的藩篱互相接触之后，语言为何不会融合？以现代的德国和波兰为例，有些波兰村庄离德国村庄很近，但村民依然说波兰语或德语，而不说混杂德语和波兰语的语言。这是为什么？

人类语言的基本功能就是社会认同：一旦你开口对别人说话，与你来自同一社会的人立刻知道你是"自己人"，然而混杂语无法满足这样的功能。这或许是混杂语最主要的缺点。例如战时的间谍只要穿上敌军的制服，就可伪装成敌军，然而一开口说话，就可能会被识破。和你说同样语言的人和你是同一个国家的：他们把你当作同胞，会支持你，至少不会立刻怀疑你，然而你要是说起话来怪腔怪调，或是说另一种语言，很可能被当作危险的陌生人。因此，我们可利用语言立即辨识朋友和陌生人。你可以想象下次去乌兹别克斯坦时，你站在陌生的街道上，突然听到后方传来家乡话的口音，是不是会觉得惊喜？对古老的传统社会而言，这种敌我之分尤其重要，甚至攸关生死（参见第一章）。如果你要与某个社会接触，进入他们的地盘，那么至少要会讲他们的语言，他们才会对你友善。如果你在两国的边境讲混杂语，虽然两边的人能大致了解你在说什么，但不会把你看作"自己人"，你也不能指望任何一边会欢迎你、保护你。这或许就是为什么世界上的语言社会倾向分裂，各自拥有自己的语言，而非全世界都讲同一种语言或属于同一个方言链。

语言多样性的地理条件

　　语言在世界上的分布极不平均：约有半数的语言集中在占全世界地表面积10%的国家和地区。语言多样性最低的就是全球面积最大的三个国家：俄罗斯、加拿大与中国，分别拥有约1 700万平方公里、998万平方公里和960万平方公里的土地，但本土语言各只有100种、80种和300种左右。语言多样性最高的新几内亚和瓦努阿图虽然面积各只有78万平方公里和1.2万平方公里，本土语言却多达1 000种和110种。这意味着在俄罗斯、加拿大与中国，分别每17万平方公里、12万平方公里和3万平方公里才有1种语言，但在新几内亚和瓦努阿图，每780平方公里和109平方公里就有1种语言。为什么世界各地区的语言多样性有如此大的差异？

　　语言学家认为语言多样性的因素主要有三个：生态环境、社会经济和历史因素。语言多样性（即每平方公里的语言数目）可能有许多解释因素，而且互有关联。因此，我们不得不采用统计学的方法，如多元回归分析，检视哪些因素是确实会影响语言多样性的主要因素，哪些只是连带因素。例如，有人发现劳斯莱斯汽车与其车主的平均寿命有相关性：劳斯莱斯的车主平均寿命比开其他汽车的人长。这不是劳斯莱斯汽车能延年益寿，而是劳斯莱斯的车主一般而言比较富有，可自费获得更好的医疗，从而活得更久。

　　生态环境中有4个因素与语言多样性关系紧密，也就是纬度、气候变异性、生物生产力，以及当地的生态多样性。首先，语言多样性从赤道到两极会逐渐变低。如果其他条件相同，那么热带地区的语言数目将比高纬度地区多。其次，在任一纬度，气候变异性越强，语言多样性则越低。气候变异性指一年内的四季变化或是从一年到下一年的气候变化，前者通常是有规律的变化，后者则是不可预期的。例如，在终年潮湿的热带雨林，语言多样性较高，而在四季分明的热带草原，语言多样性则比较低。（四季的变化至少也算是部分原因，在四季不太分明的热带地区，语言多样性比较高，而在四季分明的高纬度地区，语言多样性则比较低。）再次，在生物生产力高的环境中，语言多样性较高，如雨林区的语言多样性就比沙漠区高（沙漠区等生物生产力不高的环境季节变异性也比较强）。最后，在生态多样性显著的地区，语言多样性也比较高，如高山地区的语言多样性就比平原地区高。

上述4个因素只表示了生态环境与语言多样性的关联性，而非语言多样性的成因。造成语言多样性增高的原因可能是人口数目、人口迁移与经济策略。首先，一个语言社会的人口众多，如多达5 000，语言就更有可能延续下去，若是只有50，使用者逐渐离世或是放弃这样的语言，语言就很可能会消失。因此，生物生产力低的地区，由于能供养的人口有限，语言就比较少，除非有比较大的土地面积。在北极或沙漠地区，一个社会要想生存下去，必须要有两三万平方英里的土地，然而如果在生物生产力高的地区则只需要几百平方英里的土地。其次，一个地区每季或每年气候越恒常，一个语言社会就越可能安然定居下来，过着自给自足的生活，不必定时迁徙或是和其他社会交易生活必需品。最后，生态多样性丰富的地区就能喂养很多不同的语言社会，各社会根据当地生态特色实行最适合自己的生计方式。例如，牧民在山上讨生活，渔夫在低地的河流捕鱼，他们各在不同的栖地营生。

因此，我们可从生态因素了解为何新几内亚虽小，语言数量却比俄罗斯、加拿大或中国等大国多5~10倍。新几内亚位于赤道地区,气候的变化很小,土地潮湿、肥沃且富有生产力。新几内亚人不会随着季节而迁徙,生活所需仅靠一小块土地就够了,必须交易之物只有盐、制作工具的石材,或是贝壳和羽毛之类的奢侈品。新几内亚地形崎岖、生态环境多变,除了有高达16 500英尺的山脉,还有河流、湖泊、海岸线、草原及森林。有人可能会质疑,中国和加拿大的山更高且海拔范围更大,为何语言数目这么少。因为新几内亚处于热带地区,即使在海拔8 000英尺以上的山区,终年都能耕种,人口密度大;反之,在中国和加拿大的高海拔地区,气候酷寒,人口密度小(如西藏)或是渺无人烟。

除了上述生态因素,还有社会经济和历史因素。狩猎-采集语言社会虽然人口数目少,但其生活、活动范围较农业语言社会大。如澳大利亚原住民完全以狩猎-采集为生,每种语言涵盖的土地面积平均是1.2万平方英里,而邻近的新几内亚多是农民,每种语言涵盖的土地面积大约只有300平方英里。我曾在印度尼西亚巴布亚省进行研究,发现住在那里的几乎都是农民(中央高地)和狩猎-采集者(湖泊平原区),各约有24种语言。狩猎-采集社会的语言每种平均只有388个使用者,而农民使用的语言每种平均有18 241个使用者。会有这样的差异,主要是因为狩猎-采集社会能采集的野生植物有限,生产力低,人口稀少,而农民社会得以利用土地资源,在菜园和果园种植大量可以食用的植物,养活大量的人口。即使生活在完全相同的环境中,狩猎-采集社会的人口密度也只有农民社会的1/100~1/10。

和语言多样性有关的社会经济因素是政治组织。人类社会从游群发展到国家，组织的复杂程度越高，语言多样性则越低。像美国这样庞大的国家，只有一种语言，也就是英语。过去，全世界只有以狩猎-采集为生的游群或部落时，语言已有好几千种，人口却只有今日美国人口的1/30。500年前，住在现今美国土地上的是美洲原住民，他们过着游群、部落或酋邦生活，语言也有好几百种，直到今天，已被英语取而代之，我们已听不到那些语言。我们已在序言讨论过这样的事实：一个社会人口越多，其政治组织的复杂程度就越高。如果一个社会只有几十个人，那么所有的人都可坐下来交谈，以做出决策，不需要领导人，但是一个社会要是有几百万人，就需要领导人和官员。国家的语言扩张是以牺牲被征服或被纳入的族群的语言为代价的。语言扩张不只有利于一国的管理和统一，被统治的个人也会自动采用该国语言，以获取经济和社会机会。

还有一个影响语言多样性的因素，就是历史。语言多样性可能随着历史发展而变低。世界各地区已被所谓的"语言压路机"不断压过多次。"语言压路机"是指某一个社会挟其人口、粮食或科技的优势进行扩张，征服邻近社会，将当地的人驱逐、杀害或使他们改说自己的语言。史上有不少这种"语言压路机"的例子，我们最熟悉的莫过于强大的国家征服非国家社会。近几百年的例子如下：欧洲扩张势力，其语言取代了美洲原住民的语言；英国征服澳大利亚，使英语得以取代澳大利亚原住民的语言；俄罗斯在乌拉尔山脉和太平洋地区的扩张致使西伯利亚原住民的语言消失。根据史料，古代也有不少帝国发动"语言压路机"去攻占其他地区，如罗马帝国在地中海盆地和西欧的扩张消灭了意大利中西部的埃特鲁斯坎语、凯尔特语等语言。玛雅文明和印加帝国的扩张使克丘亚语（Quechua）和艾马拉语传播到了安第斯山区。

非语言学家不太熟悉的是史前时代的语言扩张。根据语言学与考古发现，史前时代的农民也会占据狩猎-采集游群的土地。如班图农民和南岛农民的扩张，分别使狩猎-采集游群在副赤道非洲和亚洲南岛地区使用的语言被取代。即使是狩猎-采集游群，也会因为科技改良而有能力征服其他狩猎-采集游群，如1 000年前因纽特人利用狗拉雪橇和皮筏往东扩张，跨越加拿大的北极地区。

我们可从历史上的语言扩张发现，有些地区因为地理障碍少，而多次被"语言压路机"压过，其语言多样性变得很低。经过一段时间之后，入侵的语言分化为几种方言，最后再演变成不同的语言，然而所有的语言仍关系紧密。如在1 000年前因纽特人扩张之时，来自阿拉斯加东部的因纽特人与格陵兰人的言语仍能互通，属同一种语言的方言。这种现象发生在语言扩张的早期阶段。至于2 000年前，罗马帝国扩张之后，同属意大利语族的法语、西班牙语与罗马尼亚语等虽然相似，但已无法相通，这种现象则发生在语言扩张的中、晚期。几百种班图语的关系亦然。6 000年前南岛语族的扩张也是如此，但属于更晚期。至今，南岛语族已衍生出1 000多种语言，可分8个支系。这些语言之间的相似处很明显，足证彼此关系紧密。

语言学家约翰娜·尼科尔斯称容易被"语言压路机"压过的地区为语言"扩张区"，与之相对的则为语言"残留区"或"庇护区"：如地形险峻的高山地区或偏远之地，其他国家等外人难以攻占之地，当地的语言社会得以存活，语言也随之保留下来。像高加索山区有3种独特的语系因此得以延续；在澳大利亚原住民的27种语系中，26种都在澳大利亚北部；加利福尼亚州印第安人约有80种语言，分属6~22个语系；新几内亚1 000种左右的语言则可分为数十个语系。

因此，我们现在更了解为什么新几内亚的语种和语系数目高居世界之首。原因除了先前提到的生态因素，即气候变异性弱；采用定居生活方式；生物生产力高得以推升人口密度；生态多样性丰富使人们可采用不同的谋生方式，还有经济社会和历史因素。新几内亚传统社会未曾发展成国家政府，因此没被国家发动的"语言压路机"压过，得以保持语言多样性。再者，新几内亚有很多丛山峻岭，高地农民的语言（即所谓的跨新几内亚语系）扩张也难以消除其他语系。

传统社会的多语使用

我们已知为何全世界的语言从传统社会演变至今多达7 000种，也了解了狩猎-采集社会与小型农业社会语言数目虽多，但每种语言的使用者很少，无法与现代国家相比。那么双语与多语的使用呢？与现代国家相比较，传统社会使用双语的现象是否更为普遍？双语（或多语）和单语其实要比语言和方言更难定义清楚。如果除了母语，你的第二语言也说得很流利，就算会双语吗？如果你的第二语言说得不好，那么也能算会双语吗？要是有一种语言你只会读而不会说（如我们在学校学的拉丁文和古典希腊文），这样的语言也算你会的语言吗？如果你不会说，但是可以听得懂，那么也算会那种语言吗？在美国移民家庭出生的孩子通常可以懂得父母的母语，但不会说。新几内亚人对语言的分辨也很清楚，有些是他们会说，也听得懂的，有些则是他们听得懂，但不会说的。由于双语的定义莫衷一是，我们难以取得全世界的双语使用频率的比较数据。

尽管如此，我们也不必灰心，而忽略这个主题。关于双语的使用还是有很多轶事或传闻可供参考。大多数土生土长的美国人，如果父母只会说英语，那他们觉得只要会英语就够了，不必学习外语。大多数美国移民都会学习英语，而大多数只会说英语的美国人，其配偶也只会说英语。至于欧洲，大多数国家只有一种官方语言，很多土生土长的欧洲人及其父母在学龄前也只学习这种语言。然而，与美国相比，欧洲国家不但面积小，经济、政治和文化也难以独立，因此大多数受过高等教育的欧洲人在学校都会学习外语，而且都可说得很流利。例如北欧很多商店的店员外套上都会别上几个国家的国旗胸章，代表他们会说那些外语，以协助外国顾客。尽管如此，在欧洲，多语的学习与使用也是20世纪中叶才有的现象，这主要是因为欧洲居民受教育程度的提升、二战之后经济与政治的融合，加上英语媒体的推波助澜。在此之前，欧洲各国还是以单语为主，这是因为国家语言社会庞大，语言使用者通常多达几百万人，而且各国都倾向教育、商业、军事或娱乐都使用唯一的官方语言。如下面即将讨论的，国家也有可能在进行语言扩张之时，致使其他语言消失。

反之，传统小型社会经常使用多种语言。原因很简单：传统语言社会都很小（人数只有几千人或更少）而且人们的生活区域不大，几个相邻社会的人通常都讲不同的语言，他们必须经常与说不同语言的人打交道，以进行交易、协调结盟、取得资源或是通婚，因而必须说两种或多种语言。他们通常从儿时就开始学习第二种语言或更多语言，有的是在家里学的，有的则是从社交生活中学到的，并非通过正式的教学学的。就我个人的经验，传统的新几内亚人往往通晓5种以上的语言。下面再以澳大利亚和热带南美洲的原住民为例来补充说明。

澳大利亚原住民总计有250个语族，皆以狩猎－采集为生，平均每种语言有1 000个使用者。根据可靠的研究，大多数过着传统生活的澳大利亚原住民至少会说两种语言，大多数都知道好几种语言。其中一项研究是由人类学家彼得·萨顿在约克角半岛的基尔威尔角进行的。当地有683人，可分成21个氏族，每一氏族平均为33人，其语言形式各有不同。他们的语言共有5种，加上7种方言，每种语言形式平均有53个使用者，每种语言约有140个使用者。该地的原住民至少会5种不同的语言或方言，一个原因是每个语言社会非常小，另一个原因则是配偶来自不同的语言社会。60% 的夫妻说不同的语言,另外 16% 虽然说的是不同的方言,但属于同一种语言,只有 24% 说的是同一种方言。

由于在基尔威尔角有很多社会的成员说不同的语言,他们的谈话通常是以多语进行的。例如,你在那里可用其他宾客或主人的语言,不久换回自己的语言,而主人则用自己的语言。如果有说不同语言的宾客在场,那么你也可以用他们的语言对他们说话,你要对哪个人说,就使用那人的语言。你也可以借由语言的转换来表达下面的意思:"我们没有不和""虽然我们发生争执,但我希望双方平静下来""我为人和善有礼"或"我用这种态度跟你说话,是想侮辱你"。古代的狩猎-采集者也常用多种语言沟通,就像今天的新几内亚传统社会中的人一样——其原因是语言社会小,配偶常来自不同的语言社会,也常必须与其他语言社会的人来往、交谈。

阿瑟·索伦森与琼·杰克逊则是在亚马孙盆地西北部哥伦比亚和巴西边境的沃佩斯河一带进行调查研究的。那里约有 1 万个印第安人,他们共有 21 种语言,分属 4 个语系。这些印第安人都在热带雨林的河流旁以务农、捕鱼或狩猎为生,文化也很类似。沃佩斯河附近的印第安人和基尔威尔角的澳大利亚原住民一样,配偶常来自不同的语言社会,而且不同语言社会的通婚率更高。在杰克逊研究的 1 000 对夫妻当中,只有一对或许来自同一个语言社会。那里的女孩出嫁后即和丈夫住在一起。因此,夫家的妯娌通常来自不同的语言社会。杰克逊发现有一户人家的 3 个妯娌就来自 3 个语言社会,她们生下的孩子除了从小就学习父亲和母亲的语言，也学习婶婶的语言。因此这户人家的人都会 4 种语言，甚至从客人那里学习了新的语言。

然而，沃佩斯河的印第安人只有在熟稔一种语言的词汇和发音之后，才会开口说。他们会小心翼翼地把所有语言说得标准，不会混杂在一起。他们告诉索伦森，他们通常必须花一两年的时间才能把新的语言说得流利，非常注重语言的正确性，如果在说话时夹杂其他语言则是很丢脸的事。

由上述例子可见，多语在传统社会是很稀松平常的，至于单语或是学校的外语课程则是现代国家才有的现象。当然，这只是基于传统小型语言社会归纳出来的结论。在某些语言多样性很低、高纬度的地区或阿拉斯加东部，小型社会仍可能只有一种语言。如果我们要系统地进行研究调查，就必须先为多语确立一个标准、明确的定义。

双语的好处

接下来，我们再来探讨使用多语或双语与只会一种语言相比，究竟有益还是有害。学习外语不只能丰富你的人生，最近科学家还发现不少令人惊奇的好处。我将先讨论双语学习对个人的影响，后面再来讨论双语学习对整个社会是好是坏。

在现代工业化国家，双语常引发辩论，特别是在美国。250 年来，一直有很多移民涌入美国，而且大多数移民的母语皆不是英语。在美国，经常有人表示，双语学习是有害的，特别是移民的孩子，他们不擅长用英语沟通，在以英语为主的美国文化中处于相当不利的地位，所以他们最好放弃父母的语言，只学英语就好了。不只很多土生土长的美国人抱持这样的观点，第一代移民父母也是如此。像我自己的祖父母和岳父母，为了让下一代只学英语，尽可能不在孩子面前说他们的母语，也就是意第绪语和波兰语。有些美国人基于对外国事务的恐惧与怀疑，对学习外语有疑虑，而不愿自己的小孩学外语的美国移民则是担心小孩同时接触两种语言可能会混淆，只学一种语言应该比较快能学会，语言学习效率会更高。的确，一个小孩学习两种语言，就得学两套发音规则、词汇和语法，如果与学习一种语言的小孩投入一样的时间，每种语言的学习时间就必须减半。因此有人担心学习双语的小孩最后两种语言都学不好，不如先把一种语言学好。

其实，在 20 世纪 60 年代之前，美国、爱尔兰和威尔士已针对学习双语的儿童进行研究，发现这些孩子的语言学习明显比不上只学一种语言的儿童，不但学习迟钝，能运用的词汇也比较少。然而这些研究的解读由于受到其他变因的影响，因而大有问题。特别是在美国，双语常让人联想到贫穷。只会说英语的美国儿童一般来自比较富裕的小区，上比较好的学校，其父母受教育程度比较高、收入较好，英语词汇也比较多。因此，语言学习会受到社会经济因素的影响，不能断定双语学习本身会造成儿童语言学习能力低下。

最近，美国、加拿大与欧洲进行双语学习方面的研究，并控制了其他变因，如研究中的双语儿童与单语儿童都上同样的学校，父母的社会和经济地位也都差不多。结果发现，双语儿童与单语儿童建立语言习得里程碑（也就是在多大的时候说出第一个词、第一个句子，或已经会50个词汇）的年龄差不多。根据研究，不论是双语儿童还是单语儿童，长大成人之后的词汇量与字词提取速率也都几乎一样，只是单语儿童的英语词汇似乎比双语儿童要多10%。如果我们认为单语儿童的词汇量比双语儿童多，前者会3 300个词汇，而后者只会3 000个词汇，这样的结论就是不对的。其实，双语儿童的词汇要比单语儿童多出很多，他们总共会6 000个词汇，包括3 000个英语词汇与3 000个中文词汇，单语儿童则只会3 300个英语词汇，完全不会中文词汇。

到目前为止，我们还无法从研究中得知双语者与单语者的认知能力差异。我们无法断言单语者或双语者谁比较聪明或思维更敏捷。尽管如此，还是存在某些差异，如单语者的字词提取速率和说出事物名称的能力比较强（这是因为他们不像双语者，不必从不同语言的名称中拣选）。在这些差异当中，认知科学家目前最一致的发现是，双语者的脑部执行能力要比单语者强。

为了了解脑部执行功能，你可以想象你正在过马路。我们经常接受各种感官信息的轰炸，包括视觉、听觉、嗅觉、触觉和味觉，种种想法也不时浮上心头。你站在人行道上，除了看到五颜六色的招牌、头顶上的白云，也能听到别人的说话声、鸟叫声，闻到城市中的气味，感觉到自己的脚踏在人行道上、手臂在摆动，还想到今天早上吃早餐时妻子跟你说的话。如果你还没过马路，就会比较注意别人的话语、招牌，或是一直想着妻子早上说的话。

但是你在过马路的时候,就必须注意信号灯变化、左右来车,小心翼翼地走上人行道。此时,你必须抑制99%的感官输入和想法,只注意与过马路有关的1%。这就是脑部的执行功能,也就是所谓的认知控制。神经学家认为脑部负责执行功能的部位就在前额叶皮质。因为脑部的执行功能,你才能对某些信息特别专注,专心解决问题,从庞大的信息中提取你所需要的信息。因此,脑部执行控制是非常重要的功能。儿童脑部执行能力发展的黄金时期则是在0~5岁阶段。

单语者听到一个字词,只需与仅有的字词库比较,找出那个字词。但双语者首先必须把脑中的两个字词库分开,听到一个字词的时候必须立刻判定出自哪个字词库,然后依据该字词库的规则来解读那个字词的意思。例如,会西班牙语和意大利语的人都知道"burro"这个单词,但它在西班牙语中的意思是"驴子",在意大利语中则为"奶油"。每个双语者在说话的时候,都必须依据对话当时使用的语言来决定使用哪一种语言的词汇。多语者就像北欧商店的店员,每几分钟就得依据不同的语言转换不同的语言规则。

一谈到多语者的脑部执行控制,我就想到自己的经历。我于1979年到印度尼西亚进行调查研究时开始学印度尼西亚语。在此之前,我已在德国、秘鲁和巴布亚新几内亚各待过一段时间,因此会讲德语、西班牙语、巴布亚皮钦语,当然还有我的母语英语。这些语言我都分得一清二楚,绝不会混淆。我也学了俄语。由于我不曾在俄罗斯待过,因而没有长时间说俄语的经验。我和我的印度尼西亚朋友开始交谈后不久，我就发现当我要用印度尼西亚语说某一个词时，不知怎么却用俄语说了。印度尼西亚语和俄语完全不同，我到底是怎么回事？我说英语、德语、西班牙语或巴布亚皮钦语时分得一清二楚，完全没有这样的问题。我在印度尼西亚待了一段时间之后，终于可以把俄语控制好，不会在说印度尼西亚语的时候说出俄语了。

总之，双语者或多语者经常不知不觉地运用执行控制能力。他们在说话、思考或听别人说话时，都必须锻炼自己的执行控制能力。我们都知道熟能生巧的道理，不管是运动、艺术演出或做某件事的能力都是如此。问题是，双语者增进的是哪些技能？双语者是否只是语言转换的技能比较强？双语使用是否真有好处？

最近研究人员设计了一套测验，以比较双语者与单语者的问题解决能力。他们研究的对象为3岁的儿童到80岁的老人。结论是，在所有人当中，双语者只有在解决某一类问题时表现得比较好。例如，研究人员给儿童看一系列的图片，上面是一只小白兔或一艘船，颜色不是红的就是蓝的，有时图片上还有一颗金星，有时则没有。研究人员指示：如果看到金星，儿童就必须记得按照颜色来分类；如果没有金星，那就照图案来分类。如果规则不变，单语者和双语者的表现都一样好，然而若是规则变化，单语者的表现则不如双语者。

在另一项研究中，儿童坐在计算机屏幕前，如果屏幕左边突然出现红色方块，则按键盘左边那个红键，要是屏幕右边突然出现蓝色方块，则按键盘右边的蓝键（即红色都是在左边，蓝色都是在右边）。在此规则之下，双语和单语儿童的表现都一样好。但是如果规则发生变化，即屏幕左边出现蓝色方块时按键盘左边的红键，双语儿童的表现就比单语儿童好。

科学家一开始认为，双语者在这类涉及规则变化与信息混淆的测验中表现的优势只能运用在语言方面。后来发现，这样的优势也能运用在非语言方面，如空间、颜色和数量（如上述的两个例子）。但这并不能证明双语者不管做什么都胜过单语者。其实，只要规则不变或没有会产生混淆的线索，两者的表现就一样好。只是人生规则变化无常，而且时常出现误导信息。如果双语者在上述测验中的优良表现也可运用于复杂且充满变化的真实生活，那么这对双语者来说将是很大的优势。

最近也有研究人员以婴儿为对象进行有趣的比较测验。你或许会觉得测试婴儿的"双语能力"是无稽之谈，因为婴儿还不会说话，如何判断他们是双语或单语婴儿。再说，婴儿也无法依照研究人员的指示进行卡片分类或按键盘。其实，婴儿早在会开口说话之前，已有分辨不同语音的能力，例如他们可以分辨一种语言当中的元音和辅音，不管那种语言是不是他们的母语。但从出生到 1 岁的阶段，他们沉浸在母语的环境中，渐渐失去分辨非母语语音的能力，对母语的辨识则更加敏锐。例如英语字音中的两个流音 l 和 r 是不同的，日语则没有这种分别。这也就是为什么日本人说英语常会出现问题，像 lots of luck 听起来像是 rots of ruck。反之，日语的元音有长短音之分，英语则没有。然而，日本婴儿还是能区分 l 和 r，而英语国家的婴儿也能分辨长元音和短元音，但因为这样的分辨就没有意义，婴儿在 1 岁后便失去了这种分辨能力。

最近还是有人对所谓的双语婴儿进行研究，也就是父母的母语不同，但自婴儿出生那天开始，父母就决定用自己的母语跟孩子说话，让婴儿在双语的环境中成长，而非只听到一种语言。尽管双语婴儿还不会说话，但其执行功能是否比单语婴儿优越，更能处理好规则变化和信息混淆？如果婴儿还不会说话，那么我们又要如何评估他们的脑部执行能力？

科学家阿格奈什·科瓦奇和雅克·梅勒曾在意大利的里雅斯特针对 7 个月大的单语婴儿和双语婴儿进行一项创新的比较研究。双语婴儿接触到的语言除了意大利语，还有斯洛文尼亚语、西班牙语、英语、阿拉伯语、丹麦语、法语或俄语（即他们听到的语言一种来自母亲，另一种来自父亲）。这些婴儿接受训练后，如果做对了，计算机屏幕的左边就会冒出一个可爱的布偶作为奖励。婴儿转头看到布偶，总是很高兴的样子。研究人员会对那些婴儿说一个没有意义、含三个音节的词，结构如 AAB、ABA 或 ABB（例如 lo-lo-vu、lo-vu-lo、lo-vu-vu），其中一组出现的时候（如 lo-lo-vu），布偶才会出现在屏幕上。经过 6 次测验之后，不管单语婴儿或双语婴儿，听到"lo-lo-vu"都会转向屏幕左边，期待布偶的出现。接下来，实验者改变规则，使布偶从屏幕右边冒出来，也把会使布偶冒出的那个词改成"lo-vu-lo"。双语婴儿在 6 次测验之内就知道规则改变，做出正确反应，但单语婴儿即使做了 10 次，也还是按照以前的规则反应，在听到"lo-lo-vu"的时候看向计算机屏幕左边。

语言学习与阿尔茨海默病

我们可从上面的研究结果推测，双语者不只是会区分"lo-lo-vu"和"lo-vu-lo"，在今日这个规则万变的混乱世界还比单语者更具某些优势。然而，在各位读者决定用不同语言跟幼小的孩子或孙子说话之前，也许该去寻找进一步的证据，证明双语的确有益处。事实上，科学家已证实双语的学习与使用对推迟阿尔茨海默病等病症有帮助。由于每个人都会变老，各位大概会对这样的发现更感兴趣。

阿尔茨海默病是最常见的一种病症，75 岁以上的老人约有 5% 罹患此症，85 岁以上者更多达 17%。阿尔茨海默病最初的症状是健忘和短期记忆力减退。此疾病是不可逆的，而且没有药物可以治愈。从确诊之日算起，患者还有 5~10 年的寿命。阿尔茨海默病与脑部的损伤有关，可通过尸检或（生前）脑部影像学检查发现，表现为脑萎缩和某种蛋白质的沉积。药物治疗或疫苗注射都无法治疗这种疾病。科学家发现，积极用脑且注重身体锻炼的人得此症的概率较低。这样的人可能受教育程度比较高、工作难度大、有着活跃的社交生活、注重休闲，而且常做运动。人在开始衰老时，脑中有一种乙型淀粉样蛋白会在神经细胞的外部堆积。这段潜伏期很长，从开始堆积到出现症状可能长达 20 年。我们不禁好奇：保持心智和身体的灵活度是否有助于保护脑部，相对不会那么快出现阿尔茨海默病？常动脑是不是能避免蛋白质斑块的累积，或者这样的人具有预防阿尔茨海默病的基因优势？由于身体和心灵的锻炼或许可避免患上像阿尔茨海默病一样的退化性疾病，有人常鼓励老年人多打桥牌、玩数独或具挑战性的在线游戏。

曾有科学家以加拿大多伦多一家诊所的400个病人为研究对象展开研究。病人大都已七十几岁，经医生诊断罹患阿尔茨海默病等病症。双语与单语两组病人职业地位相当，但双语病人的平均受教育程度略低。研究发现，双语病人发病的年龄比单语病人晚四五年。由于加拿大人平均寿命为79岁，在七十几岁时晚四五年发病等于罹患阿尔茨海默病的概率减少了47%。另一个令人好奇的发现是，脑部影像显示尽管双语病人与单语病人脑萎缩的程度相同，但双语病人认知能力的受损程度要比单语病人低。显然，双语能力可为脑萎缩者带来一些保护效果。

一个人可能在遗传（基因）因素的影响下接受更好的教育，社交生活也比较活跃，所以不会那么早出现阿尔茨海默病。但一个人使用双语与基因无关，可能是在幼年阶段或是在阿尔茨海默病病灶发展之前的几十年决定的，通常是因为在双语社会中成长，或者父母是来自异国的移民，所以说不同的语言。由于双语者不太会出现阿尔茨海默病，可见双语的学习与使用有助于预防阿尔茨海默病。

双语者身上究竟为什么会出现这样的效果？简而言之，就是"用进废退"。大多数身体系统如果多使用，功能就会变得更好，不用的话，功能便会退化。这就是为什么运动员和艺术家必须不断地练习。因此，科学家和医生一直鼓励阿尔茨海默病患者多动脑，如打桥牌、玩数独或在线游戏。但是一个人就算对桥牌和数独再入迷，也无法一天到晚做这样的事。双语者则不同，他们在清醒的时时刻刻都必须进行语言的练习与转换。例如，说话、思考或解读听到的话语时，他们的大脑必须决定要使用语言 A 的规则还是语言 B 的规则。

然而，还有一些问题目前还没有答案。如果多学一种语言可得到某种程度的保护，那么多学两种是否可得到更多的保护？如果是的话，那么脑部可得到的保护和语言的数目呈现什么样的关系？例如，如果双语的使用可使阿尔茨海默病发病时间晚 4 年，那么会说 5 种语言的人，如新几内亚人、澳大利亚原住民、沃佩斯河的印第安人或是北欧商店的店员（如果不算母语，那还会 4 种语言）是不是可使阿尔茨海默病发病时间晚 16 年，是不是甚至可能晚 50 年（如果多会 4 种语言可以延迟发病的时间不只是多会 1 种语言的 4 倍）？如果你不是双语婴儿这样的幸运儿，那么你直到 14 岁上了中学才学习第二种语言，你能得到的好处是否和从一出生就接触双语的人一样？想必读者和我一样对答案很感兴趣，相信语言学家、为人父母者也很想知道。

消失中的语言

世界上的 7 000 种语言形形色色，就像万花筒的图案多得令人眼花缭乱。例如，有一天，我在太平洋的布干维尔岛进行鸟类研究。我深入丛林，来到罗托卡人（Rotokas）的村子附近。村民当我的向导，用罗托卡语告诉我当地鸟类的名字。我们走着走着，他突然停下脚步，说道："寇皮皮（Kópipi）！"我从来没听过那么动听的鸟鸣声，那声音清脆明亮，以两个音或三个音为一句，音调渐渐升高，听起来就像舒伯特的乐曲那样抒情、悦耳。寇皮皮的特征是长脚、短翼，在此之前西方鸟类学家还不认识这种鸟。

我们边走边聊，我渐渐了解布干维尔岛山上的"寇皮皮之歌"和当地人说的罗托卡语。我的向导告诉我每种鸟的名字，除了寇皮皮，还有库鲁皮（kurupi）、佛库皮（vokupi）、寇皮考（kopikau）、寇洛洛（kororo）、凯拉佛（keravo）、库鲁埃（kurue）、维夸伊（vikuroi）……我发现只有4个辅音出现在这些鸟名之中，也就是k、p、r和v。后来，我才知道罗托卡语只有6个辅音，是世界上辅音最少的语言，相比之下，英语有24个辅音，土耳其的一种已经失传的语言尤比克语则约有80个辅音。尽管罗托卡语只有几个基本音，但罗托卡人还是在新几内亚东边、太平洋西南一个小岛上的热带高山雨林中创造出丰富的词汇，沟通起来清晰无碍。

但这种像音乐般动听的语言已渐渐在布干维尔岛和这个世界消失。布干维尔岛只有康涅狄格州的3/4大，岛上原来有18种语言，罗托卡语只是其中之一。根据最近一次的估计，说罗托卡语的只有4 320人，而且人数渐减。等到这种语言消失，一个长达3万年的人类沟通与文化发展实验就此结束。这不只是罗托卡语的悲剧，也是大多数语言的宿命。现在语言学家才开始认真估计世界语言消失的速度，并辩论该怎么做才好。照现今语言消失的速度继续下去，到了2100年，今天全世界大多数的语言不是已经消失，就是成了濒绝语言，只有还在世的老人会说，没有任何小孩会从父母那里学习这样的语言，等到那些老人过世，就再没有人会了。

当然，语言的灭绝并不是近70年才出现的现象。我们不但可从古代史料得知，也可从语言与人口的分布推论，语言在好几千年之前已开始消失。我们也可从罗马时代的作品、古代碑文和罗马帝国铸造的钱币知道，拉丁文逐渐取代以前在法国和西班牙说的凯尔特语，也取代了意大利境内的埃特鲁斯坎语、翁布里亚语、奥斯坎语、法利斯坎语等。我们也可从保留到现今的古代文本得知，几千年前在肥沃新月地带使用的语言有苏美尔语、胡里安语和赫梯语等，但这些语言现在已经消失。9 000年前，印欧语系开始往西欧扩展，除了比利牛斯山区的巴斯克语，欧洲其他原始语言都消失了。以此类推，非洲俾格米族、菲律宾和印度尼西亚的狩猎-采集游群、古代日本人的语言，已分别被班图语、南岛语和现代日语取代。必然还有更多的语言悄悄地在这个世界上消失，没留下一丝痕迹。

我们已有许多过去语言灭绝的证据，然而现代语言的灭绝有一点和过去大不相同，也就是消失的速度。近1万年来，很多语言消失了，至今只剩7 000种，但再过100年，我们将只剩几百种语言。现在语言种类会急剧减少主要是受到全球化和国家政府的影响。

以阿拉斯加的 20 种因纽特语和印第安语言为例。本来在阿拉斯加南岸还有几百个印第安人说埃亚克语（Eyak），到了 1982 年只剩两个人会说，也就是玛丽·史密斯·琼斯（见图 44）和她的姐姐索菲·博罗德金，她们的孩子只会说英语。1992 年，80 岁的博罗德金过世，2008 年，93 岁高龄的琼斯也走了，从此埃雅克语就成为绝响。阿拉斯加的原住民语言还有 17 种濒绝，没有任何孩子会说。虽然老人仍会说那些语言，但是最后恐怕还是和埃雅克语一样，老人一旦过世，语言也就跟着失传。那些语言现在只有几百个人会说。目前阿拉斯加原住民语言只有两种还在流传，一种是西伯利亚尤皮克语，约有 1 000 人会说，另一种则是中阿拉斯加尤皮克语，总计还有 1 万人会说。

如果你翻看语言学论文，查看语言现在的使用情况，就会发现这样的语句重复出现："最后一个会说尤比克语的人，哈吉·奥斯曼（Haci Osman）的陶菲克·埃森 1992 年 10 月死于伊斯坦布尔。100 年前，黑海东部的高加索山谷仍有 5 万人会说尤比克语。""加利福尼亚州南部印第安人的库佩尼奥语（Cupeño）……只有 9 个人会说（当地社会人口为 150）……全部超过 50 岁……这种语言即将消失。""以前在智利和阿根廷南部流传的雅马纳语（Yamana）……至今只有 3 个女人会说（皆在智利）。她们嫁给西班牙人，孩子都说西班牙语……这种语言目前在阿根廷已失传。"

全世界语言濒绝的程度不一，处境最危险的是澳大利亚原住民的语言，那里本来有 250 种语言，每种的使用者数量都不到 5 000。今天，那些语言半数已经消失，大多数还存留的语言的使用者不到 100 个，还能传到下一代的语言不到 20 种。到了 21 世纪末，顶多只剩几种。美洲原住民的语言几乎一样危险。北美洲印第安原住民本来有几百种语言，1/3 已经消失，还有 1/3 则只剩几个老人会说，只有两种语言（纳瓦霍语和尤皮克语）仍可在地方电台听到。这显然是今日大众传播媒体的一大问题。在中美洲和南美洲的印第安原住民本来有 1 000 种左右的语言，瓜拉尼语是唯一仍有未来的，因为这种语言和西班牙语同是巴拉圭的官方语言。至于非洲的数百种原住民语言，由于每种各还有几万到几百万使用者，当地的小型定居农民社会仍致力于语言的传袭，因而目前还不到濒绝的地步。

语言是如何消失的

语言是如何灭绝的？就像杀人一样，凶手可能往被害人的头部猛力一击，使人当场毙命，或是慢慢地把人勒死，也可能是长期忽视被害人，要消灭一种语言也有许多不同的手段，最直接的一种就是把会说那种语言的人全数杀死。例如，美国加利福尼亚州的雅希族（见图 45）本来还有 400 人左右，住在拉森峰附近。1853—1870 年，加利福尼亚州淘金热使得欧洲人纷纷来到这里。雅希族几乎全数惨遭杀害，伊希（Ishi）和家人逃到山上才得以保住性命。最后他的家人也死了，只剩他一人，直到 1911 年才重返文明之地，但雅希族的语言已经失传。又如 19 世纪初英国殖民者踏上塔斯马尼亚，将大多数塔斯马尼亚人杀害或囚禁，还祭出赏金，每杀害或抓到一个塔斯马尼亚成人可获 5 英镑，小孩则是 2 英镑。塔斯马尼亚的原住民语言因此全数灭绝。另外，疫病肆虐等非暴力因素也会造成类似的结果。如北美大平原本有数千名曼丹印第安人，1750—1837 年，当地发生霍乱和天花，夺走许多生命，到了 1992 年，只剩 6 个老人会说流利的曼丹语。

使一种语言失传除了杀害说这种语言的人，另一个直接的手段就是禁止说这种语言，违反规定者一律惩罚。如果你想知道，为什么北美印第安人的语言不是已灭绝，就是濒绝，那么请看看美国政府过去采取的语言策略。几个世纪以来，政府坚持印第安人需要教化并学习英语，才能从野蛮人变成文明人。因此，印第安人的下一代被送到寄宿学校，只能说英语，说印第安语言则会遭到体罚和羞辱。时任联邦印第安人事务局局长（1885—1888 年）的阿特金斯解释道："教印第安人说方言（即印第安语言）不但对他们没有用处，反而对他们的教育和文明有害。因此，只要在联邦政府的管辖之下，任何印第安人的学校都不许使用方言……我们的语言（英语）对白人和黑人而言已经够好了，对红人应该也一样。大家都相信，学习野蛮的方言肯定会对印第安小孩造成伤害。印第安人要迈向文明，第一步就是弃绝愚蠢的习俗并学习英语。"

1879 年，日本用武力吞并琉球国，将其改名为冲绳县，宣扬"一个国家、一个民族、一种语言"的政策。琉球儿童从此必须说日语，不能再说琉球方言。同样，1910 年，日本帝国将大韩帝国并入版图，也就是所谓的"日韩并合"。在这段时间，日本禁止韩国学校使用韩语，只能使用日语。1939 年，苏联合并波罗的海国家，也禁止当地的学校教授爱沙尼亚语、拉脱维亚语和立陶宛语，只能教授俄语，但当地人民仍在家中讲母语，直到 1991 年独立之后，他们的母语才又变成官方语言。凯尔特语言中除了布列塔尼语，其余在欧洲大陆全数灭绝，仍有 500 万左右的法国居民说布列塔尼语。然而，由于法国政府规定中小学不得使用布列塔尼语，目前能说布列塔尼语的人已越来越少。

但大多数语言就像罗托卡语在不知不觉之间消失了。一个地区实行定居方式的原始部落不再交战，在政府的统一管辖之下过着和平的生活，居民会四处迁徙，通婚的例子也变多了。这时，年轻人为寻求工作机会往往迁居到城市，放弃部落语言，跟城里的大多数人说一样的语言。来自不同语言社会的夫妻增多，只能用大多数人使用的语言沟通，也教下一代这样的语言。即使孩子仍学习父亲或母亲的母语，到了学校也必须跟大家说一样的语言。即使是留在村落里的人，为了社会地位、权力、商业利益以及与外界沟通，也必须学会说大多数人的语言。加上工作、报纸、收音机和电视也一边倒地采用大多数人说的语言，因此少数原住民的语言渐渐被遗忘，最后就消失了。

通常的情况是，少数族群的年轻人会说双语，但是他们的子女只会说多数人使用的语言。少数族群语言失传的原因有两种：一是父母希望子女学习多数人使用的语言，放弃部落语言，好让子女有更好的求学和工作机会；二是子女不想学父母的语言，只想学多数人使用的语言，方便看电视、求学以及和玩伴沟通。我就曾在美国看到这样的例子：不少来自波兰、韩国、埃塞俄比亚、墨西哥等国的移民家庭的小孩只学英语，不学父母的语言。最后，少数族群语言只有老一辈的人会说，等他们全数离世，语言就失传了。但在语言末日来临之前，文法通常已经出现变化，很多规则不见了，词汇也被人遗忘，甚至融入了一些外来的字词与文法特征。

在世界现存的 7 000 种语言中，有些濒危程度比其他语言更甚。语言是否得以延续的一个关键是：父母是否把语言传给下一代。如果不传下来，那种语言就很可能会消失。语言能代代相传的因素包括：语言使用者数量庞大；某一族群当中有相当高比例的人口都讲那种语言；政府指定该语言为官方语言或区域语言；语言使用者对语言的态度，以及移民仍然使用原来的语言（如移居至西伯利亚的俄罗斯人、迁至锡金的尼泊尔人，以及涌入巴布亚省的印度尼西亚人）。

在所有的语言当中，未来最稳固的就是各主权国家的官方语言。目前，全世界的主权国家共有 192 个[①]，但大多数都以英语、西班牙语、阿拉伯语、葡萄牙语或法语为官方语言，只有大约 70 个国家选择其他语言。即使我们把区域语言也算进去，如印度宪法明列 22 种语言为区域官方语言，目前全世界总计最多

---

① 截至 2021 年 12 月，全世界的主权国家共有 195 个。——编者注

有几百种区域语言得到官方的认可与保护。或许,我们也可把使用者达 100 万人以上的语言列为安全语言,不管该语言是不是官方语言,但即便如此也只有 200 种左右,而且很多都与官方语言重复。有些语言虽然使用者少,但因为受到政府保护而无濒绝之忧,如法罗群岛(丹麦海外自治领地)5 万居民说的法罗语,以及冰岛的官方语言冰岛语(使用人数约 30 万)。反之,有些语言虽然使用者达 100 万以上,却几乎未受到政府的支持或保护,因此将来也有失传的危险,如墨西哥的纳瓦特尔语(使用人数超过 140 万)和安第斯山地区的克丘亚语(使用人数约 900 万)。另外,即使一种语言得到国家的支持,也并不保证能延续下去,例如爱尔兰语在爱尔兰渐渐式微,而英语日益流行。尽管爱尔兰政府大力支持爱尔兰语,学校也用爱尔兰语教学,但爱尔兰语还是不敌英语。语言学家预估,如按照目前的语言趋势继续发展,到 21 世纪结束,现在的 7 000 种语言很可能绝大多数都会消失或濒绝,而只剩几百种。

世界上的语言越少越好?

大规模语言灭绝已是不可避免的事实。很多人心中都有这样的疑问:这又有什么了不起的?语言少一点儿又有什么坏处?语言多达好几千种会阻碍沟通、增加纷争,那才不好吧?因此,不少人主张语言种类应该减少。英国广播公司曾在一期节目中捍卫濒绝语言的价值,节目结束后,许多听众朋友纷纷发表意见。其中几则如下：

- 这节目的论调实在是伤感得一塌糊涂！语言会面临灭绝，那是因为使用该语言的社会无法传递知识、文化、社会动力，因此活力丧失、无法继续演变。
- 太荒谬了吧！语言的目的是沟通，如果没有人说，那就没有存在的必要了。你倒不如去学克林贡语。
- 只有语言学家认为世界上这 7 000 种语言有用处。不同语言会造成人与人之间的隔阂、分裂，只有语言相同才能实现四海一家的理想。因此，世界上的语言越少越好。
- 人类需要团结，这才是我们努力的方向，而非分成许许多多无法沟通的小部落。即使这个世界有 5 种语言，又有什么好处？我们大可把这些语言全部记录下来保存，能学的就学，之后交给历史就行。一个世界中所有的人都使用同一种语言、有共同的目标，这样的世界大同难道不好吗？
- 在现存的 7 000 种语言中，6 990 种都是多余的。因此，语言要消失就消失吧。

上述在英国广播公司论坛上赞同世界大多数的语言应该消失的人所持理由主要有两个。一个理由是为了互相沟通，我们需要一种共同的语言。当然，这一点没错。不同社会的人要相互沟通，必然需要某种共通语言。但是，这并不表示少数族群语言（弱势语言）应该消失。要达到沟通的目的，少数族裔只要学会多数人使用的语言，具有双语的能力就可以了。例如，丹麦在全世界富国排行榜上名列第七，尽管会说丹麦语的人只是为数500万的丹麦人，但几乎每个丹麦人都会说流利的英语和其他欧洲语言，以和欧洲各国做生意。丹麦人很富有，而且因为能说丹麦语而快乐。如果他们要学英语，变成双语人士，那就是他们的事。同样，如果纳瓦霍印第安人要学纳瓦霍语和英语，那是他们自己的事。他们根本不会要求其他美国人学纳瓦霍语，也不想这么做。

另一个理由是认为语言不同、无法沟通会造成内战和种族纷争，也就是说今天很多国家会陷入内战、四分五裂都是语言不同引发的。不管今天语言的价值是什么，若是大多数的语言灭绝，我们将付出代价。如果我们想要停止杀戮，扼杀语言就等于反其道而行。如果库尔德人不说自己的语言，改说土耳其语或阿拉伯语，斯里兰卡的泰米尔人愿意说僧伽罗语，魁北克人不说法语，美国的拉丁裔不说西班牙语，都改说英语，如此一来世界就会变得更和平吗？

听起来似乎有理，然而单语乌托邦是不存在的，语言差异并非族群纷争最重要的理由。人只要有偏见，就会以任何差异为借口讨厌其他人，包括宗教、政治、族裔、服装等。二战之后，信奉东正教的塞尔维亚人和黑山人、南斯拉夫信奉天主教的克罗地亚人，以及信奉伊斯兰教的波斯尼亚人，都说塞尔维亚-克罗地亚语却互相残杀，酿成欧洲最惨烈的屠杀事件。二战之后，非洲最可怕的种族屠杀发生在卢旺达。1994年，胡图人屠杀将近1

万名图西人和大多数的特瓦人，这三个族群都说卢旺达语。二战以来，世界上最惨绝人寰的杀戮则发生在柬埔寨。说高棉语的柬埔寨人在独裁者波尔布特的命令之下，屠杀一样说高棉语的柬埔寨人。

如果你认为为了促进和平，少数人该放弃自己的语言，采用强势语言，那么请问你是否也认为少数人该为了和平放弃自己的宗教、族裔和政治观点？你若是相信人人可有自己的宗教信仰、族裔和政治观点，这些都是不可剥夺的人权，唯独语言不是，那么请问你要如何向库尔德人或讲法语的加拿大人解释？波尔布特、卢旺达和南斯拉夫，以及不可胜数的实例已经告诉我们，语言统一绝非和平的保障。

在这个世界上，每个人的语言、宗教、族裔和政治观点都不尽相同，只有互相容忍才能和平相处。尽管过去已有许多战争因宗教而起，但目前世界上仍有许多国家的人民可信仰不同的宗教，并生活在和平、和谐的社会之中，如美国、德国和印度尼西亚。同样，对语言容忍度高的国家更能够接纳说不同语言的人。例如，荷兰有2种语言（荷兰语和弗里西亚语），新西兰也有2种语言（英语和毛利语），芬兰有3种语言（芬兰语、瑞典语和拉普语），瑞士有4种语言（德语、法语、意大利语和罗曼什语），赞比亚有43种语言，埃塞俄比亚有85种语言，坦桑尼亚有128种语言，喀麦隆则有286种语言。有一次我去赞比亚拜访当地一所中学，教室里有个学生问我："请问您在美国属于哪一族的人？"接着，每个学生脸上都挂着微笑告诉我，他们属于哪一个部落、说什语言。那个班级人数不多，却有7种语言，没有人为自己的语言感到羞耻或恐惧，更没有任何一个人有杀人的意图。

为什么要保存语言

我们已经知道，保存语言没有什么不可避免的伤害或麻烦，只是使用双语的人必须多下一些功夫。他们可以自行决定要不要这么做。然而，保留语言的多样性是否真有好处？我们何不保留世界的前五大语言就好了，即汉语、西班牙语、英语、阿拉伯语和印度语？在英语读者大声叫好之前，且让我们更进一步思索：如果弱势语言该被强势语言取代，那么全世界所有的人何不干脆使用世界第一大语言汉语，让英语消失？保存英语有什么用？原因很多，以下将举出最重要的三个理由。

首先，我已在本章前面论述过，会说两种或更多种语言的人，显然更具有认知优势。尽管你怀疑使用双语是否真的有预防阿尔茨海默病的功效，但是就像母语词汇数量庞大的人通常要比词汇少的人的人生更丰富一样，多学会一种语言也是如此。不同的语言具有不同的优势，例如你要表示某件事或某种感觉，用某种语言似乎特别容易。虽然萨丕尔-沃尔夫假设引发许多争议，但如果这样的假设是对的，那么人类的思考模式会受到所使用语言的影响，转换到另一种语言，会让人看世界的角度和思考方式变得不同。因此，一种少数人使用的语言消失，不只是原来使用者失去了他们的语言，多数人也少了一种选择。

其次，语言是人类心灵最复杂的产物。每种语言的声调、结构、思考模式都不同。语言如果失传，那么失去的不只是语言本身，还包括利用这种语言表现的文学、文化和知识。不同的语言有不同的数字系统、记忆方式和空间定位系统。例如，用威尔士语或汉语数数，就比用英语容易。传统社会用自己的语言为当地数百种草木虫鱼鸟兽命名，如果语言消失，那么这些百科全书式的人种生物学知识也跟着消失了。如果英语消失了，只剩汉语，那么试想哈姆雷特那句名言："生存还是毁灭，这的确是个问题。"只有中文翻译，没有原文（To be or not to be, that is the question），对英语读者而言将是多大的损失！每一个部落也都有自己的口述文学，失去这些宝贵的文学资产一样令人痛心。

然而，你或许还是会想："说什么语言自由、独特的文化资产、不同的思考模式，这些都是空话。对现代世界而言，要紧的事还有很多，语言消失不过是鸡毛蒜皮的小事。我们先解决重大的社会经济问题再说，别浪费时间去担心美国原住民语言会失传。"

好吧，那我们就来想想美国原住民的社会经济问题。这些人可以说是美国社会中命运最悲惨的一群人。一个群体的语言和文化瓦解，不但让人们抬不起头来，无法互相扶助，也渐渐衍生出很多社会经济问题。长久以来，一直有人告诉他们，他们的语言和文化都没有价值，他们也相信了。他们陷入贫困、病痛、酗酒或吸毒，给国家的社会福利体系和医疗系统都造成了沉重的负担。相比之下，其他移民族裔则珍视自己的文化和语言，努力向上，对国家经济有很大的贡献。在美国原住民中，能保存自己文化和语言的群体也相对有经济能力，不必仰赖社会救济。以切罗基印第安人为例，精通切罗基语和英语的人与只会英语的人相比，前者受教育程度较高，容易找到工作，薪水也更高。通晓部落语言、注重部落文化的澳大利亚原住民与文化失根的原住民相比，前者滥用药物的问题较少。

因此，帮美国原住民找回他们的语言和文化根源，要比社会福利救济更有效率，也能减轻国家的经济负担。这才是长期的解决之道，社会福利救济只是救急。同样，那些因语言问题饱受内战之苦的国家，可效仿瑞士、坦桑尼亚等国，使各个语言社会以自己的语言为傲，相互容忍、合作，这远胜于试图摧毁少数族群的语言和文化。

最后，语言认同不只是少数族裔命脉所系，对整个国家也很重要。例如在二战的早期，纳粹军队势如破竹，希特勒已攻占奥地利、捷克、波兰、挪威、丹麦、荷兰、比利时和卢森堡，意大利、日本和苏联已和希特勒结盟或签订协议，美国决定中立，法国已快抵挡不了德军。这时，英国的处境可以说非常危险。英国政府有人提议，英国也该赶快和希特勒达成协议，不要做无谓的抵抗。

在此紧要关头，丘吉尔于 1940 年 5 月 13 日和 6 月 4 日赴国会做出回应。他字字铿锵、撼动人心，可以说发表了 20 世纪最精彩也最令人难忘的英语演说。他说："我没别的，只有热血、辛劳、眼泪和汗水可以奉献给大家……若问我们的政策是什么？我的回答是，我们将尽全力，尽上帝赋予我们的全部力量去作战，不论是在陆上、海上或空中作战。我们将对人类史上最黑暗、可悲的罪恶宣战……我们决不竖起白旗，志在必得，我们将战到最后一刻。我们将在法国作战；我们将在海上和大洋中作战；我们将在空中作战，将越战越勇，越战信心越强，我们将不惜任何代价保卫本土；我们将在海滩上作战；我们将在敌人登陆地点作战；我们将在田野和街头作战；我们将在山区作战。我们决不投降！"

我们现在已知，英国的确从未投降，也未与希特勒达成协议，而是继续奋战，1年后才与苏联和美国结盟，5年后击败希特勒。但这样的结果并非命定。假设当时欧洲少数人说的语言被大多数人说的语言取代，那么到了1940年，英国和其他西欧国家应该都使用了西欧最多人说的语言，也就是德语。若果真如此，丘吉尔在1940年6月在国会的演说是用德语，而非英语，结果又会如何？

丘吉尔的演说并非无法翻译，即使翻译成德语也一样铿锵有力（Anbieten kann ich nur Blut, Müh, Schweiss, und Träne...）。我要强调的重点是，英语代表英国所要努力捍卫的一切。说英语意味着这个岛国承袭1 000年来的文化、历史、民主和岛屿认同。乔叟、莎士比亚、丁尼生等英国文学瑰宝都是他们的财产。说英语意味着他们与德国等欧洲大陆国家有不同的政治理想。在1940年6月，说英语代表他们还有值得全力奋战的目标，也愿意为这样的目标牺牲。我怀疑在那个节骨眼，若英国人已改说德语，是否还会努力抵御希特勒。语言认同绝不是鸡毛蒜皮的事。

丹麦人为他们的语言感到骄傲，说丹麦语让他们心生喜悦，语言也是一些少数移民族裔奋斗的动机，英国更因语言而打败希特勒，避免了被奴役的命运。

我们要如何保护语言

如果我们终于能达成共识，了解语言多样性有益无害，那么如何阻止语言多样性消失的趋势？语言不断消失背后似乎有很大的推力，所有的弱势语言将全数灭亡，只剩最多人说的几种，面对这种情况，我们真的无能为力吗？

不是的，我们还有努力的余地。首先，语言学家可以更积极地行动起来。大多数语言学家并未把研究消失中的语言视为最重要的任务。直到最近，语言学家才开始注意语言不断消失的问题。说来讽刺，语言是他们研究的目标，没有语言，他们还能研究什么？他们怎能对语言的消失无动于衷？政府和社会也该支持更多的语言学家抢救濒绝语言。语言学家应该赶快把即将消失的语言录下来，尽管会说那种语言的最后一个耆老已逝（如英国的康沃尔语和阿拉斯加的埃雅克语），后代子孙仍可从录音了解、学习祖先留下来的语言。希伯来语在现代的复兴就是语言复活的最佳例证，目前以希伯来语为日常用语的人已多达 500 万。

其次，政府该以政策和经费来支持弱势语言，如荷兰政府对弗里西亚语的支持（在荷兰，约有 5% 的人说这种语言），以及新西兰政府对毛利语的保护与鼓励（在新西兰，说毛利语的人口还不到总人口的2%)。美国联邦政府200多年来一直压制原住民语言,直到1990年才通过法案,鼓励原住民使用自己的语言,也拨了一点儿经费(每年约200万美元)给学者进行美国原住民语言研究。然而,如要拯救濒绝语言,政府还有很长的路要走。在美国,濒临绝种的动植物得到的关注远超过语言。政府仅是拨给一种鸟类(如加州秃鹫)研究的经费就超过100多种濒绝原住民语言的补助经费总和。由于我是鸟类研究学家,我当然赞成政府把钱花在那些鸟类上,我不愿见到研究鸟类的经费挪出一部分给埃雅克语言研究计划。我之所以这么说,是为了凸显政府的政策没有轻重缓急之分。如果我们重视濒临绝种的鸟类,那么为什么不能同样看重即将消失的语言?毕竟人类语言的重要性应该不会输给鸟类。

最后,许多弱势语言的使用者可以挺身而出,捍卫自己的语言,就像英国的威尔士人、加拿大说法语的魁北克人和美国原住民族群那样。他们都是自己语言的保管人,也只有他们能把自己的语言传给下一代和同一社会的其他人,并呼吁政府支持他们。

可想而知,弱势语言终究难敌强势语言,保护弱势语言将非常吃力。我们这些强势语言的使用者和政府官员尽管不能积极保护弱势语言,但至少可保持中立,不去打压弱势语言。这么做不只是为了自己,也是为了使用弱势语言的人。我们希望留给下一代的是一个富足且健全的环境,而非陷入贫穷、积弱不振的悲惨世界。

第十一章

健康四宗罪：盐、糖、油、懒

非传染性疾病

1964年，我开始在新几内亚进行调查研究时，大多数新几内亚人都在村子里过着传统生活，吃自己种植的食物，饮食皆低盐、低糖。新几内亚高地人的主食是根茎作物（甘薯、芋头、山药），这类食物提供高地人所需热量的九成，至于低地人的主食则是西米棕榈树的木髓。有一点儿钱的人则会买比较昂贵的食物，像饼干、鱼罐头和一点儿盐或糖。

我一踏上新几内亚，最让我印象深刻的就是当地人体格健壮又灵活，每个人都像西方健身房的教练。如果他们没背负东西，就可在陡峭的山路健步如飞，即使扛着重物也能和我走得一样快，甚至可走上一整天。我见过一个瘦小的女人，体重应该不到100磅，却背着一袋70磅左右的米，她把米袋的带子挂在额头上，就这样跋山涉水。在那个年代，我在新几内亚未曾看过一个胖子。

新几内亚的医院记录和病人的病历至少证实了当地人体格强健。如今，发达国家居民的最大杀手，即糖尿病、高血压、中风、心肌梗死、动脉粥样硬化及其他心血管疾病、癌症等非传染性疾病，在新几内亚乡下非常罕见。在新几内亚看不到这些疾病并不是因为当地人平均寿命比较短，即使六十几到八十几岁的新几内亚老人也极少罹患那些疾病。莫尔斯比港总医院在20世纪60年代初针对2 000位住院病人所做的一份调查数据显示，没有任何一位病患是罹患冠状动脉疾病，高血压病例则只有4例，且病人属混合族裔，而非血统纯正的新几内亚人。

但这并不表示新几内亚传统社会中的人们生活在健康的乌托邦，过着无病无痛的快乐生活。至今，大多数的新几内亚人平均寿命仍比西方人短。他们常因意外、暴力或谋杀事件而死亡。常引发死亡的病症为肠胃道感染导致的腹泻、呼吸道感染、疟疾、寄生虫病、营养不良等，还有原发性疾病导致身体衰弱而出现的继发性疾病。然而，发达国家的居民很少因上述疾病而送命。我们可以说，西方社会的居民因公共卫生进步已脱离传染病的威胁，也比较长寿，但西方的饮食和生活方式则带来新的文明病。

从1964年起，发达国家居民的健康杀手已开始在新几内亚现身，影响了最常和欧洲人接触、采用西方饮食和生活方式的一群人。今天，新几内亚人的饮食、生活和健康问题已几乎全面西化。目前新几内亚有几万人（或许是几十万人）从商、从政、担任飞机驾驶员或计算机工程师，去市场买食物或去餐厅吃饭，而且很少运动。在新几内亚的城市或城镇也常能看到大胖子。全世界糖尿病患病率最高的就是新几内亚的瓦尼盖拉族，预估37%的族人都有糖尿病——他们就是新几内亚第一个全面西化的族群。住在都市的新几内亚人也有一些心脏病患者。我自1998年开始，在新几内亚一处油田进行田野调查，发现油田雇员吃饭的食堂三餐都提供吃到饱的自助餐，每张餐桌上都有盐罐和糖罐。在乡下长大、过着传统生活的新几内亚人由于食物来源时有欠缺，因而可以吃的东西很有限。但现代社会的食堂每天都有享用不尽的大鱼大肉、蔬果、点心，每个人都拼命夹，把餐盘上的食物堆得满满的，然后在牛排和沙拉上撒上盐和糖。石油公司邀请营养师来指导员工如何吃得健康。然而，即使是营养师也很难控制口腹之欲，甚至有些人不久后也文明病上身。

西方非传染性疾病以及与之相关的生活方式已横扫全世界，我在新几内亚看到的转变只是一个例子。这种疾病和传染病、寄生虫病不同。传染病通常是以细菌或病毒为媒介，使疾病由一个人传给下一个人，寄生虫病则是寄生虫侵入人体引起的疾病。很多传染病传播很快，病人一旦被传染就马上发病，几周内要么死亡要么康复。反之，所有主要的非传染性疾病进程缓慢，常会拖上几年或几十年，最后病人或得以痊愈，或到了晚期无法医治而死亡，病人有时也会因罹患其他疾病而去世。目前主要的非传染性疾病包括心血管疾病（心脏病、中风、周围血管疾病）、糖尿病、肾脏病和癌症（如胃癌、乳腺癌、肺癌等）。所有的欧洲人、美国人和日本人当中，几乎有九成以上都将死于上述慢性非传染性疾病，然而低收入国家的居民大多数死于传染病。

非传染性疾病极少出现在小型传统社会。尽管根据古代典籍的记录，这类病症早已存在，但是直到最近几百年，非传染性疾病才开始在西方变得普遍。这类疾病在现代四种人中特别常见。第一种人出现在最近突然暴富的国家，这些国家的大多数居民开始享受西方的生活方式，如沙特阿拉伯和其他阿拉伯产油国，还有几个新近富有的岛国，如瑙鲁和毛里求斯。全世界糖尿病患病率达15%以上的8个国家，不是阿拉伯产油国就是富有的岛国。第二种人则是移民至发达国家的发展中国家的人。他们突然改变原来勤俭节约的生活习惯，实行西方生活方式，因此患非传染性疾病的概率要比留在母国的同胞高，也比在发达国家定居已久的居民高。这类人包括移民到英国、美国、毛里求斯的中国人和印度人，以及移民到以色列的也门人和埃塞俄比亚人。第三种人则是在发展中国家从乡村移居到城市的人，如巴布亚新几内亚、中国以及许多非洲国家的人。他们在城市定居之后，所需食物都从商店购买，不再自己栽种，而且吃得比以前多。第四种人则是居住在原地的某些非欧洲族裔，他们没移居到国外，但由于实行西方生活方式，很多都得了糖尿病或其他非传染性疾病，如美国的皮马印第安人和新几内亚的瓦尼盖拉族，很多澳大利亚原住民也是如此。

这四种人等于四组自然实验，不管原因是什么，原来遵循传统生活方式的人只要采用西方生活方式，就会患那些非传染性文明病。我们如果不进一步分析，就无法从这些自然实验得知西方生活方式的哪一点会引发这类疾病的盛行。西方生活方式的特点如下：体力劳动少、摄入高热量饮食、体重增加或肥胖、抽烟、常喝酒、摄取过多的盐等。西方饮食中充满纤维少、糖分高（含过多的单糖，特别是果糖）、富含饱和脂肪和反式脂肪的食物。如果一个族群西化，改为西方的生活方式，那么上述变化大多会同时发生，而难以断定究竟是哪种因素引发非传染性疾病的盛行。有些疾病的成因比较明确，如抽烟可能会导致肺癌，摄取过多的盐可能会引起高血压和中风。但就其他疾病而言，如糖尿病和心血管疾病，我们仍不知道哪些危险因子的相关度最高。

我们对这个领域的了解主要是根据 S.博伊德·伊顿、梅尔文·康纳与玛乔丽·肖斯塔克对旧石器时代饮食进行的先驱研究。旧石器时代饮食是指实行狩猎-采集生活方式的古代祖先和现代狩猎-采集者的饮食方式。伊顿等人探讨了人类祖先与现代西方族群最容易罹患什么样的疾病及其差异。他们认为，我们身体的基因组合比较适合采用旧石器时代的饮食方式，与现代的饮食和生活方式不合，因此产生许许多多的文明病。如果我们相信这样的假设，采用旧石器时代的饮食方式，即少吃加工食物和碳水化合物，增加蛋白质、新鲜蔬果和坚果的摄取，就可减少患文明病的风险。

由此可见，我们的确可从传统社会的生活方式中学到实用的一课，以避免伴随西方生活方式而生的文明病。大抵而言，传统社会中的人极少患先前讨论的非传染性疾病。但我不是建议从此以后完全实行传统社会的生活方式、推翻政府、杀害异族、杀婴、进行宗教战争，甚至定期面临饿死的威胁。我们的目标是学习传统社会生活形态的一些特点，以避免文明病。至于哪些特点是我们该学习的，尚待更进一步的研究，但我们首先可以向他们学习少摄取盐分，而非推翻政府。全世界已有几千万人注意到健康的危险因子，并尽量避免。在本章接下来的部分，我将详细探讨摄取过多盐分的后果，以及糖尿病。

盐的摄取量

虽然很多化学物质都可被归为盐类，但对一般人而言，盐只有一种，也就是氯化钠——我们调味用的盐。我们摄取的盐常超过所需，我们也因此生病。在现代社会，每张餐桌上都有盐罐。超市里卖的盐价格便宜，要买多少，就有多少。现代人主要的健康问题之一就是排除体内多余的盐分——盐分可随着尿液和汗水排出体外。全世界的人每日平均摄取的盐为9~12克，通常摄取的范围在6~20克（亚洲人盐的摄取量要比其他地区的人多）。

在远古，盐不是来自盐罐，而是必须从环境中萃取。请想象没有盐罐的时代。那时，人类的问题是如何取得盐，而非去除多余的盐。因为大多数植物所含的钠都很少，而动物的细胞外液需要高浓度的钠离子，才能维持体液平衡及其他生理功能。因此，肉食动物只要吃草食性动物，就可得到充足的钠。草食性动物由于只吃植物，因而会有钠不足的问题。这也就是为何鹿和羚羊会去盐沼地舔食岩盐，而狮子和老虎不会。狩猎-采集者吃很多肉，如因纽特人和桑族，因此盐的摄取量已经足够。虽然猎物血液和细胞外液富含的钠大都在宰杀和烹煮的过程中流失，以至狩猎-采集者每日摄取的盐只有一两克，但这一摄取量已足够。有些以植物为主食的传统狩猎-采集者和农民虽然吃的肉很少，但因住在海边或靠近内陆的盐沼地，也能摄取充分的盐。如所罗门群岛的拉乌族（Lau）因住在海边，用海水煮食，每日摄取的盐约为10克。另外以游牧为生的伊朗卡什加人（Qashqai）因住在盐碱地附近，盐也不虞缺乏。

然而，根据人类学家对数十个狩猎-采集社会和农民社会的调查研究，这些人每日平均盐的摄取量都不到3克。最少的是巴西的雅诺马莫印第安人，由于他们的主食是香蕉，含钠很少，每日从身体排出的盐分只有50毫克，约是一般美国人排出盐分的1/200。根据《消费者报告》(*Consumer Reports*)的分析，一个巨无霸汉堡含有1.5克的盐，相当于雅诺马莫印第安人一个月的摄取量。一罐鸡汤含有2.8克的盐，这是雅诺马莫印第安人将近两个月吃下的量。我住在洛杉矶，我家附近有一家中餐馆，他们的炒面套餐所含的盐约是雅诺马莫印第安人1年零3天吃下的量：18.4克。

因此传统社会的人会想吃盐，而且费尽心力取得盐（我们也想吃盐：如果你一整天只吃新鲜、没处理过、没加盐的食物，最后在食物上洒上一点儿盐，就会觉得美味极了）。与我一起工作的新几内亚东部高地人吃的东西九成是低钠甘薯。他们告诉我，几百年前，在欧洲人来到这里用盐和他们交易之前，他们必须费尽千辛万苦才能得到盐。他们先捡拾某些植物的叶子,焚烧成灰,使之溶解在水中,然后让水蒸发,才能得到一丁点儿苦涩的盐。新几内亚西部高地的谷地有两个天然盐沼池,杜姑姆达尼人则在这里制盐。他们把多孔的香蕉树干放入盐沼池中浸泡,然后拿出来在阳光下晒干,接着烧成灰,再加水揉成一块盐饼,供自己食用或交易。这样费力也只能获得一点儿不纯且苦涩的盐,难怪在西式食堂吃饭的新几内亚人会拿起餐桌上的盐罐猛倒,每餐吃牛排或沙拉都要加盐。

国家政府兴起之后,利用晒盐池、开采盐矿或盐沼地等大规模制盐,盐变得随处可得(今天仍是如此)。除了用盐来调味,中国人在 5 000 年前已经知道用盐来保存食物,欧洲人也常食用盐渍鳕鱼和鲱鱼,盐因此成为全世界最常交易、必须被课税的商品。罗马士兵领到的薪饷是盐,因此薪资的英语 salary,并非来自拉丁文"金钱"或"钱币"的词根,而是源于拉丁文"盐"的词根(sal)。有的国家为了争夺盐而开战,盐税也曾引发革命,而甘地为了抵制英国殖民政府垄断食盐生产、任意抬高盐税和盐价,号召印度人花了一个月的时间走到海边,以海水自制食盐。

由于人类身体长久以来已适应低盐饮食,今日盐的摄取量若不节制,则会成为健康危险因子,使人罹患现代非传染性疾病。盐的摄取量过多,则会使血压升高。高血压又是引发其他心血管疾病、中风、充血性心脏病、冠状动脉疾病、心肌梗死的主要危险因子,还和 2 型糖尿病和肾脏病有关。由于摄取过多的盐会使血压升高、动脉硬化、血小板聚集,以及左心室肥大,因而给心血管造成很大的负担。此外，高血压也会使中风和胃癌的患病风险升高。此外，盐摄取过量也会使人口渴而喝下过多热量高的含糖饮料，间接造成肥胖。

盐与血压

我们先来快速了解一下血压和高血压。医生帮你测量血压的时候，会把压脉带系在你的手臂上，然后将空气打入充气囊，用听诊器听，再缓缓放气，最后告诉你："你的血压是 120/80。"血压的测量单位是毫米汞柱。[①] 每次体循环的动脉血压皆会有变化：血室收缩，血液从心室流入动脉时对动脉的压力最高，此即收缩压；血室舒张，动脉血管弹性回缩，血液仍慢慢往前流，但血压下降，这时的压力就是舒张压。因此，血压值的第一个数字代表收缩压，第二个数字则是舒张压。我们的姿势、活动、焦虑程度都会影响血压，因此测量血压最好平躺、保持平静。美国人的平均血压为 120/80。血压的正常值范围很广，正常血压和血压升高的划分并无明确界限。然而，人们的血压越高越可能死于心肌梗死、中风、肾衰竭或主动脉破裂。通常血压测量值高于 140/90 就算高血压，但有些血压值低的病人仍可能在 50 岁时死于中风；

[①] 18 世纪，斯蒂芬·黑尔斯将一根前端为玻璃管、尾端为金属管的管子插入马的颈动脉，利用涌进的血液高度测量血压。直到 20 世纪初，由于脉搏音与收缩压及舒张压之间的关系得以明确定义，才有现在非侵入性的水银血压计。——译者注

而有些90岁以上的老人尽管血压高于140/90，但身体健康状况大致良好。

人的血压会在短时间内因为焦虑或剧烈运动而升高。长期的血压升高则和其他因素有关，特别是盐的摄取量和年纪渐长。2 000多年前，中国古代医书《黄帝内经·素问》已指出："是故多食咸，则脉凝泣而变色。"也就是吃太咸，血脉会凝塞不畅，血液颜色会发生变化。最近有科学家以人类的近亲黑猩猩为研究对象，给它们喂食普瑞纳猴子饲料，黑猩猩每日摄取的盐为6~12克（和现代人西式饮食差不多），血压正常（120/50），但年纪越大的黑猩猩，血压越高（采用西式饮食的现代人也是如此）。然而，如果提供黑猩猩高盐的饮食，使其每日摄取的盐多达25克，经过1年零7个月，血压就上升到155/60，从人类的标准来看已达高血压，至少收缩压非常高。

对人类来说，显然盐的摄取量会影响血压。盐与血压国际研究（INTERSALT）曾在20世纪80年代针对全世界52个族群的人，就盐的摄取量与血压展开大规模的调查研究。全世界摄取盐最少的是上面提到的巴西雅诺马莫印第安人，他们的血压也最低，只有96/61。其次则是巴西的欣古印第安人（100/62）和阿萨罗河谷（Asaro Valley）的巴布亚新几内亚高地人（108/63）。上述三个族群和其他遵循传统生活模式的数十个族群的盐摄取量都偏低，即使族人到了老年阶段，血压也没有升高，不像美国人等西方社会的人，血压随着年纪变大而增高。

全世界血压最高的族群则是日本人。由于日本的中风致死率很高（中风是日本人的第一大死因，日本人中风的概率比美国人高5倍），因而有"中风之地"的称号。日本人的中风和高血压与吃得太咸有关。日本高血压发病率最高的地方在秋田县。秋田县的米很有名，农民吃米饭时常配以咸菜、咸鱼和过咸的味噌汤。调查研究的300位日本成年人中，没有一人每日盐的摄取量少于5克（相当于雅诺马莫印第安人三个月的摄取量），秋田人平均每日摄取的盐为27克，吃得最咸的人甚至高达61克，即如果在超市买一罐730克的盐，只要12天就会吃光。秋田人一日摄取的盐可供雅诺马莫印第安人吃上3年零3个月。50岁的秋田人平均血压为151/93，因此大多数人都有高血压。难怪秋田人的中风死亡率要比日本平均水平高出两倍以上。秋田县有些农村99%的人都活不到70岁。

研究结果显示，盐的摄取量极多或极少都会对血压有重大影响：吃的盐极少则血压很低，吃的盐极多则血压很高。然而，大多数人都不像雅诺马莫印第安人或秋田县居民那么极端。不过我们想要了解在两个极端之间的族群摄取盐量的变化对血压的影响则不是那么容易。就盐与血压国际研究所调查的52个族群来说，其中的48个族群（除了雅诺马莫印第安人等4个采用低盐饮食的族群）摄取的盐每日都为6~14克。同一族群内不同人的盐摄取量与血压的关系常有很大的差异，因此只看平均值则看不出这样的差异。盐摄取量的测量也极其困难，除非把受试者关在医院新陈代谢科病房一个星期，测量食物和尿液所含的盐分才能得到正确数值。丛林里的雅诺马莫印第安人不可能进行这样的测量，想要过正常生活的都市人也不可能。因此,盐摄取量的估量一般是收集受试者在24小时内排出的尿液并测量其所含盐分,但这样的数值每天都不一样,如果受试者在某一天吃了巨无霸汉堡或是喝下一罐鸡汤,当日尿液中的盐分就会特别高。

在这么多不确定因素下,我认为我们仍然可以从很多自然实验和操作性实验得知,盐摄取量在正常范围之内的改变确实会影响血压。其中,地区差异、迁徙和个体差异提供了自然实验。如在纽芬兰和所罗门群岛,住在海岸附近的人与住在内陆的人相比,前者盐的摄取量较多,而对一样是住在乡下的尼日利亚人来说,住在盐湖附近的人要比远离盐湖的人吃的盐更多,而盐摄取量多的社会,人们的平均血压也比较高。原本住在乡下的肯尼亚人或中国人迁居到城市之后,盐摄取量通常也会增加,血压也跟着上升。日本从南到北盐的摄取量逐渐增多,上述位于北方的秋田县居民的盐摄取量几乎是南方人的两倍。盐的摄取量也与高血压及中风死亡的概率呈正相关。就单一城市来看,岐阜县高山市的居民中爱吃咸的人也比较容易得高血压或因中风死亡。

至于操作性实验,吃30天低盐食物(比一般略低)的美国人,吃10天高盐食物(比一般略高)的新几内亚人,以及吃7天低盐或高盐食物的中国人,这3群受试者的血压都会随着盐摄取量的增减而升降。另外,研究人员曾在荷兰海牙市郊以476位婴儿(大多数都以母乳喂养)进行实验,然后给予含盐的辅食。在长达6个月的时间内,接受实验的婴儿被随机分成两组,其中一组饮食中的盐比另一组多2.6倍。结果发现,辅食含盐较多的那组婴儿的血压比含盐较少的那组婴儿高。在实验终止后，婴儿可自行选择自己想吃的东西。经过15年的追踪，研究人员发现尽管当初的实验只进行了半年，但盐摄取量的影响仍在持续。当初辅食含盐较多的婴儿似乎已被盐制约，在青少年阶段比较嗜咸，血压也比较高。反之，辅食含盐较少的婴儿长大后不太嗜咸，血压也比较低。

全世界盐摄取量最多的4个国家是中国、芬兰、日本和葡萄牙，其政府公共卫生部门已努力了数年甚至数十年，设法改善人民的血压并降低中风致死率。例如芬兰政府已倡导了20年，要人民减少盐的摄取量，以降低血压，结果中风和冠心病致死率分别降低75%和80%，芬兰人民平均寿命因此得以延长五六年。

高血压的成因

为了深入探讨高血压，我们必须先了解下面的问题：除了盐的摄取量，还有哪些因素会引起高血压？为什么有些人嗜咸却不会出现高血压？为什么有些人的血压就是会比其他人高？高血压病人中有5%的确是激素失调或服用口服避孕药引起的，但对另外95%的病人而言，高血压的成因无法确知，临床上称之为"原发性高血压"。

我们可以比较血缘关系远近不同的人的血压，来看基因在原发性高血压中扮演的角色。在同一户人家中，同卵双胞胎的基因完全相同，血压也很相近。然而，如果是异卵双胞胎、普通兄弟姐妹、父母与其亲生子女，他们的基因就只有一半相同，因此血压的近似程度不如同卵双胞胎。养子女与养父母、养父母的亲生子女因无血缘关系（尽管生活在相同的环境中），血压近似程度就更低了。（用统计学和相关系数来说，同卵双胞胎的血压相关系数是 0.63，异卵双胞胎或父母与其亲生子女的血压相关系数为 0.25，而养子女与养父母的血压相关系数为 0.05。如果同卵双胞胎的血压相关系数为 1，就代表其血压几乎 100% 由基因决定，不管你做什么都无法影响血压。）显然，基因对血压有很大的影响，但是环境也是一个重要因素，这也就是为什么同卵双胞胎的血压只是近似，不是完全相同。

我们可以比较高血压与一种比较简单的遗传性疾病——泰-萨克斯病，以了解遗传的影响。泰-萨克斯病又被称为家族性黑蒙性痴呆，是单一基因的缺陷造成的。每个泰-萨克斯病患者不管生活方式或环境如何，都有相同的基因缺陷，而且必然会死于此症。反之，与高血压有关的基因有很多个，每个对血压都有些许影响。因此，每个高血压病人身上的高血压致病基因组合并不相同。此外，即使是基因导致人们特别容易罹患高血压，是否会出现症状主要还是看其生活方式。高血压相关基因复杂，并非罕见的基因疾病，因此不是遗传学家偏好的研究目标。高血压就像糖尿病和溃疡，是由不同原因产生的一组症状，关系到环境与基因的交互作用。

研究人员借由多个群体发病率的比较研究，发现很多环境因子或生活方式都会促成高血压。这些群体的生活情况都不相同。

研究人员发现，除了盐的摄取量，高血压还有其他重要的危险因子，包括肥胖、运动太少、酗酒、摄入太多饱和脂肪，以及钙的摄取量低。如果高血压病人修正自己的生活方式，减少上述危险因子，那么通常可以使血压降低。我们都听过医生这么说：少盐，减少压力，减少胆固醇、饱和脂肪和酒精的摄取量，减重，戒烟和经常运动，这些都是降低血压的好方法。

那么，盐和血压究竟有什么关联？盐的摄取量增加会引发怎样的生理机制，导致血压上升？虽然很多人都因嗜咸而血压升高，但有些人不会如此，为什么？这些问题大抵和身体细胞外液含量有关。如果正常人增加盐的摄取量，多余的盐就会通过肾脏进入尿液。然而，如果有人肾功能不佳，难以排出多余的盐，累积在体内的盐就会让人觉得口渴，如此便会导致血量增加。同时，心脏也得更卖力地把血液泵出去，让血压升高，肾脏才能在加压之下排出多余的盐和水分，最后实现新的恒定状态。此时虽然盐和水分的摄取量等于排出量，但身体内部也储存了更多的盐和水分，血压也随之升高。

为何有些人的盐摄取量增加，血压会升高，而大多数人却不会？毕竟大多数人即使每天吃的盐多于6克，血压还是能保持正常。因此，并非每个人吃了较多的盐都会有高血压的问题。有些人只要多吃一点儿盐，血压就会受到影响，医生称之为"盐敏感"。就对盐敏感的人而言，有高血压的人数差不多是血压正常者的两倍。然而，大多数因血压升高而死亡的人并非高血压患者（即血压高于140/90），而是血压略高的正常人。这是因为血压正常者的总数远大于高血压患者,所以尽管高血压患者个人的死亡风险比较高,但仍不及人数庞大的血压正常患者。

至于高血压患者与血压正常者的生理差异,研究结果证实最大的差别在于肾功能。如果患有高血压的老鼠移植了来自正常老鼠的肾脏,或者正常人捐赠肾脏给高血压严重的人,接受肾脏移植者的血压就会下降。反之,如果捐赠者有高血压,接受肾脏移植者的血压就会升高。

其他证据也指出,肾功能缺陷就是高血压的源头,因为与血压相关的基因大多数涉及肾脏处理钠(请记住盐就是氯化钠)的蛋白质因子。肾脏排除钠分两个阶段:一是肾小管开端的肾小球将含有盐分的血浆过滤后送到肾小管;二是过滤出来的钠一部分会因再吸收而回到血液中,没被再吸收的部分则被送到肾小管,再经肾盂、输尿管、膀胱、尿道,最后随小便排出体外。这两个阶段如有任何障碍都会导致高血压:老人血压会变高,是因为肾小球过滤功能变差,而高血压患者则因肾小管吸收过多的钠,使血压升高。因此,不管是过滤的钠变少还是再吸收的钠增多,都会使体内储存更多的钠和水分,血压便会升高。

医生通常把再吸收的钠增多所引发的高血压视为一种"缺陷",例如医生会说:"高血压患者的肾脏在钠的排除方面有基因缺陷。"由于我是演化生物学家,每每听到有人以"缺陷"来描述某种在人类社会相当普遍而似乎有害的特质时,我心中的警铃便会响起。如果某种基因会阻碍生存,就不可能代代相传下去,除非其净效应有利于生存和繁殖。医学已经证实,某些看起来似乎有害的基因其实经过仔细衡量后发现，其好处多于坏处。例如，镰状细胞基因突变会导致贫血，贫血显然有害人体。但是，这样的基因有利于对抗疟疾，因此在疟疾肆虐的非洲和地中海地区，这种基因突变的净效应是有利的。我们已知，对现代社会的人来说，肾脏留存的盐分过高会导致高血压甚至死亡，可为什么人类肾脏会有这样的表现？在什么样的情况下，肾脏留存较多的盐会对人类有好处？

答案很简单。翻看人类历史就会发现，直到最近盐大量生产，每张餐桌上都有盐罐之前，传统人类社会能得到的盐很少，肾脏具有留存盐分的功能，人们就不至于因为流汗或腹泻脱水而使体内的钠离子过低，进而影响生存。只有在盐容易取得、摄取过多的情况下，肾脏留存过多的盐分才会变成缺点，甚至致命。这也就是为什么直到近代高血压的患病率才突然飙升，全世界许多社会都出现高血压的问题。传统社会过去能取得的盐很有限，现代超市则有堆积如山的盐，于是现代人们容易吃得过咸。这也是演化的一大讽刺：几万年前，某些人类祖先在非洲草原顺利适应盐分缺乏的情况，今日他们在洛杉矶的子孙却成为因盐摄取过量而死亡的高危人群。

来自饮食的盐

现在，你该相信少吃点儿盐有益健康，但是你能做到什么程度？我以前总以为我已经吃很少的盐了，因为我从来不会在吃的东西上撒盐。虽然我不曾计算过我吃下多少盐或排出多少盐,但我天真地以为我吃的盐真的很少。我现在才知道,如果我实际测量摄取的盐,那它应该远超过雅诺马莫印第安人的摄取量,甚至比一般喜欢在食物上撒盐的美国人没少多少。

原因在于来自饮食的盐分并非我们所能控制的。在北美和欧洲,我们摄取的盐中只有12%是我们自己加的,或是在家烹煮时加的或是在餐桌上加的。因此,我自以为盐吃得很少,其实只是这部分比较少。还有12%的盐来自新鲜食物本身。剩下的75%都隐藏在食物当中,可能是在食物加工的过程中加进去的,或是餐厅厨师加的。因此,美国人(包括我)和欧洲人不知道自己每天到底吃下多少盐,除非把24小时内排出的尿液收集起来检验、分析。仅仅吃饭的时候不在食物上撒盐所减少的盐其实很有限,你还必须注意自己选购的和在餐厅点的食品的含盐量是多是少。

加工后食品所含盐分要比加工前多出很多。例如与新鲜、不加盐的清蒸鲑鱼相比,制成罐头的鲑鱼每磅所含盐分要多5倍,店里卖的烟熏鲑鱼每磅所含盐分更是多出12倍。我们在连锁快餐店买外带芝士汉堡和薯条,每份即含有3克的盐(约一日所需盐分的1/3),要比未加盐的煎牛排和炸薯条多上13倍。有些加工食品的含盐量特别高,如盐腌牛肉罐头、奶酪和烤花生。让我意想不到的是,美国和英国膳食中最多的盐竟然来自谷类——面包和其他烘烤食品以及早餐吃的谷物麦片,我们通常不觉得这类食物是咸的。

为什么食品加工厂要加这么多的盐？第一个原因是，这样可让便宜、没有味道的食物变得好吃一点儿。第二个原因则是，食物中的盐可让肉品中的结合水重量增加，最后成品可因此增加 20% 的重量。以一磅肉而言，如加了盐，原来的肉只需 83%，其他重量就由结合水来补足。第三个原因是，盐是使人口渴的重要因素。你吃下越多盐，就会喝越多水，很多美国人和欧洲人都喜欢喝饮料或瓶装水，而卖给你高盐点心和加工食品的厂商通常也卖饮料或水。最后，大众渐渐变得爱吃咸，食不咸就吃不下去。

但在东亚和南亚的大多数发展中国家，不只加工食品和餐厅食物含盐量高，人们在家烹饪的时候也喜欢加盐。在中国，一般人摄取的盐 72% 是在烹煮时加进食物的，另外有 8% 来自酱油。在日本，摄取的盐主要来自酱油（20%）、味噌汤（10%）、盐渍蔬菜和水果（10%）、新鲜的鱼和咸鱼（10%），以及在餐厅、在自家餐桌和外带食物上加的盐（10%）。这也就是为何很多亚洲国家的人每日盐的摄取量都超过 12 克。在发展中国家，人们除了在烹煮食物的时候会加盐，酱料、调味料中有盐，腌渍食物也会用盐。

现代社会的人因嗜咸付出巨大的健康代价，不但容易罹患高血压、中风等与盐有关的疾病，也得为这些疾病付出高昂的医疗费用，甚至可能因此失去工作能力。有些国家因而立下长远的目标，帮助国民减少盐的摄取量。但是这些国家很快就了解，如果食品加工业不减少在食物中添加的盐，那么这一目标很难实现。食品加工厂减少的盐，每一两年只减少 10%~20%，让人难以察觉。英国、日本、芬兰和葡萄牙已在"减盐运动"上努力了20~40年，使人们减少了盐的摄取量，这不但降低了全国医疗费用，也改善了全体人民的健康。

我们这些工业国家的人是否只能任由食品加工厂肆意妄为，以致摄取过多的盐，除非政府提出有效的减盐运动？其实，除了避免在食物上撒盐，你可以控制自己的饮食，也就是多吃生鲜食物，如低脂奶酪、全谷物、鸡肉和鲜鱼（脂肪含量高的鱼也可以）、蔬菜油、坚果。此外，你也可以少吃加工过的食品，并尽量不摄入红肉、糖果、含糖饮料、奶油、胆固醇和饱和脂肪。这也被称为得舒饮食，全名是"终止高血压膳食法"，如此一来就能使血压降低。

你也许会想："我才不要吃难吃的低脂饮食。为了尽情享受美食，我宁可少活10年。我希望活在人世的70年都能吃美食、喝美酒，不要靠没什么味道的饼干和水活到80岁。"其实，得舒饮食就是地中海饮食的修正版。地中海饮食是指意大利、西班牙、希腊、法国等地中海沿岸南欧各国的饮食风格，以蔬菜、水果、鱼类、五谷杂粮、豆类和橄榄油为主，虽然脂肪含量达38%，但含有高比例的、对人体有益的单不饱和脂肪。他们不是只吃饼干、喝水，也拥有西方文明流传下来的伟大厨艺。像意大利人每天总会花好几个小时享受比萨、面包、奶酪、橄榄油等，却是西方世界当中最窈窕的族群，而美国人的腰围则是西方世界中最粗的。1/3的美国人有肥胖的问题，还有1/3过重。其实，只要吃对食物，也能享受美食、拥有健康。

糖尿病

就像盐摄入量多容易导致高血压，西式饮食含糖量高，食物中碳水化合物是糖尿病的危险因子。我的双胞胎儿子还没养成健康饮食习惯之前，我和我太太如果带他们去超市，就像踏入甜食陷阱。在早餐食物中，我儿子不是选苹果肉桂麦片，就是选五颜六色的香果圈。根据这些早餐食物包装盒上的标示，其碳水化合物各占 85% 和 89%，其中一半都是糖。很多小孩爱吃的忍者神龟奶酪意大利面中的碳水化合物也高达 81%。零食水果熊软糖（92% 是碳水化合物，没有蛋白质）和格雷厄姆小熊巧克力香草夹心饼干（碳水化合物占 71%）的成分也包括玉米糖浆和糖。

小孩爱吃的这些食物几乎都没有纤维。从人类演化史来看，以前的人类已适应低碳水化合物的食物（碳水化合物占 15%~55%），然而小孩爱吃的这些食物所含的糖和碳水化合物却高达 71%~95%，而且蛋白质和纤维含量都很少。上面提到的那几个品牌的食物并非比较特别，其实现在很多食物都是这样。1700 年前后，在英国与美国（那时还是殖民地），每人每年吃下的糖约 4 磅，到了今天每人每年吃下的糖已达 150 磅。今日美国 1/4 的人口每人每年吃的糖超过 200 磅。研究人员曾针对美国的八年级学生进行调查，发现这些青少年的饮食中 40% 都是糖和碳水化合物。目前有这么多碳水化合物含量高的食物不断诱惑小孩和他们的父母，就像上述提到的超市食品，难怪糖尿病这种最常见的碳水化合物代谢疾病已成现代社会人们的重要死因。现代人因为喜欢吃糖,很多人都有龋齿,南非的昆族人却很少有人有龋齿。20世纪70年代的苏格兰人非常喜欢吃糕饼和糖果,有人告诉我,有些苏格兰人才十几岁就因为龋齿而牙齿几乎全部掉光。

糖尿病之所以会对身体造成种种破坏,主要是因为血中糖分过高。如果血液中的糖分太高就会经由肾脏排放到尿中,形成糖尿。糖尿病的英语是 diabetes mellitus[①],指尿多而带有甜味。糖尿病不会传染,也不会让人很快死亡,很少像艾滋病那样跃上头条新闻。然而糖尿病在全世界的患病率极高,夺走的人命远超过艾滋病。糖尿病会使患者的生命质量越来越差,这是因为身体所有的细胞都会受到血液中糖分的影响,几乎每个器官都会受到伤害。糖尿病最主要的并发症是失明,其次是因足部溃疡而必须截肢,最后是肾衰竭。此外,糖尿病也是中风、心肌梗死、外周血管疾病、神经退行性疾病等的主要危险因子。美国糖尿病导致的医疗费用已超过2 400亿美元,约占总医疗费用的15%。英国糖尿病研究先驱威尔弗里德·奥克利医生曾言:"人或许是自己命运的舵手,却是自己血糖的受害人。"

到2010年为止,据估计全世界的糖尿病患者约有3亿。这个数目可能是低估了,因为还有不少病人已罹患糖尿病但还没诊断出来,特别是在发展中国家。糖尿病患者的增长率每年约为2.2%,几乎是世界人口增长率的两倍。如果世界人口按照目前的增长率继续增加,老年人越来越多,从乡村迁居至城市的人也

[①] diabetes 源于希腊文,是指多尿,而 mellitus 来自拉丁文,意思是蜂蜜。

逐渐增多（很多都市人都久坐不动，容易得糖尿病），那么预计到了 2030 年糖尿病患者将多达 5 亿，糖尿病也将成为世界第一大疾病，也是最重大的公共卫生问题。由于糖尿病的其他危险因子（尤其是生活富裕和肥胖）也不断增加，糖尿病的前景恐怕更加黯淡，到了 2030 年糖尿病人口恐怕不止 5 亿。目前糖尿病已开始在第三世界盛行，特别是在印度和中国这两个人口最多的国家。以前糖尿病大抵是富有的欧洲人和美国人才会得的疾病，但是到 2010 年，糖尿病的发展已有了两个里程碑：全世界半数以上的糖尿病人口都在亚洲，全世界糖尿病人口最多的国家目前是印度和中国。

糖尿病的类型

我们吃下葡萄糖（或是含葡萄糖的碳水化合物），身体会出现什么样的反应？葡萄糖被肠道吸收之后，血液中的糖分会升高，胰脏在此刺激之下便会分泌胰岛素。胰岛素的作用在于使肝脏减少葡萄糖的释放量，而肌肉细胞和脂肪细胞收到胰岛素的信号，就会把血糖转换成脂肪或糖原储存起来，血糖浓度于是降低，同时身体也能利用糖原和脂肪提供的能量。其他营养物质（如氨基酸等）也能促使胰岛素分泌，而胰岛素除了促使组织对血糖的吸收与利用，也会阻碍脂肪分解，造成血脂升高、脂肪囤积。

人体内的葡萄糖代谢过程有很多环节可能出错，导致血糖过高。糖尿病可粗略分为两种类型，即 2 型糖尿病或非胰岛素依赖型糖尿病（也叫作成人发病型糖尿病）与1型糖尿病或胰岛素依赖型糖尿病（也叫作青少年型糖尿病），前者很普遍，后者则比较少见。1型糖尿病是一种自体免疫疾病，病人身上的抗体破坏胰岛细胞，使之无法分泌胰岛素。这种类型的糖尿病患者通常很瘦，必须每日注射胰岛素。这样的病人很多都具有一些特定的HLA（人类白细胞抗原）等位基因，会把胰岛细胞当作外来入侵者进而启动攻击，使身体无法制造胰岛素。反之，2型糖尿病则是组织对胰岛素的阻抗，虽然身体仍会分泌胰岛素，但细胞无法适当地使用，使过多的糖分在血液中积聚。如果胰脏分泌更多的胰岛素，就能克服细胞对胰岛素的阻抗，使血糖下降到正常的范围，但胰脏最后还是会不堪负荷，无法分泌足够的胰岛素以克服细胞阻抗，血糖于是上升，最后发展成糖尿病。2型糖尿病患者通常比较肥胖，早期仍可通过饮食控制、运动、减重来控制症状，不必服药或注射胰岛素。

然而，1型与2型糖尿病的分辨可能不是那么容易，因为罹患2型糖尿病的青少年越来越多，而1型糖尿病患者可能到成年之后才出现症状。2型糖尿病也有很多不同的基因表现，因此症状不一。但本章的讨论以2型糖尿病为主（此类病人的数量为1型糖尿病的10倍），以下简称糖尿病。

基因、环境与糖尿病

早在2 000多年前，印度医生已注意到有些病人的尿像蜂蜜一样甜甜的，推断其受到不当饮食的影响，而且认为这种病症会代代相传。今日医生已印证这样的洞见，指出糖尿病会受到遗传（基因）和环境因素的影响，也许患者从胚胎时期开始、在母体子宫内已种下病根。如果你的一级亲属（父母或兄弟姐妹）是糖尿病患者，那么你得糖尿病的概率会比一级亲属无糖尿病患者的人高出 10 倍。这就是遗传可能引发糖尿病的证据。然而糖尿病和高血压一样，并非简单的遗传性疾病（如镰状细胞性贫血），不是某一个相同的基因出现突变就会出现病症。科学家已发现与糖尿病有关的基因可能有好几十个（在此是指 2 型糖尿病，它和 1 型糖尿病的致病基因不同）。

糖尿病除了和遗传有关，也与环境和生活方式脱不了干系。即使你因为遗传而容易罹患糖尿病，也不一定会发病。糖尿病的发病概率随着年纪增加而变大，如果你的一级亲属是糖尿病患者，那么你也比较容易得病，这些都是你无法改变的，但是糖尿病还有很多致病因素是你可以控制的，包括体重过重、不运动、食物热量过高，或摄入太多的糖和脂肪。大多数糖尿病患者（请容我再强调一次，即大多数 2 型糖尿病患者）如能减少这些危险因子，就可减轻症状。例如肥胖者罹患糖尿病的概率会比体重正常者高出 5~10 倍。因此，如果糖尿病患者注意饮食、多运动、减重，就能重拾健康，糖尿病基因携带者也能通过上述方式避免患病。

我们可以通过许多不同形式的自然实验观察西方生活方式与非传染性疾病的关系，如本章一开始提到的例子，特别是环境因素对糖尿病的影响。其中之一就是糖尿病的患病率会随着采用西方生活方式的人增多与人口变得富裕而升高。我们从日本地区的研究图表中发现，经济发展程度越高，罹患糖尿病的人口就越多。这是因为越有钱、吃得越多，就越容易出现糖尿病的症状。如果出现饥荒，糖尿病及其症状就会减少甚至消失。例如巴黎在1870—1871年遭到普鲁士军队的包围，由于粮食配给严格，糖尿病患者的症状反而得以改善。澳大利亚原住民如果放弃西方生活方式，恢复劳动、打猎的传统生活方式，糖尿病的症状就能获得逆转。有一个族群便因此在7周内平均瘦了18磅（请别忘了，肥胖就是糖尿病最主要的危险因子）。瑞典人的饮食本来很不健康（70%的热量来自糖、人造奶油、乳制品、酒精、油和谷物），实行3个月的地中海饮食之后，糖尿病症状少了，腰围也缩小了。

另一种自然实验则刚好相反，原本采用简约生活方式的人移民到富裕地区后，食物都来自超市，摄取热量增加又少运动，结果很多人都罹患糖尿病。例如1949—1950年，以色列在也门政府的允许下发动"魔毯行动"，把也门境内的犹太人迅速接回以色列。那些犹太人本来生活简朴，过着中古时期的生活，几乎没有人得糖尿病，但在以色列生活了20年后，已有13%的人得了糖尿病。类似例子包括埃塞俄比亚的犹太人移居到以色列，墨西哥人和日本人移民到美国，波利尼西亚人迁居至新西兰，中国人移居至毛里求斯和新加坡，以及印度人迁至毛里求斯、新加坡、斐济、南非、美国和英国等。

发展中国家最近也变得富裕，并遵循西方生活方式，因此得糖尿病的人也越来越多。目前，糖尿病患病率最高的地方是阿拉伯8个产油国和新富的岛国（合计超过15%）。拉丁美洲和加勒比海国家目前的糖尿病患病率也在5%以上。东亚和南亚国家除了最贫穷的5个国家（1.6%），糖尿病患病率也大于4%。发展中国家糖尿病患病率飙高是最近才出现的现象：印度在1959年患病率只有1%，现在却高达8%。反之，大多数撒哈拉以南非洲国家因为贫穷，糖尿病患病率仍在5%以下。

上述只是各国平均数值，无法反映内部的巨大差异。全世界的城市居民运动量都比较少，超市的食物堆积如山、应有尽有，肥胖和糖尿病的病例也更多。糖尿病在城市的患病率远大于乡村，例如居住在巴布亚新几内亚首都的瓦尼盖拉族，37%的族人都有糖尿病，住在城市的澳大利亚原住民中，有几个族群33%的人都有糖尿病。然而，实行传统狩猎-采集生活模式的新几内亚人和澳大利亚人几乎没有人得糖尿病。这可以说是非常鲜明的对比。

可见，西方生活方式会使人容易患糖尿病。但是西方生活方式有很多特点，到底哪些容易引发糖尿病？看来，最有可能的三个因素是肥胖、久坐不动和家族病史。除了家族病史，前两个因素其实是可以改善的。其他因素包括出生时的体重，这也是我们无法控制的。肥胖和饮食息息相关，肥胖者如果采用地中海饮食，减少糖、饱和脂肪、胆固醇和甘油三酯的摄取，就能减少罹患糖尿病的风险。不运动也比较容易发胖，其他如抽烟、炎症、酗酒等则属独立因素。总之，2型糖尿病虽与遗传有关，也可能与胎儿在母体子宫内的生存环境有关，但最后往往因生活方式不良才显现症状。

皮马印第安人与瑙鲁人

就环境因素对糖尿病的影响而言，全世界糖尿病患病率最高的两个族群（皮马印第安人与瑙鲁人）就是活生生的悲剧。

皮马印第安人已在亚利桑那南部沙漠生活了 2 000 年以上，主要以精细的灌溉系统施行农业，有时也打猎和采集植物。由于每年降水量变化大，每 5 年便会出现一次干旱，作物歉收，皮马印第安人只好完全靠野生动植物果腹，尤其是长耳大野兔和牧豆。他们喜欢吃的野生植物纤维含量高、脂肪含量低，有助于缓慢将葡萄糖释放到循环系统，所以是理想的抗糖尿病饮食。皮马印第安人就这样缓缓度过时间长河，隔好几年才出现一次粮荒，但也熬得过去。直到 19 世纪末，白人把他们的灌溉水源引走了，皮马印第安人因作物无法生长，很多人都饿死了。今天，仍存活的皮马印第安人都去商店买东西吃。20 世纪初造访皮马印第安人村落的人说，那里的人都很瘦，几乎没有人罹患糖尿病。但自 20 世纪 60 年代开始，很多皮马印第安人都变成大胖子，有些人体重超过 300 磅。从体重与身高的关系来看，今天有半数的皮马印第安人体重甚至超过 90% 的美国人。皮马妇女平均每天吃下 3 160 卡路里的食物（超出美国人平均摄取热量 50%），其中有 40% 是脂肪。至今，皮马印第安人在医学文献上已是全世界糖尿病患病率最高的族群。35 岁以上的皮马印第安人有一半患有糖尿病，而 55~64 岁的皮马印第安人更有 70% 罹患糖尿病，很多人因此失明、截肢或肾衰竭。

另一个例子是瑙鲁岛民。瑙鲁是热带太平洋上的一个小岛国，史前时代已有密克罗尼西亚人在此殖民。瑙鲁在1888年被德国吞并，一战之后，成为国际联盟托管地，由澳大利亚、新西兰与英国共同管治，1968年才获得独立，成为全世界最小的共和国。瑙鲁人因为遗传基因，加上几乎只吃白米和肉类，蔬果极少，不幸成为全世界糖尿病最盛行的国家。如我们所知，传染病流行的时候，感染源会增加，等被感染的人死亡或获得免疫，传染病便会渐渐消失。然而，像糖尿病这样的遗传疾病会因环境危险因素升高而开始流行，等到易患病的糖尿病遗传基因携带者陆续死亡（因为糖尿病存活者不会获得免疫力），潜在的高危人群，这类疾病才慢慢式微。

瑙鲁人的传统生活是以农业和渔业为主，常因干旱和土壤贫瘠而歉收。最早踏上瑙鲁岛的欧洲人发现瑙鲁人身材都圆滚滚的，因为当地人认为胖才是美，所以会鼓励女孩吃胖一点儿。1906年，有人发现瑙鲁岛的沃土之下埋藏宝贵的磷酸盐矿，磷酸盐是肥料的重要成分。1922年，采矿公司开始付给岛民采矿的权利金，全岛因磷酸盐矿而致富，并跻身全世界最富有的国家。自1927年起，岛民每天吃下的糖多达1磅。由于瑙鲁人不喜欢当矿工，采矿公司只好从其他地区引进劳工。

在二战期间，瑙鲁被日本占领，瑙鲁人除了被迫当苦工，配给食物每天只有半磅左右的南瓜。日本人还把大多数瑙鲁人送到丘克群岛，半数的人就饿死在那里。幸存的人在战后回到瑙鲁后，重新收取采矿权利金，几乎完全放弃农业，所需食物皆在超市购买，他们常买大量的白米、肉和糖，把推车堆得满满的，卡路里摄取量是建议值的两倍。他们渐渐习惯久坐不动，出门都开车（尽管这个岛很小，半径只有1.5英里）。1968年瑙鲁独立之后，仅靠收取采矿权利金，人均年所得蹿升到2.3万美元，瑙鲁因此成为全世界最富有的国家。今天，瑙鲁人已成太平洋岛民中最肥胖的人，血压平均值也最高，平均体重比相同身高的澳大利亚人多50%。

尽管移居到瑙鲁的欧洲医生知道如何辨识、诊断糖尿病，但直到1925年才发现第一个糖尿病患者，第二个病例则是在1934年发现的。1954年之后，糖尿病的病例急剧增加，糖尿病成为最常见的非意外死亡原因。20岁以上的瑙鲁人有1/3患有糖尿病，超过55岁的人有2/3得病，少数得以活到70岁的人都罹患糖尿病。过去10年，瑙鲁的糖尿病患病率已下降，然而其原因并非环境危险因子减少（当地人一样肥胖且习惯久坐不动），而是最容易因遗传基因而出现糖尿病的人渐渐去世。如果这样的解读无误，那么在我看来，瑙鲁也是人类族群当中最快出现遗传变化的例子。在不到40年的时间内，所有人口已出现某种明显的基因特质。

印度的糖尿病

表11-1比较了糖尿病在全世界各国的患病率，显然各国之间有很大的差异，最低的如蒙古和卢旺达只有1.6%，沙特阿拉

伯为19%，瑙鲁则高达31%。但表11-1也显示各国内部生活方式不同造成的差异：至少生活在发展中国家、富裕、过着西化生活或城市生活的居民当中，糖尿病的患病率特别高。反之，贫穷、居住在农村、过着传统生活的居民则较少得糖尿病。

表11-1　2型糖尿病在世界各地的患病率

人　　口	患病率（%）
欧洲与中东白种人	
41个西欧国家	6（2~10）①
4个海外国家（澳大利亚、加拿大、新西兰、美国）	8（5~10）
1个非常贫穷的阿拉伯国家（也门）	3
2个贫穷的阿拉伯国家（约旦、叙利亚）	10
6个富有的阿拉伯国家	16（13~19）
过传统生活的也门犹太人	0
过西化生活的也门犹太人	13
非洲人	
坦桑尼亚乡村地区	1
卢旺达	2
南非城市地区	8
非裔美国人	13
亚洲印度人	
印度城市地区（1938—1959年）	1
今日印度乡村地区	0.7
新加坡城市地区	17

---

① 患病率为2%~10%，平均值为6%。——编者注

（续表）

人　口	患病率（%）
毛里求斯城市地区	17
喀拉拉邦城市地区	20
斐济城市地区	22
中国人	
中国农村地区	0
中国香港城市地区	9
新加坡城市地区	10
中国台湾城市地区	12
毛里求斯城市地区	13
太平洋岛民	
瑙鲁（1952年）	0
瑙鲁（2002年）	41
瑙鲁（2010年）	31
巴布亚新几内亚传统部落	0
巴布亚新几内亚过城市生活的瓦尼盖拉族	37
澳大利亚原住民	
传统部落生活	0
西化生活	25~35
美洲原住民	
智利马普切族	1
皮马印第安人	50

　　印度境内的城市与乡村地区有非常明显的差异。2010年，糖尿病在印度的患病率为8%。然而，几十年前的印度却没有几个糖尿病患者。根据1938—1959年的调查研究，即使是在加尔各

答和孟买这样的大城市，糖尿病的患病率也只有 1% 或更低。直到 20 世纪 80 年代，糖尿病患者才开始增多，起先增加的速度缓慢，目前已出现爆炸性增长。到今天，印度的糖尿病患者已超过 4 000 万人，印度成为糖尿病第一大国。糖尿病会在印度如此盛行，原因和其他各国差不多：城市化；生活水平提升；不管富人或穷人都爱高热量的甜食与高脂肪的快餐；劳动工作变少，服务业大增，活动量变少；儿童喜欢看电视、玩计算机和电子游戏机，因此长时间坐着不动。尽管我们不知印度人花多少时间看电视，但根据澳大利亚的一项研究，在控制其他危险因子（如腰围、抽烟、喝酒和饮食）的情况下，如果人们每天坐着看一个小时的电视，心血管病的死亡率（大部分与糖尿病有关）就会增加 18%。然而我们看电视时间越长，就越避免不了上述危险因子，因此实际风险会比预估的 18% 更大。

虽然糖尿病在印度全国的患病率平均为 8%，但不同地区的患病率大不相同。如住在农村的印度人因不肥胖、多劳动，糖尿病患病率只有 0.7%。相比之下，很多城市地区居民都有肥胖、久坐不动的问题，如在印度喀拉拉邦西南部繁华的埃尔讷古勒姆地区，糖尿病患病率则高达 20%。全世界糖尿病患病率第二高的地方则是印度洋上的毛里求斯（24%），移民至该岛的印度人生活水平已接近西方人，因此要比印度境内的糖尿病患病率更高。

印度人罹患糖尿病的原因和西方人一样，与生活方式的一些因素有关，然而还有一些因素虽使印度的糖尿病患者增多，但使西方社会的糖尿病患者减少。不管印度或西方，糖尿病皆与肥胖、高血压和久坐不动的生活方式有关。但欧洲和美国的糖尿病专家发现，受过教育、富裕、住在城市的印度人要比没受过教育、贫穷、住在农村的印度人更容易罹患糖尿病，其他如中国、孟加拉国和马来西亚等发展中国家也是如此，西方则恰恰相反。2004年，糖尿病在印度城市地区的患病率平均为16%，在农村地区则只有3%，西方的趋势则相反。这是因为西方社会实行西化生活方式已久，印度则才开始不久。整体而言，西方社会要比印度社会富裕，在西方，即使是贫穷的农村居民也有钱买快餐，因此容易得糖尿病。此外，受过教育的西方人虽然可以买大量的快餐，也有很多人是久坐不动的上班族，但他们知道快餐食品不健康，也了解运动的重要性。然而印度受过教育的人还没有这样的意识，城市居民将近有1/4甚至未曾听说过糖尿病。

然而，不管在西方还是在印度，糖尿病都是由血糖逐渐升高造成的，临床后果也差不多。但就其他因素而言，如生活方式或基因，因为印度和西方有很大的差异，印度人的糖尿病表现形态和西方人有所不同。西方人一般认为2型糖尿病到成人阶段，特别是50岁之后才会发病，但印度人糖尿病症状出现的时间要比西方人早一二十年，近10年甚至已有不少印度年轻人得了糖尿病。许多青春期后期的年轻人已出现成人发病型糖尿病（即2型糖尿病或非胰岛素依赖型糖尿病），而非所谓的青少年型糖尿病（即1型糖尿病或胰岛素依赖型糖尿病）。虽然对印度人或西方人来说，肥胖都是糖尿病的危险因子，但在印度及其他亚洲国家，很多人还不到严重肥胖的地步就得了糖尿病。此外,印度和西方糖尿病患者的症状表现也有一些差异:印度人较少出现失明或肾衰竭,但很多人年纪轻轻就得了冠心病。

虽然印度穷人和富人相比更少患有糖尿病,但由于快餐的风行,印度首都新德里贫民窟的穷人得糖尿病的人也越来越多。马德拉斯糖尿病研究基金会的 S. 桑迪普医生、A. 加内桑与 V. 莫汉教授将印度糖尿病的现状归结如下:"糖尿病在印度不只是富人病,连中等收入的人和贫民也会得病。这个问题越来越严重。研究显示,得了糖尿病的穷人因较难获得妥善治疗,更容易出现棘手的并发症。"

糖尿病基因有何好处

糖尿病基因在演化领域一直是个奇异的谜团。为什么这样一种慢性疾病会普遍出现于众多族群之中?依照物竞天择,体衰的人理当被自然淘汰,不易将基因传给下一代。

常用于其他遗传疾病的两种解释(频发突变与没能显现自然选择造成的演化后果)都无法圆满解释糖尿病。就第一种解释来看,如果糖尿病像肌肉萎缩症一样,患病率仅万分之一,那么糖尿病基因的盛行可以解释成是频发突变所致。也就是说,带有突变基因的新生儿的出生率与带有此突变基因的年长者的死亡率相同。但在西方社会,糖尿病遗传基因出现频率竟然从 3% 到 50% 不等。

就第二种解释来看，遗传学家普遍认为糖尿病患者以老年人为主，并且他们早已过了生育年龄，似乎与易感基因的代代相传无关。但是这种说法有误，理由有两个。尽管欧洲的糖尿病以 2 型较普遍，也就是 50 岁过后才发病，但在瑙鲁、印度与非欧地区，糖尿病多出现在二三十岁育龄妇女怀孕期，为母体与婴儿带来严重威胁。以日本为例，研究发现学龄儿童糖尿病患病率中，2 型糖尿病已超过 1 型，尽管 1 型曾经是名正言顺的青少年型糖尿病。再者，第六章曾讨论过，在一战之前的传统社会，老人的地位不像在现在的发达国家般低下，因为传统社会的祖父母辈在供应食物、提高子孙的存活率等方面具有重大贡献。事实上，他们是否已过生育年龄，与糖尿病易感基因的选择性表达并无关系。

因此，就糖尿病病因而言，过速发展的西化生活方式，远胜过生物遗传基因因素。不过可以确定的是，糖尿病遗传基因曾多次通过自然选择，代代相传下来，这点可从 2 型糖尿病患者身上出现许多致病的遗传异常获得明证。为何糖尿病遗传基因曾经有助于人类的繁衍，今日却成为大麻烦？

胰岛素能将进入肠胃的多余食物转化为脂肪储存，以备不时之需。20 世纪 60 年代，遗传学家詹姆斯·尼尔依此提出节俭基因学说，解释人类如何有效地将摄取的糖分转化成脂肪。某些人只摄取少许食物，便有一触即发的反应，一点点血糖升高便带动胰岛素分泌。这样一来，多出来的糖分便可以完善储存，不会因为血糖浓度过高而从尿中溢出，造成无效浪费。一旦他们能够获取丰富食物，食物便能很快地转化为脂肪储存，体重因此迅速上升，万一遇到饥荒更能保命（见图6）。在丰年与荒年无法预期的时代，带有这种遗传基因乃优势体质。然而，到了超市林立、食物无缺的年代，高热量食物外加少运动，优势基因于是摇身一变，变成引发糖尿病与肥胖的杀手（见图46）。如今许多人暴饮暴食、不运动，节俭基因怎能不变异？人们变胖了，再也没人担心荒年会把脂肪燃烧光。我们的胰脏夜以继日地分泌胰岛素，直到有一天无法分泌，或肌肉细胞与脂肪细胞产生抗性，于是我们得了糖尿病。借用阿瑟·凯斯特勒与保罗·齐迈特的说法，从发达国家流传到第三世界的糖尿病是一种"可乐殖民"。

发达国家的居民难以想象，从前食物在丰盛与匮乏之间的波动有多剧烈。人类演化长期以来都要把握能够狼吞虎咽食物的机会。有些部落至今还在过这种生活。我在新几内亚进行田野调查期间，就领教过这种饱足与饥荒不定的日子。记得有一回，我雇用十来个壮丁，帮我背负很重的装备，从某个悬崖走一整天到下个营地。我们在天黑前及时赶到营地，大家饥肠辘辘等待跟另一队的人会合，没想到他们走错了路。我又累又饿又气，那些脚夫竟然还能一派轻松地说："无所谓啦，没东西吃，不过空着五脏庙睡一晚，明天再吃。"反之，有一次我们抓到一头大野猪，我的新几内亚朋友连续几天吃到撑，我被他们的食量吓坏了，他们的肠道仿佛通到无底洞，后来果然有人得了严重的肠胃炎。

以上几则奇闻说明了人类在演化的长河中如何适应不规则的丰年与荒年。在第八章，我曾总结传统生活经常出现饥饿的若干原因：尽管天天外出狩猎，但有时满载而归，有时则空手而回；突发的恶劣天气；尽管可预知盛产的季节，来年还是可能出现不可预期的气候异常；大多数传统社会都无法储存余粮，直到国家政府出现，才能大规模地组织管理食物，包括食物的储存、运输和交换。我们可从表11-2收录的奇闻中了解到一些信息，如食物过于丰盛时，传统社会中的人们只能暴饮暴食。

表11-2　暴饮暴食的例子

丹尼尔·埃弗里特的著作《别睡，这里有蛇！》（*Don't Sleep, There Are Snakes*）中第76~77页写道："南美皮拉亚印第安人以食为乐，只要村子有食物，他们无不吃个精光。但是错一两餐不吃，甚至一整天没进食也没关系。我见过有人连跳三天舞，中间只简单吃点儿东西。皮拉亚印第安人第一次进城，都很惊讶西方人吃东西的习惯，特别是一日三餐这码事。离开村庄的第一餐，他们会狼吞虎咽，吞下大量的蛋白质跟淀粉食物。第二餐也同样尽情猛吃，但第三餐就感到挫折。他们满脸怀疑，通常会问：'我们还要吃吗？'他们有食必尽的习惯一到城市就行不通。在一趟3~6周的文明城市之旅中，一个100~125磅的皮拉亚印第安人可以增重30磅，肚腩与大腿多出一圈肥肉。"

艾伦·霍姆伯格的著作《长弓的游牧民族》（*Nomads of the Long Bow*）第89页写道："玻利维亚西里奥诺人遇到盛宴，食量奇大无比。4个人一餐就把整头近60磅的野猪啃得精光。一个人如果坐下来不停地吃，24小时能吃掉30磅的肉。我曾目睹两个土著大白天吃掉6只蜘蛛猴，每只10~15磅，到了夜里他们还喊肚子饿。"

利迪奥·西普里亚尼的著作《安达曼岛人》（*The Andaman Islanders*）第54页写道："安达曼群岛上的昂格人有净身的习俗。狩猎之后，族人必然狂欢并暴饮暴食，直到整个部落都是猪油的味道，让人恶心反胃。他们也会在身体上涂上油彩以驱除恶灵，然后跳到印度洋洗澡。几天的吃喝狂欢和净身过后，土著会恢复原来的饮食习惯，也就是吃生鲜或简单烹煮过的蔬果。1952—1954年，昂格人办过三次狂欢宴，我有幸参加过一回猪肉与蜂蜜的盛宴，目睹他们不吃掉所有食物不罢休。人人仿佛要比赛胀破肚皮。直到大家精疲力竭几乎动不了，才跳进水里洗尽油脂。"

（续表）

上一本第 117 页写道："潮水退下，岛屿沿岸的暗礁满是沙丁鱼，昂格人搭乘手工打造的独木舟，一边划船一边捕鱼，沙丁鱼多到满出船身。水里满满都是鱼，土著捞都捞不完，直到没办法带回家才罢休。我没见过其他地方有比这更大规模的捕猎。安达曼的沙丁鱼比一般所见还要大，一条可以重达一斤。男女老少无不兴奋打捞，徒手伸入密集的鱼群，身上的鱼腥味儿几天都散不去。那段丰收期，家家户户只做打捞、烹煮、饱食这些事，直到一口都吃不下了，剩下的就简单用木头烟熏。忙过几天，下一批鱼群又出现，他们再度狂吃。"

　　从上述饥饿与饱足不定时交替的例子来看，节俭基因当然能够发挥正面功能。在食物过剩时期，节俭基因有助于储存脂肪，当饥荒到来，又能减缓燃烧卡路里，让人得以安然度过险境。今天西方人都恐惧肥胖，纷纷求助减肥诊所，在老祖宗看来，这实在荒谬。节俭基因曾经助人熬过饥荒，如今却是糖尿病的帮凶。同样，我们喜欢甜食与油脂，一如对盐的贪求，口腹之欲容易满足，于是我们渐渐步上糖尿病与高血压的不归路。以前糖、油、盐都得来不易，人们反而能吃到有价值的矿物质与微量元素。如同高血压，糖尿病也是对演化的反讽：几万年前，我们的老祖宗在非洲大草原熬过饥荒幸存下来，如今子孙却因营养过剩，饱受死于糖尿病的威胁。

　　饥饿与饱足交替的传统生活方式，让节俭基因具备了自然选择方面的优势。但到了丰衣足食的现代社会，节俭基因反而使所有的人容易罹患糖尿病。然而，为何皮马印第安人与瑙鲁人的糖尿病患病率异常高，甚至在全世界数一数二？我想，这正是因为这两个族群身上的节俭基因非常强。皮马印第安人跟其他美洲原住民一样，长年饱受周期性饥荒之苦。19世纪末，白人殖民者从上游截断他们的灌溉水源，从此作物不生。在此严酷的考验下，能存活下来的皮马印第安人比其他美洲原住民更能适应严苛的饥饿，他们储存脂肪的能力也变得特别强。瑙鲁人在"可乐殖民"时代来临之前，曾与饥饿展开两次生死斗争。首先，他们就像其他太平洋岛民，常驾着独木舟在各个小岛之间讨生活，在船上一待就是几周，如果没东西吃就得饿死在船上，只有最胖的、最善于储存脂肪的人才能存活下来。这就是为何在我们的刻板印象中，太平洋岛民很多都是胖子。其次，在二战期间，瑙鲁人比其他太平洋岛民遭遇了更严重的饥荒，饿死者无数，他们体内的糖尿病敏感基因因此变得特别强。战后，拜磷酸盐矿所赐，岛民得以收取采矿权利金，人人成了暴发户，食物堆积如山，岛民好逸恶劳，最后变成超级胖子。

目前已有三组人种学证据与两组模式动物实验支持尼尔的节俭基因学说。非糖尿病患者的瑙鲁人、皮马印第安人、非裔美国人与澳大利亚原住民，其餐后血液中的胰岛素浓度（对吃下糖类的反应）要比欧洲人高好几倍。新几内亚人、澳大利亚原住民、肯尼亚马赛族以及某些还固守传统生活方式的原住民，其血糖值远比美国白人低。如给予充分食物，太平洋岛民、美洲原住民、澳大利亚原住民则会比欧洲人更容易出现肥胖问题：先是变胖，然后得糖尿病。从动物实验得知，带有易得糖尿病基因的老鼠，比正常、不带此基因的老鼠更能忍受饥饿而存活下去。生活在蛮荒沙漠的以色列沙鼠也很能忍耐饥饿，一旦养在实验室吃

"西方老鼠饮食"，过养尊处优的生活，不久血液中的胰岛素浓度便上升了，组织出现胰岛素抗性，就变得肥胖，最后患糖尿病。但这一切都是可逆的，只要限制沙鼠的饮食，就会恢复正常。因此，我们可从容易罹患糖尿病的实验室老鼠与以色列沙鼠这两种模式动物的行为中了解节俭基因的好处：这种基因会为实行传统生活方式的老鼠调节胰岛素分泌，使之在恶劣的生存环境中得以存活，一旦老鼠改为"超市生活方式"，时时大饱口福，就必须为这样的基因付出巨大的代价。

为什么欧洲人较少得糖尿病

糖尿病学专家发现，皮马印第安人与瑙鲁人的糖尿病患病率特别高，欧洲人的糖尿病比例则明显偏低。然而，就近几十年的公共卫生数据来看，其他实行西方生活方式的族群糖尿病的患病率都明显偏高，皮马印第安人和瑙鲁人只是当中的"佼佼者"，有些澳大利亚原住民和新几内亚族群糖尿病的患病率也高得惊人。根据大规模的非欧族群糖尿病患病率统计，实行西式饮食的族群糖尿病患病率都超过11%，有的甚至高达15%，如美洲原住民、北非人、撒哈拉以南非洲的黑人、中东人、印度人、东亚人、新几内亚人、澳大利亚原住民、密克罗尼西亚人、波利尼西亚人。相比之下，欧洲人以及澳大利亚、加拿大、新西兰和美国等的海外欧裔糖尿病患病率则偏低。在全部41个国家之中，患病率为2%~10%，平均只有6%（见表11-1）。

这样的数据着实让人吃惊，欧洲人与在海外的欧裔人口可以说是全世界最富有而衣食不忧的群体，也是所谓西式生活的开山祖师。慵懒、肥胖、逛超市买菜的风气始于欧洲，美国白人将其发扬光大，其他国家近年来才迎头赶上。我们要如何解释这一问题？为何得糖尿病的欧洲人人数未增反减？

我曾征询这方面的专家，他们回答我，可能是欧洲长久以来较少受饥荒困扰，因此欧洲人也较少受节俭基因影响。根据史料记载，在中世纪和文艺复兴时期乃至更早，欧洲曾经发生大规模饥荒，节俭基因在那些年代必然通过自然选择留传下来，正如在其他饱受饥荒之苦的地区。不过，文艺复兴之后，周期性的大规模饥荒不复存在。1650—1900年，仅有偶发的饥荒，比如17世纪末的英国与荷兰，以及19世纪末的法国南部与意大利南部。欧洲大饥荒的结束可归功于4个因素：政府快速有效地运用非灾区余粮赈灾；食品运输海陆双向并进；1492年，哥伦布发现新大陆后，欧洲航海家陆续从新世界引进新品种农作物（如马铃薯与玉米）；发展雨育农业，以免作物歉收的范围太大，无法远距离运送食物以解决粮荒。

唯一的例外就是发生于19世纪40年代的爱尔兰马铃薯饥荒。我们也可以从上述4个因素的前3个找到应对失败的原因。爱尔兰靠马铃薯单一农作物当主食，这在欧洲很少见，一旦作物染病则难以替代。爱尔兰是个海岛，当时的统治者是另一个海岛上的英国政府，这也是欧洲特例，英国政府因此背上赈灾无力、反应迟缓的罪名。

思考欧洲饮食史时，我有一些感想。在几百年前，现代医学尚未发展，欧洲也像现在的瑙鲁，一度因为丰足的饮食而出现较多的糖尿病患者，之后大多数带有节俭基因的糖尿病患者被自然选择淘汰，因此糖尿病在今日的欧洲患病率低。这种基因淘汰在欧洲可能进行了几百年之久，糖尿病孕妇生下的婴儿容易死亡，成年糖尿病患者比正常人短命，此外，糖尿病家族的下一代也常因为缺乏照顾而夭折。欧洲早期的糖尿病史因年代久远，缺乏研究资料，不像当代医学研究瑙鲁人等现代族群那样明确。现代族群因突然得到大量源源不断的食物，而脱离饥荒的威胁，瑙鲁在10年内从穷乡僻壤成为最有钱的国家，而也门的犹太人甚至在一个月内从俭约转为丰足。当代糖尿病专家因而目睹糖尿病患病率突攀高峰；急剧增加20%~50%。不过，这种现象来得快、去得也快，正如我们通过观察瑙鲁人得知，只需要一两个世代，带有节俭基因的人就会遭到自然选择淘汰。相比之下，欧洲的丰衣足食则是历经数百年才形成的。15—18世纪，糖尿病在欧洲的患病率应该在以令人无法察觉的速率缓慢增加，只是缺乏糖尿病学专家的实证记录。皮马印第安人、瑙鲁人、瓦尼盖拉族、受过教育并住在城市的印度人，以及靠石油致富的阿拉伯人，这些族群可能只要有一代人改变生活方式，就会走过欧洲几百年的糖尿病兴衰史。

在隐晦的欧洲糖尿病流行病史中，作曲家巴赫（1685—1750年）很可能就是其中的一个病例。巴赫的病历因年代久远、记录简略，已不可考，死因也不明，我们仅可从他的肖像来推测（见

图 47）。他满脸横肉，双手圆滚肥白，加上晚年受视力大衰之苦，手稿越来越零乱（既可能是因视力不良，也可能是神经末梢病变导致的），这些症状都显示他患有糖尿病。在巴赫的时代，德国已有糖尿病的记载，其名称为"honigsüsse Harnruhr"，意思就是蜜尿症。

非传染性疾病的未来

本章讨论的只是发病率上升最快的两种非传染性疾病，即高血压与 2 型糖尿病与西方生活方式的关系。其他重要的非传染性疾病只一语带过，读者可参看伊顿、康纳与肖斯塔克的研究报告。他们对冠心病等心脏疾病、动脉硬化症、周围血管疾病、肾脏病、痛风及很多癌症（包括肺癌、胃癌、乳腺癌和前列腺癌）都有深入的论述。本章讨论的与西方生活方式相关的危险因子，也仅限于盐、糖及高热量食物的摄取，肥胖与久坐不动。其他重要危险因子我只能稍微带过，如抽烟、喝酒、胆固醇、甘油三酯、饱和脂肪和反式脂肪。

我们看到非传染性疾病已成西方社会的主要死因。我们并非可以无忧无虑地过着健康快乐的生活，直到 78~81 岁（西方长寿老人的平均年龄）才突然罹患非传染性疾病而命归西天。早在非传染性疾病夺走我们性命之前的几十年，这种疾病已慢慢侵蚀我们的身体，使我们的生活质量日走下坡。但非传染性疾病不曾危害传统社会，为什么？传统社会是否有值得我们学习之处，让我们免于落入非传染性疾病的魔爪？当然，我们不是要和他们一样过着传统、原始的部落生活。传统社会的生活有很多层面惨不忍睹，如暴力的恶性循环、经常面临饥荒之苦，以及因传染病而丧命。我们必须从传统生活方式中寻找线索，检视哪些特点可帮助我们对抗非传染性疾病。有些做法显而易见可帮助我们，如经常运动以及减少糖的摄取量，还有一些则仍待进一步的研究与讨论（如每日膳食最好含有多少脂肪）。

但照目前非传染性疾病的趋势来看，似乎凶多吉少。皮马印第安人和瑙鲁人的糖尿病患病率都已达顶点。现在，我们最担心的是生活水平快速提升、人口稠密的国家。富有的阿拉伯产油国、北非都可能是下一个糖尿病受害国，然而还是比不上印度和中国。其他人口稠密国家此时已饱受糖尿病威胁，包括孟加拉国、巴西、埃及、印度尼西亚、伊朗、墨西哥、巴基斯坦、菲律宾、俄罗斯、南非和土耳其。即使是人口比较少的国家也有不少糖尿病病例，如拉丁美洲与东南亚各国。人口不到10亿的撒哈拉以南非洲地区，则刚开始接受非传染性疾病的"洗礼"。我们不禁要为这样的前景感到悲观。

但是，我们未必是对抗非传染性疾病的输家。我们的生活方式是自己选择的，因此完全在自己的掌控之中。分子生物学研究或许可帮我们找出某些致病基因的相关危险因子，让我们得以防范。然而，社会大众用不着等待这样的研究结果，也不必期待治疗非传染性疾病的神药或是低卡薯片上市，我们可从改变自我做起，降低患病风险，像是戒烟、经常运动、限制热量的摄取、少喝酒、少吃盐和糖、少喝饮料、少摄入饱和脂肪和反式脂肪、少吃加工食品、少吃奶油和红肉，多摄入纤维、水果、蔬菜、钙和复合碳水化合物。另一个简单的改变就是吃慢一点儿。你越狼吞虎咽，就会吃下越多东西，因此变胖。吃得太快也导致身体组织没有时间释放会抑制食欲的激素。意大利人健康窈窕，不只是因为饮食组成，也因为他们常边吃边聊天，一顿饭吃很久。这些改变就能使全世界数十亿人免于步皮马印第安人和瑙鲁人的后尘。

这些建议可以说是老生常谈，毋庸赘述。但我们不要忘了一个重要事实：我们已经知道如何着手，因此事在人为。我们应该心存希望，切莫沮丧。高血压、糖尿病等"20世纪杀手"之所以会夺走我们的性命，正是因为我们自己沉溺于口腹之欲，这等于自愿送死。

尾声

在另一个机场

从丛林到 405 号公路

我在新几内亚进行田野调查的时候，多半和新几内亚人待在丛林中的营地。几个月后回国，我走进巴布亚新几内亚的莫尔斯比港机场准备登机（即本书序言叙述的地方）时，还没有回到现代工业世界的感觉。在从新几内亚回到洛杉矶这段漫长的飞行中，我总是忙着整理田野调查笔记，回想丛林生活的点点滴滴，我的心还遗留在新几内亚。飞机终于在洛杉矶降落。我到行李提取区拿行李，与家人在机场入境大厅会合。我们上了车，走 405 号公路回家。我发现书桌上的邮件已堆积如山。这时，我才真的有回家的感觉，但心中百感交集。

首先，能平安无事回到妻子和孩子的身边，我当然很高兴，也松了一口气。美国是我的家园、我的国家，我在这里出生、长大。我在美国的一些老朋友已跟我认识六七十年了。我们有共同的过去、文化，而且兴趣相投。虽然我会说多种语言，但英语是我的母语，也是我运用最自如的语言。我对美国人的了解胜过我对新几内亚人的认识。再者，美国的确是个生活的好地方。我不必担心没东西吃，可以过得舒服、惬意，没有安全的顾虑，我们的平均寿命几乎是新几内亚传统社会人们的两倍。我可以在此尽情享受西方音乐，发挥我的写作才能，在大学教授地理学。就生活享受与个人发展而言，美国要比新几内亚好多了。基于这些原因，我选择在美国定居。虽然我也很喜欢新几内亚和新几内亚人，但我未曾想过搬到那里。

可是当我离开洛杉矶机场，坐着车在405号公路上奔驰，一种完全不同的情绪随即涌现。从高速公路放眼望去是平直的柏油路、鳞次栉比的大楼。阵阵车声在我耳边轰隆作响，圣莫尼卡山在机场北方10英里处，在尘雾中若隐若现。反之，新几内亚的空气极其清新纯净，丛林茂密，交织着各种色调的绿，几百种鸟儿在你耳边鸣唱。回到美国，我自动把我的感官灵敏度调低，也让心绪变得迟钝些，直到一年后再度踏上新几内亚，才能再调回来。当然，我们不能只比较新几内亚丛林和美国405号公路，就断定传统世界和工业世界有哪些差异。如果我在新几内亚待几个月，从莫尔斯比港（全世界最危险的城市）机场回到美国后，不是返回洛杉矶的家，而是待在我们在蒙大拿州比特鲁特谷的避暑小屋，眺望大陆分水岭顶峰的白雪，大自然的美还是会让我的心悸动不已。然而，我还是不得不回到洛杉矶的家，只能把新几内亚丛林或比特鲁特谷当作旅行的地点。为了洛杉矶的便利生活，我必须付出很大的代价。

回到美国过着城市生活,我差不多一天到晚都在赶时间,行程一个接着一个,压力很大。只要想到这些,我就心跳加速、血压上升。在新几内亚丛林,我完全没有时间压力,也没有什么待办行程。如果没有下雨,我通常会在太阳升起之前走出帐篷,听夜鸟的最后一首歌和晨鸟的第一首歌。如果下雨,我就坐在帐篷里面等雨停——天晓得雨什么时候才会停。邻村的新几内亚人可能前一天跟我约好,他第二天会来教我用当地语言说出鸟的名字。但是他没有手表,不能告诉我他什么时候过来,也许改天才会来。在洛杉矶,我每天的行程都排得满满的。我口袋里的小日志告诉我,每天、每个小时我该做什么,有的行程排在几个月、一年以后,甚至是更远的未来。每天,我有回不完的电子邮件和电话,必须先把一大堆事情分类,按照轻重缓急来处理。

回到洛杉矶后,我渐渐不再像在新几内亚那样提高警惕。例如淋浴时,我用不着紧闭双唇,以免不干净的水进入嘴里。我不再那么频繁地洗手,也不用特别留心我放在营地里的盘子和汤匙是否洗干净了,或是有没有人碰过。我不再皮肤发痒就如临大敌,担心演变成热带溃疡。我也不必每周定时服用抗疟疾药丸,而且随身带三小瓶不同种类的抗生素。(这些预防措施非常重要,遗漏任何一项都可能带来致命的后果。)我也不再肚子有一点儿疼痛就害怕会得急性阑尾炎,毕竟我在丛林深处,如果得了急症就必然无法及时赶到医院。

从新几内亚丛林回到洛杉矶,我的社交环境也发生很大的变化：较少直接与人频频互动。在新几内亚的丛林，只要我醒着，几乎旁边就会有几个新几内亚人，我们会一起坐在营地聊天或是在山间小路寻找鸟类的踪迹。我们讲话的时候总会全神贯注地看着对方，没有人会一边说话，一边用手机看短信或查看电子邮件。如果我们在营地聊天，总会讲好几种语言，视待在营地的人是谁而定。即使我不会说他们的语言，我也至少得知道如何用不同的语言说出鸟的名字。反之，西方社会的人面对面和他人说话的时间没那么长。据统计，一般美国人每天待在屏幕（包括计算机、电视或手机等手持电子通信产品）前的时间多达8小时。即使我们与他人互动，多半也是间接的，例如通过电子邮件、电话、短信，连写信的人都渐渐减少。我在美国接触的人大都只会一种语言，也就是英语，我在一周能跟人用另一种语言聊几小时已算幸运了。当然，这些差异并不代表我渴望新几内亚那种直接、密集、全神贯注、多语的社交环境：新几内亚人和美国人一样，有令人欣喜的一面，也有让人沮丧的一面。

过去50年，我不断在美国和新几内亚之间来来回回，已经能够面对不得不妥协的现实，也找到内心的平静。尽管我93%的时间都待在美国，偶尔也到其他工业国家，只有7%的时间待在新几内亚，但我的心几乎一直留在新几内亚。即使我人已回到美国，也无法把新几内亚抛在脑后。在新几内亚的日子就像眼前出现一个色彩缤纷的世界，相比之下，其他地方都黯淡无光。

现代世界的优点

其他部分大抵讨论传统社会值得现代世界借鉴之处,但我得先在此提醒诸位读者:切勿把传统生活想得太浪漫、太美好,现代世界也有很大的优点。西方社会的居民不可能集体放下钢铁铸造的工具、清洁卫生的环境、物质享受与国家带来的和平,回去过传统狩猎-采集的生活。反之,原来过着狩猎-采集生活的人和小型农业社会不断走进现代世界,过着西式生活。他们会这么做,无可厚非,主要是受到现代生活便利的吸引:可拥有丰富的物质,过着更舒服的生活;有接受正式教育和工作的机会;有良好的社会环境,医疗发达,生病时能到医院接受医生的诊治;个人有安全感,较少受到来自他人或环境的威胁;食物无短缺之虞;能活得更久;儿女也不易夭折(如法尤族的子女有 2/3 在长大成人之前已经夭折)。当然,并非每个传统村落都已经转型,居民搬到城市,过着现代生活,而且能够享受上述现代社会的优点。但是,的确有些传统社会的人和大多数的村落居民已经成为现代社会的一员,还有很多村民也渴望如此。

例如,阿卡俾格米族的女人在接受邦妮·休利特的访谈时提到,她们基于一些理由放弃森林里的传统狩猎-采集生活,选择在村庄定居,以务农为生,主要是为了生活物资,如盐、胡椒、橄榄油、陶罐、锅、大砍刀、床、灯笼,此外也为了获得质量良好的衣服、鞋子,并且能过着比较健康的生活,还有机会送孩子上学。再者,从田野取得可食的植物要比在森林里采集容易,用枪支猎杀动物也比用网捕猎安全、迅速，可避免被动物踢到、咬伤或抓伤。根据希尔与乌尔塔多对阿切印第安人的访谈，他们放弃森林里的生活迁至保留地定居的理由是为了取得猎枪、收音机和新衣服，让自己和孩子得到温饱、过着健康的生活，不但自己的寿命比较长，孩子也能顺利长大成人，不至于小小年纪就夭折。我的新几内亚朋友则认为下列西方物资尤其珍贵，如火柴、铁斧、衣服、柔软的床垫和雨伞（别忘了新几内亚年降水量高达500英寸以上）。新几内亚人也珍视一些非物质层面的益处，如医疗、儿童教育和部落战争的终结。北加利福尼亚州最后一个雅希印第安人伊希独自一人在深山过着狩猎-采集生活，直到50岁左右才到旧金山生活。起初，在欧洲人发明的东西中，他最爱不释手的是火柴和胶水，过了一段时间之后，他也喜欢房屋、家具、马桶、自来水、电灯、瓦斯炉和火车。萨拜因·屈格勒的姐姐尤迪特告别住在新几内亚丛林中的家人，回德国一年后，超市货架上各种品牌的巧克力让她眼花缭乱。

对生活在危险、不安中的传统社会的人们而言，西方生活方式有许多明显、具体的优点。在我的新几内亚朋友当中，受过教育、居住在村庄的人指出西方生活中有一些并不显而易见的优点，如容易取得信息、可接触形形色色的人，女人在美国能享有的权利也远胜过在新几内亚。我有一位新几内亚朋友就告诉我，她对美国最欣赏的一点就是可以我行我素。在新几内亚，你很难脱离紧密的社交网络，几乎时刻必须与亲友接触，不得不为别人着想，因此受到的限制很大。这位朋友希望能享有独处的自由，可以一个人行走，有自己的隐私，能随心所欲地表达自己的意见，能与人公开辩论，能抱持和传统不同的看法，不受同侪压力的影响，以及不必一举一动都受到别人的审视，而且不必听人说长道短。这意味着你可以独自一人坐在咖啡馆看报纸，不用担心认识你的人随时过来打扰。美国人重视个人自由，这点的确比传统社会先进，也不用像新几内亚人那样把自己所得拿出来和亲友分享。

传统世界的优点

现在，我们再来听听不同的意见。对曾经在传统社会和西方社会生活的人来说，传统社会的价值有哪些，西方社会又欠缺什么？

传统社会的生活有个常见且重要的特色，即人际关系紧密、长远。对传统社会中的人而言，孤独从来就不是一个问题。他们从生到死都在同一个地方，亲人和儿时同伴总是围绕在身边。在比较小的传统社会中（顶多只有几百人的部落或游群），人们彼此熟识，没有任何一个人是陌生人。女孩婚后虽然与丈夫同住，必须离开亲友，但夫家通常不远，可以经常回娘家。

反之，在人口稠密的工业社会，孤独一直是个问题。很多美国人和欧洲人都住在拥挤的大城市，周遭常常都是陌生人，因此常有孤单之感。西方社会的人常迁徙到远方，自己的子女或朋友也可能跑到千里之外定居。西方人每天碰到的人几乎都互不相识，未来也一样陌生。西方社会的子女长大成人之后大都会离开父母，一人过着独立的生活或是与配偶另组家庭。我有一个美国朋友大部分时间都待在非洲，他曾对我说："非洲人物质生活穷苦，社交或精神生活却很丰富。反之，美国人物质生活丰富，社交或精神生活却很贫乏。"此外，我们也常听到有人抱怨西方生活忙碌、行程多、压力大，反之传统社会的生活则比较悠闲，竞争压力小。但我必须强调，传统生活有些特点其实在现代工业社会也看得到，例如在工业社会的农村地区，人人互相熟识，人情味浓厚，大多数人一生都生活在出生地。

上述都只是概括的印象，接着我将引述一些深刻的个人经验。叙述者皆是美国商人或传教士的孩子，他们童年在新几内亚、菲律宾、肯尼亚等地度过，青少年时期才搬到美国。

- 美国男孩很有男子气概，讲起话来装出一副很牛的样子，喜欢欺负别人。个性柔弱的孩子在美国会很吃亏。
- 我在新几内亚和当地的孩子一起长大，到了美国之后，我觉得美国与新几内亚最大的不同是，小孩一回到家，就关上房门，玩电子游戏，直到第二天上学，才会走出家门。我们在新几内亚的时候，一天到晚都在户外和其他小孩一起玩耍。
- 非洲小孩老是跟别人在一起。我们只有在睡觉的时候才会待在屋里。我们走进任何人的家都会受到欢迎。但美国小孩常不和其他小孩来往。现在因为流行玩电子游戏，所以小孩宅在家里的时间更长了。在我长大的地方，只能看电视，没有电子游戏。

- 在菲律宾，所有的小孩都称呼大人"叔叔"或"阿姨"。在我们住的村子，我们可自由进出任何人的家。晚餐时间，不管我们在哪个人的家里玩儿，都可留下来吃饭。
- 美国小孩的社交能力不如新几内亚小孩。在新几内亚，我常面带微笑，跟看到的每一个人打招呼，然后开始聊天，但美国小孩经过别人身边不会打招呼，也不会主动聊天，看到人皆视若无睹。我看到他们时会微笑，说声"你好"，但他们从来不会主动这么做。
- 美国人的娱乐是被动式的，他们不知道如何主动寻找快乐。
- 在非洲，你若是想要什么东西，总会自己想办法，最后总是能够解决问题。但在美国，不管你要什么，几乎都是直接买现成的，你不知道自己要怎么做。
- 美国孩子不像新几内亚小孩那样有创造力，因为所有东西都已经有现成的商品（见图30~31）。在新几内亚，如果你看到飞机后，想要一架模型飞机，那么你会去找木头和棍子，然后做好飞机，让飞机俯冲，并模仿轰隆隆的引擎声。我跟我弟弟就玩儿自己做的飞机，而且模仿飞行的种种细节。但美国小孩只会去店里买玩具飞机，玩儿的方式也没多大创意。
- 在非洲，我们乐于分享。例如，有一天我在学校捡到一条轮胎内胎的红色橡胶条。这种胶条可以做弹弓，因此非常珍贵。我把我的橡胶条分给其他孩子使用，让他们也能做弹弓。但在美国，你有任何珍贵的东西，总会占为己有，不想跟别人分享。再说，美国小孩也不知道内胎的橡胶条可以做什么。

- 我从新几内亚回到美国之后，最难适应的一点就是没有自由。新几内亚的孩子总是过得自由自在。我住在新几内亚的时候很爱爬树，现在还是很喜欢，因此我和哥哥回到加利福尼亚州之后，我们做的第一件事就是爬树，还盖了间树屋。左邻右舍都认为我们是怪人，因为他们不准小孩爬树。美国的规定和法令多如牛毛，由于怕被起诉，小孩只好放弃很多探险的机会。美国人用围墙把游泳池围起来，以免受到一些令人讨厌的干扰。在新几内亚，很少人家里有游泳池，我们常去河里玩，但河边并没有"禁止跳水"的警告牌。如果我没准备好，怎么会贸然跳下去？美国人认为该负责任的人并非行为者，而是产权人或建造房子的人。出了事总是怪别人，不会认为是自己的问题。我在新几内亚成长时，可自由自在地在大自然中探险，用各种新奇的点子玩游戏，难免需要冒险，但会小心行事，不像一般美国小孩讨厌冒险。我觉得这样的成长历程非常丰富，是美国人无法想象的。

- 在美国最令人受挫的就是工作压力老是如影随形。即使你在下午休息一下喝杯咖啡，也会有罪恶感，因为你可能因休息而错失挣钱的机会。然而，你时时刻刻都努力挣钱，不敢休息一下喝杯咖啡，你挣得多，花得也多，存不了多少钱，因此你只能更努力工作。美国人已无法在工作、娱乐或放松之间取得平衡。在新几内亚，一到中午，大家都关店休息，直到傍晚才会再开门营业。美国人就不可能这么做。

- 我发现，与我同龄的很多美国人都不把道德当一回事，这令我非常惊愕。在美国这样多元化的社会，每个人对是非黑白的看法都不尽相同，但在新几内亚，至少大家的文化价值观比较接近，相信某些真理确实存在。

- 这里的美国小孩都很重视物质，或许一般的美国人都是这样。记得上次回到加利福尼亚州，电视广告拼命推销最新流行的东西，让人觉得不买就会后悔。谁知道 6 个月后又有哪些新产品？

- 在美国，每个人都活在自己的小世界，犹如把自己关在一个密闭的盒子里。我认识的非洲年轻人都对世界其他地方非常好奇，也很了解地理。我们常玩的一个游戏包括考问彼此不同国家的地理位置、领袖或体育明星的名字。当然，他们知道肯尼亚足球冠军和长跑选手的名字，对美国、英国、德国和巴西等国的体育巨星也了如指掌。他们知道独行侠（NBA 传奇球员）、威尔特·张伯伦和拳王阿里，还常常问我美国的生活如何。我刚来美国的时候，我想很多人会问我非洲的生活如何，但我不久后就发现美国人只关心自己每天的生活会受到什么影响，对其他的一切都漠不关心。他们对世界其他地区的生活方式、习俗和事件都没什么兴趣,因此我就不再讲非洲的事。许多美国人都拥有很多东西,但对世界其他地区的了解都很匮乏。他们似乎只要待在自己的小天地就心满意足,安于选择性的无知。

我们能学到什么

自现代智人在6万~10万年前现身以来,我们的基因、文化和行为无不受到昨日世界的影响。我们可从考古记录推测,生活方式与科技的转变在过去犹如冰河移动般缓慢,直到1.1万年前农业在肥沃新月地带发端之后,才有日新月异的变化。世界上历史最悠久的国家政府大约在5 400年前出现在肥沃新月地带。这意味着今天每个人的祖先在1.1万年前都活在昨日世界,还有不少人的祖先直到最近仍是如此。新几内亚大部分人口稠密的地区,直到近几个世代才开始与外面世界直接接触。在新几内亚和亚马孙地区,仍有少数社会至今未与外界直接接触,也没有国家政府。

当然,今日世界仍可看到昨日世界留下的影子,即使是人口最稠密的现代工业社会也是如此。在人口稀少的西方世界的农村地区,我们仍可看到传统社会的一些特点。尽管如此,传统社会还是与现代社会有很大的差异。传统社会的人浑然不觉他们已进行了长达数千年的人类社会自然实验。我们虽然无法重复这些实验,但可以从过去发生的事上学到一些东西。

我们能从昨日世界得到的收获之一就是对现代社会心存感激,而非只是一味地批评它。几乎大多数人都可摆脱长期战争的折磨，而且已极少听到杀婴甚至抛弃老年人的惨剧。我们了解为何小型社会必须做这些残忍的事甚至身陷其中。所幸，由于国家政府的治理，我们不再陷入战争报复的恶性循环，能以定居的形式生活，而且有余粮可照顾幼儿和老人，不必杀害或抛弃他们。现在也不再有把遗孀勒死，让其随亡夫而去的做法。传统社会还有其他残酷、不人道的习俗，并不是环境或生存迫使他们必须这么做，而是文化使然。

然而，昨日世界仍有其他特点深深吸引现代人。例如别在食物上撒盐，就是我们很容易做到的，尽管现代社会很多人都有吃得太咸的习惯，无盐不欢，但为了身体健康，我们最好向传统社会中的人学习少吃点儿盐。传统社会还有一些地方值得我们学习，然而因为社会大环境的关系，或许个人很难采用，例如我们就很难像新几内亚人那样教养子女，而只能跟现代社会的其他父母一样。在其他方面，我们的社会也需要采取共同行动，学习传统社会的优点。要向昨日世界学习，不只关乎社会全体的决定，也关乎个人的决定。哪些是我们可以做到的呢？

首先，饮食习惯就是个人可以决定的。传统新几内亚社会无人死于中风、糖尿病或心肌梗死，不是很令人羡慕吗？学习他们并不是指我们得完全过着和他们一样的生活，陷入永无休止的部落战争，或是吃的东西九成都是甘薯。只要你努力养成下面三种习惯，你依然可以享受世界美食，过着平静、远离这些疾病的生活：常运动；慢食，以及和亲友一起用餐，边吃边聊，不要常常狼吞虎咽；选择有益健康的食物，像是新鲜水果、蔬菜、低脂肉品、鱼、坚果、谷物等，并仔细看食品包装上的成分说明，避免含有过量的盐、单糖或反式脂肪的食物。社会群体（选民、政府和食品制造商）也可实行更自然、健康的食物处理程序，让大众不必为食品安全和健康伤脑筋，芬兰等国已在这方面做出努力。

其次，我们自己可以做的事就是让孩子学习双语或多语。很多传统社会的孩子都会说两种或更多种语言，美国人当然也可以这么做，只是他们误以为双语学习会为孩子带来语言困扰，而不愿这么做。我们现在已经知道，双语学习不但不会阻碍孩子的语言学习，还能让孩子终身受益，有助于他们的思考，也能丰富他们的人生。很多美国夫妻能说不同的语言，可以各自不同的语言跟孩子说话，让孩子从出生开始就在双语环境中长大。移民父母也可用自己的母语跟孩子说话，让他们学习英语以外的语言，毕竟孩子上学或与其他孩子玩耍时都说英语，因此很快就能学会英语。通常孩子长大之后才开始学外语会很辛苦，要花几千个小时学习文法、背词汇、听录音带，最后还是不免有口音，而且说得结结巴巴。如果你从小就能从父母那里学习外语，在双语环境中长大，你的外语就能说得自然流利而且没有口音，这实在是我们为人父母或祖父母必须好好考虑的事。

除了使用多语，传统社会教养子女的方法还有许多地方值得我们参考。所有打算生儿育女的夫妻都可以好好想想，是否让孩子在出生之后的一段时间随时想要吃奶都能得到满足；让孩子晚一点儿断奶；增加成人与幼儿的肌肤接触；夫妻和孩子一起睡（使用硬一点儿的床垫，或是把婴儿床搬到父母的卧房，这些都可以和儿科医生讨论）；带宝宝出门时，让宝宝直立，而且面向前方；多找一些亲友帮忙照顾宝宝；孩子一哭就立刻赶到身边照顾；避免体罚；给孩子探险的自由（在适当监视之下）；让孩子和不同年龄的小孩一起玩耍（这对年纪小或年纪大的孩子都是很宝贵的经验）；帮孩子想出有创意的游戏，而非只是让他们玩电子游戏或玩厂商制造的益智玩具。你或许会觉得大环境不改，在原来的社会之下，难以实行这些做法。例如左邻右舍的孩子都在玩电子游戏，只有你们家的孩子不能在家玩游戏，结果你们家的孩子老是想待在朋友家。尽管如此，我们还是可以好好考虑是否该学习传统社会的教养之道，毕竟他们扶养的孩子表现得独立自主、有安全感且成熟稳重，留给外来客非常深刻的印象。

此外，我们也可以学习新几内亚传统社会的危机意识。我的新几内亚朋友知道在丛林中不可在枯死的大树底下睡觉，即使在地上看到一根树枝也提心吊胆。尽管他们在枯死的大树底下睡几十个晚上依旧活得好端端的，不知有多少次在地上见过掉落的树枝也平安无事，但他们知道，如果他们粗心大意，总有一天会大祸临头。对大多数西方人来说，生活中最大的危险不是枯死的树、掉落在地上的树枝，也不是恐怖分子、核子反应炉、坠机等，而是日常生活中一些微不足道的事。根据事故统计，我们必须谨慎提防的是车辆（包括自己开车和别人开车）和酒精（自己喝酒或别人喝酒），上了年纪之后上下楼必须小心翼翼，也要注意别在浴室摔倒。每个人的生活方式各不相同，因此必须提防各种危险。

宗教则是个人的另一个选择。很多人会在生命的各个时期评估自己的宗教信仰。我们必须记住，宗教信仰的选择要比其他形而上学理念更宽广、更复杂。至此，我不禁想到我的三个老朋友所做的决定：第一个毕生信仰唯一神教派，教会一直是她生命的核心；第二个则终其一生是犹太教徒，他的信仰以及他和以色列的关系则是他自我认同的核心；第三个是德国人，生于天主教家庭，他住的那一区大都是天主教徒，他40岁才改信基督教。在上述三个例子当中，他们或是决定继续信仰原来的宗教，或是改信另一种宗教，这取决于宗教的角色。在他们生命的不同时期，宗教扮演的角色或强或弱，各有不同，正如几千年来各种宗教在人类社会的发展中各有起伏。宗教的角色包括就有关物质世界的终极问题是否能提供令人满意的解释；能否帮助人面对焦虑和挫折，了解自己或自己所爱的人为何会死亡，解释人世间为何会有这么多的痛苦；作为行为道德原则、服从或反叛权威的依据，让人对抱持同一信念的团体有归属感等。经历过宗教困惑的人，可以想想宗教对不同社会的意义，并诚实地面对自我，想想宗教对自己有无任何特别的意义。

至于我们可向传统社会学习的优点，先前已提到减少盐的摄入量。这虽是个人可以做到的，但也需要政府和食品制造商的合作，避免在食品加工的过程中加入太多盐，以免让消费者不知不觉吃下过多的盐。同样，个人也可借由多运动和选择健康的饮食来减少罹患糖尿病的风险；政府也可加强倡导，规定公立学校餐厅不得提供太多会令人发胖的食物。至于社会该如何促进多语的学习与使用，以对抗语言灭绝，有些政府（如瑞士）已致力于促进语言多样性，其他政府（如美国）本来还努力消灭原住民的语言，最近转而鼓励保留原住民的语言。尽管如此，仍有一些政府（如法国布列塔尼大区）仍反对保留原住民的语言。

老人的地位也有待个人与社会共同努力才能提升。越来越多的老人以新方法证明自己老而有用，可为正在工作的成年子女减轻负担，可为自己的孙辈提供一对一的高质量照顾。我们这些年纪在30~60岁的为人父母者，也许可以开始自问要追求什么样的生活质量，以及在我们老了之后，我们的孩子将会如何对待我们。但我们不要忘了，我们的孩子正在观察我们如何对待自己年老的父母：等到我们垂垂老矣、需要被人照顾时，我们的孩子将会被亲眼所见的例子影响。社会可让老人的生活更丰富，反之，老人也可对社会有所贡献，因此社会不一定要强制老人到了某个年纪非得退休不可。如果老人仍有能力，身体健康状况良好，并渴望继续工作，就不该被强制退休。近几十年来，美国不再坚持强制退休的政策。大众一开始还忧心，失去工作能力的老人会占有工作岗位，但这种现象并未出现，社会反而得以拥有一群最有经验的人。但目前仍有许多欧洲国家要求雇员到60~65岁就要退休，不管他们的生产力是否仍处于巅峰。

像慢食或是让孩子从出生之后就在双语的环境中长大，都是我们个人可以做到的事，其他改变则必须靠社会整体的努力。如解决纷争时，我们除了可采纳传统社会的调解方式，还可以结合现代国家司法制度追求的正义。我在书中讨论的两个机制是修复式正义和调解。这两者都不是解决争端的万灵药，只在某些情况下才能发挥作用，而且需要通过司法体系来执行。如果你认为这些做法是有价值的，就可帮忙促进、倡导，让法院可以采用。此外，下次你被卷入争端之时，也可参考新几内亚人的方式，通过非正式的调解、情感释放与修复关系来解决。

  本书大多数读者所属的社会只能代表人类文化的一个小小切面，而这些文化社会之所以成为今日世界的主宰，并非因为一般优势，而是因为特定原因：自农业发端以来，他们成功驯养了许多野生动植物，进而在科技、政治、军事各方面拔得头筹。尽管现代工业社会具有这些优势，但在教养子女、对待老人、解决争端、避免非传染性疾病，或其他社会问题方面并不见得做得更好。为了解决上述问题，数千个传统社会已发展出许许多多不同的做法。我曾与新几内亚传统社会中的人一起生活，他们改变了我的人生观，也丰富了我的人生。我衷心希望各位读者和我们的社会也能从传统社会中人们的生活经验学习，去芜存菁，以实现精彩、富足的人生。

致谢

首先,对于所有帮助我完成这本书的同事和朋友,我表示万分感激,尤其感谢以下几位:我的妻子玛丽·科恩(Marie Cohen)、蒂莫西·厄尔(Timothy Earle)、保罗·埃利希(Paul Ehrlich)、艾伦·格林内尔(Alan Grinnell)、巴里·休利特(Barry Hewlett)、梅尔文·康纳(Melvin Konner)、迈克尔·舍默(Michael Shermer)和梅格·泰勒(Meg Taylor)。他们不辞辛劳,帮助我审阅手稿,并提出改进建议。同样,我还要感谢我的编辑:维京企鹅出版社(纽约)的温迪·沃尔夫(Wendy Wolf)和企鹅出版集团(伦敦)的斯特芬·麦格拉思(Stefan McGrath)。感谢我的经纪人约翰·布罗克曼(John Brockman),他看完了所有手稿,在此书的阶段性构思中也贡献了很多点子。

此外,我还要感谢米歇尔·费希尔-凯茜(Michelle Fisher-Casey)不厌其烦地为我录入手稿,反复排版;博拉塔·杨(Boratha Yeang)仔细查找书中每条引用的出处;露丝·曼德尔

（Ruth Mandel）耐心求证书中所有图片来源；马特·泽布罗夫斯基（Matt Zebrowski）还十分用心地为书中内容配上相应的地图。

在加利福尼亚州大学洛杉矶分校地理系教书的时候，我曾在课上给那些研究生看过本书所用的材料，因为这群年轻人总能迸发出新奇而富有活力的看法。系里的其他同事也一如既往地给予我支持与鼓励。我和詹姆斯·鲁滨孙（James Robinson）合伙在哈佛大学组建了一个工作室，工作室的同人也集思广益，为本书提供了各式各样的话题。

需要说明的是，本书所用的部分材料中，有些此前已作为独立的文章刊发在《自然历史》《探索》《自然杂志》《纽约书评》《纽约客》等刊物上。

在过去50多年里，数千名来自新几内亚、印度尼西亚和所罗门群岛的居民和我分享过他们的人生感悟、生活体验和世界观，向我生动再现了所有与本书创作相关的经历。他们赠予我别样、多彩的见闻和体验，这些都令我感激不尽。在此，我要把这本书献给一位特殊的朋友——梅格·泰勒夫人。她出生于新几内亚瓦基山谷中的小村落，并在巴布亚新几内亚高地长大。她的家庭组成也十分特殊：母亲耶丽玛·玛南普·马西（Yerima Manamp Masi）出身于当地的名门望族拜曼·岑拉普（Baiman Tsenglap）家族；父亲詹姆斯·泰勒（James Taylor）则是一名澳大利亚巡警，曾担任1933年贝纳迪尔-哈根巡逻队和1938—1939年哈根-塞皮克河巡逻队的队长。梅格曾在巴布亚新几内亚大学和澳大利亚墨尔本大学攻读法律专业，毕业后，她成为巴布亚新几内亚第一任部长的私人秘书。1975年,巴布亚新几内亚由自治宣布独立期间,梅格升任总理迈克尔·索马雷爵士(Sir Michael Somare)的私人秘书。不仅如此,随后梅格开始涉足法律领域,成为巴布亚新几内亚法律改革委员会委员,紧接着又作为富布赖特学者到哈佛大学深造。1989—1994年,梅格先后担任巴布亚新几内亚驻美国、墨西哥和加拿大等国大使。与此同时,她还在国际环境保护和研究机构中任职,巴布亚新几内亚各大涉足自然资源、金融、农业等领域的企业中也可见到她的身影,她还在澳大利亚证券交易所上市的企业中兼任董事会成员。1999年,梅格被委任为世界银行集团合规顾问/监察员办公室的副总裁。在身兼多个高管职位的同时,梅格作为一个普通的家庭成员,是女儿泰米尔的母亲,也是家族中年青一辈孩子们的阿姨。结束了华盛顿特区的世界银行的工作后,梅格说,她会回归自己的家乡,回归家庭。

还有很多朋友、同事在本书与个人经历相关的章节的写作过程中帮了很多忙。他们或给我提供各类文章、文献,或与我分享他们自己的经历感悟,有时还与我一起讨论并修改草稿。他们是格雷戈里·安德森(Gregory Anderson)、斯蒂芬·贝克尔曼(Stephen Beckerman)、埃伦·比亚利斯托克(Ellen Bialystok)、戴维·毕晓普(David Bishop)、丹尼尔·卡珀(Daniel Carper)、伊丽莎白·卡什丹(Elizabeth Cashdan)、芭芭拉·迪安(Barbara Dean)、丹尼尔·丹尼特(Daniel Dennett)、乔尔·多伊奇(Joel Deutsch)、迈克尔·戈兰(Michael Goran)、马克·格雷迪(Mark Grady)、K.大卫·哈里森(K. David Harrison)、克里斯滕·霍克斯（Kristen Hawkes）、卡尔·海德（Karl Heider）、丹·亨利（Dan Henry）、邦妮·休利特（Bonnie Hewlett）、威廉·伊伦斯（William Irons）、弗朗辛·考夫曼（Francine Kaufman）、尼尔·考夫曼（Neal Kaufman）、劳雷尔·卡恩斯（Laurel Kearns）、菲利普·克莱默（Philip Klemmer）、拉塞尔·科罗布金（Russell Korobkin）、阿格奈什·科瓦奇（Ágnes Kovács）、迈克尔·克劳斯（Michael Krauss）、萨拜因·屈格勒（Sabine Kuegler）、戴维·莱廷（David Laitin）、弗兰切斯卡·莱亚尔迪尼（Francesca Learddini）、史蒂文·勒布朗（Steven LeBlanc）、格雷厄姆·麦格雷戈（Graham MacGregor）、罗伯特·麦金利（Robert McKinley）、安杰拉·迈尔扎格（Angella Meierzag）、肯尼思·梅斯普莱（Kenneth Mesplay）、理查德·米尔斯（Richard Mills）、维斯瓦纳塔·莫汉（Viswanatha Mohan）、伊丽莎白·纳贝尔（Elizabeth Nabel）、加里·纳贝尔（Gary Nabel）、克莱尔·帕诺西安（Claire Panosian）、约瑟夫·佩卡姆（Joseph Peckham）、劳埃德·佩卡姆（Lloyd Peckham）、戴尔·普赖斯（Dale Price）、戴维·普赖斯（David Price）、塞缪尔·普赖斯（Samuel Price）、林达·雷斯尼克（Lynda Resnick）、杰尔姆·罗特（Jerome Rotter）、罗杰·桑特（Roger Sant）、理查德·什韦德（Richard Shweder）、查尔斯·泰勒（Charles Taylor）、明娜·泰勒（Minna Taylor）、尤金·沃洛赫（Eugene Volokh）、道格拉斯·怀特（Douglas White）、波莉·维斯纳（Polly Wiessner）、戴维·斯隆·威尔逊（David Sloan Wilson）、拉纳·威尔逊（Lana Wilson）、布鲁斯·温特哈尔

德（Bruce Winterhalder）、理查德·兰厄姆（Richard Wrangham）和保罗·齐迈特（Paul Zimmet）等，在此一并表示感谢。

此外，感谢所有为本书的研究慷慨提供论据支持的机构与专家：美国国家地理学会、保护国际、布里滕纳姆（Brittenham）夫妇、雷斯尼克（Resnick）夫妇、美国首脑基金会，以及于1981年成立本科研究学者信托基金协会的马索内克（Masonek）夫妇、塞缪尔·F.海曼（Samuel F. Heyman）和伊夫·格鲁伯·海曼（Eve Gruber Heyman）。

最后，再次由衷感谢所有朋友和组织机构的帮助。

拓展阅读

我挑选了一些参考文献,供有兴趣的读者进一步阅读。这些文献多发表于近期,但其中列举了大量关于早期研究的书目。我还选取了一些早期重要的书和文章,有的读者应该会觉得很有趣,有的是我在书中特别提到的。由于本书面向大众读者,我在文中只针对个别语句标记了脚注,此处的参考文献则意在补充个别主题或整个章节。为了让本书显得没那么厚,我在这里只列出了与整本书及前言最相关的参考内容。关于第1—11章及后记的参考文献,可以参阅网站http://www.jareddiamondbooks.com。

整本书的参考文献

我列出了三个部分的参考文献和评论:第一部分是有助于理解整本书主题的一些书,它们提供了很多社会的比较研究信息;第二部分解释了我对所遇到的传统社会中的人的姓名等信息的处理方式;第三部分是关于我在书中经常举例的世界各地的39个传统社会的参考文献。

比较研究类参考文献

艾伦·约翰逊(Allen Johnson)和蒂莫西·厄尔(Timothy Earle)的《人类社会的演变:从觅食群体到农业国家》(*The Evolution of Human Societies: From Foraging Group to Agrarian State*, 2nd ed., Stanford: Stanford University Press, 2000)是一本关于世界各地人类社会比较研究的杰作,尤其适合本书的读者。这本书

比较了具有不同组织形态的人类社会的多个层面，总结了 19 个社会的实例研究，并提供了关于这些社会的诸多参考文献。相比于我在本书中采用的 4 种粗略分类——游群、部落、酋邦和国家，约翰逊和厄尔采用了更精细的社会分类。另一本杰作是伊恩·基恩（Ian Keen）的《原住民经济与社会：澳大利亚的殖民门槛》(*Aboriginal Economy and Society: Australia at the Threshold of Colonisation*, South Melbourne: Oxford University Press, 2004）。类似于约翰逊和厄尔，基恩在书中提供了 7 个案例，研究了澳大利亚原住民的地理、环境和社会组织。还有 3 本书详细调查了世界各地的狩猎-采集社会，分别是：Richard Lee and Irven DeVore, *Man the Hunter*, (Chicago: Aldine, 1968); Frances Dahlberg, *Woman the Gatherer*, (New Haven: Yale University Press, 1981); Richard Lee and Richard Daly, *The Cambridge Encyclopedia of Hunters and Gatherers*, (Cambridge: Cambridge University Press, 1999)。此外，文化人类学家经常参考的极具价值的跨文化研究来自匹兹堡大学乔治·默多克（George Murdock）领导的跨文化累积编码中心（Cross-Cultural Cumulative Coding Center）项目。该项目对全世界的数百个前工业社会的一千多个文化变量进行了编码，其数据资料包括：George Murdock, *Ethnographic Atlas*, (Pittsburgh: University of Pittsburgh Press, 1967); Herbert Barry III and Alice Schlegel, *Cross-Cultural Samples and Codes*, (Pittsburgh: University of Pittsburgh Press, 1980); http://www.yale.edu/hraf, http://ehrafworldcultures.yale.edu, and http://ehrafarchaeology.yale.edu。

新几内亚人的姓名

我在书中讲述的一些有趣的谈话和事件，都取材自我跟新几内亚朋友一起观鸟、交谈时发生的事情。这些趣闻并不是为了证明什么，它只是一种表达观点的方式，可以让听者代入某个人。记者一般会提供信息提供者的真实姓名、识别细节和地点，以便其他人可以接触并询问信息提供者更多的信息。人类学家也会如此，我过去就采用了这种做法。

然而，现在人类学家意识到，信息提供者可能会因为其行为和观点被暴露而受到伤害。来自不同社会的人彼此很容易产生文化误解，例如，如果一个新几内亚村民突然和一个陌生人接触，他们还没有建立持续的关系，这个陌生人的动机和解释也并不清楚，那他可能会误导和剥削新几内亚人。因此，现在人类学家和社会学家会改变（虚构）研究地区以及信息提供者的名字。在人种学研究中，研究者会尽量避免透露一些能够让其他人追踪数据来源的细节。正如我的一个人类学家朋友解释的那样，"这样做的目的是保护信息提供者，避免其他人出于各种目的找到他们，甚至伤害他们"。美国人类学协会伦理法典规定，"人类学研究者对……与其共同工作的人员负有首要的伦理义务。这些义务高于寻求新知识的目标"。因此，我在本书中也遵循了人类学研究惯例，在叙述我的新几内亚朋友们的故事时，更改了他们的名字和一些可识别的细节。

频繁引用的研究

正如在序言中所解释的，我在本书中反复引用了关于世界各地的 39 个传统社会的研究成果，便于读者理解一个社会的不同层面是如何融合在一起的。我并未在文中第一次提到某个传统社会时，便标明相应的参考文献，而是将所有相关的参考资料集中在此。这 39 个传统社会中，有 10 个来自新几内亚和邻近岛屿，7 个来自澳大利亚，各有 5 个来自欧亚大陆、非洲和南美洲，还有 7 个来自北美洲。

新几内亚 达尼族：约翰·布鲁克黑塞（Johan Broekhuijse）、卡尔·海德（Karl Heider）、罗伯特·贾després纳（Robert Gardner）和彼得·马西森（Peter Matthiessen）的书，详见网站上第 3 章的拓展阅读。达尔比族：Roy Wagne, *The Curse of Souw: Principles of Daribi Clan Definition and Alliance in New Guinea*, (Chicago: University of Chicago Press, 1967), *Habu: The Innovation of Meaning in Daribi Religion*, (Chicago: University of Chicago Press, 1972)。恩加族：Polly Wiessner and Akii Tumu, *Historical Vines: Enga Networks of Exchange, Ritual, and Warfare in Papua New Guinea*, (Washington, DC: Smithsonian Institution Press, 1998); Allen Johnson and Timothy Earle, *The Evolution of Human Societies: From Foraging Group to Agrarian State*, 2nd ed., Stanford: Stanford University Press, 2000；特别是默文·梅吉特（Mervyn Meggitt）的书籍和论文。法尤族：Sabine Kuegler, *Dschungelkind*, (München: Droemer, 2005)。我参考的是德语版，英语版（*Child of the Jungle*, New York: Warner Books, 2005）略有删减。还有两本关于法尤族的书：Kuegler, *Ruf des Dschungels*, (München: Droemer, 2006) and *Jägerin und Gejagte*, (München: Droemer, 2009)。佛尔族：Ronald Berndt, *Excess and Restraint: Social Control Among a New Guinea Mountain People*, (Chicago: University of Chicago Press, 1962)。希尼洪族：Angella Meinerzag, *Being Mande: Personhood, Land, and Naming System Among the Hinihon in the Adelbert Range/Papua New Guinea*, Ph.D. dissertation, University of Heidelberg, 2007。卡乌龙族：Jane Goodale（不要与灵长类动物学家珍·古道尔混淆），*To Sing with Pigs Is Human: the Concept of Person in Papua New Guinea*, (Seattle: University of Washington Press, 1995)。迈鲁岛：Bronislaw Malinowski, *Natives of Mailu*, (Adelaide: Royal Society of South Australia, 1915)。特罗布里恩群岛：Allen Johnson and Timothy Earle, *The Evolution of Human*

Societies: From Foraging Group to Agrarian State, 2nd ed. (Stanford: Stanford University Press, 2000)。策姆巴加·马林人：Roy Rappaport, *Pigs for the Ancestors: Ritual in the Ecology of a New Guinea People*, 2nd ed., (Long Grove, IL: Waveland Press, 1984); Allen Johnson and Timothy Earle, *The Evolution of Human Societies: From Foraging Group to Agrarian State*, 2nd ed. (Stanford: Stanford University Press, 2000)。

澳大利亚 基恩在《原住民经济与社会：澳大利亚的殖民门槛》中提供了7个社会的参考书目：西北部的恩加里宁族、阿纳姆地区的雍古族、约克角城的沙滩族、新南威尔士内陆的尤瓦利亚伊族、东南部的库奈族、西澳大利亚沙漠的皮詹贾拉族、西南部的维尔族与米农族。

欧亚大陆 菲律宾的阿埃塔族：Thomas Headland, *Why Foragers Do Not Become Farmers: A Historical Study of a Changing Ecosystem and Its Effect on a Negrito Hunter-Gatherer Group in the Philippines* (Ph.D. dissertation, University of Hawaii, 1986); John Early and Thomas Headland, *Population Dynamics of a Philippine Rain Forest People: The San Ildefonso Agta* (Gainesville: University Press of Florida, 1998)。日本的阿伊努族：Hitoshi Watanabe, *The Ainu Ecosystem: Environment and Group Structure* (Seattle: University of Washington Press, 1973)。孟加拉湾的安达曼岛人：A. R. Radcliffe-Brown, *The Andaman Islanders* (Glencoe, IL: Free Press, 1948); Lidio Cipriani, *The Andaman Islanders* (New York: Praeger, 1966)。阿富汗的吉尔吉斯人和西伯利亚的恩加纳桑人：Allen Johnson and Timothy Earle, *The Evolution of Human Societies: From Foraging Group to Agrarian State*, 2nd ed. (Stanford: Stanford University Press, 2000)。

非洲 坦桑尼亚的哈扎族：Frank Marlowe, *The Hadza: Hunter-Gatherers of Tanzania* (Berkeley: University of California Press, 2010); Kristen Hawkes, James O'Connell, and Nicholas Blurton Jones, "Hadza children's foraging: juvenile dependency, social arrangements and mobility among hunter-gatherers," *Current Anthropology* 36: 688–700 (1995), "Hadza women's time allocation, offspring provisioning and the evolution of post-menopausal lifespans," *Current Anthropology* 38: 551–577 (1997), and "Hunting and nuclear families: some lessons from the Hadza about men's work," *Current Anthropology* 42: 681–709 (2001)。非洲西南部的昆族：Nancy Howell, *Demography of the Dobe !Kung*, 2nd ed. (New York: Aldine de Gruiter, 2000), *Life Histories of the !Kung: Food, Fatness, and Well-being over the Life-span* (Berkeley: University of California Press, 2010); Richard Le, *The !Kung San: Men, Women, and Work in a Foraging Society* (Cambridge: Cambridge University Press, 1979); Lorna Marshall, *The !Kung of Nyae Nyae* (Cambridge, MA: Harvard University Press, 1976); Marjorie Shostak, *Nisa: The Life and Words of a*

!*Kung Woman* (Cambridge, MA: Harvard University Press, 1981); Elizabeth Marshall Thomas, *The Harmless People*, rev. ed. (New York: Vintage Books, 1989)。苏丹的努尔族：E. E. Evans-Pritchard, *The Nuer of the Sudan: A Description of the Modes of Livelihood and Political Institutions of a Nilotic People* (Oxford: Oxford University Press, 1940)。中部非洲的俾格米族（至少包含非洲森林觅食者中的 15 个民族语言群体）：Colin Turnbull, *The Forest People* (New York: Touchstone, 1962); Luigi Luca Cavalli-Sforza, *African Pygmies* (Orlando: Academic Press, 1986); Barry Hewlett, *Intimate Fathers: The Nature and Context of Aka Pygmy Paternal Infant Care* (Ann Arbor: University of Michigan Press, 1991); Bonnie Hewlett, *Listen, Here Is a Story: Ethnographic Life Narratives from Aka and Ngandu Women of the Congo Basin* (New York: Oxford University Press, 2012); Barry Hewlett and Jason Fancher, "Central Africa hunter-gatherer research traditions", in Vicki Cummings et al., eds., *Oxford Handbook of the Archaeology and Anthropology of Hunter-Gatherers* (Oxford: Oxford University Press, 2014)。肯尼亚的图尔卡纳族：Allen Johnson and Timothy Earle, *The Evolution of Human Societies: From Foraging Group to Agrarian State*, 2nd ed. (Stanford: Stanford University Press, 2000)。

北美洲 佛罗里达的卡鲁萨人：Randolph Widmer, *The Evolution of the Calusa: A Nonagricultural Chiefdom on the Southwest Florida Coast* (Tuscaloosa: University of Alabama Press, 1988)。加利福尼亚内陆地区的丘马什人：Lynn Gamble, *The Chumash World at European Contact: Power, Trade, and Feasting among Complex Hunter-Gatherers* (Berkeley: University of California Press, 2008)。加利福尼亚岛屿上的丘马什人：Douglas Kennet, *The Island Chumash: Behavioral Ecology of a Maritime Society* (Berkeley: University of California Press, 2005)。阿拉斯加西北部的伊努皮亚特人：Ernest Burch Jr., *The World System of the Iñupiaq Eskimos: Alliance and Conflict* (Lincoln: University of Nebraska Press, 2005)。阿拉斯加北坡的因纽特人、大盆地的肖肖尼族、西北海岸区的印第安人：Allen Johnson and Timothy Earle, *The Evolution of Human Societies: From Foraging Group to Agrarian State*, 2nd ed. (Stanford: Stanford University Press, 2000)。

南美洲 巴拉圭的阿切族：Kim Hill and A. Magdalena Hurtado, *Ache Life History: The Ecology and Demography of a Foraging People* (New York: Aldine de Gruyter, 1996)。秘鲁的马奇根加族：Allen Johnson and Timothy Earle, *The Evolution of Human Societies: From Foraging Group to Agrarian State*, 2nd ed. (Stanford: Stanford University Press, 2000)。巴西的皮拉亚印第安人：Daniel Everet, *Don't Sleep, There Are Snakes: Life and Language in the Amazonian Jungle* (New York: Pantagon, 2008)。玻利维亚的西里奥诺印第安人：Allan Holmberg, *Nomads of* the Long Bow: The Siriono of Eastern Bolivia (Garden City, NY: Natural History Press, 1969)。巴西和委内瑞拉的雅诺马莫人：Napoleon Chagnon, *Yanomamo*, 5th ed. (New York: Wadsworth, 1997); Allen Johnson and Timothy Earle, *The Evolution of Human Societies: From Foraging Group to Agrarian State*, 2nd ed. (Stanford: Stanford University Press, 2000)。

序言的参考文献

在巴布亚新几内亚独立十几年前，加文·苏特（Gavin Souter）在《新几内亚：最后的未知》(*New Guinea: The Last Unknown*, Sydney: Angus and Robertson, 1964) 中很好地描述了关于新几内亚的早期研究。我在网站上列出了第 1 章关于描述和说明澳大利亚人和新几内亚高地人第一次接触的参考书目。

至于以世界其他地方数量更多的传统社会的标准来看，为什么西方的（Western）、受过教育（Educated）、来自工业国家（Industrialized）、富有（Rich），以及生活在民主社会（Democratic）的人是 WEIRD（怪胎），详见：Joseph Henrich, Steven Heine and Ara Norenzayan, "Most people are not WEIRD," *Nature* 466: 29 (2010); "The Weirdest people in the world?," *Behavioral and Brain Sciences* 33: 61–135 (2010)。

我在《枪炮、病菌与钢铁》的第 14 章中使用本书的分类方法讨论了游群到国家的演变，约翰逊和厄尔在《人类社会的演变：从觅食群体到农业国家》中则以更精细的分类详细地讨论了这一演变。关于人类社会分类的经典论述，可参见：Elman Service, *Primitive Social Organization* (New York: Random House, 1962), *Origins of the State and Civilization* (New York: Norton, 1975)。

关于我在文中提到的解释人类社会之间差异的不同方法，可参见：John Bodley, *The Power of Scale: A Global History Approach* (London: Sharpe, 2003); Timothy Earle, *Bronze Age Economics: The Beginnings of Political Economies* (Boulder, CO: Westview, 2002); Timothy Earle, ed., *Chiefdoms: Power, Economy, and Ideology* (Cambridge: Cambridge University Press, 1991); Marvin Harris, *Cultural Materialism: The Struggle for a Science of Culture* (New York: Random House, 1979); Marshall Sahlins, *Culture and Practical Reason* (Chicago: University of Chicago Press, 1976); Clifford Geertz, *The Interpretation of Cultures* (New York: Basic Books, 1973); Michel Foucault, *The Archaeology of Knowledge* (New York: Pantheon Books, 1972); Marshall Sahlins, *Stone Age Economics* (Chicago: Aldine, 1972); Marvin Harris, *The Rise of Anthropological Theory: A History of Theories of Culture* (New York: Crowell, 1968); Claude Leví-Strauss, *Structural Anthropology* (New

York: Doubleday, 1963); Julian Steward, *Theory of Culture Change* (Urbana: University of Illinois Press, 1955); Alfred Kroeber, *The Nature of Culture* (Chicago: University of Chicago Press, 1952)。

关于现存的32个觅食游群中实际关系模式的分析，可参见：Kim Hill et al., "Co-residence patterns in hunter-gatherer societies show unique human social structure," *Science* 331: 1286–1289 (2011)。

关于解释现代传统社会田野调查的困难，可参见：Ian Keen, *Aboriginal Economy and Society: Australia at the Threshold of Colonisation* (South Melbourne: Oxford University Press, 2004)。

关于严谨的口述史方法论的开创性研究，可参见：Jan Vansina, *Oral Tradition: a Study in Historical Methodology* (London: Routledge and Kegan Paul, 1965), *Oral Tradition as History* (London: James Currey, 1985)。如果读者对我未在本书中提及（以减少本书的厚度）的社会演变感兴趣，可参见：Richard Nisbett, *The Geography of Thought: How Asians and Westerners Think Differently and Why* (New York: Free Press, 2003)。理查德·尼斯比特在这本书中简要讨论了狩猎-采集族群、传统农耕族群和现代工业族群之间的认知差异。约瑟夫·亨里奇等人则具体讨论了传统社会和现代工业社会中，人们在公平、互惠和追求私利等方面的认知差异，具体参见：Joseph Henrich et al., eds., *Foundations of Human Sociality: Economic Experiments and Ethnographic Evidence from Fifteen Small-Scale Societies* (Oxford: Oxford University Press, 2004)。

关于将一个社会的惯例和经验应用于另一个社会的困难之处，详细案例研究可参见：Elizabeth Watson, *Living Terraces in Ethiopia: Konso Landscape, Culture, and Development* (Woodbridge, UK: James Currey, 2009)。

关于传统社会的数据源

我在本书中简要总结了了解传统社会的4种方法以及它们各自的优缺点，现在对其进行进一步讨论，供有兴趣了解更多相关数据源的读者（尤其是学者）参考。

最普遍的方法以及本书大部分信息的来源，是由训练有素的社会科学家或生物科学家深入传统社会探访，或和当地人共同生活，以研究某个主题。这些从事不同学科研究的科学家包括人类学家、生物学家、经济学家、人种学家、遗传学家、历史学家、语言学家、医生、政治学家、心理学家和社会学家。他们通常在开始研究时就设定了某个特定的问题或假设，然后用表格呈现收集的量化数据（尤其是现在），最后以科学论文或书的形式发表研究成果。这种应用于研究传统社会的科学方法经过了几个世纪的演变,已成为获得现实世界可靠信息的最佳方法,不仅适用于研究人类社会,也适用于研究细菌、分子、岩石或星系等。

应用这种方法研究传统人类社会时,有两种主要的困境。当然,这些并不会使研究失效。只是我们在解释结论时,需要将这些因素考虑在内,这也是我们求助于其他数据源的原因。澳大利亚人类学家伊恩·基恩在介绍他关于澳大利亚原住民社会的著作时,总结了这些困难:"训练有素的人类学家的研究工作出现的主要问题在于解释,因为他们处于殖民/后殖民晚期,而且受到了特定范式的强烈影响。然而,在他们感兴趣的领域,这些研究往往是最彻底、最系统的。"

基恩对于殖民/后殖民晚期研究的警告指向文化人类学中固有的困境,类似物理学中的海森堡不确定性原理。不确定性原理是指,任何物理测量都不可避免地会干扰研究系统,使系统(未受到干扰时)的真实值具有不确定性。(尤其是在粒子物理学中,该原理指出,不可能同时测量一个粒子的位置和速度的精确值。)为了理解文化人类学的困境,我们可以回顾一下,现代人类学对澳大利亚原住民的研究始于20世纪,人种学记述始于现代专业人类学兴起之前的19世纪。然而,欧洲人早已在1616年登陆澳大利亚,并在1788年建立了第一个定居点。在欧洲人到来之前的几个世纪,望加锡人(印度尼西亚渔民)已定期前往澳大利亚北部,而来自印度尼西亚的未明身份的南岛语族几千年前已将狗(野狗)等生物和技术引入了澳大利亚。

因此,现代研究的澳大利亚原住民社会完全不同于欧洲人或望加锡人到来之前。大部分原住民早已因为欧洲人或望加锡人带入的疾病而灭绝,剩余的原住民被欧洲-澳大利亚政府征服并控制。他们被禁止按惯例焚烧土地,被驱逐出原本属于他们土地范围的欧洲人的定居地。甚至欧洲人引入的猫、狐狸、牛羊和南岛人引入的野狗影响了当地的动植物,导致他们的部分生计被剥夺。同样地,虽然卡拉哈迪沙漠的昆族被视为狩猎-采集族群范本,但自20世纪60年代开始便作为详细研究对象的昆族,包括我在本书中频繁引用的研究中的昆族,早已用金属箭头替换了传统的骨质箭头,他们不再相互掠夺,近期一直与班图牧民进行贸易,还被班图牧民侵犯。班图牧民大约2 000年前已到达非洲南部,昆族必然早已在某种程度上受到了他们的影响。

更为普遍的是,20世纪研究的所有狩猎-采集者都与食物生产者(农民、牧民)有实际的或间接的接触。然而,直到大约1.1万年前,所有的人类社会都是狩猎-采集社会,因此一个狩猎-采集社会只跟其他狩猎-采集社会接触。只有在澳大利亚、北极和北美西部等少数地区,第一批非科学家的西方探险家遇到了仍然生活在狩猎-采集社会的狩猎-采集者。这些事实引发了关于现代研究与过去社会相关性的激烈争论:现代的狩猎-采集者与过去的狩猎-采集者是否差别太大,以致我们对于二者的理解实际上没有相关性?这种观点的确过于极端。正如人类学家梅尔文·康纳（Melvin Konner）所说的那样，如果今天我们把一群西方人扔到非洲大草原的某个地方，没有衣服，没有工具，在两代人之内，他们要么都没能活下去，要么独立地发展出许多狩猎-采猎族群的特征。但我们至少要意识到，现代传统社会的人们与遥远过去的传统社会的人们并非一个模子印出来的。

关于基恩的另一个警告，在任何特定时期的任何科学研究中，有的领域必然是系统研究和资助的首选，而有的领域仍然被忽视。例如，直到最近，很少有人类学家研究传统社会中的老人和小孩。田野调查者并不被鼓励进行科学的"钓鱼旅行"，记录下他们所观察到的一切；他们被期望针对某个特定的主题写出书稿和文章。在特定的时间，某些解释和现象是首选，而其他的被认为不可取。例如，对于著名的人类学家玛格丽特·米德（Margaret Mead）是否为了迎合当时人类学流派的先入之见而歪曲了对太平洋岛民性行为的描述，一直存在激烈的争论；至今仍有人认为传统社会的人们并不好战，即便他们好战，也是与欧洲人接触的产物，就算他们真的好战，我们也不应该描述他们的战争，因为这样做在政治上是有害的。

第二个关于传统社会的数据源是通过采访在世的、不识字的原住民，借助口述史重建几个世代以来的社会样貌，以梳理传统社会在现代的变化。当然，这种方法有它自己的问题，但实践者已掌握大量的技术方面的经验（由 Jan Vansina 开创），以交叉检查的方法确保所得消息的准确性。

例如，美国人类学家波莉·维斯纳（Polly Wiessner）和恩加族艺术家阿基·图穆（Akii Tumu）合作研究了恩加族的口述史。恩加族是巴布亚新几内亚高地最大的语族，虽然其书面记录的历史始于 20 世纪 30 年代识字的欧洲人到来之后，但有别于其他新几内亚人，他们通过一套历史传统（atone pii）来记录历史事件。这套历史传统不同于神话（tindi pii），可以追溯到 8~10 个世代（250~400 年）。1985—1998 年，维斯纳和图穆采访了 110 个恩加部落中的老人。他们检验被采访者提供信息的准确性的方式包括：比较不同氏族、不同部落的叙述是否一致；比较战争、迁移的参与者或邻近族群关于战争和迁移的叙述是否相符；比较一个生活领域的信息（如猪的仪式性交换）与另外的生活领域的信息（比如土地使用、农业生产）能否对应。此外，他们还根据影响了所有巴布亚新几内亚高地族群（包括恩加族）的两个独立的、可确定日期的事件来检验口述史的准确性。一个事件是 17 世纪，长岛附近发生了大规模的火山爆发，整个东部高地沉积了一层化学上可检测的火山灰，恩加族及其他高地人称其为"黑暗时期"。另一个事件是 250~400 年前，甘薯的引入改变了高地人的农业和社会状况。通过这些交叉核对和交叉测定的方法，维斯纳和图穆得以重建早在欧洲人到达新几内亚高地之前，关于部落分散、人口增长、人口规模、环境条件、农业生计、作物种植、贸易、领导、社会结构、战争、迁移，以及过去 8 个世代的仪式和宗教信仰发展的详细历史。

这种通过口述史重建社会面貌的方法仅适用于少数传统社会，因为大部分传统社会的人们并没有保存超过几代人的详细口述信息。具体情况取决于他们的社会结构、他们对第一手经验的坚持程度、讲故事的人、讲故事时的背景、听故事的人在讲述过程中的参与程度等。例如，传教士语言学家丹尼尔·埃弗里特发现巴西的皮拉亚印第安人拒绝讨论他们没有亲眼见过的任何事，埃弗里特试图向他们讲述耶稣的生平，结果被他们嘲笑："你亲自见过他吗？如果没有，你怎么能相信他呢？"同样地，从20世纪60年代开始的关于昆族的许多研究都没能找到关于几代昆族人之前的事件或状况的详细信息。此外，在恩加人中，历史故事是在男人的家中讲述的，听故事的人会评价并纠正故事中的错误，有权势的人也不被允许为了他们的私利而歪曲历史。

第三种了解传统社会的方法与利用口述史重建社会面貌的目的相同，试图了解传统社会在现代科学家造访前的原始面貌。虽然一些科学家在最早接触某些传统社会族群的外来者之列，比如1938年美国自然历史博物馆的第三次阿奇博尔德探险队发现了巴连河山谷的达尼人，但更多的科学家是在政府巡逻队、商人、传教士、语言学家或探险家之后才开始接触传统社会。新世界、非洲、澳大利亚和太平洋岛屿的绝大多数传统社会便是如此，在现代人类学结合为一个需进行田野调查的学科之前，欧洲人已经在1492年至20世纪早期发现这些传统社会了。从20世纪30年代至今，由于所需的资源和涉及的危险，与新几内亚人和亚马孙部落的第一次接触通常也不是由科学家进行的。科学家到来时，部落文化早已因为与外界接触而发生了变化。

但我们仍然可以从最早的未经训练的外来者所描述的轶事中了解很多关于传统社会的信息。这个方法有一个明显的缺点，即这些外来者的描述缺少系统性、量化数据，也缺少严谨的方法和现有关于其他部落的知识体系的指导。而它的一个明显的补偿性优势在于，由此获得的部落社会的信息比科学家到来之后发生的变化更少。还有一个不太明显的优势在于，这些第一手观察资料的非系统性和非科学性实际上也可以成为一种优势。未经训练的外来者经常会描述震惊他们的任何事，因此可能会讨论社会的方方面面，而这些往往会被派去研究某个特定现象的科学家所忽略。

其中一个例子就是德国的萨拜因·屈格勒（Sabine Kuegler）所写的关于印度尼西亚新几内亚省法尤族的杰作《丛林的孩子》（*Dschungelkind*）。1979年，我第一次访问印度尼西亚新几内亚省时，直升机驾驶员告诉我，他最近代表一对传教士夫妇克劳斯与多丝·屈格勒对法尤族牧民进行了一次恐怖的访问。应法尤族的邀请，屈格勒夫妇带着他们的三个孩子跟法尤族一起居住，大多数法尤人第一次见到了外来者。屈格勒夫妇的第二个孩子萨拜因从7岁开始待在法尤族，一直到 17 岁，其间没有其他的外来者。在搬到欧洲接受欧洲教育并成为欧洲人之后，萨拜因在 2005 年出版了关于她的经历和观察的书。

　　萨拜因的书中没有数据表、对立假设的检验、人类学某些分支的现状概述，读者能生动地感受到法尤人在第一次接触外来者后的生活，包括在空中呼啸而过的箭、危险、事故和死亡。因为萨拜因的玩伴是法尤人，她把自己也当成半个法尤人，所以萨拜因的书就像法尤人的自传，只是她拥有法尤人和西方人的双重视角。因此，萨拜因能够注意到一些法尤人认为理所当然、不值得一提的特征，比如他们的时间感、生活中的生理困难，以及作为法尤人的心理。同样令人感动的是，萨拜因描述了她回到欧洲的经历，她以半个法尤人的视角观察欧洲社会，这让她注意到了一些欧洲人会视为理所当然的特征，比如与陌生人打交道的问题、过马路时的危险。也许有一天，科学家会拜访法尤族，描述他们社会的某些方面。然而，那时的法尤人早已与 1979 年屈格勒夫妇遇到的法尤人大不相同。没有科学家能够重复萨拜因的经历，描述出几乎作为一个传统的法尤人成长、思考和感受是什么样子。

　　了解传统社会的另一种方法，同时也是研究没有文字、没有识字的观察者接触过的古老社会的唯一信息来源，就是考古学。考古学的优缺点与现代观察者的优缺点刚好相反。通过挖掘的某处遗址和放射性碳年代测定，考古学家可以重建数万年前未被现代社会接触和改变的文化。因此，使用这种方法完全不用担忧现代接触和常住的社会学家会造成干扰。这是一个巨大的优势。相应的劣势就是缺失了日常的事件和人名、动机、语言等细节。考古学家还面临另一个劣势，就是根据考古沉积物保存的物质信息得出社会方面的结论更费力，也更具有不确定性。例如，考古学家试图根据不同墓地中的随葬品和墓穴规模之间的差异，来间接推断个体在社会地位和财富上的不平等，而挖掘这些墓地就需要考古学家在野外辛苦好几个季度。现代的民族学家在田野调查中可能在一天之内就能直接观察到这种不平等现象，但此时的研究对象已经因为跟现代社会的接触而有了不同程度的改变。

　　因此，了解传统社会的 4 种方法各有优劣。如果我们可以采用这 4 种方法，并且得出相似的结论，那我们对这一结论将更有信心。例如，我们关于部落战争的信息来自现代科学观察（如第三章中描述的扬·布鲁克和卡尔·海德对达尼族战争的详细描述）、口述史（如维斯纳和图穆的描述）、轶事讲述（如萨拜因·屈格勒所描述的法尤人）和考古证据（如出土的战斗盔甲和被斧头劈开的头骨）。当这 4 种方法得出的结论不一致时，我们必须弄清楚原因：也许传统社会因为时间推移或与现代社会接触而发生了变化。

图片来源

图1： Photo by Michael Leahy, from First Contact by Bob Connolly and Robin Anderson (Viking, New York, 1987) courtesy of the estate of Mrs. Jeannette Leahy；
图2： Photo by Michael Leahy, from First Contact by Bob Connolly and Robin Anderson (Viking, New York, 1987) courtesy of the estate of Mrs. Jeannette Leahy；
图3： Carlo Ottaviano Casana；
图4： Photograph by Michael Clark Rockefeller. Courtesy of the Peabody Museum of Archaeology and Ethnology, Harvard University, 2006.12.178.10；
图5： James Tourtellotte, U.S. Customs & Border Patrol；
图6： Bruno Zanzottera/Parallelozero；
图7： Peter Hallinan；
图8： © 2012 Jeff Schultz/AlaskaStock.com；
图9： Henrik Stabell；
图10： Romas Vysniauskas；
图11： Kim Hill；
图12： Olivier Blaise；
图13： © Art Wolfe/www.artwolfe.com；
图14： Jacob Maentz/jacobim ages.com；
图15： Bonnie Hewlett；
图16： Toninho Muricy；
图17： © Marka/SuperStock；
图18： Brian M. Wood；

图 19：REUTERS/Yuri Maltsev；
图 20：Blend Images/PunchStock；
图 21：© Eye Ubiquitous/SuperStock；
图 22：AP Photo/George Nikitin；
图 23：J. Miles Cary, Knoxville News Sentinel；
图 24：Photograph by Karl G. Heider. Courtesy of the Peabody Museum of Archaeology and Ethnology, Harvard University. 2006.17.1.89.2；
图 25：Taken by Masami Oki. "Material provided by Hidetsugu Aihara," donated by Peace Museum of Saitama. Courtesy of Hiroshima Peace Memorial Museum；
图 26：Russell D. Greaves and Karen Kramer；
图 27：Phil Ramey, Ramey Pix；
图 28：Brian M. Wood；
图 29：Russel D. Greaves and Karen Kramer；
图 30：Photo by Carole A. Kosakowski；
图 31：Afonso Santos；
图 32：Bonnie Hewlett；
图 33：Karen Kramer；
图 34：Sun xinming/ImagineChina；
图 35：Sheryl Dawson/Spot-On Marketing, courtesy of Starfish Resources, LLC.；
图 36：©SuperStock；
图 37：The Harvard Theatre Collection, Harvard University；
图 38：REUTERS/Kyodo News Agency；
图 39：Dr. James Garza；
图 40：USAID；
图 41：© Sarah M. J. Welch/ The Harvard Crimson；
图 42：Sisse Brimberg/National Geographic Stock；
图 43：Robert R. Leahey, State Archives of Florida, Florida memory, http://floridamemory.com/items/show/109768；
图 44：AP Photo/Don Ad；
图 45：Courtesy of the Phoebe A. Hearst Museum of Anthropology and the Regents of the University of California. (Catalogue No. 15-5910.)；
图 46：PunchStock；
图 47：Stadtgeschichtliches Museum Leipzig。